五書五經讀本

懸吐完譯

# 周易傳義 亨

責任飜譯 崔英辰
共同飜譯 金炳愛 崔廷準
懸吐 吳圭根

전통문화연구회

국역위원

책임번역　최영진

공동번역　김병애 최정준

현　　토　오규근

윤문교정　박승주

출　　판　강운숙 백준철

# 目 次

## 《周易傳義》元



## 《周易傳義》利

# 《周易傳義》貞

# 刊行辭

經은 본래 책을 가리키는 말이다. 후대에 특별히 經을 높여 聖賢의 말씀을 담고 있는 책이라는 의미로 사용하였다. 儒學이 중국문화는 물론 동아시아 사상의 주류를 이루면서 經은 일반적으로 유학의 기본 典籍을 가리키는 용어가 되었다. 따라서 經을 읽지 않으면 유학을 이해할 수 없고, 유학을 이해하지 못하면 중국문화나 동아시아의 문화를 이해할 수 없다.

1960년대 民族文化振興과 民族中興이라는 기치를 내건 정부는 學·藝術界 指導者 50여 분을 모시고 가장 시급한 문화 사업으로 漢文古典飜譯事業에 착수하였다. 光復 후 20여 년이 지났지만 韓國學의 기본 資料이자 교과서인 四書五經의 우리말 註釋書 하나 없던 시절이었다. 그러나 한문고전번역사업에서 東洋古典(中國古典篇)은 우리 古典이 아니라 하여 번역대상에서 제외되었고, 2000년대에 들어와서야 정부에서 얼마간의 보조금을 주기 시작하였다.

본회에서는 1990년대에 이미 四書三經을 비롯한 유학의 기본 古典을 선별하여 번역하였다. 당시 逐字譯의 실력이 없이는 현대어로의 완전한 번역이 불가능하다는 생각을 바탕으로, 동양학 전공 여부를 막론하고 유학을 넘어 동양학의 기본서를 머리맡에 사전처럼 두고 볼 수 있는 번역서를 목표로 東洋古典國譯叢書를 기획·간행하였다. 우리나라 漢文讀法의 전통을 계승하고자 懸吐 방식으로 원문을 정리하고 주석까지 完譯하여, 학계에 기여함은 물론 교육과 일반교양의 필독서로도 널리 인정을 받았다.

당시 오역 없는 번역에 力點을 두었음에도 불구하고 시간이 지남에 따라 쌓인 국내외 연구 성과로 인하여 번역서의 수정도 불가피하게 되었다. 그리하여 2005년 改訂增補版 四書를 발간하기에 이르렀다. 그러나 개정증보판 사서를 발간하면서 과거 先賢들의 註釋書와 국내외의 연구 성과, 시대에 따라 변화하는 언어를 오롯이 담아내지 못한 점을 아쉬워하였다. 이후 사서 이외의 개정증보판 발간을 미루고 고민한 결과, 동양고전국역총서가 20세기 버전으로 그 생명력을 다하였으니 21세기 번역의 표준을 제시할 수 있는 고전번역서를 새롭게 만들어보자는 쪽으로 의견이 모아졌다.

본 '五書五經讀本'은 바로 그 고민을 해결하기 위해 기획하였으며, 傳統과 現代를 아우르면서 역대 국내외 연구 성과를 망라하고 연구자는 물론 동양학 열풍으로 수준이 높아진 일반 독자의 눈높이에 맞춰, 독자의 기호에 따라 연구의 기본자료 또는 교재, 입문서 등으로 다양하게 활용할 수 있는 21세기 標準飜譯書 제공을 목적으로 하였다. 따라서 국내외의 역대 註釋書를 비롯하여 동양고전국역총서 발간 이후 축적된 연구 성과를 종합하였다. 이를 위해 몇 분 안 되는 元老漢學者 또는 전공교수와 일정 수준의 소양을 갖춘 신진학자의 協同硏究飜譯을 지향하였다.

본회에서 처음 추진한 협동연구번역은 후속연구자 양성이라는 측면에서도 큰 의미를 갖는다. 번역을 통해 徒弟式 교육을 받은 신진학자는 앞으로 학계를 이끌어나갈 주역으로서 단단히 자리매김하여 우리나라 학계의 큰 자산이 될 것이다.

또 번역뿐만 아니라 古典籍 정리사업에 따라 각종 校勘·潤文·校訂 등에도 번역수준의 전공자로 구성하는 등 기획부터 출간 단계까지 심혈을 기울였다. 이는 誤謬를 최소화한 표준번역서를 목표로 어느 곳에 내놔도 그 가치를 인정받을 수 있는 名品을 만들기 위한 하나의 노력이었다.

또한 과거에는 상상할 수 없던 모바일 器機의 등장과 대중화는 출판환경과 독서형태를 변화시켰다. 이러한 변화에 발 빠르게 對應하고 시대를 先導하기 위해 '오서오경독본'을 스마트 정보화하였다. 연구자, 교수자, 초학자, 原典을 통해 고전을 읽기 원하는 독자 등 누구나 쉽고 부담 없이 접근하여 동양고전의 참맛을 느낄 수 있을 것이다.

‘오서오경독본’은 오류를 최소화하고 스마트화로 접근성을 높인 최상의 표준번역서로서 동양고전 교육의 훌륭한 밑거름이 되어 학계의 수준을 一新하리라 굳게 확신한다. 또한 지식의 국경을 허물고 있는 인터넷 환경은 그 어느 때보다도 동양고전 情報化의 필요성을 切感(例 : 八佾舞)하게 한다. 따라서 시대의 흐름에 맞춰 ‘오서오경독본’을 정보화하여 그 활용 가치를 극대화할 계획이다. 이는 본회를 넘어 대한민국이 동북아시아뿐만 아니라 전 세계 동양고전 情報와 教育의 허브로서 중추적 역할을 담당할 것이다.

飜譯은 단순히 다른 言語를 옮기는 행위가 아닌, 한 언어를 사용하는 민족의 사상과 문화 전체를 옮기는 행위인 만큼 고전번역은 과거 聖賢의 사상은 물론 그 당시의 문화와 疏通하는 행위이며, 이는 현재 자신의 문화를 이해하는 尺度라 할 수 있다. ‘오서오경독본’은 21세기 번역의 표준으로서 우리 한국 고전번역의 수준을 가늠할 수 있는 척도가 되리라 스스로 자부해본다.

‘오서오경독본’ 시리즈의 첫 출간 시점이 우연히도 전통문화연구회 창립 30주년이 되는 해이다. 30년 동안 동양고전 번역에 무던히 매진하면서 고전의 중요성을 늘 강조하였다. 이제 다시금 내놓는 오서오경독본을 보면서 고전의 맛이 늘 새롭고 無窮함을 새삼 깨달았다. 고전과 씨름하며 지낸 30년 세월을 넘어 ‘오서오경독본’이 앞으로 30년, 50년을 이어갈 고전번역의 새로운 이정표가 되기를 기대하며, 정부에서도 21세기 東北亞 시대를 인식하여 東洋古典飜譯은 물론 東洋古典情報化에도 特段의 관심을 갖기를 고대한다.

나아가 2000여 년간 한자문화를 기반으로 찬란한 문화를 꽃피운 대한민국이 21세기 東北亞 漢字文化圈에서 다시 눈부신 문화의 융성을 목표로 본회와 관련단체에서 추진하는 先進文化韓國 VISION 2030-2050을 ‘五書五經讀本’과 ‘漢文讀解捷徑’ 및 ‘東洋古典情報化’가 앞장서 이끌어 동북아 韓·中·日 三國鼎立과 世界平和에 기여하길 바란다.

2018年 10月 日

社團法人 傳統文化研究會 會長 李啓晃

# 凡 例

1. 본서는 五書五經讀本의 한 책이다.
2. 본서의 底本은 庚辰新刊 內閣藏板 《周易大全》(純祖 20년, 규장각 소장본 奎中18, 大田 : 學民文化社 影印本)으로 하였으며, 국립중앙도서관 소장본 《周易傳義大全》(刊年未詳, 한古朝03-5-1)을 참조하였다.
3. 全4冊의 순서는 古典籍의 書誌에서 사용되어 온 분책 방식인 '元·亨·利·貞'을 차용하였다. '元·亨·利·貞'은 《周易》 乾卦에 나오는 개념으로, 하늘이 갖춘 네 가지 德이자 사물의 존재양식을 설명하는 용어이다.
4. 原文에는 우리나라 전통 방식으로 懸吐하였다. 經文의 현토는 宣祖 年刊의 內閣版 覆刻初刊本 《周易諺解》를 따랐으며, 程頤(北宋)의 《程傳》과 朱熹(南宋)의 《本義》는 硏靑 吳虎泳 先生의 연구를 참조하여 譯註者가 현토하였다.
5. 譯註는 저본의 原註 및 《韓國經學資料集成 : 易經》(대동문화연구원, 성균관대학교출판부, 1995~1997)을 중심으로 작성하였으며, 일정 부분을 《한국주역대전》(한국주역대전편찬실 저, 學古房, 2017)에서 선별하여 수록하였다. 64괘의 도입부에서는 각 괘의 간략한 의미와 관련하여 리하르트 빌헬름(Richard Wilhelm)의 영문판 주역인 《The I Ching》(Princeton University Press, 1977)을 활용하였다. 이밖에 校勘, 인용문의 出典, 故事, 역사사건, 전문용어, 難解語, 制度 등에 관한 사항을 밝혔다.
6. 異音, 僻字의 경우는 원문의 해당 글자 뒤에 한글로 音을 달아주었으며, 難解字는 각 단락의 아래에 字義를 실었다.
7. 飜譯은 原義에 충실하게 하되, 이해가 어려운 부분은 意譯 또는 補充譯을 하였다.

8. 飜譯文은 한글과 漢字를 混用하였으며, 맞춤법과 띄어쓰기는 한글 맞춤법과 표준어 규정을 따르는 것을 원칙으로 하였다.
9. 校勘은 원문의 誤字, 脫字, 衍字, 倒文 등을 대상으로 하였다.
10. 본서에 사용한 주요 符號는 다음과 같다.
    “ ” : 對話, 각종 引用
    ‘ ’ : “ ” 안에서 再引用, 强調
    「 」 : ‘ ’ 안에서 再引用, 强調
    ( ) : 원문에서는 讀音이 다른 글자나 僻字의 音
    　　번역문에서는 간단한 譯註
    〔 〕 : 번역문의 이해를 돕기 위한 原文의 漢字나 句節
    　　譯註에서 인용한 原文
    《 》 : 書名
    〈 〉 : 篇章名, 作品名, 補充譯
    ○ : 저본에 사용된 단락 구분 표시 遵用
    [字義] : 字義 표시
11. 본서의 校勘에 사용된 부호는 다음과 같다.
    ( )〔 〕 : (저본의 誤字)[교감한 正字]
    〔 〕 : 저본의 脫字 보충
    ( ) : 저본의 衍字 삭제

# 周易傳義

亨

# 周易傳義 卷第五

## 10. 履

### ☱ 兌下乾上

下卦는 兌卦☱이고 上卦는 乾卦☰이다.

【傳】履는 序卦에 物畜然後有禮라 故受之以履라하니라 夫物之聚면 則有大小之別, 高下之等, 美惡之分하니 是物畜然後有禮니 履所以繼畜也라 履는 禮也니 禮는 人之所履也라 爲卦 天上澤下하니 天而在上하고 澤而處下는 上下之分과 尊卑之義니 理之當也요 禮之本也요 常履之道也라 故爲履라 履는 踐也, 藉也니 履物爲踐이요 履於物爲藉니 以柔藉剛이라 故爲履也라 不曰剛履柔而曰柔履剛者는 剛乘柔는 常理니 不足道라 故로 易中에 唯言柔乘剛하고 不言剛乘柔也라 言履藉於剛하니 乃見卑順說應之義라

履卦는 〈序卦傳〉에 "물건이 모인 뒤에 禮가 있기 때문에 履卦로 받았다." 하였다. 만물이 모이면 크고 작음의 구별과 높고 낮음의 등급과 아름다움과 추함의 구분이 있으니, 이는 물건이 모인 뒤에 禮가 있는 것이다. 履卦가 이 때문에 小畜卦의 뒤를 이었다. 履는 禮이니, 禮는 사람이 이행하는 것이다. 괘의 구성이 하늘이 위에 있고 못이 아래에 있으니, 하늘이 위에 있고 못이 아래에 처한 것은 상하의 분수와 존비(신분의 높고 낮음)의 의리이니, 이는 이치의 마땅함이고 예의 근본이며 떳떳이 이행해야 할 도이다. 그러므로 '履'라고 하였다. '履'는 밟는 것(踐)이고, 까는 것(藉)이니, 물건을 밟는 것이 '踐'이고 물건에게 밟히는 것이 '藉'이다. 柔가 剛에게 깔리는 것이므로 履라고 한 것이다. '剛이 柔를 밟는다.'고 말하지 않고, '柔가 剛에게 밟혔다.'고 말한 것은 剛이 柔를 타는 것은 떳떳한 이치이니, 굳이 말할 필요가 없기 때문이다. 그러므로 《주역》에서는 오직 柔가 剛을 탄 것만 말하고, 剛이 柔를 탄 것은 말하지 않는다. '剛에게 밟히고 깔린다.'고 하였으니, 바로 자신을 낮추고 순히 하며 기뻐하여 호응하는 뜻을 나타낸 것이다.

字義 履 : 밟을 리, 예도 리　踐 : 밟을 천　藉 : 깔 자　說 : 기쁠 열

## 履[1]虎尾[2]라도 不咥人이라 亨하니라

호랑이의 꼬리를 밟더라도 사람을 물지 않으니, 형통하다.

【傳】 履는 人所履之道也라 天在上而澤處下하니 以柔履藉於剛하여 上下各得其義하니 事之至順이요 理之至當也라 人之履行이 如此면 雖履至危之地나 亦无所害라 故履虎尾而不見咥噬하니 所以能亨也라

履는 사람이 이행하는 도이다. 하늘은 위에 있고 못은 아래에 있으니, 유약한 陰이 강건한 陽에게 밟히고 깔려서 위아래가 각각 그 뜻을 얻었으므로 일은 지극히 순조롭고 이치는 지극히 마땅하다. 사람이 이행하는 것이 이와 같다면 비록 지극히 위험한 상황에 처하더라도 또한 해로운 바가 없다. 그러므로 호랑이 꼬리를 밟는데도 물리지 않으니, 이 때문에 형통하다.

【本義】 兌亦三畫卦之名이니 一陰이 見於二陽之上이라 故其德爲說이요 其象爲澤이라 履有所躡而進之義也하니 以兌遇乾하여 和說以躡剛强之後하니 有履虎尾而不見傷之象이라 故其卦爲履하고 而占如是也라 人能如是면 則處危而不傷矣리라

兌卦도 3획괘의 이름이니, 한 陰이 두 陽의 위에 나타났기 때문에 덕은 기뻐함이 되고 상은 못이 된다. '履'는 밟아 나아가는 뜻이 있으니, 兌卦로서 乾卦를 만나 화합하고 기뻐함으로 강건하고 굳센 것의 뒤를 밟았으니, 호랑이 꼬리를 밟더라도 상해를 입지 않는 상이 있다. 그러므로 그 괘는 履卦가 되고, 점은 이와 같다. 사람이 이와 같이 할 수 있다면 위험에 처하더라도 상해를 입지 않을 것이다.

字義 咥 : 깨물 질 噬 : 깨물 설 躡 : 밟을 섭

---

1 履 : 빌헬름 영문판 주역인 《The I Ching》에서는 履卦를 "Lu / Treading 〔Conduct〕"라고 하였다. 이 괘는 밟는다는 뜻인데 상하를 분별하여 올바른 행위를 실천한다는 뜻이기 때문에 '밟음(실천)'이라고 정의하였다.

2 履虎尾 : 金相岳(朝鮮)은 《山天易說》에서 "호랑이는 西方의 禽獸이고, 兌卦와 乾卦는 모두 金의 방향에 있기 때문에 호랑이가 된다. 호랑이 꼬리를 밟더라도 물지 않는 것은 곧 지극한 위험이 닥쳐도 상해를 입지 않는다는 뜻이다." 하였고, 朴文健(朝鮮)은 《周易衍義》에서 "乾卦☰가 강건한 陽이기 때문에 호랑이로 칭하였고, 六三은 그 아래에 있어 호랑이 꼬리를 밟기 때문에 '호랑이의 꼬리를 밟는' 상이 된다." 하였다.

彖曰 履는 柔履剛也니

〈彖傳〉에 말하였다. "履는 유약한 陰이 강건한 陽에게 밟힘이니,

【本義】以二體[3]로 釋卦名義라

두 卦體로 卦名의 뜻을 해석하였다.

說(열)而應乎乾[4]이라 是以履虎尾不咥人亨이라

기뻐함으로써 乾卦에 응한다. 이 때문에 호랑이 꼬리를 밟아도 사람을 물지 않으니, 형통하다.

【傳】兌以陰柔로 履藉乾之陽剛은 柔履剛也요 兌以說順으로 應乎乾剛而履藉之는 下順乎上, 陰承乎陽이니 天下之至[5]理也라 所履如此면 至順至當하니 雖履虎尾나 亦不見傷害라 以此履行이면 其亨을 可知라

兌卦가 유약한 陰으로서 乾卦의 강건한 陽에게 밟히고 깔리는 것은 '유약한 陰이 강건한 陽에게 밟히는 것'이고, 兌卦가 기뻐함과 유순함으로써 乾卦의 강건함과 호응하여 밟히고 깔리는 것은 '아래가 위에 순응하고, 음이 양을 이어 받드는 것'이니, 천하의 지극한 이치이다. 이행하는 바가 이와 같으면 지극히 순조롭고 지극히 마땅하니, 비록 호랑이의 꼬리를 밟더라도 상해를 입지 않을 것이다. 이렇게 이행하면 그 형통함을 알 수 있다.

【本義】以卦德으로 釋彖辭라

卦德으로 彖辭를 해석하였다.

---

3 以二體 : 《大全》의 소주에서 胡炳文(元)은 "《本義》에서 말한 두 괘체는 兌卦의 괘체인 유약한 陰이 강건한 乾卦의 卦體에 밟혔다는 것이지, 유약한 陰인 六三이 강건한 陽에게 밟힌 것을 가리킨 것이 아니다." 하였다.

4 說(열)而應乎乾 : 柳正源(朝鮮)은 《易解參攷》에서 "우환에 대처하는 도리는 유약하기만 하면 반드시 욕을 당하게 되고, 강건하기만 하면 반드시 재앙을 입게 되니, 이는 모두 기뻐함으로 호응하는 뜻이 없는 것이다." 하였다.

5 至 : 《大全》의 간주에 "어떤 판본에는 '正'자로 되어 있다." 하였다.

剛中正으로 履帝位하여 而不疚면 光明也[6]라

【本義】而不疚니 光明也라

剛·中·正으로 임금의 자리를 밟아서 흠이 없으면 빛나고 밝을 것이다."

【본의】흠이 없으니, 빛나고 밝다.

【傳】九五以陽剛中正으로 尊履帝位하여 苟无疚病이면 得履道之至善光明者也라 疚는 謂疵病이니 夬履是也라 光明은 德盛而輝光也라

九五는 강건한 陽이 中正함으로 높이 임금의 자리를 밟아 진실로 흠이 없으니, 그렇다면 이행하는 도가 지극히 선하며 빛나고 밝음을 얻은 자이다. 疚는 '흠〔疵病〕'을 이르니, '결단력 있게 이행하는 것〔夬履〕'이 이것이다. 光明은 덕이 성하여 빛나고 밝은 것이다.

【本義】又以卦體明之하니 指九五也라

또 卦體로 밝혔으니, 九五를 가리킨다.

字義 疚 : 해칠 구 疵 : 흠 자 夬 : 결단할 쾌 輝 : 빛날 휘

象曰 上天下澤이 履니 君子以하여 辨上下하여 定民志하나니라

〈象傳〉에 말하였다. "위는 하늘이고 아래는 못인 것이 履卦이니, 군자가 이것을 본받아 위아래를 분별하여 백성의 마음을 안정시킨다."

【傳】天在上하고 澤居下는 上[7]下之正理也니 人之所履 當如是라 故取其象而爲履라 君子觀履之象하여 以辨別上下之分하여 以定其民志하나니라 夫上下之分明然後에 民志有定하고 民志定然後에 可以言治니 民志不定이면 天下不可得而治也라 古之時에 公卿大

---

6 剛中正……光明也 : 金相岳(朝鮮)은 《山天易說》에서 "九五의 강건함과 중정함은 덕과 자리를 아울러 일컬은 것이므로 마음에 흠이 없으면 밖으로 밝게 빛난다. 이것은 구오만을 가리켜 그 뜻을 미루어 넓힌 것으로 마치 乾卦와 坤卦의 〈文言傳〉과 같다." 하였다.

7 上 : 《大全》의 간주에 "어떤 판본에는 '天'자로 되어 있다." 하였다.

夫而下 位各稱其德하여 終身居之하니 得其分也라 位未稱德이면 則君擧而進之하나니 士修其學하여 學至而君求之요 皆非有預於己也라 農工商賈勤其事而所享有限이라 故로 皆有定志而天下之心을 可一이러니 後世엔 自庶士로 至于公卿히 日志于尊榮하고 農工商賈 日志于富侈하여 億兆之心이 交騖於利하여 天下紛然하니 如之何其可一也리오 欲其不亂이나 難矣니 此는 由上下无定志也라 君子觀履之象而分辨上下하여 使各當其分하여 以定民之心志也하나니라

하늘이 위에 있고 못이 아래에 있는 것은 위아래의 바른 이치이니, 사람이 이행하는 바가 마땅히 이와 같아야 한다. 그러므로 그 象을 취하여 '履'라 하였다. 君子가 履卦의 象을 보고서 위아래의 구분을 변별하여 백성의 뜻을 안정시킨다. 위아래의 구분이 분명한 뒤에야 백성의 뜻이 안정되고, 백성의 뜻이 안정된 뒤에야 다스림을 말할 수 있으니, 백성의 마음이 안정되지 않으면 세상을 다스릴 수 없다.

옛날에 公卿大夫 이하는 그 지위가 각각 그 德에 걸맞아서 종신토록 그 지위에 있었으니, 그 분수를 얻은 것이다. 지위가 德에 걸맞지 않으면 임금이 擧用하여 〈德에 걸맞게〉 승진시켰으니, 선비가 학문을 닦아 학문이 지극해지면 임금이 그를 구하는 것이지, 모두 선비 자신이 관여할 일이 아니었다. 農·工·商·賈는 자기 일을 부지런히 하되 누리는 것에 제한을 두었기 때문에 모두 정해진 뜻이 있어서 세상 사람들의 마음을 하나로 통일시킬 수 있었다. 그런데 후세에는 여러 선비들로부터 公卿에 이르기까지 날로 존귀함과 영화로움에 뜻을 두고, 農·工·商·賈는 날로 부유하게 되고 사치스러운 일에 뜻을 두어 억조 백성의 마음이 서로 이익에만 몰두하여 세상이 어지러워졌으니, 어찌 백성의 마음을 통일시키겠는가? 혼란하지 않기를 바라나 어려우니, 이는 위아래에 안정된 뜻이 없기 때문이다. 〈그러므로〉 君子가 履卦의 象을 보고서 위아래를 분별하여 각각 그 분수에 마땅하게 해서 백성들의 마음과 뜻을 안정시키는 것이다.

【本義】 程傳備矣라

《程傳》에 갖추어 있다.

字義 稱 : 걸맞을 칭 預 : 간섭할 예 賈 : 장사 고 騖 : 달릴 무 辨 : 분별할 변

初九는 素履[8]로 往하면 无咎리라

【本義】 素履니 往하여

初九는 본분대로 이행하여 가면 허물이 없을 것이다.

【본의】 평소대로 이행함이니, 가서

【傳】 履不處者는 行之義라 初處至下하니 素在下者也로되 而陽剛之才로 可以上進하니 若安其卑下之素而往이면 則无咎矣라 夫人不能自安於貧賤之素면 則其進也에 乃貪躁而動하여 求去乎貧賤耳요 非欲有爲也니 旣得其進이면 驕溢必矣라 故往則有咎라 賢者則安履其素하여 其處也樂하고 其進也將有爲也라 故得其進이면 則有爲而无不善하니 乃守其素履者也라

밟아가고 머물지 않는 것이 行의 뜻이다. 初九는 지극히 낮은 곳에 위치했으니, 본래 아래에 있는 자이나, 강건한 陽의 재질이므로 위로 나아갈 수 있으니, 만약 낮은 본래의 신분을 편안히 여기고 간다면 허물이 없을 것이다. 사람이 빈천한 본분에 스스로 편안하지 못하면 나아가는 데에 욕심을 부리고 조급하게 행동하여 빈천을 벗어나기를 구할 뿐, 훌륭한 일을 하고자 하지 않으니, 이미 그 나아감을 얻으면 틀림없이 교만하고 넘칠 것이다. 그러므로 가면 허물이 있게 된다. 현명한 사람은 그 본분을 편안히 이행하여 머물러 있을 때는 즐겁고 나아갈 때에는 장차 훌륭한 일을 하고자 한다. 그러므로 그 나아감을 얻으면 훌륭한 일을 함이 있어서 善하지 않음이 없으니, 이것이 바로 본분대로 이행함을 지키는 것이다.

【本義】 以陽在下하고 居履之初하여 未爲物遷하니 率其素履者也라 占者如是면 則往而无咎也라

양으로서 아래에 있고 履卦의 처음에 거하여 외물 때문에 마음을 바꾸지 않으니, 평소대로 이행함을 따르는 자이다. 점치는 자가 이와 같이 하면 가도 허물이 없을 것이다.

字義 素 : 평소 소 躁 : 성급할 조 溢 : 넘칠 일 率 : 따를 솔

8 素履 : 吳澄(元)은 "初九는 강건한 陽으로서 아래에 편안히 있어 지키는 것을 바꾸지 않고 평소 위치대로 실천하는 자이다. 舜임금이 마른 밥과 채소를 먹으면서 마치 장차 죽을 때까지 그렇게 할 듯이 한 것과 顔淵이 누항에 거처하여도 그 즐거움을 고치지 않은 것은 이를 두고 한 말이다." 하였다.

象曰 素履之往은 獨行願[9]也라

〈象傳〉에 말하였다. "'본분대로 편안히 행하여 감'은 오로지 마음에 원하는 것을 행함이다."

【傳】 安履其素而往者는 非苟利也요 獨行其志願耳라 獨은 專也니 若欲貴之心與行道之心이 交戰于中이면 豈能安履其素也리오

본분대로 편안히 행하여 감은 구차하게 이롭고자 함이 아니고, 오로지 포부와 소망을 행할 뿐이다. 獨은 오로지이니, 만일 귀해지고자 하는 마음과 도를 행하고자 하는 마음이 서로 마음속에서 싸운다면 어떻게 본분대로 편안히 행할 수 있겠는가.

[字義] 獨 : 오로지 독

九二는 履道坦坦[10]하니 幽人[11]이라야 貞하고 吉[12]하리라

【本義】 幽人이라

九二는 이행하는 道가 평탄하니, 隱者라야 바르고 길할 것이다.

【본의】 隱者이므로

【傳】 九二居柔하여 寬裕得中하니 其所履 坦坦然平易之道也라 雖所履 得坦易之道나 亦必幽靜安恬之人處之라야 則能貞固而吉也라 九二는 陽志上進이라 故有幽人之戒라

---

9 願 : 柳正源(朝鮮)은 《易解參攷》에서 "'願'은 무엇을 원함인가? 자신의 분수를 편안히 여기고 바름을 지키고자 하는 원함이다. 빈천해도 뜻을 바꾸지 않으며, 부귀해도 음란하지 않고, 위엄이나 무력에도 굽히지 않으니, 《中庸》에 '군자는 현재의 지위에 따라 행하고, 그 밖의 것은 원하지 않는다〔素其位而行 不願乎外〕'고 한 것이 바로 初九의 원함이다." 하였다.

10 履道坦坦 : 李瀷(朝鮮)은 《易經疾書》에서 "九二는 中道를 얻었으나 위로 正應이 없으니, 곧 선비 중에 시골의 산림에 있으면서 세상일에 나서지 않는 자이다. 그러므로 어디를 가든 평탄하지 않음이 없다." 하였다.

11 幽人 : 朴文健(朝鮮)은 《周易衍義》에서 "幽人은 조용하고 고요한 사람이며, 강건하지만 유순할 수 있는 사람이다." 하였다.

12 貞吉 : 《大全》의 소주에서 胡一桂(元)는 "九二는 바른 자리에 있지 않은데 '貞吉'이라고 한 것은 바르게 하면 길하다고 경계한 것이다." 하였다.

九二는 유순한 음의 자리에 있어 너그럽고 여유로움으로 中을 얻으니, 그 이행하는 바가 평탄하고 평이한 道이다. 비록 이행하는 것이 평탄하고 평이한 길을 얻었으나 반드시 그윽하고 고요하며 편안한 사람이 자리하여야 貞固하여 길하다. 九二는 양이니 뜻이 위로 나아가므로 隱者로 경계함이 있다.

【本義】 剛中在下하여 无應於上이라 故爲履道平坦幽獨守貞之象이니 幽人履道而遇其占이면 則貞而吉矣리라

剛中으로 아래에 있으면서 위에 應이 없다. 그러므로 이행하는 道가 평탄하고 그윽하게 홀로 바름을 지키는 象이 되니, 隱者가 道를 이행하면서 이 占을 만나면 바르고 吉할 것이다.

字義 坦 : 평탄할 탄 幽 : 그윽할 유 裕 : 넉넉할 유 恬 : 편안할 념

象曰 幽人貞吉은 中不自亂也라

〈象傳〉에 말하였다. "'隱者라야 바르고 길함'은 마음속이 스스로 어지럽히지 않기 때문이다."

【傳】 履道在於安靜하니 其中恬正이면 則所履安裕어니와 中若躁動이면 豈能安其所履리오 故로 必幽人則能堅固而吉이니 蓋其中心安靜하여 不以利欲自亂也라

이행하는 道는 安靜하는 데 달려 있으니, 마음속이 편안하고 바르면 이행하는 바가 편안하고 여유가 있지만, 마음속이 만일 조급하게 움직인다면 어찌 이행하는 바를 편안히 할 수 있겠는가. 그러므로 반드시 隱者라야만 堅固하여 吉할 수 있으니, 마음속이 안정되어 利欲으로써 스스로를 어지럽히지 않는 것이다.

六三은 眇能視며 跛能履라 履虎尾하여 咥人이니 凶하고 武人이 爲于大君이로다

六三은 애꾸눈이 보며 절름발이가 걷는 것이다. 호랑이의 꼬리를 밟아 사람을 무니 흉하고, 武人이 大君이 되었도다.

【傳】 三은 以陰居陽하여 志欲剛而體本陰柔하니 安能堅其所履리오 故로 如盲眇之視하여

其見不明하고 跛躄之履하여 其行不遠이라 才旣不足而又處不得中하고 履非其正이며 以柔而務[13]剛하니 其履如此면 是는 履於危地라 故曰履虎尾요 以不善履로 履危地하니 必及禍患이라 故曰咥人凶이라 武人爲于大君은 如武暴之人而居人上하여 肆其躁率而已요 非能順履而遠到也라 不中正而志剛하여 乃爲群陽所與[14]라 是以로 剛躁蹈危而得凶也라

六三은 陰으로서 陽의 자리에 있어서 뜻은 剛하고자 하나 卦體가 본래 유약한 陰이니, 어찌 이행하는 바를 굳게 지킬 수 있겠는가. 그러므로 애꾸눈이 보는 것과 같아서 보는 것이 분명하지 못하고, 절름발이가 걷는 것과 같아서 가는 것이 멀리 가지 못한다. 재질이 이미 부족하고 또 거처함이 가운데 자리를 얻지 못했으며, 이행함이 바름이 아니고 柔로서 剛하게 하려고 힘쓰니, 이행하는 것이 이와 같다면 이는 위험한 곳을 밟는 것이다. 그러므로 "호랑이의 꼬리를 밟는다." 하였고, 잘 행하지 못하는 재질로 위험한 곳을 밟으니 반드시 재앙과 근심이 미칠 것이다. 그러므로 "사람을 무니 흉하다." 하였다. '武人이 大君이 됨'은 무력을 행사하는 포악한 사람이 사람들 위에 있으면서 그 조급함과 경솔함을 부릴 뿐, 유순히 이행하여 멀리 이를 수 있는 자가 아닌 것과 같다. 中正하지 못하면서 뜻만 剛하여 마침내 여러 陽과 함께하는 바가 되니, 이 때문에 剛하고 조급하여 위험한 곳을 밟아서 凶함을 얻은 것이다.

【本義】 六三이 不中不正하고 柔而志剛하니 以此履乾이면 必見傷害라 故其象如此而占者凶이요 又爲剛武之人得志而肆暴之象이니 如秦政[15]項籍[16]이 豈能久也리오

六三은 가운데 자리에 있지 않고, 바른 자리에 있지도 않으며, 陰으로 유약하면서 뜻만 剛하니, 이로써 乾을 밟으면 반드시 상해를 당한다. 그러므로 그 象이 이와 같으며, 점치는 자가 凶하고, 또 剛하면서 무력을 쓰는 사람이 뜻을 얻어 포악함을 부리는 象이 되니, 秦나라의 政과 項籍 같은 이가 어찌 오래갈 수 있었겠는가.

字義 眇 : 애꾸눈 묘　跛 : 절름발이 파(피)　盲 : 소경 맹　躄 : 절뚝거릴 벽　率 : 경솔할 솔
蹈 : 밟을 도　項 : 성 항

---

13 務 : 《大全》의 간주에 "어떤 판본에는 '勝'으로 되어 있다." 하였다.

14 與 : 《大全》의 간주에 "어떤 판본에는 앞에 '不'자가 있다." 하였다.

15 秦政 : B.C.259~B.C.210. 秦 始皇 嬴政을 가리킨다. 전국시대 趙나라에 볼모로 가 있던 莊襄王의 아들로 태어나, 13세에 왕위에 올라 秦나라의 강성함으로 전국시대를 통일하나, 통일제국 秦은 그가 죽은 지 4년 만에 멸망하였다.

16 項籍 : B.C.232~B.C.202. 자는 羽, 秦 始皇이 세운 秦 제국에 대항하여 한때 覇者가 되기도 하였으나, 31세의 짧은 나이에 漢 高祖 劉邦에게 패망하였다.

象曰 眇能視는 不足以有明也요 跛能履는 不足以與行也[17]요

〈象傳〉에 말하였다. "'애꾸눈이 볼 수 있음' 분명하게 보기에는 부족하고, '절름발이가 걸을 수 있음'은 함께 가기에는 부족하고,

【傳】 陰柔之人은 其才不足하여 視不能明하고 行不能遠이어늘 而乃務剛하니 所履如此면 其能免於害乎아

유약한 陰의 사람은 그 재질이 부족하여 밝게 볼 수 없고 멀리 갈 수 없는데도 마침내 剛함에 힘쓰니, 이행하는 바가 이와 같다면 해를 면할 수 있겠는가.

咥人之凶은 位不當也요 武人爲于大君은 志剛也라

'사람을 물어 흉함'은 자리가 마땅하지 않기 때문이고, '武人이 大君이 됨'은 뜻이 강하기 때문이다."

【傳】 以柔居三하여 履非其正이니 所以致禍害하여 被咥而凶也라 以武人爲喩者는 以其處陽하여 才弱而志剛也일새라 志剛則妄動하여 所履不由其道하니 如武人而爲大君也라

유약한 陰으로 세 번째 자리에 있어 이행하는 것이 바르지 않으니, 이 때문에 재앙과 상해를 초래하여 호랑이에게 물려 凶하다. '武人'으로 비유한 것은 陽의 자리에 있어서 재질은 약한데 뜻만 剛하기 때문이다. 뜻이 剛하면 함부로 움직여 이행하는 바가 道에 어긋나니, 이는 마치 武人이 大君이 된 것과 같다.

九四는 履虎尾니 愬愬(삭삭)이면 終吉[18]이리라

---

17 不足以有明也·不足以與行也 : 朴文健(朝鮮)은 《周易衍義》에서 "'不足以有明也'는 애꾸눈이면서 볼 수 있는 것을 기롱하는 것이고, '不足以與行也'는 절름발이면서 걸을 수 있는 것을 기롱하는 것이다." 하였다.

18 履虎尾……終吉 : 金相岳(朝鮮)은 《山天易說》에서 "九四는 乾卦의 初爻이고 兌卦의 三爻를 올라타고 있으므로 호랑이 꼬리를 밟는 상이다. 그러나 陽이 이미 나아가 위에 있으니 물리지 않고, 유약한 陰의 자리에 있어 자처하지 않으니 뜻이 행해져 밖과 안에 두려움을 알게 하므로 마침내 길

【本義】 履虎尾나 愬愬하여

九四는 호랑이의 꼬리를 밟음이니, 두려워하고 두려워하면 마침내 길할 것이다.

【본의】 호랑이의 꼬리를 밟으나 두려워하고 두려워하여

【傳】 九四陽剛而乾體니 雖居四나 剛勝者也라 在近君多懼之地하여 无相得之義하고 五復剛決之過라 故爲履虎尾라 愬愬은 畏懼之貌니 若能畏懼則當終吉이라 蓋九雖剛而志柔하고 四雖近而不處라 故能兢愼畏懼면 則終免於危而獲吉也라

九四는 강건한 陽이고 乾의 卦體이니, 비록 네 번째 자리에 있으나 강건함이 우세한 자이다. 임금과 가까워 두려움이 많은 자리에 있어서 서로 뜻이 맞는 경우가 없고, 九五가 다시 剛하게 결단함이 지나치기 때문에 '호랑이 꼬리를 밟음'이 된다. '愬愬'은 두려워하는 모양이니, 만일 두려워할 수 있다면 마침내는 吉할 것이다. 九四가 비록 강건하지만 뜻이 유순하고, 네 번째 자리가 비록 〈임금과〉 가깝지만 자처하지 않는다. 그러므로 삼가하고 두려워하면 마침내 위태로움을 면하여 吉함을 얻는다.

【本義】 九四亦以不中不正으로 履九五之剛이나 然以剛居柔라 故能戒懼而得終吉이라

九四도 〈六三처럼〉 中正하지 못함으로 九五의 剛함을 밟았지만, 剛으로서 柔한 자리에 있으므로 경계하고 두려워하여 마침내 길함을 얻을 수 있다.

字義 愬 : 두려울 삭 兢 : 조심할 긍

象曰 愬愬終吉은 志行也라

〈象傳〉에 말하였다. "'두려워하고 두려워하면 마침내 길함'은 뜻이 가는 데 있기 때문이다."

【傳】 能愬愬畏懼則終得其吉者는 志在於行而不處也니 去危則獲吉矣라 陽剛은 能行者也요 居柔는 以順自處者也라

---

함을 얻는다." 하였다.

두려워하고 두려워할 수 있으면 마침내 吉함을 얻는 것은 뜻이 가고 머물지 않는 데에 있기 때문이니, 위험한 곳을 떠나면 吉함을 얻을 것이다. 강건한 陽은 갈 수 있는 자이고, 柔한 자리에 거함은 유순함으로 자처하는 자이다.

## 九五는 夬履니 貞이라도 厲[19]하리라

九五는 강하게 결단하여 이행하니, 바르더라도 위태로울 것이다.

【傳】 夬는 剛決也라 五以陽剛乾體로 居至尊之位하여 任其剛決而行者也니 如此則雖得正이나 猶危厲也라 古之聖人이 居天下之尊하여 明足以照하고 剛足以決하고 勢足以專이나 然而未嘗不盡天下之議하여 雖芻蕘之微라도 必取하니 乃其所以爲聖也니 履帝位而光明者也라 若自任剛明하여 決行不顧면 雖使得正이나 亦危道也니 可固守乎아 有剛明之才라도 苟專自任이면 猶爲危道어든 況剛明不足者乎아 易中云貞厲는 義各不同하니 隨卦可見이라

'夬'는 剛하게 결단함이다. 九五는 강건한 陽이면서 乾의 卦體로 지극히 높은 자리에 거처하여, 剛하게 결단함을 자임하여 행하는 자이다. 이와 같이 하면 비록 바름을 얻더라도 오히려 위태롭다. 옛 聖人은 천하의 높은 자리에 거처하여, 밝음은 비추기에 충분하고, 剛함은 결단하기에 충분하며, 세력은 마음대로 하기에 충분하였다. 그런데도 세상의 의논을 다 받아들이지 않은 적이 없어서 비록 〈소나 말에게 먹이는〉 풀을 베고 땔나무를 하는 미천한 자의 말이라도 반드시 그 의견을 취했으니, 이것이 聖人이 된 이유이니, 임금의 자리에 올라 빛나고 밝은 자이다. 〈그러나〉 만일 剛하고 밝음을 자임(자신)하여 결행하고 돌아보지 않는다면, 설령 바름을 얻더라도 위태로운 道이니, 견고하게 지킬 수 있겠는가. 剛하고 밝은 재질이 있더라도 자임하기를 오로지하면 오히려 위태로운 道가 되는데, 하물며 剛하고 밝음이 부족한 자에 있어서이겠는가. 《周易》 가운데 '貞厲'라 한 것은 뜻이 각각 다르니, 卦에 따라 보아야 한다.

【本義】 九五以剛中正으로 履帝位하고 而下以兌說應之하니 凡事必行하여 无所疑礙라 故

---

19 夬履 貞 厲 : 宋時烈(朝鮮)은 《易說》에서 "九五는 곧고 바른 道에서 나왔지만 지나치게 강건한 위험이 있으므로 위태롭다는 말로써 경계하였다." 하였고, 金相岳(朝鮮)은 《山天易說》에서 "九五는 강건한 陽이 높은 자리에 있어 호랑이를 밟는 위험은 없고, 기뻐하는 兌卦의 응함이 있어 결단력 있게 이행하는 象이 된다. 이행하는 것에 의심이 없어서 비록 바름을 얻는다 하더라도 또한 위험한 道가 된다." 하였다.

其象이 爲夬決其履니 雖使得正이나 亦危道也라 故其占이 爲雖正而危하니 爲戒深矣로다

九五는 剛하고 中正함으로써 임금의 자리에 오르고, 아래에서는 兌卦☱의 기쁨으로써 호응하니, 모든 일을 반드시 행하여 의심하고 막히는 바가 없다. 그러므로 그 象이 이행함을 과감하게 결단함이 되니, 설령 바름을 얻더라도 위태로운 道이다. 그러므로 그 占이 비록 바르더라도 위태로움이 되니, 경계함이 깊다.

字義 夬 : 결단할 쾌 厲 : 위태로울 려 芻 : 꼴벨 추 蕘 : 나무꾼 요 礙 : 막힐 애

象曰 夬履貞厲는 位正當也일새라

〈象傳〉에 말하였다. "'강하게 결단하여 이행하니, 바르더라도 위태로움'은 자리가 바로 그런 자리에 해당하기 때문이다."

【傳】 戒夬履者는 以其正當尊位也라 居至尊之位하고 據能專之勢하여 而自任剛決하고 不復畏懼하면 雖使得正이나 亦危道也라

'강하게 결단하여 이행함'을 경계한 것은 바로 높은 자리에 해당하기 때문이다. 지극히 높은 자리에 거처하고, 마음대로 할 수 있는 권세를 점거하여, 剛하게 결단함을 자임하고 다시 두려워하지 않는다면 설령 바름을 얻더라도 위태로운 道이다.

【本義】 傷於所恃라

믿는 바에 상하는 것이다.

上九는 視履하여 考祥[20]하되 其旋이면 元吉이리라

【本義】 元吉이리라

---

20 視履 考祥 : 金相岳(朝鮮)은 《山天易說》에서 "'視履'는 밝게 보고 바르게 이행하는 것이다. 乾卦의 맨 위에 있어 六三과 應하고, 六三은 互卦인 離卦의 體이므로 '이행한 것을 보아 吉凶을 상고한다.'는 象이 있게 되었다." 하였다.

上九는 이행한 것을 보아 상서로움을 상고하되, 주선함이 완벽하면 善하고 吉할 것이다.

【본의】 크게 길할 것이다.

【傳】 上處履之終하니 於其終에 視其所履行하여 以考其善惡禍福호되 若其旋이면 則善且吉也라 旋은 謂周旋完備하여 无不至也라 人之所履 考視其終하여 若終始周完无疚면 善之至也라 是以元吉이라 人之吉凶은 係其所履하니 善惡之多寡는 吉凶之小大也라

上九는 履卦의 맨 끝에 있으니, 그 마지막에 이행한 것을 살펴보아 善惡과 禍福을 상고하되 만일 주선함이 완벽하면 善하고 또 吉할 것이다. '旋'은 周旋함이 완벽하게 구비되어 지극하지 않음이 없는 것을 말한다. 사람이 이행한 것을 그 마지막에 상고해보아서 만일 끝과 시작이 두루 완벽하여 하자가 없다면 善이 지극한 것이니, 이 때문에 善하고 吉한 것이다. 사람의 吉凶은 그가 이행한 바에 달려 있으니, 善惡의 많고 적음은 바로 吉凶의 작고 큼이다.

【本義】 視履之終하여 以考其祥호되 周旋无虧면 則得元吉이라 占者禍福은 視其所履而未定也라

이행한 것을 살펴보는 마지막에 그 상서로움을 상고하되 周旋함에 이지러짐이 없으면 '크게 길함'을 얻을 것이다. 점치는 자의 禍福은 그가 이행한 바를 살펴보아야 하니 아직 정해지지는 않은 것이다.

字義 祥 : 상서로울 상 旋 : 주선할 선

## 象曰 元吉在上이 大有慶[21]也니라

〈象傳〉에 말하였다. "'善하고 길함'이 이행함의 마지막에 있는 것은 크게 경사가 있는 것이다."

---

21 慶 : 金相岳(朝鮮)은 《山天易說》에서 "大는 큼〔元〕이며, 경사는 곧 길함이다. 일반적으로 경사가 있다는 말은 곧 임금과 신하가 만나는 경사를 가리킨다. 그러므로 경사가 있다는 말은 五爻에 있는 경우가 아니라면, 比나 應에 있다."라고 하여 上九가 九五와 比의 관계이므로, 〈象傳〉에서 경사가 있다는 말을 썼음을 밝혔다.

【傳】 上은 履之終也라 人之所履 善而吉하고 至其終하여 周旋无虧면 乃大有福慶之人也니 人之行은 貴乎有終이라

'上'은 이행함의 마지막이다. 사람이 이행한 바가 善하고 吉하며, 그 마지막에 이르러 周旋함에 이지러짐이 없으면 이는 크게 福과 경사가 있는 사람이니, 사람의 행실은 마침이 있음을 귀하게 여긴다.

【本義】 若得元吉이면 則大有福慶也라

만약 '크게 吉함'을 얻으면 크게 福과 경사가 있을 것이다.

# 11. 泰

## ☷☰ 乾下坤上

下卦는 乾卦☰이고 上卦는 坤卦☷이다.

【傳】泰는 序卦에 履而泰然後安이라 故受之以泰라하니라 履得其所則舒泰하고 泰則安矣니 泰所以次履也라 爲卦 坤陰在上하고 乾陽居下하니 天地陰陽之氣 相交而和면 則萬物生成이라 故爲通泰라

泰卦는 〈序卦傳〉에 "〈禮를〉 이행하여 태평해진 뒤에 편안하기 때문에 泰卦로 받았다." 하였다. 이행함이 제자리를 얻으면 여유로워 태평해지고, 태평해지면 편안해지니, 泰卦가 履卦 다음에 온 까닭이다. 卦의 구성이 陰인 坤卦☷가 위에 있고 陽인 乾卦☰가 아래에 있으니, 天地의 陰陽의 기운이 서로 사귀어 화합하면 萬物이 생성되기 때문에 通泰하게 된다.

字義 泰 : 통할 태, 편안할 태　舒 : 펼 서

泰[1]는 小往하고 大來[2]하니 吉하여 亨하니라

泰는 陰이 밖으로 가고 陽이 안으로 오니, 吉하여 형통하다.

---

1 泰 : 빌헬름 영문판 주역인《The I Ching》에서는 泰卦를 "T'ai / Peace"라고 하였다. 하늘 기운이 아래에 있고 땅 기운이 위에 있어 천지의 기운이 서로 사귀어 조화를 이루니 만물은 꽃이 피고 번성한다. 그러므로 '태평'이라고 정의하였다.

2 小往 大來 : 《大全》의 소주에서 胡炳文(元)은 "세 陽이 위에서 아래로 내려와 內卦에 위치하고, 세 陰은 밑에서 위로 올라가 外卦에 위치하는 것이 陰陽의 올바른 위치이다. 오직 泰卦만이 그렇다. 세 陰과 세 陽이 往來한 괘는 20卦인데 泰卦와 否卦가 맨 앞에 위치하기 때문에 卦辭에서 유독 '往來'로써 말했다." 하였다.

【傳】小는 謂陰이요 大는 謂陽이며 往은 往之[3]於外也요 來는 來居於內也니 陽氣下降하고 陰氣上交也하여 陰陽和暢이면 則萬物生遂하니 天地之泰也라 以人事言之하면 大則君上이요 小則臣下니 君推誠以任下하고 臣盡誠以事君하여 上下之志通은 朝廷之泰也며 陽爲君子요 陰爲小人이니 君子來處於內하고 小人往處於外는 是君子得位요 小人在下니 天下之泰也라 泰之道는 吉而且亨也라 不云元吉元亨者는 時有汚隆하고 治有小大하니 雖泰나 豈一概哉아 言吉亨則可包矣라

'小'는 陰을 말하고, 大는 陽을 말하며, '往'은 밖으로 가는 것이고, '來'는 와서 안에 거처하는 것이다. 陽氣가 아래로 내려오고 陰氣가 위로 올라가 사귀어 陰陽이 和合하여 通暢하면 만물이 생성되니, 이는 天地의 〈기운이〉 통한 것이다. 사람의 일로 말하면 '大'는 임금이고, '小'는 신하이니, 임금이 정성을 미루어 아랫사람에게 맡기고, 신하가 정성을 다하여 임금을 섬겨서 위아래의 뜻이 통함은 朝廷이 태평한 것이요, 陽은 君子가 되고 陰은 小人이 되니, 君子가 와서 안에 있고 小人이 가서 밖에 있는 것은 君子가 지위를 얻고 小人이 낮은 자리에 있는 것이니, 세상이 태평한 것이다. 泰卦의 道는 吉하고 또 형통하다. '元吉'과 '元亨'을 말하지 않은 것은, 때에는 낮음과 높음이 있고 다스림에는 작음과 큼이 있으니, 비록 태평하지만 어찌 한결같이 같겠는가. '吉亨'이라고 말하면 이 모두를 포함할 수 있다.

【本義】泰는 通也라 爲卦 天地交而二氣通이라 故爲泰하니 正月之卦[4]也라 小는 謂陰이요 大는 謂陽이니 言坤往居外하고 乾來居內하며 又自歸妹來[5]하니 則六往居四하고 九來居三也라 占者有剛陽之德이면 則吉而亨矣라

'泰'는 통함이다. 卦의 구성이 天地가 사귀어 〈陰陽의〉 두 기운이 통하기 때문에 泰卦가 되니,

---

3 之 : 《大全》의 간주에 "어떤 판본에는 '居'자로 되어 있다." 하였다.

4 正月之卦 : 12달에 해당하는 각각의 卦가 있는데, 이를 "十二辟卦"라고 한다. 泰卦는 1월에 해당한다. 陽이 처음 나오는 11월을 기준으로 나열하면 아래와 같다.

| 月 | 卦象 | 卦名 | 月 | 卦象 | 卦名 |
|---|---|---|---|---|---|
| 11 | ䷗ | 地雷復卦 | 5 | ䷫ | 天風姤卦 |
| 12 | ䷒ | 地澤臨卦 | 6 | ䷠ | 天山遯卦 |
| 1 | ䷊ | 地天泰卦 | 7 | ䷋ | 天地否卦 |
| 2 | ䷡ | 雷天大壯卦 | 8 | ䷓ | 風地觀卦 |
| 3 | ䷪ | 澤天夬卦 | 9 | ䷖ | 山地剝卦 |
| 4 | ䷀ | 重天乾卦 | 10 | ䷁ | 地坤卦 |

5 又自歸妹來 : 《周易傳義 元》〈卦變圖〉 참조.

正月의 卦이다. '小'는 陰을 말하고 '大'는 陽을 말하니, 坤卦☷가 가서 밖에 거처하고 乾卦☰가 와서 안에 거처하며, 또 歸妹卦䷵로부터 왔으니 陰이 가서 네 번째 자리에 거처하고 陽이 와서 세 번째 자리에 거처한다. 점치는 자가 강건한 陽의 德이 있으면 吉하여 형통하다.

字義 暢 : 통할 창 汚 : 낮을 오 隆 : 높을 륭(융) 槪 : 고르게할 개 妹 : 누이 매

彖曰 泰小往大來吉亨은 則是天地交而萬物通也며 上下交而其志同也라

〈彖傳〉에 말하였다. "'泰는 陰이 가고 陽이 오니, 길하여 형통함'은 天地가 사귀어 만물이 통하며, 위아래가 사귀어 그 뜻을 같이하는 것이다.

【傳】小往大來는 陰往而陽來也니 則是天地陰陽之氣相交하여 而萬物得遂其通泰也라 在人則上下之情交通하여 而其志意同也라

'小往大來'는 陰이 가고 陽이 온 것이니, 天地의 陰陽의 기운이 서로 사귀어 만물이 통하여 태평함을 이룰 것이다. 사람에게 있어서는 위아래의 情이 서로 통하여 그 뜻을 같이하는 것이다.

字義 遂 : 이룰 수

內陽而外陰하며 內健而外順하며 內君子而外小人하니 君子道長하고 小人道消也라

陽이 안에 있고 陰이 밖에 있으며, 강건함이 안에 있고 유순함이 밖에 있으며, 君子가 안에 있고 小人이 밖에 있으니, 君子의 道는 자라고 小人의 道는 사라지는 것이다."

【傳】陽來居內하고 陰往居外는 陽進而陰退也요 乾健在內하고 坤順在外는 爲內健而外順이니 君子之道也며 君子在內하고 小人在外는 是君子道長이요 小人道消니 所以爲泰也라 旣取陰陽交和하고 又取君子道長하니 陰陽交和는 乃君子之[6]道長也라

陽이 와서 안에 거처하고 陰이 가서 밖에 거처함은 陽이 나아가고 陰이 물러간 것이고, 강건한 乾卦가 안에 있고 유순한 坤卦가 밖에 있음은 강건함이 안에 있고 유순함이 밖에 있음이

6 之 : 《大全》의 간주에 "어떤 판본에는 '之'자가 없다." 하였다.

되니, 君子의 道이다. 君子가 안에 있고 小人이 밖에 있음은 君子의 道는 자라나고 小人의 道는 사라지는 것이니, 이 때문에 泰卦가 된다. 이미 陰陽이 사귀어 화합함을 취하였고, 또 君子의 道가 자라남을 취하였으니, 陰陽이 사귀어 화합함은 바로 君子의 道가 자라나는 것이다.

字義 長 : 자랄 장

象曰 天地交泰니 后以하여 財(裁)成天地之道하며 輔相天地之宜[7]하여 以左右[8]民하나니라

〈象傳〉에 말하였다. "天地가 사귐이 泰이니, 임금이 이것을 본받아 天地의 道를 마름질하여 이루며, 天地의 마땅함을 보상하여 백성을 돕는다."

【傳】天地交而陰陽和면 則萬物茂遂하나니 所以泰也라 人君이 當體天地通泰之象하여 而以財成天地之道하고 輔相天地之宜하여 以左右生民也라 財成은 謂體天地交泰之道而財制하여 成其施爲之方也라 輔相天地之宜는 天地通泰면 則萬物茂遂하나니 人君體之而爲法制하여 使民用天時, 因地利하여 輔助化育之功하여 成其豊美之利也라 如春氣發生萬物則爲播植之法하고 秋氣成實萬物則爲收斂之法이니 乃輔相天地之宜하여 以左右輔助於民也라 民之生에 必賴君上爲之法制하여 以教率輔翼之라야 乃得遂其生養하니 是左右之也라

天地가 사귀어 陰陽이 화합하면 만물이 무성하게 이루어지니, 이 때문에 泰卦가 된다. 임금은 天地가 통하여 태평한 象을 체득하여 天地의 道를 마름질하여 이루고, 天地의 마땅함을

7 財(裁)成天地之道 輔相天地之宜 : 《大全》의 소주에서 蔡淵(南宋)은 "'天地之道'는 形氣의 전체로써 말한 것이고 '天地之宜'는 時勢의 적절한 것으로써 말한 것이다. '財成'은 그 전체를 따라 한계를 넘지 않도록 재단하여 처리하는 것이고, '輔相'은 그 마땅한 바를 따라 미치지 못하는 바를 도와주는 것이다. 예컨대 氣化의 流行이 분명하지 못한 채로 계속 이어짐에 聖人은 그것을 제재하여 春夏秋冬 네 절기로 나누었고, 지형이 광활하여 경위가 교착됨에 성인은 그것을 제재하여 東西南北으로 경계를 구분하였다. 이것이 '천지의 도를 마름질하여 이루는〔裁成天地之道〕' 것이다. 봄에는 살리고 가을에는 죽이는 것은 時運의 자연스러움이며, 높은 곳에는 기장을 심고 낮은 곳은 벼를 심는 것 또한 지세의 마땅한 바이다. 성인이 그것을 도와서 봄이 되면 밭을 갈게 하고 가을이 되면 수확하게 하며, 높은 곳에는 기장을 심게 하고 낮은 곳에는 벼를 심게 하니, 이것이 '천지의 마땅함을 보상하는〔輔相天地之宜〕' 것이다." 하였다.

8 左右 : 鄭玄(後漢)은 "左右는 돕는다는 뜻이다〔左右 助也〕" 하였다.

보필하여 백성을 도와야 한다. '財成'은 天地가 사귀어 태평하게 되는 道를 체득하여 마름질해서 시행하는 방법을 이루는 것이다. '천지의 마땅함을 輔相함'은 天地가 통하여 태평하면 만물이 무성하게 이루어지니, 임금이 이것을 체득하고 法制를 만들어 백성에게 天時를 쓰고 地利를 따라서 〈천지가 만물을〉 化育하는 功을 돕게 하여 그 풍요롭고 아름다운 이로움을 이루는 것이다. 예컨대 봄 기운이 만물을 發生시키면 파종하고 심는 법을 만들고, 가을 기운이 만물을 영글게 하면 수렴하는 법을 만드는 것이니, 이것이 바로 天地의 마땅함을 보상하여 백성을 돕는 것이다. 백성의 삶은 반드시 임금이 백성을 위해 法制를 만들어서 가르치고 인도하고 돕는 것에 의뢰하여야 비로소 生育을 이룰 수 있으니, 이것이 '백성을 도와주는 것'이다.

【本義】財成以制其過하고 輔相以補其不及이라

'마름질하여 이룸'은 지나침을 억제하는 것이고, '보필함'은 미치지 못한 것을 보충하는 것이다.

字義 后 : 임금 후　財 : 마름질할 재(裁)　相 : 도울 상　左 : 도울 좌　右 : 도울 우　播 : 뿌릴 파　斂 : 거둘 렴

初九는 拔茅茹라 以其彙征[9]이니 吉하니라

【本義】拔茅茹니 以其彙면 征이 吉하리라

初九는 띠풀의 뿌리를 뽑는 것처럼 그 동류들을 데리고 함께 가니 길하다.

【본의】 띠풀의 뿌리를 뽑음이 그 동류로써 하면 가는 것이 길할 것이다.

【傳】初以陽爻居下하니 是는 有剛明之才而在下者也라 時之否면 則君子退而窮處로되 時旣[10]泰면 則志在上進也라 君子之進에 必與其朋類相牽援하여 如茅之根然하여 拔其一이면 則牽連而起矣라 茹는 根之相牽連者라 故以爲象이라 彙는 類也니 賢者以其類

---

9 拔茅茹 以其彙征 : 吳澄(元)은 "세 陽은 같은 종류가 되니, 띠풀이 비록 뿌리를 함께하지는 않으나 뽑으면 그 뿌리가 서로 이어져서 딸려 나온다. 이는 初九가 동류들과 함께 나간다고 하는 것과 유사하다." 하였다.

10 旣 : 《大全》의 간주에 "어떤 판본에는 '將'자로 되어 있다." 하였다.

進하여 同志以行其道라 是以吉也라 君子之進에 必以其類니 不唯志在相先[11]하여 樂於與善이요 實乃相賴以濟라 故君子小人이 未有能獨立不賴朋友之助者也라 自古로 君子得位면 則天下之賢이 萃於朝廷하여 同志協力하여 以成天下之泰하고 小人在位면 則不肖者竝進然後에 其黨勝而天下否矣니 蓋各從其類也라

初九는 陽爻로서 맨 아래에 있으니, 이는 강건하고 밝은 재질이 있으면서 아래에 있는 것이다. 비색한 때에는 君子가 물러나 궁색하게 처하지만, 때가 이미 태평해지면 뜻이 위로 나아가는데 있다. 君子가 나아갈 때에는 반드시 동류들과 서로 끌어주는 것이 마치 띠풀의 뿌리처럼 하나를 뽑으면 연달아 딸려 올라오듯이 해야 한다. '茹'는 뿌리가 서로 연결된 것이므로 象으로 삼았다. '彙'는 동류이다. 賢人이 동류들을 데리고 나아가 뜻을 함께하여 道를 행하니, 이 때문에 吉하다. 君子가 나아갈 때에는 반드시 동류들을 데리고 가니, 뜻이 서로 사양하여 함께 善을 행함을 즐거워하는 데에 있을 뿐만 아니라, 실제로 서로 의뢰하여 이룬다. 그러므로 君子이든 小人이든 간에 동류들의 도움에 의뢰하지 않고 홀로 설 수 있는 자는 없다. 예로부터 君子가 자리를 얻으면 세상의 賢人들이 조정에 모여서 뜻을 함께하고 힘을 합하여 세상의 태평함을 이루지만, 小人이 자리에 있으면 불초한 자들이 함께 나아간 뒤에 그 무리가 기승을 부려 세상이 비색해졌으니, 각각 그 동류를 따르는 것이다.

【本義】 三陽在下하여 相連而進은 拔茅連茹之象이니 征行之吉也라 占者陽剛이면 則其征吉矣라 郭璞洞林[12]에 讀至彙字하여 絶句하니 下卦放此하니라

세 陽이 下卦에 있어 서로 연결되어 나아감은 띠풀을 뽑으면 뿌리가 연결되어 있는 象이니, 가서 행하는 것이 吉하다. 점치는 자가 강건한 陽이면 가는 것이 吉하다. 郭璞의 《周易洞林》에는 '彙'字에서 구절을 끊었으니, 아래의 否(비)卦도 이와 같다.

字義 茅 : 띠 모 茹 : 뿌리얽힐 여 彙 : 무리 휘 征 : 갈 정 牽 : 끌 견, 관련될 견 援 : 당길 원 萃 : 모일 췌 璞 : 옥덩어리 박

---

11 相先 : 서로 양보함을 이른다. 《禮記》〈儒行〉에 "유자는 善을 들으면 서로 알려주고, 善을 보면 서로 보여주며, 爵位는 서로 양보한다.[儒有聞善以相告也 見善以相示也 爵位相先也]" 하였는데, 鄭玄의 注에 "相先은 서로 양보함과 같다[相先 猶相讓也]" 하였다.

12 郭璞洞林 : 郭璞(276~324)은 東晉 사람이며, 자는 景純이다. 天文·古文奇字·曆算·卜筮術에 밝았고, 詩賦에 뛰어났다. 著作佐郎이 되어 《晉史》를 편찬하였고, 나중에 王敦의 參軍이 되었는데, 왕돈의 모반 계획을 만류하다가 왕돈에게 피살당했다. 저서에 《爾雅注》·《山海經注》·《水經注》·《周易洞林》 등이 있다. 이 중 《周易洞林》은 《易林》 또는 《易洞林》으로도 불리며, 後人이 集本한 《郭弘農集》에 3권이 전한다.

象曰 拔茅征吉은 志在外也라

〈象傳〉에 말하였다. "'띠풀의 뿌리를 뽑는 것처럼 동류들을 데리고 함께 가는 것이 吉함'은 뜻이 밖에 있기 때문이다."

【傳】 時將泰면 則群賢皆欲上進하니 三陽之志 欲進이 同也라 故取茅茹彙征之象이라 志在外는 上進也라

때가 장차 태평하게 되면 여러 賢人들이 모두 위로 나아가고자 하니, 세 陽의 뜻이 나아가고자 함이 같기 때문에 하나를 뽑으면 연달아 딸려 나오는 띠풀의 뿌리처럼 동류들이 함께 나아가는 象을 취하였다. '뜻이 밖에 있음'은 위로 나아가는 것이다.

九二는 包荒하며 用馮河하며 不遐遺하며 朋亡하면 得尙于中行[13]하리라

【本義】 包荒하고 用馮河하며 不遐遺하고 朋亡하면

九二는 거친 것을 포용하며, 河水를 맨몸으로 건너는 용맹을 쓰며, 멀리 있는 것을 버리지 않으며, 붕당을 없애면 中道의 실천에 배합할 수 있을 것이다.

【본의】 거친 것을 포용하면서도 河水를 맨몸으로 건너는 용기를 쓰며, 멀리 있는 사람을 버리지 않으면서도 붕당을 없애면

【傳】 二以陽剛得中하여 上應於五하고 五以柔順得中하여 下應於二하여 君臣同德하니 是는 以剛中之才로 爲上所專任이라 故二雖居臣位나 主治泰者也니 所謂上下交而其志同也라 故治泰之道 主二而言이라 包荒, 用馮河, 不遐遺, 朋亡四者는 處泰之道也라 人情安肆하면 則政舒緩而法度廢弛하여 庶事无節하니 治之之道는 必有包含荒穢之量이면 則

13 包荒……得尙于中行 : 金相岳(朝鮮)은 《山天易說》에서 "九二는 乾卦☰의 가운데 있어 여러 陰들을 통솔함으로써 泰를 다스리는 일을 맡은 자이다. '거친 것을 포용한다〔包荒〕'는 것은 初九를 포용하는 것이다. '하수를 맨 몸으로 건너는 용맹을 쓴다〔用馮河〕'는 것은 九三과 六四를 넘어 六五와 應한다는 말이다. '멀리 있는 사람을 버리지 않는다〔不遐遺〕'는 것은 上六이 卦의 밖에 있지만 멀다고 하여 버리지 않는 것이다. '붕당을 없앤다〔朋亡〕'는 것은 세 陽이 같은 卦體이지만 사사로이 친하지 않는 것이다. 이와 같이 할 수 있다면 六五와 더불어 서로 합하여 中道에 배합할 수 있을 것이다." 하였다.

其施爲 寬裕詳密하여 弊革事理而人安之요 若无含弘之度하여 有忿疾之心이면 則无深遠之慮하고 有暴擾之患하니 深弊未去而近患已生矣라 故在包荒也라 用馮河는 泰寧之世엔 人情이 習於久安하고 安於守常하여 惰於因循하고 憚於更變하나니 非有馮河之勇이면 不能有爲於斯時也니 馮河는 謂其剛果足[14]以濟深越險也라 自古로 泰治之世는 必漸至於衰替하니 蓋由狃習安逸하여 因循而然이니 自非剛斷之君, 英烈之輔면 不能挺特奮發하여 以革其弊也라 故曰用馮河라 或疑上云包荒은 則是包含寬容이요 此云用馮河는 則是奮發改革이니 似相反也라하니 不知以含容[15]之量으로 施剛果之用이 乃聖賢之爲也라 不遐遺는 泰寧之時에 人心狃於泰면 則苟安逸而已니 惡(오)能復深思遠慮하여 及於遐遠之事哉아 治夫泰者는 當周及庶事하여 雖遐遠이나 不可遺니 若事之微隱과 賢才之在僻[16]陋 皆遐遠者也니 時泰則固遺之矣라 朋亡은 夫時之旣泰면 則人習於安하여 其情이 肆而失節하나니 將約而正之인댄 非絶去其朋與之私면 則不能也라 故云朋亡이라 自古로 立法制事에 牽於人情하여 卒不能行者 多矣라 若夫禁奢侈則害於近戚하고 限田產則妨於貴家하니 如此之類를 旣不能[17]斷以大公而必行이면 則是牽[18]於朋比也니 治泰에 不能朋亡이면 則爲之難矣라 治泰之道 有此四者면 則能合於九二之德이라 故曰得尙于中行이라하니 言能配合中行之義也라 尙은 配也라

九二는 강건한 陽으로서 가운데 자리를 얻어 위로 六五와 호응하고, 六五는 柔順함으로 가운데 자리를 얻어 아래로 九二와 호응하여 임금과 신하가 德을 함께하니, 이는 剛中한 재질로써 윗사람에게 전적으로 신임을 받는 것이다. 그러므로 九二가 비록 신하의 자리에 있지만 태평함을 다스리는 주체이니, 이른바 '위아래가 사귀어 그 뜻을 같이한다.'는 것이다. 그러므로 태평함을 다스리는 道는 九二를 위주로 말한다. '거친 것을 포용함', '황하를 맨몸으로 건너는 용맹을 씀', '멀리 있는 것을 버리지 않음', '붕당을 없앰'의 네 가지는 태평한 때에 대처하는 道이다.

人情이 편안하여 풀어지면 정사가 느슨해져서 法度가 폐지되고 해이해져 모든 일이 절도가 없어진다. 이것을 다스리는 방법은 반드시 거칠고 더러움을 포용해주는 도량이 있어야만 그

---

14 足 : 《大全》의 간주에 "어떤 판본에는 '可'자로 되어 있다." 하였다.

15 容 : 《大全》의 간주에 "어떤 판본에는 '弘'자로 되어 있다." 하였다.

16 僻 : 《大全》의 간주에 "어떤 판본에는 '側'자로 되어 있다." 하였다.

17 旣不能 : 《大全》의 간주에 "어떤 판본에는 '旣不能' 3자가 없다." 하였다.

18 牽 : 《大全》의 간주에 "어떤 판본에는 앞에 '不'자가 더 있다." 하였다.

시행함이 관대하고 너그러우며 상세하고 치밀하여 폐단이 고쳐지고 일이 다스려져서 사람들이 편안해진다. 그러나 만일 널리 포용해주는 도량은 없고, 분노하고 미워하는 마음만 있으면, 심원한 생각은 없고 갑자기 소요하는 근심이 생길 것이니, 깊은 폐단을 제거하기 전에 이미 가까운 근심이 생겨난다. 그러므로 '거친 것을 포용'하는 데 달려 있는 것이다.

'河水를 맨몸으로 건너는 용맹을 씀'은 태평하여 편안한 세상에는 人情이 오랫동안 편안한데 익숙하고 일상을 지키는데 안주하여, 그대로 따라하는 타성에 젖고 변경함을 꺼리니, 河水를 맨몸으로 건너는 용맹이 있지 않으면 이러한 때에 큰일을 하지 못한다. '河水를 맨몸으로 건넘'은 강건하고 과감해서 깊은 곳을 건너고 험한 곳을 뛰어넘을 수 있기에 충분함을 말한다. 예로부터 태평하게 다스려지는 세상은 반드시 점점 쇠퇴하고 침체되는데 이른다. 이는 안일함에 익숙해지고 그대로 따라하는 타성에 젖음으로 말미암아 그러한 것이니, 스스로 剛斷이 있는 임금과 뛰어나고 밝은 〈신하의〉 보필이 아니면 특출하게 분발해서 그 병폐를 개혁하지 못하기 때문에 '用馮河'라 한 것이다.

어떤 이는 의심하길 "위에서 말한 '包荒'은 포용하여 관대하게 받아주는 것이고, 여기에서 말한 '用馮河'는 분발하여 개혁하는 것이니, 서로 〈그 뜻이〉 상반된 듯합니다." 하였다. 〈대답하기를〉 "이는 포용하여 받아들이는 도량으로 강건하고 과감하게 씀을 베푸는 것이 바로 聖賢의 행위임을 알지 못하는 것입니다." 하였다.

'멀리 있는 것을 버리지 않음'은 태평하여 편안한 때에 人心이 태평함에 익숙해지면 구차하고 안일해질 뿐이니, 어찌 다시 깊이 생각하고 멀리 염려하여 먼 일에까지 미칠 수 있겠는가. 태평함을 다스리는 자는 마땅히 여러 일에 두루 미쳐서, 비록 먼 것이라도 버려서는 안 된다. 일이 은미한 것과 현명한 인재가 궁벽하고 누추한 곳에 있는 것은 모두 멀리 있는 것이니, 때가 태평하면 진실로 버려지는 것이다.

'붕당을 없앰'은 때가 이미 태평하면 사람들이 편안함에 익숙하여 뜻이 방자해서 절도를 잃게 되니, 장차 이것을 제약해서 바로잡고자 한다면 붕당의 사사로움을 끊어버리지 않으면 불가능하기 때문에 '朋亡'이라 한 것이다. 예로부터 法을 세우고 일을 제정함에 있어서 人情에 끌려 끝내 행하지 못한 경우가 많았다. 예를 들어 사치를 금하면 가까운 친척에게 해롭고, 토지와 재산을 제한하면 귀족에게 해롭다. 이러한 따위를 이미 크게 공정함으로 결단하여 기필코 시행하지 못하면 이는 곧 붕당에 끌려 다니는 것이니, 태평함을 다스리려 할 때에 붕당을 없애지 못하면 다스리기 어렵다.

태평을 다스리는 道에 이 네 가지가 있으면 九二의 德에 합할 수 있다. 그러므로 "中道의 실천에 배합할 수 있을 것이다."라고 하였으니, 中道를 실천하는 義에 배합할 수 있음을 말한 것이다. '尙'은 배합함이다.

【本義】九二以剛居柔하여 在下之中하고 上有六五之應하니 主乎泰而得中道者也라 占者能包容荒穢而果斷剛決하며 不遺遐遠而不昵朋比면 則合乎此爻中行之道矣라

九二는 剛으로서 柔한 자리에 있어, 下卦의 가운데 자리에 있고 위로 六五의 호응이 있으니, 泰卦를 주관하면서 中道를 얻은 자이다. 점치는 자가 거침과 더러움을 포용하면서 과단성이 있고 강하게 결단하며, 멀리 있는 사람을 버리지 않으면서 붕당과 사사로이 친하지 않으면 이 爻의 中道를 실천하는 道에 합할 수 있다.

字義 馮 : 맨몸으로물건널 빙 遐 : 멀 하 遺 : 버릴 유 尙 : 배합할 상 穢 : 더러울 예
暴 : 갑자기 폭 擾 : 어지러울 요 狃 : 익숙할 뉴(유) 挺 : 뺄 정 配 : 짝 배 昵 : 친할 닐(일)

象曰 包荒得尙于中行은 以光大[19]也라

〈象傳〉에 말하였다. "'거친 것을 포용하면 中道의 실천에 배합함'은 빛나고 큰 것이다."

【傳】象은 擧包荒一句하여 而通解四者之義하니 言如此則能配合中行之德하여 而其道光明顯大也라

爻의 〈象傳〉에서는 "거친 것을 포용함"이란 한 구절을 들어 네 가지의 뜻을 통틀어 해석하였으니, 이와 같이 하면 中道를 실천하는 德에 배합하여 그 道가 빛나고 밝으며 드러나 크게 됨을 말한 것이다.

九三은 无平不陂며 无往不復이니 艱貞이면 无咎하여 勿恤이라도 其孚라 于食에 有福[20]하리라

【本義】艱貞이면 无咎하고 勿恤其孚면

九三은 평탄하기만 하고 기울어지지 않는 것은 없으며, 가기만 하고 돌아오지 않는

---

19 光大 : 朴文健(朝鮮)은 《周易衍義》에서 "'光大'는 바로 '中行'에 대해 설명한 것이다." 하였다.

20 无平不陂……有福 : 李瀷(朝鮮)은 《易經疾書》에서 "九三은 위의 여러 陰에 가깝기 때문에 평탄한 것은 반드시 기울어질 때가 있고 가는 것은 반드시 돌아올 때가 있다는 경계가 있으니, 태평함을 믿고 편안히 해서는 안 된다는 말이다." 하였다.

것은 없으니, 어렵게 여기고 바르게 하면 허물이 없어서 근심하지 않더라도 기대하는 바를 잃지 않는지라 먹는 데 복이 있을 것이다.

【본의】 어려워도 바름을 지키면 허물이 없고, 〈기대하는 것에 대한〉 믿음을 근심하지 않으면

【傳】 三居泰之中하고 在諸陽之上하니 泰之盛也라 物理如循環하여 在下者必升하고 居上者必降하니 泰久而必否라 故於泰之盛과 與陽之將進에 而爲之戒曰 无常安平而不險陂者라하니 謂无常泰也요 无常往而不返者라하니 謂陰當復也라 平者陂하고 往者復이면 則爲否矣니 當知天理之必然하여 方泰之時하여 不敢安逸하여 常艱危其思慮하고 正固其施爲니 如是則可以无咎라 處泰之道는 旣能艱貞이면 則可常保其泰하여 不勞憂恤이라도 得其所求也라 不失所期爲孚니 如是則於其祿食에 有福益也라 祿食은 謂福祉니 善處泰者는 其福可食也라 蓋德善日積이면 則福祿日臻이니 德踰於祿이면 則雖盛而非滿이라 自古로 隆盛에 未有不失道而喪敗者也니라

九三은 泰卦의 가운데 자리에 있고, 여러 陽의 위에 있으니, 태평함이 성하다. 물건의 이치는 고리를 따라 도는 것과 같아서, 아래에 있는 것은 반드시 위로 올라가고, 위에 있는 것은 반드시 아래로 내려오니, 태평함이 오래되면 반드시 비색해진다. 그러므로 태평함이 성한 때와 陽이 장차 나가려 할 때에 경계하기를 "항상 평안하기만 하고 험해서 기울어지지 않는 것은 없다." 하였으니, 항상 태평한 것은 없음을 말한 것이고, "항상 가기만 하고 돌아오지 않는 것은 없다." 하였으니, 陰이 당연히 돌아올 것임을 말한 것이다. 평평한 것이 기울어지고, 간 것이 돌아오면 비색하게 되니, 마땅히 天理의 필연성을 알아서 태평한 때에는 감히 안일하지 않고, 항상 그 생각과 염려를 어렵고 위태롭게 여겨서 바르고 견고하게 시행해야 하니, 이와 같이 하면 허물이 없을 수 있다.

태평함에 대처하는 道는 이미 어렵게 여기고 바르게 하면, 항상 그 태평함을 보존하여 수고롭게 근심하지 않아도 구하는 바를 얻을 수 있다. 기대하는 바를 잃지 않음이 '孚'이니, 이와 같으면 봉록을 먹음에 福과 유익함이 생긴다. 봉록을 먹음은 '福祉'를 말하니, 태평한 때에 잘 대처하는 자는 복을 누릴 수 있다. 德과 善이 날로 쌓이면 福祿이 나날이 이른다. 德이 祿보다 더 많으면 祿이 아무리 많아도 가득 찬 것이 아니니, 예로부터 융성할 때에 道를 잃지 않았는데 잘못된 자는 있지 않았다.

【本義】 將過于中하니 泰將極而否欲來之時也라 恤은 憂也요 孚는 所期之信也라 戒占

者艱難守貞이면 則无咎而有福이라

〈泰卦의〉 中을 지나고 있으니, 태평함이 장차 극에 이르러 비색함이 오려고 하는 때이다. '恤'은 근심함이고, '孚'는 기대하는 것에 대한 믿음이다. 점치는 자에게 어렵게 여기고 바름을 지키면 허물이 없어 福이 있을 것이라고 경계한 것이다.

字義 陂 : 기울 피 復 : 돌아올 복 恤 : 근심할 휼 孚 : 상응할 부 環 : 돌 환

## 象曰 无往不復은 天地際也라

〈象傳〉에 말하였다. "'가기만 하고 돌아오지 않음이 없음'은 하늘과 땅이 사귀기 때문이다."

【傳】 无往不復은 言天地之交際也라 陽降于下하면 必復于上하고 陰升于上하면 必復于下하나니 屈伸往來之常理也[21]라 因天地交際之道하여 明否泰不常之理하여 以爲戒也라

'가기만 하고 돌아오지 않음이 없음'은 하늘과 땅이 교제함을 말한다. 陽이 아래로 내려오면 반드시 위로 돌아가고, 陰이 위로 올라가면 반드시 아래로 돌아오니, 이는 屈伸과 往來의 변함없는 이치이다. 天地가 교제하는 道로 인하여 비색함과 태평함이 일정하지 않은 이치를 밝혀 경계로 삼았다.

字義 際 : 사귈 제 降 : 내릴 강 升 : 오를 승

## 六四는 翩翩히 不富以其隣하여 不戒以孚[22]로다

六四는 빠르게 날아 내려오니, 부유하지 않으면서도 이웃과 함께하여 경계하지 않아도 믿는다.

---

21 常理也 : 《大全》의 간주에 "어떤 판본에는 '理之常也'로 되어 있다." 하였다.

22 翩翩……不戒以孚 : 金相岳(朝鮮)은 《山天易說》에서 "'不富'는 세 陰을 말하고, '其隣'은 세 陽을 가리킨다. 六四는 坤卦☷로서 乾卦☰를 타고, 初九와 應하고 九三과 比의 관계이며, 九三은 互卦인 震卦☳의 卦體이므로 훨훨 날아 아래로 내려온다. 부유하지 않아도 그 이웃을 따르게 하고 경계하지 않아도 陽에게 신임을 받음은 사귀어 태평해지고자 하는 바람이 마음속에서 나오기 때문이다.

【傳】六四는 處泰之過中하고 以陰在上하여 志在下復이요 上二陰亦志在趨下라 翩翩은 疾飛之貌니 四翩翩就下하여 與其隣同也라 隣은 其類也니 謂五與上이라 夫人富而其類從者는 爲利也요 不富而從者[23]는 其志同也라 三陰이 皆在下之物이어늘 居上은 乃失其實이니 其志皆欲下行이라 故不富而相從하여 不待戒告而誠意相合也라 夫陰陽之升降은 乃時運之否泰니 或交或散이 理之常也라 泰旣過中이면 則將變矣라 聖人於三에 尙云艱貞則有福이라하시니 蓋三爲將中이니 知戒則可保요 四已過中矣니 理必變也라 故專言始終反復之道하고 五는 泰之主일새 則復言處泰之義하니라

六四는 泰卦의 中을 지난 곳에 있고, 陰으로서 上卦에 있어서 뜻이 아래로 돌아오는데 있으며, 위의 두 陰도 뜻이 아래로 빨리 가는데 있다. '翩翩'은 빨리 나는 모양이니, 六四가 빠르게 날아 아래로 나아가서 그 이웃과 함께한다. '隣'은 무리이니, 六五와 上六을 말한다. 사람이 부유해서 무리가 따르는 것은 이익 때문이고, 부유하지 않은데도 무리가 따르는 것은 뜻이 같기 때문이다. 〈上卦의〉 세 陰은 〈본래〉 모두 아래에 있는 물건인데 위에 있는 것은 바로 실질을 잃은 것이니, 그 뜻이 모두 아래로 가고자 한다. 그러므로 부유하지 않은데도 서로 따라서 굳이 경계하여 알려주지 않아도 정성스런 뜻이 서로 합한다. 陰과 陽이 오르고 내림은 바로 時運의 비색함과 태평함이고, 혹 사귀고 혹 흩어지는 것은 떳떳한 이치이다. 태평함이 이미 가운데를 지났으면 장차 변하게 된다. 聖人이 九三에서는 오히려 "어렵게 여기고 바르게 하면 福이 있다." 하였다. 九三은 장차 〈泰卦의〉 가운데가 되려 하니 경계할 줄 알면 보존할 수 있지만, 六四는 이미 가운데를 지났으니 이치상 반드시 변한다. 그러므로 오로지 시작과 마침이 반복하는 道를 말한 것이고, 六五는 泰卦의 주체이기 때문에 다시 태평함에 대처하는 뜻을 말한 것이다.

【本義】已過乎中하니 泰已極矣라 故三陰이 翩然而下復에 不待富而其類從之하니 不待戒令而信也라 其占이 爲有小人合交하여 以害正道하니 君子所當戒也라 陰虛陽實이라 故凡言不富者는 皆陰爻也라

이미 가운데를 지났으니, 태평함이 이미 극에 이르렀다. 그러므로 세 陰이 빠르게 날아 아래로 돌아옴에 부유하기를 기다리지 않고도 무리가 따라오니, 굳이 경계하고 명령하지 않아도 믿는 것이다. 그 占은 小人이 모이고 사귀어 바른 道를 해침이 되니, 君子가 마땅히 경계

23 者 : 《大全》의 간주에 "어떤 판본에는 '者'자가 없다." 하였다.

해야 한다. 陰은 비어 있고, 陽은 가득 차있다. 그러므로 '부유하지 않다'고 말한 것은 모두 陰爻이다.

字義 翩 : 빨리날 편　疾 : 빠를 질　艱 : 어려울 간

## 象曰 翩翩不富는 皆失實也요 不戒以孚는 中心願也라

〈象傳〉에 말하였다. "'빠르게 날아 내려오니, 부유하지 않음'은 모두 실질을 잃었기 때문이고, '경계하지 않아도 믿음'은 마음에서 원하기 때문이다."

【傳】翩翩은 下往之疾이라 不待富而隣從者는 以三陰在上하여 皆失其實故也라 陰本在下之物이어늘 今乃居上하니 是失實也라 不待告戒而誠意相與者는 蓋其中心所願故也니 理當然者는 天也요 衆所同者는 時也라

'翩翩'은 아래로 내려가기를 빠르게 하는 것이다. 부유하기를 기다리지 않고도 이웃이 따르는 것은 세 陰이 위에 있어서 모두 실질을 잃었기 때문이다. 陰은 본래 아래에 있는 물건인데, 이제 마침내 위에 있으니, 이는 실질을 잃은 것이다. 타일러 경계하기를 기다리지 않고도 정성스런 뜻으로 함께하는 것은 마음속으로 서로 원하는 바이기 때문이니, 이치에 당연한 것은 天理이고 여러 사람이 함께하는 것은 時運이다.

【本義】陰本居下어늘 在上은 爲失實이라

陰은 본래 아래에 있는 것인데, 위에 있으니 실질을 잃은 것이다.

## 六五는 帝乙歸妹니 以祉며 元吉[24]이리라

六五는 帝乙이 여동생을 시집보냄이니, 이로써 福을 받고 크게 선하여 길할 것이다.

---

24 帝乙歸妹……元吉 : 邱富國(南宋)은 "商나라의 임금은 天干의 '甲乙丙丁'으로 차례를 삼았다. 帝乙은 바로 임금의 딸을 시집보내는 禮를 제정한 사람이다. '歸'는 시집간다는 말이다. 임금의 여동생을 시집보내는 일은 陰이 비록 귀하다 하더라도 반드시 아래로 내려와 陽에게 나아가는 것이니, 곧 泰卦의 뜻이다. 이로써 복을 받아 크게 길함을 얻는다." 하였다.

【傳】史에 謂湯爲天乙하고 厥後에 有帝祖乙하니 亦賢王也요 後又有帝乙하니라 多士曰 自成湯至于帝乙히 罔不明德恤祀라하니 稱帝乙者는 未知誰是나 以爻義觀之하면 帝乙은 制王姬下嫁之禮法者也라 自古帝女雖皆下嫁나 至帝乙然後에 制爲[25]禮法하여 使降其尊貴하여 以順從其夫也라 六五以陰柔居君位하여 下應於九二剛明之賢하니 五能倚任其賢臣而順從之를 如帝乙之歸妹然하여 降其尊而順從於陽이면 則以之受祉요 且元吉也라 元吉은 大吉而盡善者也니 謂成治泰之功也라

《史記》〈殷本紀〉에 湯王을 '天乙'이라 하였고, 그 뒤에 황제 '祖乙'이 있었으니, 또한 어진 임금이었으며, 뒤에 또 帝乙이 있었다. 《書經》〈多士〉에 "成湯으로부터 帝乙에 이르기까지 德을 밝히고 제사를 공경히 받들지 않는 이가 없었다." 하였으니, '帝乙'이라 일컬은 이가 누구인지 알 수 없으나 爻의 뜻으로 살펴보면 '帝乙'은 임금의 딸을 신하에게 시집보내는 禮法을 제정한 자일 것이다. 예로부터 帝王의 딸을 비록 모두 신하에게 시집보냈으나 帝乙에 와서야 禮法을 제정해서 그 존귀함을 낮추어 남편에게 순종하게 하였다. 六五가 유약한 陰으로서 임금의 자리에 있어 아래로 九二의 강건하고 밝은 현자에게 호응하니, 六五가 어진 신하에게 의지하고 신임하여 순종하기를 帝乙이 여동생을 시집보내듯이 하여, 그 높음을 낮추어 陽에게 순종하게 하면 복을 받고 또 크게 吉하다. '元吉'은 크게 길하고 지극히 善한 것이니, 태평함을 다스리는 功을 이루었음을 말한다.

【本義】以陰居尊하여 爲泰之主하고 柔中虛己하여 下應九二하니 吉之道也요 而帝乙歸妹之時에도 亦嘗占得此爻하니 占者如是면 則有祉而元吉矣리라 凡經에 以古人爲言 如高宗箕子之類者[26]는 皆倣此하니라

陰으로서 높은 자리에 있어서 泰卦의 주체가 되고 유순함과 中道로 자기 마음을 겸허하게 하여 아래로 九二와 호응하니 吉한 道이다. 帝乙이 여동생을 시집보낼 때에도 일찍이 占을 쳐서 이 爻를 얻었으니, 점치는 자가 이와 같이 하면 복이 있어서 크게 吉할 것이다. 《周易》 經文에서 옛사람을 말한 경우가 있으니, 高宗이나 箕子 같은 종류는 모두 이와 같다.

字義 祉 : 복 지 嫁 : 시집갈 가 倚 : 기댈 의 妹 : 누이 매 倣 : 같을 방

---

25 爲 : 《大全》의 간주에 "어떤 판본에는 '其'자로 되어 있다." 하였다.

26 如高宗箕子之類者 : 高宗은 殷나라 왕인 武丁으로, 旣濟卦의 九三에 "高宗伐鬼方三年克之"라고 하였으며, 箕子는 紂王의 친척이자 賢者로서 明夷卦의 六五에 "箕子之明夷"라고 하였다.

象曰 以祉元吉은 中以行願也라

〈象傳〉에 말하였다. "'이로써 복이 있고 크게 길함'은 中道로써 원하는 것을 행하기 때문이다."

【傳】 所以能獲祉福且元吉者는 由其以中道合而行其志願也라 有中德일새 所以能任剛中之賢이니 所聽從者皆其志願也라 非其所欲이면 能從之乎아

복을 얻고 또 크게 吉한 것은 中道로써 합하여 그 뜻이 원하는 것을 행하기 때문이다. 中德이 있기 때문에 강건함과 中道를 지닌 賢人에게 맡길 수 있는 것이니, 들어 따르는 것이 모두 뜻이 원하는 것이다. 하고자 하는 바가 아니면 따를 수 있겠는가.

字義 獲 : 얻을 획

上六은 城復于隍이라 勿用師요 自邑告命[27]이니 貞이라도 吝[28]하니라

【本義】 告命할지니

---

27 自邑告命 : 李瀷(朝鮮)은 《易經疾書》에서 "'읍으로부터 명을 고한다'고 한 것은 명이 미치는 거리가 멀지 않은 것이다."하였다. 柳正源(朝鮮)은 《易解參攷》에서, 項安世(南宋)의 설명을 빌려 "上爻에서 모두 '邑人'이라 하지 않고 '邑'이라고 칭한 것은 백성이 없기 때문이다. 泰卦䷊의 '읍으로부터[自邑]', 謙卦䷎의 '읍을 친다[征邑]', 晉卦䷢의 '읍을 정벌한다[伐邑]', 升卦䷭의 '빈 읍[虛邑]' 등이 여기에 해당한다. 上爻가 아닌데 '邑人'을 말한 괘는 訟卦·比卦·无妄卦가 있다." 하고, 스스로 부연하기를 "태평함이 다하여 해자로 돌아온다면 민심은 떠나고 임금의 도리는 기울어 정벌은 천자로부터 나올 수 없고, 號令은 천하에 행할 수 없다. 겨우 친하고 가까운 읍에 스스로 고하니, 東周의 말세와 같을 것이다. 七國이 분쟁하는데 군대를 써서 정벌하지 못하여 천왕의 존엄성이 떨어져 열국과 같았으며, 홀로 수 십 개의 폐허가 된 읍만 남았으니 비록 스스로 지키어 곧음을 얻었다 해도 어찌 부끄러움이 없을 수 있겠는가." 하였다.

28 城復于隍……貞吝 : 《大全》의 소주에서 徐幾(南宋)는 "군주가 태평한 시기일 때, 문득 안일함에 빠져 경계하지 않으면 군대를 잃고 나라가 패망함에 이르러 겨우 한 읍을 지키기도 어려울 것이니, 임금이 공표하여 하려는 일이 멀리까지 미치지 않는다. 비록 곧고 굳게 스스로를 지킨다고 하더라도 마침내 천고에 부끄러움을 끼치게 되는 것은 아마도 이 爻의 뜻을 알지 못했기 때문이다." 하였고, 金相岳(朝鮮)은 《山天易說》에서 "下卦에 세 개의 陽畫이 연이어 있는 것은 '城'의 상이고, 上卦에 세 개의 陰畫이 나뉘어 있는 것은 '성가퀴[堞]'의 상이다. 해자는 城의 못인데, 물이 있는 것을 '못[池]'이라 하고 물이 없는 것을 '해자[隍]'라 하였으니, '성이 무너져 해자로 돌아간다[城復于隍]'고 한 것은 평탄한 것이 기울어진 것이다." 하였다.

上六은 城이 무너져 해자로 돌아감이다. 군대를 쓰지 말고, 邑으로부터 命을 고함이니, 바르더라도 부끄럽다.

【본의】命을 고할 것이니

【傳】掘隍土積累하여 以成城은 如治道積累以成泰라 及泰之終하여 將反於否하니 如城土頹圮하여 復反于隍也라 上은 泰之終이어늘 六以小人處之하니 行將否矣라 勿用師는 君之所以能用其衆者는 上下之情通而心從也어늘 今泰之將終에 失泰之道하여 上下之情不通矣라 民心離散하여 不從其上하니 豈可用也리오 用之則亂이라 衆旣不可用인댄 方自其親近而告命之니 雖使所告命者得其正이라도 亦可羞吝이라 邑은 所居로 謂親近이니 大率告命은 必自近始라 凡貞凶, 貞吝이 有二義하니 有貞固守此則凶吝者하고 有雖得正亦凶吝者라 此不云貞凶而云貞吝者[29]는 將否而方告命이 爲可羞吝이니 否不由於告命也라

해자를 판 흙을 쌓아 城을 이루는 것은 다스리는 道가 쌓여 태평함을 이루는 것과 같고, 태평함의 끝에 이르러 장차 비색한데로 돌아가는 것은 城의 흙이 무너져 다시 해자로 돌아가는 것과 같다. 上六은 泰卦의 끝인데, 陰이 小人으로 여기에 있으니, 행함이 장차 비색해진다. '군대를 쓰지 말아야 함'은 임금이 무리를 쓸 수 있는 까닭은 위아래의 뜻이 통해서 마음으로 따르기 때문이다. 그런데 이제 태평함이 장차 끝나려 하는 때에 태평함의 道를 잃어 위아래의 뜻이 통하지 못하며, 民心이 떠나고 흩어져 윗사람을 따르지 않으니, 어찌 쓸 수 있겠는가. 〈군대를〉 쓰면 혼란해진다. 군대를 이미 쓸 수 없다면 가까운 곳으로부터 命을 고해야 하니, 비록 命을 고함이 바름을 얻더라도 또한 부끄러운 일이다. '邑'은 거주하는 곳으로 친근한 곳을 말하니, 대체로 '命을 고함'은 반드시 가까운 곳에서부터 시작해야 한다. '貞凶'과 '貞吝'은 두 가지 뜻이 있다. 貞固하게 이것을 지키면 흉하거나 부끄러운 경우가 있고, 비록 바름을 얻더라도 또한 흉하거나 부끄러운 경우가 있다. 여기에서 '貞凶'이라 하지 않고 '貞吝'이라 한 것은 장차 비색해진 다음에야 비로소 命을 고함이 부끄러울 만하기 때문이니, 비색함이 命을 고함으로 말미암은 것은 아니다.

【本義】泰極而否는 城復于隍之象이니 戒占者不可力爭이요 但可自守니 雖得其貞이라도 亦不免於羞吝也라

---

29 者 : 《大全》의 간주에 "어떤 판본에는 '者'자가 없다." 하였다.

태평함이 극에 이르러 비색해지는 것은 城이 무너져 해자로 돌아가는 象이니, 점치는 자에게 힘으로 다투지 말고 다만 스스로를 지켜야 하니, 비록 바름을 얻더라도 부끄러움을 면치 못할 것이라고 경계하였다.

字義 隍 : 해자 황 掘 : 팔 굴 頹 : 무너질 퇴 圮 : 무너질 비 羞 : 부끄러울 수

## 象曰 城復于隍은 其命이 亂也[30]라

〈象傳〉에 말하였다. "'城이 무너져 해자로 돌아감'은 그 명이 어지러운 것이다."

【傳】 城復于隍矣니 雖其命之亂[31]이나 不可止也라

城이 무너져 해자로 돌아가니, 비록 그 命이 어지러워졌다 해도 〈그 命을〉 그칠 수는 없다.

【本義】 命亂이라 故復否니 告命은 所以治之也라

命이 어지럽기 때문에 비색함으로 돌아가는 것이니, '命을 고함'은 이것을 다스리는 방법이다.

30 城復于隍 其命亂也 : 柳正源(朝鮮)은 《易解參攷》에서 "태평함이 장차 끝나가고 성이 무너져 해자로 돌아간다면 위아래가 통하지 않고 백성들이 윗사람의 명령을 따르지 않으니, 이것을 일러 '其命亂也'라고 한 것이다." 하였다.

31 雖其命之亂 : 일반적으로 '雖其命之亂'에서 끊어 읽으나, 李恒老(朝鮮)는 《華西文集》 〈周易傳義同異釋義〉에서 "'雖其命之'에서 구절을 끊어야 한다. 비록 命을 내리더라도 어지러움을 그치게 할 수 없는 것이다." 하였다.

# 12. 否

## ䷋ 坤下乾上

下卦는 坤卦☷이고, 上卦는 乾卦☰이다.

【傳】否(비)는 序卦에 泰者는 通也니 物不可以終通이라 故受之以否라하니라 夫物理往來하니 通泰之極이면 則必否[1]하니 否所以次泰也라 爲卦 天上地下하니 天地相交하여 陰陽和暢이면 則爲泰요 天處上하고 地處下면 是天地隔絶하여 不相交通이니 所以爲否也라

否卦는 〈序卦傳〉에 "泰는 통함이니, 물건은 끝까지 통할 수만은 없기 때문에 否卦로 받았다." 하였다. 물건의 이치는 往來하므로 通泰함이 궁극에 이르면 반드시 비색해지니, 否卦가 泰卦 다음에 온 까닭이다. 卦의 구성이 하늘은 위에 있고 땅은 아래에 있으니, 天地가 서로 사귀어 陰陽이 화창하면 泰卦가 되고, 하늘이 위에 있고 땅이 아래에 있으면 이는 天地가 막히고 끊어져 서로 통하지 못하는 것이니, 이 때문에 否卦가 된다.

字義 否 : 막힐 비 隔 : 막힐 격

否[2]之匪人[3]이니

---

1 通泰之極 則必否 : 《大全》의 소주에서 吳綺(南宋)는 "通泰한 것과 否塞한 것의 기미는 항상 서로 마주하며, 또한 항상 서로 바뀐다. 先天의 卦는 泰卦가 否卦와 마주하고, 後天의 卦는 泰卦 뒤에 否卦가 오는데, 마주 대하면 멀어지고 이어지면 가까운 것이다. 통함과 막힘이 서로 의지하는 기틀을 두려워할 만하다." 하였다.

2 否 : 빌헬름 영문판 주역인 《The I Ching》에서는 否卦를 "P'i / Standstill 〔Stagnation〕"이라고 하였다. 비괘는 태괘와 정반대로 천지가 사귈 수 없어 세상이 막히고 쇠퇴하므로 '막힘'과 '정체'라고 정의하였다.

3 匪人 : 金龜柱(朝鮮)는 《周易箚錄》에서 "'匪人'은 小人이라고 말하는 것과 같다. 否卦는 안이 유약하고 밖이 강건하니, 小人의 道이기 때문에 '匪人'이라고 하였다. 이 '匪人'은 아래의 '君子'와 정반

否는 사람의 道가 아니니,

【傳】天地交而萬物生於中에 然後三才備하나니 人爲最靈이라 故爲萬物之首하니 凡生天地之中者 皆人道也라 天地不交하면 則不生萬物이니 是无人道라 故曰匪人이니 謂非人道也라 消長闔闢이 相因而不息하나니 泰極則復하고 否終則傾하여 无常而不變之理하니 人道豈能无也리오 旣否則泰矣니라

天地가 사귀어 만물이 그 가운데에서 생겨난 뒤에 三才가 갖추어진다. 사람이 가장 신령스럽기 때문에 만물의 우두머리가 되니, 天地의 가운데에서 태어난 것은 모두 사람의 道이다. 天地가 사귀지 않으면 만물을 낳지 못하니, 이는 사람의 道가 없는 것이다. 그러므로 '匪人'이라 하였으니, 사람의 道가 아님을 말한다. 사라지고 자라남과 닫히고 열림이 서로 근거하여 쉬지 않으니, 태평함이 궁극에 이르면 돌아가고 비색함이 끝나면 기울어서 항상 변하지 않는 이치는 없으니, 사람의 道가 어찌 없을 수 있겠는가. 이미 비색해지고 나면 태평하게 된다.

字義 匪 : 아닐 비 闔 : 닫을 합 闢 : 열 벽

## 不利君子貞하니 大往小來[4]니라

君子의 바름이 이롭지 않으니, 陽은 가고 陰은 온다.

【傳】夫上下交通하여 剛柔和會는 君子之道也어늘 否則反是라 故不利君子貞이니 君子正道 否塞不行也라 大往小來는 陽往而陰來也니 小人道長하고 君子道消之象이라 故爲否也라

위아래가 서로 통하여 剛과 柔가 화합하고 모이는 것은 君子의 道인데, 否卦는 이와 반대이다. 그러므로 君子의 바름이 이롭지 않으니, 君子의 바른 道가 비색하여 행해지지 못하는

대이다." 하였으며, 金箕澧(朝鮮)는 《默泉別集》〈易要選義綱目〉에서 "'匪人'은 陰과 陽이 교류하지 않아 낳는 道가 끊어지면 마치 사람의 몸에 陰은 내려와서 정체되어 있고, 陽은 상승하여 원기가 다 고갈된 것과 같은 것이다. 또한 사람의 마음이 안으로는 몰래 욕심을 내면서 밖으로는 아닌 것처럼 꾸미는 것은 모두 人道가 아니다." 하였다.

4 大往小來 : 金相岳(朝鮮)은 《山天易說》에서 "大往小來는 乾卦가 가서 밖에 있고 坤卦가 와서 안에 있음이니, 卦變으로 말했다." 하였다.

것이다. '큰 것이 가고 작은 것이 옴'은 陽이 가고 陰이 오는 것이니, 小人의 道가 자라나고 君子의 道가 사라지는 象이기 때문에 否卦가 된다.

【本義】否는 閉塞也니 七月之卦也라 正與泰反이라 故曰匪人이니 謂非人道也라 其占이 不利於君子之正道하니 蓋乾往居外하고 坤來居內하며 又自漸卦而來하니 則九往居四하고 六來居三也라 或疑之匪人三字 衍文이니 由比六三而誤也[5]라 傳不特解[6]하니 其義亦可見이라

否卦는 닫히고 막힘이니, 七月의 卦이다. 泰卦와 정반대이므로 '匪人'이라 하였으니, 사람의 道가 아님을 말한다. 그 占이 君子의 正道에 이롭지 않으니, 乾卦☰가 가서 밖에 있고, 坤卦☷가 와서 안에 있다. 또 漸卦䷴로부터 왔으니, 九三이 가서 네 번째 자리에 거처하고 六四가 와서 세 번째 자리에 거처한다. 어떤 이가 의심하길 "'之匪人' 세 글자는 衍文이니 比卦의 六三爻辭로 말미암아 잘못된 것이다." 하였는데, 〈彖傳〉에서 특별히 해석하지 않았으니, 이것으로 그러한 뜻을 또한 볼 수 있다.

字義 塞 : 막힐 색

彖曰 否之匪人 不利君子貞 大往小來는 則是天地不交而萬物不通也며 上下不交而天下无邦也라 內陰而外陽하며 內柔而外剛하며 內小人而外君子[7]하니 小人道長하고 君子道消也라

〈彖傳〉에 말하였다. "'否는 사람의 道가 아니니, 君子의 바름이 이롭지 않으니, 陽이 가고 陰이 옴'은 天地가 사귀지 않아 만물이 통하지 못하고, 위아래가 사귀지 않아 天下에 나라가 없는 것이다. 陰이 안에 있고 陽이 밖에 있으며, 柔가 안에 있고 剛이 밖에 있으며, 小人이 안에 있고 君子가 밖에 있으니, 小人의 道가 자라나고 君子의 道가 사라진다."

---

5 由比六三而誤也 : 比卦 六三爻辭의 전문은 '比之匪人'이다. 《本義》에서는 이로 인해 否卦의 卦辭에 '之匪人'이 잘못 덧붙여졌다고 본 것이다.

6 傳不特解 : 이에 대하여 朴文鎬(朝鮮)는 《楓山記聞錄》 〈經說-周易〉에서 "'之匪人' 세 글자는 〈彖傳〉에서 비록 특별히 그 뜻을 해석하지 않았으나, 〈해석하지 않아도〉 '萬物不通', '天下无邦'의 구절은 그 뜻을 해석하는 데 문제가 되지 않는다." 하였다.

7 內陰而外陽……內小人而外君子 : 《大全》의 소주에서 邱富國(南宋)은 "'內陰外陽'은 天道로써 말한 것이고, '內柔外剛'은 地道로써 말한 것이며, '內小人外君子'은 世道로써 말한 것이다." 하였다.

【傳】夫天地之氣不交면 則萬物无生成之理하고 上下之義不交면 則天下无邦國之道하니 建邦國은 所以爲治也라 上施政以治民하고 民戴君而從命하여 上下相交는 所以治安也어늘 今上下不交하니 是天下无邦國之道也라 陰柔在內하고 陽剛在外하며 君子往居於外하고 小人來處於內하니 小人道長하고 君子道消之時也라

天地의 기운이 사귀지 않으면 萬物이 生成하는 이치가 없고, 위아래의 뜻이 사귀지 않으면 天下에 나라의 道가 없으니, 나라를 세움은 다스리기 위해서이다. 윗사람은 정사를 베풀어 백성을 다스리고, 백성은 임금을 받들어 명령을 따라서 위아래가 서로 사귀는 것은 다스려서 편안하기 위해서이다. 그런데 지금은 위아래가 사귀지 못하니, 이는 천하에 나라의 道가 없는 것이다. 유약한 陰이 안에 있고 강건한 陽이 밖에 있으며, 君子가 가서 밖에 거처하고 小人이 와서 안에 거처하니, 小人의 道가 자라나고 君子의 道가 사라지는 때이다.

字義 戴 : 일 대 長 : 자랄 장 消 : 사라질 소

象曰 天地不交 否니 君子以하여 儉德辟(避)難하여 不可榮以祿[8]이니라

【本義】儉德辟難이라 不可榮以祿이니라

〈象傳〉에 말하였다. "天地가 사귀지 않음이 否이니, 君子가 이것을 본받아 德을 안으로 거두고 어려움을 피해야 하고 봉록으로 영화롭게 해서는 안 된다."

【본의】德을 안으로 거두고 어려움을 피하는지라 봉록으로 영화롭게 하지 못한다.

【傳】天地不相交通이라 故爲否하니 否塞(비색)之時엔 君子道消하나니 當觀否塞之象而以儉損其德하여 避免禍難이요 不可榮居祿位也라 否者는 小人得志之時니 君子居顯榮之地면 禍患必及其身이라 故宜晦處窮約也라

天地가 서로 사귀어 통하지 않기 때문에 否卦가 된다. 否塞할 때에는 君子의 道가 사라지니, 비색한 象을 보고서 그 德을 안으로 거두고 덜어내어 재앙과 환난을 피해 면해야 하고, 영화

8 儉德辟(避)難 不可榮以祿 : 《大全》의 소주에서 項安世(南宋)는 "'儉德避難'은 해로움을 당하지 않음이고, '不可榮以祿'은 이익을 추구하지 않음이다. '不可榮'은 영화롭게 할 수 없다는 것이지 영화로워서는 안 된다고 경계한 것이 아니다." 하였다.

로이 봉록과 지위를 차지해서는 안 된다. 否卦는 小人이 뜻을 얻는 때이니, 君子가 영화롭고 현달한 지위에 있으면 환난이 반드시 그 자신에게 미친다. 그러므로 마땅히 숨어서 곤궁하고 검약하게 살아야 한다.

【本義】 收斂其德하고 不形於外하여 以避小人之難하니 人不得以祿位榮之라

그 德을 안으로 거두어들이고 밖에 드러내지 않아 小人의 難을 피하니, 사람들이 봉록과 지위로써 영화롭게 하지 못한다.

字義 辟 : 피할 피(避)　顯 : 현달할 현　晦 : 어두울 회　約 : 검약할 약

初六은 拔茅茹라 以其彙로 貞[9]이니 吉하여 亨하니라

【本義】 以其彙니 貞하면 吉하여 亨하리라

初六은 띠풀의 뿌리를 뽑음이다. 그 동류들과 함께 바르게 함이니 吉하여 형통하다.

【본의】 동류들과 함께하니, 바르게 하면 길하여 형통할 것이다.

【傳】 泰與否 皆取茅爲象者는 以群陽群陰同在下하여 有牽連之象也일새라 泰之時則以同征爲吉하고 否之時則以同貞爲亨이라 始以內小人外君子로 爲否之義하고 復以初六否而在下로 爲君子之道하니 易은 隨時取義하여 變動无常이라 否之時엔 在下者君子也라 否之三陰이 上皆有應이나 在否隔之時하여 隔絶不相通이라 故无應義라 初六은 能與其類로 貞固其節하니 則處否之吉而其道之亨也라 當否而能進者는 小人也요 君子則伸道免禍而已니 君子進退에 未嘗不與其類同也라

泰卦와 否卦가 모두 띠풀을 취해 象으로 삼은 것은 여러 陽과 여러 陰이 함께 아래에 있어서 서로 당겨 딸려 나오는 象이 있기 때문이다. 泰卦의 때에는 함께 데리고 가는 것을 吉함으로 삼고, 否卦의 때에는 함께 바르게 하는 것을 형통함으로 삼는다. 처음에는 '小人이 안에

---

9 拔茅茹 以其彙貞 : 《大全》의 소주에서 項安世(南宋)는 "泰卦 初九에서는 君子가 처음으로 무리들과 나아가는데, 군자는 나아가는 것을 어렵게 여기기 때문에 聖人이 '나감〔征〕'으로써 권면하였고, 否卦 初六은 小人이 처음으로 무리들과 나아가는데, 소인은 나아가서 사악한 일을 하기 때문에 성인이 '바름〔貞〕'으로써 경계한 것이다." 하였다.

있고 君子가 밖에 있는 것'으로 否卦의 뜻을 삼았고, 다시 初六이 비색하여 아래에 있는 것으로 君子의 道를 삼았으니, 《周易》은 때에 따라 뜻을 취해 變動함이 일정함이 없다. 否卦의 때에는 아래에 있는 자가 君子이다. 否卦의 세 陰이 위에 모두 호응함이 있으나, 비색할 때에는 막히고 끊어져 서로 통하지 못하기 때문에 호응하는 뜻이 없다. 初六은 동류들과 함께 절개를 貞固하게 할 수 있으니, 이는 비색함에 대처하는 吉한 방도이므로 그 道가 형통하다. 비색한 때를 당하여 나아갈 수 있는 자는 小人이고, 君子는 道를 펴고 禍를 면할 뿐이니, 君子는 나아가고 물러남에 그 동류들과 함께하지 않음이 없다.

【本義】 三陰在下하니 當否之時하여 小人連類而進之象이나 而初之惡則未形也라 故戒其貞則吉而亨하니 蓋能如是면 則變而爲君子矣라

세 陰이 아래에 있으니 비색한 때를 당하여 小人이 동류를 이끌고 나아가는 象이다. 그러나 初六의 惡은 아직 드러나지 않았기 때문에 바르게 하면 吉하여 형통하다고 경계하였으니, 이와 같이 할 수 있으면 변하여 君子가 될 것이다.

字義 茹 : 뿌리얽힐 여　彙 : 무리 휘

## 象曰 拔茅貞吉은 志在君也라

〈象傳〉에 말하였다. "'띠풀의 뿌리를 뽑음이다. 바르게 하니 길함'은 뜻이 임금에게 있기 때문이다."

【傳】 爻는 以六自守於下로 明君子處下[10]之道하고 象은 復推明하여 以象君子之心이라 君子固守其節以處下者는 非樂於不進獨善也요 以其道方否하여 不可進이라 故安之耳니 心固未嘗不在天下也라 其志常在得君而進하여 以康濟天下라 故曰志在君也라하니라

爻辭에서는 初六이 아래에서 스스로를 지키는 것으로 君子가 아래에 처하는 도리를 밝혔고, 爻의 〈象傳〉에서는 다시 미루어 밝혀서 君子의 마음을 형상하였다. 君子가 절개를 견고하게 지키면서 아래에 있는 것은 〈세상에〉 나아가지 않고 홀로 善하게 함을 즐거워해서가 아니라 그 道가 바야흐로 비색하여 나아갈 수 없기 때문에 편안히 여길 뿐이니, 마음은 진실로

10 下 : 《大全》의 간주에 "어떤 판본에는 '否'자로 되어 있다." 하였다.

세상에 있지 않은 적은 없다. 그 뜻이 항상 훌륭한 임금을 만나 나아가서 세상을 편안히 하고 구제하는 데 있기 때문에 "뜻이 임금에게 있다."고 한 것이다.

【本義】 小人而變爲君子면 則能以愛君爲念하여 而不計其私矣리라

小人이 변해서 君子가 되면 임금을 사랑하는 것만을 생각하지, 그 사사로운 것을 따지지 않을 것이다.

六二는 包承[11]이니 小人은 吉하고 大人은 否니 亨이라

【本義】 包承이니 小人은 吉하고 大人은 否라야 亨하리라

六二는 포용하고 있는 것이 받듦이니, 小人은 吉하고 大人은 비색하니, 형통하다.

【본의】 포용하고 받듦이니 소인은 吉하고 大人은 비색하여야 吉할 것이다.

【傳】 六二는 其質則陰柔요 其居則中正하니 以陰柔小人而言이면 則方否於下하여 志所包畜者 在承順乎上하여 以求濟其否로 爲身之利하니 小人之吉也라 大人當否하면 則以道自處하니 豈肯枉己屈道하여 承順於上이리오 唯自守其否而已니 身之否는 乃其道之亨也라 或曰 上下不交하니 何所承乎아 曰 正則否矣나 小人順上之心이 未嘗无也니라

六二는 재질은 유약한 陰이고 거처는 中正하다. 유약한 陰의 小人으로 말하면 바야흐로 아래에서 비색하므로, 포용하고 간직한 뜻이 윗사람을 받들어 따라서 비색함을 구제하는 것으로 자신의 이로움을 삼으려는데 있으니, 이는 小人의 吉함이다. 大人은 비색할 때를 당하면 道로써 스스로 처신하니, 어찌 몸을 굽히고 道를 굽혀서 윗사람을 받들어 따르려 하겠는가. 오직 스스로 비색함을 지킬 뿐이니, 몸이 비색한 것은 바로 그 道가 형통한 것이다. 어떤 이가 묻기를 "위아래가 사귀지 않는데 무엇을 받든단 말입니까?" 하니, 대답하기를 "正道는 비색하지만, 小人이 윗사람을 따르려는 마음은 일찍이 없었던 적이 없습니다." 하였다.

---

11 包承 : 程子는 '마음에 포용하고 있는 것이 군자를 받들어 따름'으로 해석하였고, 朱子는 '소인이 군자를 포용하고 받듦'으로 해석하였다.

【本義】陰柔而中正하여 小人而能包容承順乎君子之象이니 小人之吉道也라 故占者小人이면 如是則吉이요 大人則當安守其否而後道亨이니 蓋不可以彼包承於我而自失其守也라

유약한 陰으로 中正하여 小人으로서 君子를 포용하고 받들어 따르는 象이니, 小人의 吉한 道이다. 그러므로 점치는 자가 小人일 경우에는 이와 같이 하면 吉하고, 大人일 경우에는 마땅히 비색함을 편안히 지킨 뒤에야 道가 형통하니, 저 小人이 나를 포용하고 받든다고 해서 스스로 지킴을 잃어서는 안 된다.

字義 畜 : 쌓을 축　肯 : 즐길 긍

## 象曰 大人否亨은 不亂群也[12]라

〈象傳〉에 말하였다. "'大人은 비색하니 형통함'은 小人의 무리에게 어지럽혀지지 않기 때문이다."

【傳】大人은 於否之時에 守其正節하여 不雜亂於小人之群類하니 身雖否而道之亨也라 故曰否亨이라 不以道而身亨은 乃道之否也라 不云君子而云大人은 能如是면 則[13]其道大也일새라

大人은 비색한 때에 바른 절개를 지켜서 小人의 무리에게 섞이고 어지럽혀지지 않으니, 몸은 비록 비색하나 道는 형통하다. 그러므로 "비색하니 형통하다."라고 하였다. 道로써 하지 않으면서 몸만 형통한 것은 바로 道가 비색한 것이다. 君子라 하지 않고 '大人'이라 말한 것은 이와 같이 할 수 있으면 그 道가 크기 때문이다.

【本義】言不亂於小人之群이라

小人의 무리에게 어지럽혀지지 않음을 말한다.

---

12 不亂群也 : 沈大允(朝鮮)은 《周易象義占法》에서 "비록 大人이 小人에게 포용과 추대를 받지만 大人은 확고하게 자신을 지켜서 小人의 무리에 의해 어지럽혀지지 않는다." 하였다.

13 則 : 《大全》의 간주에 "어떤 판본에는 '則'자가 없다." 하였다.

## 六三은 包羞[14]로다

【本義】包羞라

六三은 속에 품고 있는 것이 부끄럽다.

【본의】부끄러움을 품고 있는 것이다.

【傳】三以陰柔로 不中不正而居否하고 又切近於上하니 非能守道安命이니 窮斯濫矣니 極小人之情狀者也라 其所包畜謀慮邪濫하여 无所不至하니 可羞恥也라

六三은 유약한 陰으로서 가운데 자리에 있지 않고 바르지도 못하면서 비색한 때에 있고, 또 위와 매우 가까우니, 道를 지키고 命을 편안히 여길 수 있는 자가 아니다. 窮하면 이에 넘칠 것이니, 小人의 情狀이 극에 달한 자이다. 마음속에 품고 있는 꾀와 사려가 사특하고 넘쳐서 이르지 않는 바가 없으니, 부끄러울 만하다.

【本義】以陰居陽而不中正하니 小人志於傷善而未能也라 故爲包羞之象이라 然以其未發이라 故无凶咎之戒하니라

陰으로서 陽의 자리에 있고 中正하지 못하니, 小人이 善한 사람을 해치려는데 뜻을 두고 있으나 그렇게 하지 못하는 것이다. 그러므로 부끄러움을 품고 있는 象이 된다. 그러나 아직 발현되지 않았기 때문에 '凶하다'거나 '허물이 있다'는 경계가 없다.

字義 羞 : 부끄러울 수 濫 : 넘칠 람

## 象曰 包羞는 位不當也일새라

〈象傳〉에 말하였다. "'속에 품고 있는 것이 부끄러움'은 자리가 마땅하지 않기 때문이다."

---

14 包羞 : 柳正源(朝鮮)은 《易解參攷》에서 "初六은 아직 드러나지 않은 小人이고, 六二가 이미 뜻을 얻은 小人이라면 六三은 제멋대로 하는 小人이다. 그 음모와 비밀스런 계책은 모두 어진 이를 투기하고 유능한 이를 미워하며 백성을 해롭게 하고 나라를 병들게 하는 일이니, 말하기에도 부끄러워할 만하다. 이것이 바로 '품고 있는 것이 부끄럽다.'는 상이니, 凶과 허물이 됨을 말하지 않아도 알 수 있다." 하였다.

【傳】陰柔居否而不中不正하니 所爲可羞者는 處不當故也라 處不當位하니 所爲不以道也라

유약한 陰으로 비색한데 있고 中正하지 못하니, 하는 바가 부끄러울 만한 것은 마땅하지 않은 자리에 있기 때문이다. 마땅하지 않은 자리에 있으니 하는 바를 道로써 하지 못한다.

## 九四는 有命[15]이면 无咎하여 疇離祉리라

【本義】有命이요

九四는 임금의 命이 있게 되면 허물이 없어서 무리가 모두 복을 누릴 것이다.

【본의】天命이 있고

【傳】四以陽剛健體로 居近君之位하니 是는 以濟否之才로 而得高位者也니 足以輔上濟否라 然當君道方否之時하여 處逼近之地하니 所惡(오)在居功取忌而已라 若能使動必出於君命하여 威柄이 一歸於上이면 則无咎而其志行矣라 能使事皆出於君命이면 則可以濟時之否하여 其疇類皆附離其福祉라 離는 麗(리)也라 君子道行이면 則與其類同進하여 以濟天下之否하리니 疇離祉也라 小人之進에도 亦以其類同也라

九四는 강건한 陽이 굳건한 卦體로 임금과 가까운 자리에 있다. 이는 비색함을 구제할 수 있는 재질을 가지고 높은 지위를 얻은 것이니, 충분히 윗사람을 보필하여 비색함을 구제할 수 있다. 그러나 임금의 道가 바야흐로 비색한 때를 당하여 임금과 너무 가까운 자리에 있으니, 꺼려야 할 것은 功을 차지하여 시기를 받는데 있을 뿐이다. 만일 움직이는 것을 반드시 임금의 명령에서 나오게 하여 위엄과 권세가 한결같이 윗사람에게 돌아가게 할 수 있다면 허물이 없어서 그 뜻이 행해질 것이다. 일을 모두 임금의 명령에서 나오게 할 수 있다면 때의 비색함을 구제하여 무리가 모두 福祉를 누릴 것이다. '離'는 걸린다는 뜻이다. 君子의 道가

---

15 有命 : 有命의 命을 程子는 임금의 命으로 보았고, 朱子는 天命으로 보았다. 朱子는《朱子語類》에서 "否卦의 九四가 비록 陽爻이지만, 아직 否卦의 卦體에서 벗어나지 않았다. 그러나 陽이기 때문에 일을 도모할 만하지만, 반드시 命이 있어야 할 수 있다. '天命이 있다.'고 한 것은 기회이니, 이러한 기회가 있어야 그렇게 할 수 있다. 占을 치는 자는 반드시 그러한 시절을 만나야 일을 이룰 수 있어서 허물이 없게 된다." 하였다.

행해지면 동류들과 함께 나아가서 세상의 비색함을 구제할 것이니 무리가 복을 누리는 것이다. 小人이 나아갈 때에도 또한 동류들과 함께한다.

【本義】否過中矣니 將濟之時也라 九四以陽居陰하여 不極其剛이라 故其占爲有命无咎而疇類三陽이 皆獲其福也라 命은 謂天命이라

否卦의 가운데를 지났으니, 장차 구제해야 할 때이다. 九四는 陽으로서 陰의 자리에 있어서 그 剛함을 지극하게 하지 않는다. 그러므로 그 占이 天命이 있고 허물이 없어서 동류인 세 陽이 모두 그 福을 받음이 된다. '命'은 天命을 말한다.

字義 疇 : 무리 주 離 : 걸릴 리 祉 : 복 지 逼 : 핍박할 핍 麗 : 걸릴 리 類 : 무리 류
獲 : 얻을 획

## 象曰 有命无咎는 志行也[16]라

〈象傳〉에 말하였다. "'命이 있게 되면 허물이 없음'은 뜻이 행해짐이다."

【傳】有君命이면 則得无咎니 乃可以濟否하여 其志得行也라

임금의 命이 있게 되면 허물이 없을 수 있으니, 비로소 비색함을 구제하여 그 뜻이 행해질 수 있다.

字義 濟 : 구제할 제

## 九五는 休否라 大人의 吉이니 其亡其亡이라야 繫于苞桑[17]이리라

16 志行也 : 徐有臣(朝鮮)은 《易義擬言》에서 "윗사람과 아랫사람의 뜻이 펼쳐짐이다." 하였다.

17 繫于苞桑 : 大人의 功으로 단단하게 보존될 수 있음을 비유한 말이다. 李瀷(朝鮮)은 《易經疾書》에서 "'苞桑(무더기로 난 뽕나무)'은 무성하지만 아직 다 자라지 않은 나무이다. 내가 일찍이 경험했는데, 뽕나무는 곧은 뿌리가 땅속으로 깊고 굳게 뻗어 들어가며 딱딱한 껍질도 질기고 단단하다. 비록 뽕나무가 높고 크지 않더라도 소와 말을 매어 두니, 부딪히고 마구 흔들며 위태롭게 움직여도 뽑히지 않고 꺾이지 않아 굵기가 한 주먹이나 한 아름에 이른다. 비색한 道의 초창기에 위태로움을 그치게 하려고 해도 그치지 않으니, 오직 大人만이 이에 대처해가는 방법이 있다. 만일 '苞桑'이 편안함과 견고함에만 의미를 둔 것이라면 '반석'과 '큰 나무'라는 물건이 있는데, 하필이면

【本義】大人이 吉하니

九五는 비색함을 그치게 함이다. 大人의 길함이니, '망할까? 망할까?' 하여야 무더기로 난 뽕나무에 매어놓듯이 할 수 있다.

【본의】大人이 길하니

【傳】五以陽剛中正之德으로 居尊[18]位라 故能休息天下之否하니 大人之吉也라 大人當位하여 能以其道로 休息天下之否하여 以循致於泰호되 猶未離於否也라 故有其亡之戒라 否旣休息하여 漸將反[19]泰에 不可便爲安肆요 當深慮遠戒하여 常虞否之復來하여 曰其亡矣其亡矣라야 其繫于苞桑하니 謂爲安固之道 如維繫于苞桑也라 桑之爲物이 其根深固요 苞는 謂叢生者니 其固尤甚하니 聖人之戒 深矣로다 漢王允[20]과 唐李德裕[21] 不知此戒하니 所以致禍敗也라 繫辭曰 危者는 安其位者也요 亡者는 保其存者也요 亂者는 有其治者也라 是故로 君子安而不忘危하고 存而不忘亡하고 治而不忘亂이라 是以로 身安而國家可保也라하니라

九五는 강건한 陽이 中正한 德으로 높은 자리에 있다. 그러므로 세상의 비색함을 종식시킬 수 있으니, 大人의 吉함이다. 大人이 마땅한 자리에 있어서 그 道를 가지고 세상의 비색함을 종식시켜 通泰함을 이르게 할 수는 있지만, 아직 비색함을 벗어나지 못했기 때문에 '망할까?' 하는 경계가 있다. 비색함이 이미 종식되어 점차 通泰함으로 돌아올 때에는 곧바로 편안히 여겨 방자해서는 안 되고, 마땅히 깊이 염려하고 멀리 경계하여 항상 비색함이 다시 올 수 있음

---

'苞桑'을 말하였겠는가? 大人이 유지해주지 않는다면 어떻게 보존될 수 있겠는가?" 하였다.

18 尊 : 《大全》의 간주에 "어떤 판본에는 '君'자로 되어 있다." 하였다.

19 反 : 《大全》의 간주에 "어떤 판본에는 '及'자로 되어 있다." 하였다.

20 漢王允 : 王允(137~192)은 후한 말의 재상으로 祁縣사람이며 자는 子師이다. 전횡하는 董卓을 제거했으나, 동탁의 잔당을 소탕하지 않았다가 얼마 후 잔당인 李傕, 郭汜 등에 의해 죽임을 당했다.

21 唐李德裕 : 李德裕(787~850)는 唐나라 趙郡사람이며 자는 文饒이다. 李黨의 영수였으며 牛僧孺와 李宗閔이 영수로 있던 牛黨과 알력이 심했는데, 평소 이덕유의 전횡을 미워하던 宣宗이 즉위하자 失勢하여 우당의 공격을 받아 죽었다. 李德裕에 대해서는 조정에 세운 공훈을 인정하기도 하지만, 李宗閔·牛僧孺의 牛黨과 40여년을 교대로 부침하며 국정을 어지럽혔다는 惡評도 있다. 이들의 대립을 牛李黨爭이라 하는데, 唐 武宗은 "河北의 적을 제거하기는 쉽고 조정 안의 붕당을 제거하기는 어렵다."고 탄식했을 정도이다. 따라서 《정전》에서 일컬은 王允의 용례는 적절하나, 李德裕는 그 평가가 엇갈리니, 王允과 나란히 거론할 수 없을 듯하다.

을 걱정하여 '망할까? 망할까?'라고 하여야 무더기로 난 뽕나무에 매어놓듯이 할 수 있으니, 편안하고 견고한 道를 실천하기를 마치 무더기로 난 뽕나무에 매어놓은 것과 같이 함을 말한다. '뽕나무'라는 식물은 그 뿌리가 깊고 견고하며, '苞'는 무더기로 난 것으로 그 견고함이 더욱 심하니, 聖人의 경계가 깊음을 알 수 있다. 漢나라 王允과 唐나라 李德裕는 이러한 경계를 알지 못했기 때문에 禍와 패망을 초래하였다. 〈繫辭傳〉에 "위태로울까 걱정하는 자는 그 지위를 편안하게 하는 것이고, 망하게 되지 않을까 걱정하는 자는 그 보존한 것을 보존하는 것이며, 어지러울까 걱정하는 자는 그 다스려짐을 간직하는 것이다. 이 때문에 君子는 편안하면서도 위태로워질 것을 잊지 않고, 보존하면서도 망할 것을 잊지 않고, 다스려져도 어지러워질 것을 잊지 않으므로 몸이 편안하고 國家를 보존할 수 있다." 하였다.

【本義】 陽剛中正으로 以居尊位하여 能休時之否하니 大人之事也라 故此爻之占을 大人遇之則吉이라 然又當戒懼를 如繫辭傳所云也라

강건한 陽이 中正함으로 높은 자리에 있어서 때의 비색함을 종식시킬 수 있으니, 大人의 일이다. 그러므로 이 爻의 占을 大人이 만나면 吉하다. 그러나 또 경계하고 두려워하기를 〈繫辭傳〉에서 말한 것과 같이 해야 한다.

字義 休 : 그칠 휴 繫 : 맬 계 苞 : 더부룩히자랄 포 桑 : 뽕나무 상 虞 : 헤아릴 우 維 : 맬 유

象曰 大人之吉은 位正當也일새라

〈象傳〉에 말하였다. "'大人의 길함'은 자리가 바르고 마땅하기 때문이다."

【傳】 有大人之德而得至尊之正位라 故能休[22]天下之否하니 是以吉也라 无其位면 則雖有其道나 將何爲乎아 故聖人之位를 謂之大寶라하니라

大人의 德을 지니고 있으면서 至尊의 바른 자리를 얻었다. 그러므로 세상의 비색함을 종식시킬 수 있으니, 이 때문에 吉하다. 〈합당한〉 자리가 없다면 비록 道가 있다 하더라도 장차 무엇을 할 수 있겠는가. 그러므로 聖人의 자리를 '大寶'라 하는 것이다.

22 休 : 《大全》의 간주에 "어떤 판본에는 뒤에 '息'자가 더 있다." 하였다.

## 上九는 傾否[23]니 先否하고 後喜로다

【本義】 傾否니

上九는 비색한 것이 기울어지니, 먼저는 비색하고 뒤에는 기뻐한다.

【본의】 비색함을 기울어지게 하니

【傳】 上九는 否之終也라 物理는 極而必反이라 故泰極則否하고 否極則泰하나니 上九否既極矣라 故否道傾覆而變也라 先은 極否也요 後는 傾喜也니 否傾則泰矣니 後喜也라

上九는 否卦의 끝이다. 사물의 이치는 궁극에 이르면 반드시 돌아온다. 그러므로 通泰함이 궁극에 이르면 否塞해지고, 否塞함이 궁극에 이르면 通泰해지니, 上九는 비색함이 이미 궁극에 이르렀기 때문에 否卦의 道가 기울어지고 뒤집혀서 변한다. '先'은 극도로 비색해진 것이고, '後'는 기울어져 기쁜 것이니, 비색함이 기울어지면 通泰해지니, 뒤에는 기쁜 것이다.

【本義】 以陽剛으로 居否極하여 能傾時之否者也니 其占이 爲先否後喜라

강건한 陽으로서 否卦의 끝에 있어서 때의 비색함을 기울어지게 할 수 있는 자이니, 그 占이 먼저는 비색하나 뒤에는 기쁨이 된다.

字義 傾 : 기울 경 覆 : 뒤엎을 복

## 象曰 否終則傾하나니 何可長也리오

〈象傳〉에 말하였다. "비색함이 끝나면 기울어지니, 어찌 오래갈 수 있겠는가."

【傳】 否終則必傾이니 豈有長否之理리오 極而必反은 理之常也라 然反危爲安하고 易亂爲治는 必有剛陽之才而後에 能也라 故否之上九則能傾否로되 屯之上六則不能

---

23 傾否 : 蔡鍾植(朝鮮)은 〈周易傳義同歸解〉에서 "上九의 '傾否'에 대하여 《程傳》에서는 '비색한 道가 기울어지고 뒤집혀서 변한다.'고 해석하여 〈象傳〉을 따랐고, 《本義》에서는 '때가 비색한 것을 기울게 한다.'고 하여 사람의 힘을 말하였다. 궁극에 달하여 반드시 되돌아오는 것은 떳떳한 이치이다. 그러나 비색한 것을 바꾸어 通泰한 것으로 만듦은 반드시 剛陽의 재질이 있은 뒤에야 할 수 있는 것이니, 《程傳》과 《本義》를 함께 보아야 뜻이 더욱 갖추어진다." 하였다.

變屯也[24]라

비색함이 끝나면 반드시 기울어지니, 어찌 비색함이 오래갈 이치가 있겠는가. 궁극에 이르면 반드시 돌아오는 것은 떳떳한 이치이다. 그러나 위태로움을 되돌려 편안하게 하고 어지러움을 바꾸어 다스려지게 하는 것은 반드시 강건한 陽의 재질이 있은 뒤에야 가능하다. 그러므로 否卦의 上九는 비색함을 기울어지게 할 수 있지만, 屯卦의 上六은 어려움을 변하게 할 수 없다.

24 屯之上六則不能變屯也 : 屯卦의 上六은 "말을 탔다가 말에서 내려와 피눈물을 줄줄 흘린다.〔乘馬班如 泣血漣如〕"라 하였으니, 陰柔의 재질이기 때문에 어려움을 변하게 할 수 없다.

# 周易傳義 卷第六

## 13. 同人

### ䷌ 離下乾上

下卦는 離卦☲이고 上卦는 乾卦☰이다.

【傳】同人은 序卦에 物不可以終否라 故受之以同人이라하니라 夫天地不交則爲否요 上下相同則爲同人이니 與否義相反이라 故相次라 又世之方否엔 必與人同力[1]이라야 乃能濟니 同人所以次否也라 爲卦 乾上離下[2]하니 以二象言之하면 天은 在上者也요 火之性炎上하여 與天同也라 故爲同人이요 以二體言之하면 五居正位하여 爲乾之主하고 二爲離之主하여 二爻以中正相應하여 上下相同하니 同人之義也라 又卦唯一陰이라 衆陽所欲同하니 亦同人之義也라 他卦에 固有一陰者나 在同人之時하여 而二五相應하고 天火相同이라 故其義大라

同人卦는 〈序卦傳〉에 "물건은 끝내 비색할 수 없기 때문에 同人卦로 받았다." 하였다. 天地가 사귀지 못하면 否卦가 되고, 위아래가 서로 함께하면 同人卦가 된다. 否卦와 뜻이 상반되기 때문에 차례로 이어지게 하였다. 또 세상이 비색할 때에는 반드시 남과 함께 힘을 합해야 구제할 수 있으니, 이 때문에 同人卦가 否卦 다음에 온 것이다. 卦의 구성이 上卦는 乾卦☰이고 下卦는 離卦☲이다. 두 卦象으로 말하면, 하늘은 위에 있는 것이고, 불의 성질은 타올라서 하늘과 함께하기 때문에 同人이 되고, 두 卦體로 말한다면, 九五가 바른 자리에 있어 乾卦☰의 주체가 되고, 六二가 離卦☲의 주체가 되어, 九五와 六二 두 효가 中正으로 서로 호응해서 위아래가 서로 함께하니, 同人의 뜻이다. 또 卦에 陰이 오직 하나만 있어서 여러 陽이 함께하

1 力 : 어떤 판본에는 欲으로 되어 있다.

2 爲卦 乾上離下 : 馮椅(南宋)는 "上卦인 乾卦는 임금이며 하늘이고, 下卦인 離卦에서 六二 한 爻가 離卦의 가운데에 있으니 사람의 자리이다. 하늘이 위에 있고 불이 아래에 있으며, 다섯 陽이 하나의 陰인 六二와 함께하려고 귀의하니 하늘이 사람과 함께하는 象이 있고, 또한 임금이 이러한 사람들과 함께하는 象이 된다. 그러므로 卦를 만들어 同人이라 했다." 하였다.

고자 하는 바이니, 이 또한 同人의 뜻이다. 다른 卦에도 진실로 陰이 하나만 있는 경우가 있지만, 同人의 때에 있어서는 六二와 九五가 서로 호응하고, 하늘과 불이 서로 함께하기 때문에 그 뜻이 크다.

同人[3]于野면 亨하리니 利涉大川[4]이며 利君子의 貞하니라

【本義】 同人于野니 亨하고 利涉大川하니 利君子貞하니라

남과 함께하기를 들에서 하면 형통할 것이니, 큰 내를 건넘이 이로우며 군자의 바름으로써 행함이 이롭다.

【본의】 남과 함께하기를 들에서 함이니 형통하고, 큰 내를 건넘이 이로우니 군자의 바름이 이롭다.

【傳】 野는 謂曠野니 取遠與外之義라 夫同人者 以天下大同之道면 則聖賢大公之心也요 常人之同者는 以其私意所合이니 乃暱比之情耳라 故必于野니 謂不以暱近情之所私而于郊野曠遠之地라 旣不繫所私면 乃至公大同之道라 无遠不同也니 其亨을 可知라 能[5]與天下大同이면 是는 天下皆同之也니 天下皆同이면 何險阻之不可濟며 何艱危之不可亨이리오 故利涉大川이라 利君子貞은 上言于野는 止謂不在暱比요 此는 復言宜以君子正道하니 君子之貞은 謂天下至公大同之道라 故雖居千里之遠하고 生千歲之後나 若合符節하며 推而行之면 四海之廣과 兆民之衆이 莫不同[6]이라 小人則唯用其私意하여 所比者는 雖非라도 亦同하고 所惡者는 雖是라도 亦異라 故其所同者則爲阿黨하나니 蓋其心不正也라 故同人之道 利在君子之貞正이라

---

3 同人 : 빌헬름 영문판 주역인《The I Ching》에서는 同人卦를 "T'ung J^en / Fellowship with Men"이라고 하였다. 동인괘는 상하의 두 상이 불과 하늘로 불의 성질은 타올라 하늘과 함께한다. 유순한 한 사람이 강건한 많은 사람과 유대를 맺어 함께하는 상이므로 '사람들과의 유대'라고 정의하였다.

4 同人于野……利涉大川 : 金相岳(朝鮮)은《山天易說》에서 "離卦의 〈彖傳〉에서 '모든 곡식과 초목이 땅에 붙어있다.'라고 하였으니, 곡식과 초목은 모두 들에 있는 것이고, 離卦는 象에 있어서 또 사람이 되기 때문에 '남과 함께하기를 들에서 한다.'라고 하였다. '내를 건넘은 乾卦의 강건함이다. 需卦䷄와 同人卦䷌에서 내를 건넌다는 것은 강건함과 함께 함으로 가능한 것이다." 하였다.

5 能 :《大全》의 간주에 "어떤 판본에는 '旣'자로 되어 있다." 하였다.

6 同 :《大全》의 간주에 "어떤 판본에는 '合'자로 되어 있다." 하였다.

'野'는 광활한 들판을 말하니, 멀다는 것과 바깥에 있다는 뜻을 취한 것이다. 남들과 함께하는 자가 天下가 크게 함께하는 道를 가지고 한다면, 이는 聖賢의 크게 공정한 마음이고, 일반사람들이 함께하는 것은 사사로운 뜻으로 합하는 것이니, 곧 친해서 가까이하는 情일 뿐이다. 그러므로 반드시 '들'에서 하는 것이니, 친하고 가까이하는 사사로운 情으로 하지 않고, 넓고 먼 교외의 들이 있는 곳에서 함을 말한다. 이미 사사로운 바에 매이지 않았다면, 지극히 공정하여 크게 함께하는 道여서 먼 곳까지 함께하지 않음이 없으니 그 형통함을 알 수 있다. 세상과 크게 함께할 수 있으면, 바로 세상이 모두 함께하는 것이니, 세상이 모두 함께한다면, 어떤 험난함과 막힘인들 구제할 수 없겠으며, 어떤 어려움과 위태로움인들 형통하지 않겠는가. 그러므로 '큰 내를 건넘이 이로운 것'이다. '利君子貞'은 앞에서 '들에서'라고 말한 것은 단지 친하고 가까이하는 데 있지 않다는 말이고, 여기서의 '利君子貞'은 다시 君子의 바른 道로써 해야 함을 말한 것이니, 君子의 바름은 天下의 지극히 공정하고 크게 함께하는 道'를 말한다. 그러므로 비록 천 리나 되는 먼 곳에 있고, 천년 뒤에 태어나더라도 符節을 합한 것과 같으니, 이것을 미루어 행하면 넓은 세상과 수많은 백성들이 함께하지 않음이 없을 것이다. 小人은 오직 사사로운 뜻만을 써서 자신과 가까운 자는 비록 그릇되어도 함께하고, 미워하는 자는 비록 옳더라도 달리한다. 그러므로 함께하는 자들은 아첨하는 무리이니, 대개 자신의 마음이 바르지 않기 때문이다. 그러므로 사람들과 함께하는 道는 이로움이 君子의 바름에 있다.

【本義】 離亦三畫卦之名이니 一陰이 麗(리)於二陽之間이라 故其德이 爲麗, 爲文明이요 其象이 爲火, 爲日, 爲電이라 同人은 與人同也라 以離遇乾하여 火上同於天하고 六二得位得中而上應九五하며 又卦唯一陰而五陽同與之라 故爲同人이라 于野는 謂曠遠而无私也니 有亨道矣라 以健而行이라 故能涉川이요 爲卦 內文明而外剛健하며 六二中正而有應하니 則君子之道也라 占者能如是면 則亨而又可涉險이라 然必其所同이 合於君子之道라야 乃爲利也라

離卦☲도 3획괘의 이름이니, 한 陰이 두 陽 사이에 걸려 있다. 그러므로 그 德은 '걸림'이 되고 '文明'이 되며, 그 象은 '불'이 되고 '해'가 되고 '번개'가 된다. 同人은 남들과 함께하는 것이다. 離卦로서 乾卦를 만나 불이 위로 올라가 하늘과 함께하고, 六二가 바른 자리를 얻고 中道를 얻어 위로 九五와 호응하며, 또 卦에 陰이 오직 하나뿐이어서 다섯 陽이 함께하기 때문에 同人이 된다. '들에서 함'은 넓고 광활하고 멀어서 사사로움이 없음을 말하니, 형통한 道가 있다. 굳건하게 행하기 때문에 내를 건널 수 있고, 卦의 구성이 內卦는 文明하고 外卦는

剛健하며, 六二가 中正하면서 호응함이 있으니, 君子의 道이다. 점치는 자가 이와 같이 할 수 있다면 형통할 것이고 또 험난함을 건널 수 있으나, 반드시 함께하는 바가 君子의 道에 합해야 이롭게 된다.

字義 曠 : 넓을 광 暱 : 친할 닐 麗 : 걸릴 리 電 : 번개 전

## 彖曰 同人은 柔得位하며 得中而應乎乾[7]할새 曰同人이라

〈彖傳〉에 말하였다. "同人은 柔가 제자리를 얻었으며, 가운데 자리를 얻어 乾과 호응하기 때문에 同人이라 하였다.

【傳】 言成卦之義라 柔得位는 謂二以陰居陰하여 得其正位也요 五中正而二以中正應之는 得中而應乎乾也라 五剛健中正而二以柔順中正應之하여 各得其正하니 其德同也라 故爲同人이라 五는 乾之主라 故云應乎乾이라 象은 取天火之象하고 而彖은 專以二言하니라

卦가 이루어진[成卦] 뜻을 말하였다. '柔가 제자리를 얻음'은 六二가 陰으로서 陰의 자리에 있어서 바른 자리를 얻은 것을 말한다. 九五가 中正하고 六二가 中正함으로 호응하니, 가운데 자리를 얻어 乾에 호응한다. 九五는 剛健하고 中正하며 六二는 유순하고 中正함으로 호응하여 각각 그 바름을 얻었으니, 그 德이 같기 때문에 同人이 된다. 九五는 乾卦의 주체이므로 "乾에 호응한다." 하였다. 〈象傳〉에서는 하늘과 불의 象을 취하였고, 〈彖傳〉에서는 오로지 六二만 가지고 말하였다.

【本義】 以卦體로 釋卦名義라 柔는 謂六二요 乾은 謂九五라

卦體로 卦名의 뜻을 해석하였다. '柔'는 六二를 말하고, '乾'은 九五를 말한다.

## (同人曰)[8]

---

7 柔得位 得中而應乎乾 : 柔는 六二를, 乾은 九五를 가리킨다.

8 (同人曰) : 이 구절은 일반적으로 衍文으로 보는 견해가 많으나, 王弼(226~249)은 《周易注》에서 "'利涉大川'은 六二가 할 수 있는 것이 아니라 乾이 행하는 것이기 때문에 특별히 '同人曰'이라고 하였다.〔利涉大川 非二之所能也 是乾之所行 故特曰同人曰〕" 하였다. 이에 대해 晁說之(北宋)는

【傳】此三字는 羨(衍)文이라

이 세 글자는 연문이다.

【本義】衍文이라

衍文이다.

字義 羨 : 남을 연 衍 : 남을 연

## 同人于野亨利涉大川은 乾行也요

'남과 함께하기를 들에서 하면 형통하니 큰 내를 건넘이 이로움'은 乾의 행함이고,

【傳】至誠无私하여 可以蹈險難者는 乾之行也라 无私는 天德也라

지극히 정성스럽고 사사로움이 없어서 험하고 어려움을 밟을 수 있는 것은 乾의 행함이다. 사사로움이 없음은 하늘의 德이다.

字義 蹈 : 밟을 도

## 文明以健하고 中正而應이 君子正也니

文明하고 강건하며 中正으로 호응함이 君子의 바름이니,

【傳】又以二體로 言其義라 有文明之德而剛健하고 以中正之道相應은 乃君子之正道也라

또 두 卦體로 그 뜻을 말하였다. 文明한 德이 있으면서 剛健하고, 中正한 道로써 서로 호응함은 君子의 바른 道이다.

---

"虞翻(170~240) 및 여러 학자들은 누구도 이 구절에 대해 설명하지 않았는데, 왕필만이 실수했다."라고 하였다. 朴文健(朝鮮)은 《周易衍義》에서 "이 구절은 衍文이다. 윗글의 '曰同人'으로 인하여 잘못 들어간 것이다." 하였다.

## 唯君子야 爲能通天下之志[9]하나니라

오직 君子라야 세상의 뜻에 통할 수 있다.”

【傳】天下之志萬殊나 理則一也라 君子明理라 故能通天下之志하나니 聖人이 視億兆之心을 猶一心者는 通於理而已라 文明則能燭理라 故能明大同之義요 剛健則能克己라 故能盡大同之道니 然後에 能中正하여 合乎乾行也라

세상의 뜻은 만 가지로 다르나 이치는 하나이다. 君子는 이치에 밝기 때문에 세상의 뜻에 통할 수 있으니, 聖人이 수많은 백성들의 마음을 한 마음 같이 보는 것은 이치에 통했기 때문이다. 文明하면 이치에 밝을 수 있으므로 크게 함께하는 뜻을 밝힐 수 있고, 剛健하면 자신의 사욕을 극복할 수 있으므로 함께하는 道를 다할 수 있으니, 이렇게 한 뒤에야 中正하여 乾의 행함에 부합할 수 있다.

【本義】以卦德卦體로 釋卦辭라 通天下之志라야 乃爲大同이요 不然則是私情之合而已니 何以致亨而利涉哉아

卦德과 卦體로 卦辭를 해석하였다. 세상의 뜻에 통해야 大同이 되고, 그렇지 않으면 이는 사사로운 情으로 합한 것일 뿐이니, 어찌 형통함을 이루어 건넘이 이롭겠는가.

字義 殊 : 다를 수 兆 : 조(억의 만배) 조 燭 : 밝힐 촉 涉 : 물건널 섭

## 象曰 天與火同人이니 君子以하여 類族으로 辨物[10]하나니라

---

9 唯君子 爲能通天下之志 : 尹行恁(朝鮮)은 《薪湖隨筆》·〈易〉에서 “同人의 때는 뜻을 통하는 것이 먼저이다. 뜻을 통하는 공효는 먼 곳까지 미치니 아름답다. 세상은 지극히 넓고 사람들은 헤아릴 수 없을 만큼 많으니, 군자의 작은 한 몸으로 막힘없이 환하게 통달할 수 있는 것은 이치를 궁구하고 本性을 다하는 이가 아니라면 그렇게 할 수가 없다. 이러한 군자가 곧 덕을 이룬 大人이다.” 하였다.

10 類族 辨物 : 李瀷(朝鮮)은 《易經疾書》에서 “하늘에 근본하는 것은 위와 친하고, 땅에 근본하는 것은 아래와 친하다. 불은 陽의 사물이고 물은 陰의 사물이다. 불이 하늘과 친한 것은 同人卦이고, 물이 땅과 친한 것은 比卦이니 그 뜻이 같다. ‘族’이라는 것은 氣가 같은 것이어서 서로 친한 것이며, ‘物’이라는 것은 다른 사물이다. 불이 반드시 위와 친하고 물이 반드시 아래와 친한 것을 보면 같은 族끼리 분류할 수 있고, 위와 아래가 서로 섞이지 않는 것을 보면 사물을 분별할 수 있다.” 하였다. 沈大允(朝鮮)은 《周易象義占法》에서 “‘族’은 같은 종류이며, ‘物’은 만물이다. 같은 종류를 분류하면, 만물은 저절로 분별되니 작게는 같아지고 크게는 나누어진다. 같은 종류를 분류하는 것은 乾卦☰의 氣가 같

【本義】類族辨物하나니라

〈象傳〉에 말하였다. "하늘과 불이 同人이니, 君子가 이것을 본받아 類族으로 물건을 분별한다."

【본의】族을 분류하고 물건을 분별한다.

【傳】不云火在天下, 天下有火하고 而云天與火者는 天在上이어늘 火性炎上하여 火與天同이라 故爲同人之義라 君子觀同人之象하여 而以類族으로 辨物하나니 各以其類族으로 辨物之同異也라 若君子小人之黨과 善惡是非之理와 物情之離合과 事理之異同이니 凡異同者를 君子能辨明之라 故處物에 不失其方也라

'불이 하늘 아래에 있다.' 하거나 '하늘 아래에 불이 있다.' 하지 않고, '하늘과 불'이라 한 것은 하늘이 위에 있고 불의 성질은 타올라가 불이 하늘과 함께하기 때문이다. 그러므로 同人의 뜻이 된다. 君子가 同人卦의 象을 보고 類族으로 물건을 분별하니, 각기 그 類族으로 물건의 같고 다름을 분별한다. 예컨대 君子와 小人의 무리, 善惡과 是非의 이치, 物情의 떠남과 합함, 事理의 같음과 다름 같은 것이니, 다름과 같음을 君子가 밝게 구별할 수 있기 때문에 물건을 처리함에 그 방법을 잃지 않는 것이다.

【本義】天在上而火炎上하니 其性同也라 類族辨物은 所以審異而致同也라

하늘은 위에 있고 불은 타올라가니, 그 성질이 같다. '族을 분류하고 물건을 분별함'은 다른 것을 살펴서 같음을 이루는 것이다.

字義 炎 : 불탈 염　審 : 살필 심

## 初九는 同人于門[11]이니 无咎리라

---

은 부류임을 본뜬 것이고, 사물을 분별하는 것은 離卦☲의 밝고 빛남을 본뜬 것이다." 하였다.

11 于門 : 李瀷(朝鮮)은 《易經疾書》에서 "'于門'은 문을 나간다는 것이다. 孔子가 말하기를 '문을 나가서는 큰 손님을 뵙듯이 공경한다.' 하였으니, 문 안에서의 다스림은 사람들과 함께함에 관여되지 않는다. 父子·兄弟·夫婦는 함께하고자 하면 함께하지만 자기의 사사로움에서 벗어나지 못하기 때문에 문을 나가는 것을 시작으로 삼았다. 同人卦의 중점은 六二와 九五가 中正으로 호응함에 있다. 그런데 初九는 正應이 없어 반드시 六二를 따라서 九五와 함께하기 때문에 '于門'이라고 말하였으니, 隨卦䷐ 六二와 서로 뜻을 보완해준다." 하였다.

初九는 남과 함께하기를 문을 나가서 하니, 허물이 없을 것이다.

【傳】 九居同人之初而无係應하니 是는 无偏私하여 同人之公者也라 故爲出門同人이라 出門은 謂在外니 在外則无私昵之偏하여 其同이 博而公이니 如此則无過咎也라

九가 同人卦의 처음에 있으면서 매이거나 호응함이 없으니, 이는 치우친 사사로움이 없어 남과 함께하기를 공정하게 하는 것이다. 그러므로 문을 나가서 남과 함께 함이 된다. 문을 나간다는 것은 밖에 있음을 말하니, 밖에 있으면 사사롭게 친애하는 치우침이 없어서 그 함께 함이 넓고도 공정하다. 이와 같이 하면 허물이 없다.

【本義】 同人之初라 未有私主하고 以剛在下하여 上无係應하니 可以无咎라 故其象占如此하니라

同人卦의 처음이라서 사사로이 주장함이 없고 강건함으로 아래에 있어 위로 매이거나 호응함이 없으니, 허물이 없을 수 있다. 그러므로 그 象과 占이 이와 같다.

字義 偏 : 치우칠 편 咎 : 허물 구

象曰 出門同人을 又誰咎也리오

〈象傳〉에 말하였다. "문을 나가 남과 함께 함을 또 누가 허물하겠는가."

【傳】 出門同人于外면 是其所同者廣하여 无所偏私라 人之同也에 有厚薄親疎之異면 過咎所由生也어늘 旣无所偏黨하니 誰其咎之리오

문을 나가 밖에서 남과 함께하면 함께하는 바가 넓어서 치우치거나 사사로운 바가 없다. 사람이 함께할 때 후함과 야박함, 친애함과 소원함에 차이를 두면 허물이 이로 말미암아 생기게 되지만, 이미 치우친 무리가 없으니 누가 허물하겠는가.

六二는 同人于宗이니 吝하도다

六二는 남과 함께하기를 종친의 무리끼리 하니, 부끄럽다.

【傳】 二與五爲正應이라 故曰同人于宗이니 宗은 謂宗黨也라 同於所係應이면 是는 有所

偏與니 在同人之道에 爲私狹矣라 故可吝이라 二若陽爻면 則爲剛中之德이니 乃以中道相同하여 不爲私也라

六二는 九五와 正應이 되므로 "남과 함께하기를 종친의 무리끼리 한다." 하였으니, '宗'은 종친의 무리를 말한다. 매이고 호응하는 사람과 함께 하면 이는 치우치게 함께함이 있는 것이니, 남과 함께하는 道에 있어서는 사사롭고 편협하기 때문에 부끄러워할 만하다. 六二가 만약 陽爻라면 剛中의 德이 되니, 中道로써 서로 함께하여 사사로움이 되지 않는다.

【本義】宗은 黨也라 六二雖中且正이나 然有應於上하여 不能大同而係於私하니 吝之道也라 故其象占如此하니라

'宗'은 친척이다. 六二가 비록 가운데 자리에 있고 또 바르지만, 위에 호응함이 있어서 크게 함께하지 못하고 사사로움에 매이니, 부끄러운 道이다. 그러므로 그 象과 占이 이와 같다.

字義 黨 : 친척 당 狹 : 좁을 협

## 象曰 同人于宗이 吝道也라

〈象傳〉에 말하였다. "'남과 함께하기를 종친의 무리끼리 함'은 부끄러운 道이다."

【傳】諸卦以中正相應爲善이나 而在同人則爲可吝이라 故五不取君義라 蓋私比는 非人君之道니 相同以私는 爲可吝也라

여러 卦에서는 中正으로 서로 호응함을 좋은 것으로 여기나, 同人卦에 있어서는 부끄러울 만함이 된다. 그러므로 九五에서 임금의 뜻을 취하지 않았다. 사사롭게 친함은 임의 道가 아니니, 서로 사사로움으로 함께하는 것은 부끄러울 만함이 된다.

## 九三은 伏戎于莽[12]하고 升其高陵하여 三歲不興[13]이로다

---

12 伏戎于莽 : 車好益(朝鮮)은 《易象說》에서 "'戎'은 離卦☲가 의미하는 무기의 상이고, '莽'은 互卦인 巽卦☴가 의미하는 초목의 상이다. 六二에서 九四까지가 巽卦인데, 離卦가 巽卦의 아래에 있으니, 숲속에 군사를 매복시키는 상이 있다." 하였다.

13 三歲不興 : 《程傳》과 《本義》 모두 九三이 3년이라는 오랜 세월이 지나도 감히 일어나 九五에 대항

九三은 군사를 숲속에 매복시키고, 높은 언덕에 올라가서 관망하나 3년이 되어도 일어나지 못한다.

【傳】三은 以陽居剛而不得中하니 是는 剛暴之人也라 在同人之時하여 志在於同하니 卦唯一陰을 諸陽之志 皆欲同之하고 三又與之比라 然二以中正之道로 與五相應하니 三以剛强으로 居二五之間하여 欲奪而同之나 然理不直, 義不勝이라 故不敢顯發하여 伏藏兵戎于林莽之中하며 懷惡而內負不直이라 故又畏懼하여 時升高陵以顧望하여 如此至於三歲之久토록 終不敢興이라 此爻는 深見小人之情狀이라 然不曰凶者는 旣不敢發이라 故未至凶也라 故不敢顯發하여 伏藏兵戎于林莽之中하며 懷惡而內負不直이라 故又畏懼하여 時升高陵以顧望하여 如此至於三歲之久토록 終不敢興이라 此爻는 深見小人之情狀이라 然不曰凶者는 旣不敢發이라 故未至凶也라

九三은 陽으로서 강한 자리에 거하여 中道를 얻지 못했으니, 이는 강포한 사람이다. 남들과 함께하는 때에는 뜻이 함께하는 데 있으니, 卦의 단 하나의 陰을 여러 陽의 뜻이 모두 함께하고자 하고, 九三은 또 六二와 매우 가깝다. 그러나 六二가 中正의 道로써 九五와 相應하니, 九三이 굳세고 剛함으로써 六二와 九五의 사이에 있어 〈六二를〉 빼앗아 함께하고자 한다. 그러나 이치상 곧지 못하고 의리상 이기지 못하기 때문에 감히 드러내어 나타내지 못하고, 군사를 숲속에 매복시켜 놓았으며, 나쁜 마음을 품고 안에 곧지 못한 생각을 갖고 있기 때문에 또한 두려워하여 때때로 높은 언덕에 올라가 관망하여 이와 같이 하기를 삼년이란 긴 세월에 이르도록 끝내 감히 일어나지 못하는 것이다. 이 爻는 小人의 정황을 깊이 드러내었지만 凶하다고 말하지 않은 것은 이미 감히 나타내지 못하기 때문에 아직 흉함에는 이르지 않은 것이다.

【本義】剛而不中하고 上无正應하여 欲同於二而非其正이요 懼九五之見攻이라 故有此象이라

剛하지만 가운데 자리에 있지 못하고, 위에 正應이 없어서 六二와 함께하고자 하나 正應이

---

하지 못하는 것으로 보았는데, 宋時烈(朝鮮)은 《易說》에서 "九三이 上九와 서로 대적한다면 傷害를 당하는 형세가 반드시 이르게 될 텐데, 九三이 다만 內卦에 있으면서 움직이고 일어나는 일이 없이 3년이라는 오랜 세월에 이르렀다. 이것이 그 자리를 편안하게 여기면서 일을 행하는 것이다." 하였다.

아니며, 九五에게 공격을 당할까 두려워하기 때문에 이러한 象이 있다.

字義 伏 : 숨을 복　戎 : 군사 융　莽 : 풀우거질 망　陵 : 언덕 릉　暴 : 포악할 포

象曰 伏戎于莽은 敵剛也요 三歲不興이어니 安行也리오

〈象傳〉에 말하였다. "'군사를 숲속에 매복시킴'은 적이 강하기 때문이고, 삼년이 되어도 일어나지 못하니 어떻게 행하겠는가."

【傳】所敵者五니 旣剛且正하니 其可奪乎아 故畏憚伏藏也하여 至於三歲不興矣니 終安能行乎아

대적하는 九五가 이미 강건하고 또 바르니 어찌 빼앗을 수 있겠는가. 그러므로 두려워서 매복해 숨어 있어서 삼년이 되도록 일어나지 못하니, 끝내 어떻게 행할 수 있겠는가.

【本義】言不能行이라

행할 수 없음을 말하였다.

九四는 乘其墉[14]하되 弗克攻이니 吉하니라

【本義】乘其墉하나 弗克攻이니 吉하리라

九四는 담에 올라가지만 공격하지 않으니 길하다.

【본의】담에 올라가나 공격하지 못함이니, 길할 것이다.

【傳】四는 剛而不中正하여 其志欲同二하니 亦與五爲仇者也라 墉은 垣이니 所以限隔也니 四切近於五하여 如隔墉耳라 乘其墉하여 欲攻之라가 知義不直而不克也하니 苟能自知

14 乘其墉 : 《大全》의 소주에서 王宗傳(南宋)은 "九四가 담에 올랐으니, 그 뜻은 또한 九三을 막고 九五를 공격하고자 함이다. 그러나 구삼이 굳센 陽으로서 굳센 陽을 대적해도, 오히려 하고자 하는 것을 행할 수 없었는데, 하물며 구사가 완전한 굳셈이 아님에야 말해 무엇하겠는가. 공격하지 않음이 마땅하다." 하였다.

義之不直而不攻이면 則爲吉也라 若肆其邪欲하여 不能反思義理하고 妄行攻奪이면 則其凶大矣라 三은 以剛居剛이라 故終其强而不能反이요 四는 以剛居柔라 故有困而能反之義하니 能反則吉矣라 畏義而能改하면 其吉宜矣라

九四는 강건하지만 中正하지 못하여 그 뜻이 六二와 함께하고자 하니, 또한 九五와 원수가 된다. '墉'은 담장이니, 막아 경계를 두는 것이다. 九四는 九五와 매우 가까워서 마치 담장 하나로 사이를 둔 것과 같다. 〈그러므로〉 담에 올라가 공격하고자 하다가 의리상 바르지 못함을 알아 공격하지 않으니, 만일 의리상 바르지 못함을 스스로 알아서 공격하지 않는다면 吉함이 된다. 그러나 만일 간사한 욕심을 부려서 義理를 돌이켜 생각하지 않고 함부로 공격하여 빼앗으면 凶함이 크다. 九三은 剛으로 剛한 자리에 있기 때문에 강함을 끝까지 부려 돌이키지 못하고, 九四는 剛으로 유순한 자리에 있기 때문에 곤궁하면 돌이킬 수 있는 의리가 있으니, 돌이킬 수 있다면 吉하다. 의리를 두려워하여 〈잘못을〉 고칠 수 있다면 길함이 마땅하다.

【本義】剛不中正하고 又无應與하여 亦欲同於六二로되 而爲三所隔이라 故爲乘墉以攻之象이라 然以剛居柔라 故有自反而不克攻之象하니 占者如是면 則是能改過而得吉也라

剛이 中正하지 못하고 또 호응하여 함께하는 이가 없어서 또한 六二와 함께하고자 하지만 六三에게 가로막혔기 때문에 담에 올라가 공격하는 象이 된다. 그러나 剛이 柔한 자리에 있기 때문에 스스로 돌이켜보고 공격하지 않는 象이 있으니, 점치는 자가 이와 같이 하면 잘못을 고쳐서 吉함을 얻을 수 있다.

字義 墉 : 담 용 垣 : 담 원 肆 : 멋대로할 사

象曰 乘其墉은 義弗克也[15]요 其吉은 則困而反則(칙)也[16]라

〈象傳〉에 말하였다. "'담에 올라감'은 의리상 이기지 못하기 때문이고, '길함'은 곤궁

15 義弗克也 : 金奎五(朝鮮)는 《最窩集》〈讀易記疑〉에서 "〈象傳〉에서 '義弗克'이라고 한 것은 운을 맞춘 것이므로 '攻'자를 쓰지 않았지만, 그 뜻은 의리상 공격하지 못하였다는 말일 뿐이다." 하였다.

16 困而反則(칙)也 : 《大全》의 소주에서 胡炳文(元)은 "힘이 부족해서 공격하지 않는 것은 세력에 굴복함이고, 힘이 넘치는데도 공격하지 않는 것은 이치에 굴복함이다. '則'은 이치상 넘어서는 안 되는 것이다." 하였다.

하여 법칙으로 돌아오기 때문이다."

【傳】所以乘其墉而弗克攻之者는 以其義之弗克也라 以邪攻正은 義不勝也니 其所以得吉者는 由其義不勝하여 困窮而反於法則也일새라 二者는 衆陽所同欲也로되 獨三四有爭奪之義者는 二爻居二五之間也일새라 初終은 遠이라 故取義別이라

담에 올라가나 공격하지 못하는 것은 의리상 이기지 못하기 때문이다. 간사함으로 바름을 공격하는 것은 의리상 이기지 못하니, 길함을 얻는 것은 의리상 이기지 못하기 때문에 곤궁해져 법칙으로 되돌아오기 때문이다. 六二는 모든 陽이 함께하고자 하는 대상인데, 오직 九三과 九四만이 쟁탈의 뜻이 있는 것은 이 두 爻가 六二와 九五의 사이에 있기 때문이다. 初九와 上九는 멀리 있기 때문에 뜻을 취함이 다르다.

【本義】乘其墉矣면 則非其力之不足也요 特以義之弗克而不攻耳라 能以義斷하여 困而反於法則이라 故吉也라

담에 올라갔다면 그 힘이 부족한 것은 아니다. 다만 의리상 이기지 못해 공격하지 않는 것일 뿐이다. 의리로써 결단함에 곤궁하여 법칙에 돌아오기 때문에 吉하다.

字義 則 : 법칙 칙

## 九五는 同人이 先號咷而後笑[17]니 大師克이라야 相遇[18]로다

九五는 남과 함께하되 먼저는 울부짖고 뒤에는 웃으니, 큰 군대로 이겨야 서로 만날 것이다.

【傳】九五同於二而爲三四二陽所隔하니 五自以義直理勝이라 故不勝憤抑하여 至於號

17 先號咷而後笑 : 金相岳(朝鮮)은 《山天易說》에서 "'먼저 울부짖음〔先號咷〕'은 九三과 九四 때문에 다툰다는 것이며, '뒤에 웃음〔後笑〕'은 六二와 함께한다는 것이다. 九三과 九四가 굳세고 강하니, 반드시 큰 군대를 동원해서 이겨야 六二와 서로 만날 수 있다." 하였다.

18 大師克 相遇 : 柳正源(朝鮮)은 《易解參攷》에서 "군대를 움직여서 이길 수 없는 것은 그 싸움이 사사로움에 치우쳐서 中正하지 않기 때문이다. 만약 의로움으로 사특함을 이기고 공정함으로 사사로움을 이긴다면, 편당으로 가로막히는 우환이 없을 것이고, 中正하여 相應하는 德이 있을 것이니, 어찌 군대를 일으킬 수 없겠으며, 어찌 적을 이길 수 없겠는가." 하였다.

咷라 然邪不勝正하여 雖爲所隔이나 終必得合이라 故後笑也라 大師克相遇는 五與二正應이어늘 而二陽이 非理隔奪하니 必用大師克勝之라야 乃得相遇也라 云大師, 云克者는 見(현)二陽之强也라 九五君位而爻不取人君同人之義者는 蓋五專以私暱應於二하여 而失其中正之德일새라 人君은 當與天下大同而獨私一人은 非君道也요 又先隔則號咷라가 後遇則笑는 是[19]私暱之情이요 非大同之體也라 二之在下도 尙以同於宗爲吝이어든 況人君乎아 五旣於君道无取라 故更不言君道하고 而明二人同心하여 不可間隔之義하니 繫辭云 君子之道 或出或處或默或語하나니 二人同心하면 其利斷金이라하니 中誠所同엔 出處語默이 无不同하여 天下莫能間也라 同者는 一也니 一不可分이니 分이면 乃二也라 一은 可以通金石, 冒水火하여 无所不能入이라 故云其利斷金이라 其理至微라 故聖人贊之曰 同心之言이 其臭如蘭이라하시니 謂其言意味深長也라

九五는 六二와 함께하려 하지만 九三과 九四의 두 陽에게 가로막혀 있다. 九五는 스스로 의리가 곧고 이치가 우세하다고 여기기 때문에 분함과 억울함을 이기지 못해서 울부짖는 데까지 이른다. 그러나 간사함은 바름을 이기지 못하니, 비록 가로막혀 있더라도 끝내는 반드시 합할 수 있다. 그러므로 나중에는 웃는 것이다. '큰 군대로 이겨야 서로 만남'은 九五가 六二와 正應인데, 두 陽이 도리가 아닌 방법으로 가로막고 빼앗으니, 반드시 큰 군대를 동원하여 이겨야 비로소 서로 만날 수 있는 것이다. '큰 군대'를 말하고, "이겨야 한다."고 말한 것은 두 陽이 강함을 나타낸 것이다.

九五는 임금의 자리인데, 爻辭에서 임금이 남과 함께하는 뜻을 취하지 않은 것은 九五가 오로지 사사로운 친함을 가지고 六二와 호응하여 中正의 德을 잃었기 때문이다. 임금은 마땅히 세상 사람들과 크게 함께해야 하는데, 홀로 한 사람과 사사로이 함은 임금의 道가 아니며, 또 먼저 막혔을 때에는 울부짖다가 뒤에 만났을 때 웃는 것은 사사롭게 가까이하는 情이지 크게 함께하는 본체가 아니다. 六二가 아래에 있는데도 오히려 종친끼리만 함께하는 것을 부끄럽게 여겼는데, 하물며 임금에게 있어서이겠는가. 九五는 이미 임금의 道에서 취할 것이 없기 때문에 다시 임금의 道를 말하지 않고, 두 사람이 마음을 함께하여 사이를 떼어놓을 수 없다는 뜻을 밝혔다.

〈繫辭傳〉에 "君子의 道는 나아가기도 하고, 머물러 있기도 하며, 침묵하기도 하고, 말하기도 하지만, 두 사람이 마음을 함께하니, 그 날카로움이 쇠를 끊는다." 하였다. 이는 마음속의

---

**19** 是 : 《大全》의 간주에 "어떤 판본에는 앞에 '正'자가 있다." 하였다.

정성이 함께할 때에는 나아가고 머물고 침묵하고 말하는 것을 함께하지 않음이 없어서 세상 사람들이 갈라놓을 수 없다는 것이다. '同'은 하나이니 하나가 된 것은 나눌 수 없으니, 나누어진다면 둘이 된다. 하나가 된 것은 쇠와 돌을 관통할 수 있고, 물과 불을 무릅쓸 수 있어서 들어가지 못하는 곳이 없기 때문에 "그 날카로움이 쇠를 끊는다." 하였다. 그 이치가 지극히 은미하기 때문에 聖人이 찬미하여 "마음을 함께하는 말은 그 향기로움이 난초와 같다." 하였으니, 그 말의 의미가 아주 깊다.

【本義】 五剛中正이어늘 二以柔中正으로 相應於下하여 同心者也로되 而爲三四所隔하여 不得其同이라 然義理所同에 物不得而間之라 故有此象이라 然六二柔弱而三四剛强이라 故必用大師以勝之然後에 得相遇也라

九五는 강건하고 中正하며, 六二가 유순하고 中正함으로 아래에서 相應하여 마음을 함께하는 자이나, 九三과 九四에게 가로막혀 함께하지 못한다. 그러나 義理가 함께하는 것은 남이 그 사이를 갈라놓을 수 없기 때문에 이러한 象이 있다. 그러나 六二는 柔弱하고, 九三과 九四는 剛하고 굳세기 때문에 반드시 큰 군대를 동원하여 이긴 뒤에야 서로 만날 수 있다.

字義 咷 : 울 도 　憤 : 성낼 분 　暱 : 친할 닐 　冒 : 무릅쓸 모 　臭 : 냄새 취

## 象曰 同人之先은 以中直也요 大師相遇는 言相克也[20]라

〈象傳〉에 말하였다. "'남과 함께하되 먼저는 울부짖음'은 마음이 바르기 때문이고, '큰 군대로 이겨야 서로 만남'은 서로 이김을 말한 것이다."

【傳】 先所以號咷者는 以中誠理直故로 不勝其忿切而然也라 雖其敵剛强하여 至用大師나 然義直理勝하여 終能克之라 故言能相克也라 相克은 謂能勝이니 見(현)二陽之强也라

먼저 울부짖는 까닭은 마음이 성실하고 이치가 바르기 때문에 분함과 간절함을 이기지 못해서 그런 것이다. 비록 적이 강하고 굳세서 큰 군대를 동원하는 데까지 이르렀지만 의리가 바르고 이치가 우월하여 끝내는 이길 수 있기 때문에 서로 이길 수 있다고 말한 것이다. '相

20 以中直也……言相克也 : 朴文健(朝鮮)은 《周易衍義》에서 "'中直'은 中正하다고 말하는 것과 같고, '相克'은 六二와 九五가 마음을 함께하여 서로 공격한다는 말이다." 하였다.

克'은 이길 수 있음을 말하니, 〈九二와 九三〉 두 陽이 강함을 나타낸 것이다.

【本義】 直은 謂理直이라

'直' 이치가 바름을 말한다.

字義 克 : 이길 극　見 : 나타날 현

上九는 同人于郊[21]니 无悔니라

【本義】 同人于郊나 无悔리라

上九는 남과 함께하기를 교외에서 하니, 뉘우침이 없다.

【본의】 남과 함께하기를 교외에서 하지만 뉘우침이 없을 것이다.

【傳】 郊는 在外而遠之地라 求同者는 必相親相與어늘 上九居外而无應하여 終无與同者也라 始有同이면 則至終에 或有睽悔어니와 處遠而无與라 故雖无同이나 亦无悔요 雖欲同之志不遂나 而其終에 无所悔也라

'郊'는 외지에 있어 멀리 있는 곳이다. 함께하기를 구하는 자는 반드시 서로 친하고 서로 더불어야 하는데, 上九는 밖에 있고 호응함이 없어서 끝내 더불어 함께할 사람이 없다. 처음에 함께할 사람이 있었다면 끝에 가서 혹 어긋나고 뉘우침이 있을 수 있지만, 먼 곳에 있어서 함께할 사람이 없다. 그러므로 비록 함께하는 이는 없지만 또한 뉘우침이 없고, 비록 함께하고자 하는 뜻을 이루지는 못했지만 끝에 뉘우칠 것은 없는 것이다.

【本義】 居外无應하여 物莫與同이나 然亦可以无悔라 故其象占如此하니라 郊는 在野之內하니 未至於曠遠이나 但荒僻하여 无與同耳라

밖에 있고 호응함이 없어서 남과 더불어 함께하지 않는다. 그러나 또한 뉘우침이 없을 수 있기 때문에 그 象과 占이 이와 같다. '郊'는 광야의 안에 있으니, 광활하고 매우 먼 곳에까지

21 郊 : 蔡淵(南宋)은 "수도〔國〕 밖을 郊라고 하고, 郊 밖을 野라 한다. 비록 卦의 맨 위에 있지만, 아직 괘에서 벗어나지 않았기 때문에 다만 郊라고 했다." 하였다.

는 이르지 않았지만, 다만 거칠고 궁벽하여 더불어 함께할 사람이 없을 뿐이다.

字義 郊 : 성밖 교 睽 : 어그러질 규 僻 : 후미질 벽

## 象曰 同人于郊는 志未得也[22]라

〈象傳〉에 말하였다. "'남과 함께하기를 교외에서 함'은 뜻을 얻지 못한 것이다."

【傳】 居遠莫同이라 故終无所悔라 然而在同人之道하여는 求同之志를 不得遂하니 雖无悔나 非善處也라

먼 곳에 있어서 함께할 사람이 없기 때문에 끝내 뉘우칠 것이 없다. 그러나 남과 함께하는 道에 있어서는 함께하려는 뜻을 이루지 못했으니, 비록 뉘우침은 없지만 처신을 잘한 것은 아니다.

22 同人于郊 志未得也 : 吳致箕(朝鮮)는 《周易經傳增解》에서 "황량하고 외진 곳에 있으므로 더불어 함께할 대상이 없기 때문에 함께하려는 뜻을 이룰 수가 없다." 하였다.

# 14. 大有

## ䷍ 乾下離上

下卦는 乾卦☰이고, 上卦는 離卦☲이다.

【傳】 大有는 序卦에 與人同者는 物必歸焉이라 故受之以大有라하니라 夫與人同者는 物之所歸也니 大有所以次同人也라 爲卦 火在天上하니 火之處高면 其明及遠하여 萬物之衆을 无不照見하니 爲大有之象이요 又一柔居尊하고 衆陽竝應하니 居尊執柔는 物之所歸也라 上下應之 爲大有之義하니 大有는 盛大豊有也[1]라

大有卦는 〈序卦傳〉에 "남과 함께하는 자는 물건이 반드시 그에게 돌아오기 때문에 大有卦로 받았다." 하였다. 남과 함께하는 것은 물건이 돌아가는(따르는) 바이니, 이 때문에 大有卦가 同人卦 다음에 온 것이다. 卦의 구성이 불이 하늘 위에 있다. 불이 높은 곳에 있으면 그 밝음이 멀리까지 미쳐서 만물의 무리를 환히 비추지 않음이 없으니, 大有의 象이 되고, 또한 하나의 柔가 존귀한 자리에 있고 여러 陽이 함께 호응하니, 존귀한 자리에 있으면서 유순함을 굳게 지키는 것은 물건이 돌아가는 바이다. 위아래가 호응함이 大有의 뜻이 되니, 大有는 성대하고 풍요롭게 소유한 것이다.

---

1 大有 盛大豊有也 : 愼後聃(朝鮮)은 《周易象辭新編》에서 "大有卦䷍의 卦體는 하나의 陰이 尊位에 거하여 여러 陽을 통솔하여 소유한다. 陽이 陰을 통솔하든 陰이 陽을 통솔하든 모두 '有'라고 이를 수 있지만 오직 陽을 소유한 자만이 '大有'가 되는 이유는 《周易》의 뜻이 陽을 크게 여기고 陰을 작게 여기기 때문이다. 그러나 큼[陽]을 소유하는 것을 한갓 尊位만으로 할 수는 없다. 陰柔로서 스스로 비우고, 밝음으로서 임하며, 中道로서 치우치지 않으니, 이는 곧 六五의 덕이 구비된 것이므로 여러 陽을 소유할 수 있는 것이다. 그러나 여러 陽들이 六五의 뜻을 따름이 없다면, 또한 소유한 것이 되지 못할 것이다. 여러 陽들 가운데 九四·上九처럼 九五와 같은 卦體여서 서로 붙고, 九二처럼 健行의 성질로 六五에 응하는 자리에 거하며, 심지어 初九·九三처럼 九二를 따라 함께 나아간다면, 이는 진실로 서로 통솔하여 六五를 따르는 것이니, 소유하는 것이 된다." 하였다.

## 大有[2]는 元亨[3]하니라

大有는 크게 善하고 형통하다.

【傳】卦之才可以元亨也라 凡卦德은 有卦名自有其義者하니 如比吉謙亨이 是也요 有因其卦義하여 便爲訓戒者하니 如師貞丈人吉, 同人于野亨이 是也요 有以其卦才而言者하니 大有元亨이 是也라 由剛健文明應天時行이라 故能元亨也라

卦의 재질이 크게 善하고 형통할 수 있다. 卦德은 卦名에 그 의미를 본래 가지고 있는 것이 있으니, 예컨대 〈比卦의〉 "比는 吉하다.'는 것과 〈謙卦의〉 "謙은 형통하다."는 것이 이것이다. 卦의 뜻에 근거하여 훈계를 삼은 것이 있으니, 예컨대 〈師卦의〉 "師는 바르게 하여야 하니 丈人이어야 길하다."는 것과 〈同人卦의〉 "남과 함께하기를 들에서 하면 길하다."는 것이 이것이요, 卦의 재질로 말한 것이 있으니, "大有는 크게 善하고 형통하다."는 것이 이것이다. 剛健하고 文明하며 하늘에 호응하고 때에 맞게 행하기 때문에 크게 善하고 형통할 수 있다.

【本義】大有는 所有之大也라 離居乾上하니 火在天上하여 无所不照하고 又六五一陰이 居尊得中而五陽應之라 故爲大有라 乾健離明하고 居尊應天하니 有亨之道라 占者有其德이면 則大善而亨也라

大有는 소유한 것이 큰 것이다. 離卦☲가 乾卦☰ 위에 있으니 불이 하늘 위에 있어서 비추지 않는 것이 없고, 또 六五의 한 陰이 존귀한 자리에 있으면서 中道를 얻었으며 다섯 陽이 호응하기 때문에 大有卦가 된다. 乾卦는 굳건하고 離卦는 밝으며, 존귀한 자리에 있으면서

---

2 大有 : 빌헬름 영문판 주역인 《The I Ching》에서는 大有卦를 "Ta Yu / Possession in Great Measure"라고 하였다. 대유괘는 하늘 위의 불이 멀리까지 비추어 만물이 모습을 분명히 드러낸다. 연약한 음이 강건한 양들을 붙잡아 소유하는 상이므로 '많이 소유함'이라고 정의하였다.

3 大有 元亨 : 《周易諺解》에 "大有ㄴ 元코 亨ᄒᆞ니라" 하였다. 이에 대하여 金長生(朝鮮)은 《經書辨疑》 〈周易〉에서 "乾卦와 坤卦만이 四德(元亨利貞)으로 풀이하였는데, 이 괘에서도 '元하고 亨하다.'로 풀이하는 것은 잘못이다." 하였다. 柳正源(朝鮮)은 《易解參攷》에서 "《諺解》에서는 '元'과 '亨'을 나누어 두 가지 덕으로 삼았다. 본래 孔子가 여러 卦 중에 '元亨利貞'이라는 네 글자가 있는 卦의 경우, 후세사람들이 乾卦䷀·坤卦䷁와 똑같이 네 가지 德으로 볼까봐 우려하였기 때문에 〈彖傳〉에서 모두 '크게 형통하다'라고 하여 구별하였다. 여기에서는 利자와 貞자가 없으니, 卦辭에서 비록 곧바로 '元亨'이라고 하였을지라도 元은 단지 선하고 클 뿐이므로 본래 乾卦䷀와 坤卦䷁에서의 두 가지 덕과는 같지 않다." 하였다. 이와 같이 元亨에 대한 견해가 다르나, 여기에서는 《諺解》를 따르되, 다만 '크게'라고만 한다면 元의 의미가 퇴색하므로 《程傳》의 '元有大善之義'에 의거하여 '크게 善하고'로 번역하였다.

하늘에 호응하니, 형통한 道가 있다. 점치는 자가 이러한 德이 있으면 크게 善하고 형통하다.

彖曰 大有는 柔得尊位하고 大中而上下應之할새 曰大有니

〈彖傳〉에 말하였다. "大有는 柔가 존귀한 자리를 얻고 크게 中道를 얻어 위아래가 호응하므로 大有라 하니,

【傳】 言卦之所以爲大有也라 五以陰居君位는 柔得尊位也요 處中은 得大中之道也요 爲諸陽所宗은 上下應之也라 夫居尊執柔는 固衆之所歸也요 而又有虛中文明大中[4]之德이라 故上下同志應之하니 所以爲大有也라

卦가 大有가 된 까닭을 말하였다. 六五가 陰으로서 임금의 자리에 있는 것은 '柔가 존귀한 자리를 얻은 것'이고, 가운데 자리에 있는 것은 '크게 中道를 얻은 것'이고, 여러 陽이 높이는 것은 '위아래가 호응하는 것'이다. 존귀한 자리에 있으면서 유순함을 지키는 것은 진실로 사람들이 귀의하는 바인데, 또 가운데가 비어 文明하고 크게 中德을 가지고 있다. 그러므로 위아래가 같은 뜻으로 호응하니, 이 때문에 大有가 된다.

【本義】 以卦體로 釋卦名義라 柔는 謂六五요 上下는 謂五陽이라

卦體로 卦名의 뜻을 해석하였다. '柔'는 六五를 말하고, '上下'는 다섯 陽을 말한다.

字義 宗 : 높일 종

其德이 剛健而文明하고 應乎天而時行이라 是以元亨하니라

그 德이 剛健하고 文明하며 하늘에 호응하여 때에 맞게 행한다. 이 때문에 크게 善하고 형통하다."

【傳】 卦之德이 內剛健而外文明이라 六五之君이 應於乾之九二하니 五之性[5]은 柔順而

---

4 大中 : 《大全》의 간주에 "어떤 판본에는 '大中'자가 없다." 하였다.

5 性 : 《大全》의 간주에 "어떤 판본에는 앞에 '體'자가 있다." 하였다.

明하여 能順應乎二하니 二는 乾之主也니 是應乎乾也라 順應乾行은 順乎天時也라 故曰 應乎天而時行이라하니 其德如此라 是以元亨也라 王弼[6]云 不大通이면 何由得大有乎아 大有則必元亨矣라하니 此不識卦義라 離乾이 成大有之義하니 非大有之義에 便有元亨이요 由其才라 故得元亨이니 大有而不善者와 與不能亨者有矣니라 諸卦에 具元亨利貞이면 則彖에 皆釋爲大亨하니 恐疑與乾坤同也요 不兼利貞이면 則釋爲元亨하여 盡元義也하니 元有大善之義라 有元亨者四卦니 大有, 蠱, 升, 鼎也라 唯升之彖은 誤隨他卦作大亨[7]하니라 曰 諸卦之元이 與乾不同은 何也오 曰 元之在乾은 爲元始之義하고 爲首出庶物之義로되 他卦則不能有此義하여 爲善爲大而已니라 曰 元之爲大는 可矣어니와 爲善은 何也오 曰 元者는 物之先也니 物之先에 豈有不善者乎아 事成而後有敗하니 敗非先成者也요 興而後有衰하니 衰固後於興也요 得而後有失하니 非得則何以有[8]失也리오 至於善惡治亂是非하여도 天下之事 莫不皆然하여 必善爲先이라 故文言曰 元者善之長也라하니라

卦德이 안은 剛健하고 밖은 文明하다. 六五의 임금이 乾卦☰의 九二와 호응하니, 六五의 성질은 柔順하고 밝아서 九二에게 順應할 수 있다. 九二는 乾卦☰의 주체이니, 이는 乾卦에 호응하는 것이다. 乾卦의 운행에 순응함은 天時에 순응하는 것이다. 그러므로 “하늘에 호응하여 때에 맞게 행한다.” 하였으니, 그 德이 이와 같기 때문에 크게 善하고 형통한 것이다. 王弼은 “크게 통하지 않으면 어떻게 크게 소유함을 얻을 수 있겠는가. 크게 소유하면 반드시 크게 형통한다.” 하였는데, 이는 卦의 뜻을 알지 못한 것이다. 離卦와 乾卦가 大有卦의 뜻을 이룬 것이니, 大有卦의 뜻에 곧 ‘크게 형통함’이 있는 것이 아니라, 그 재질에 근거한 것이다. 그러므로 ‘크게 형통함’을 얻은 것이니, 크게 소유하고도 善하지 못한 자와 형통하지 못한 자도 있다. 여러 卦에 ‘元亨利貞’이 갖춰져 있으면 〈彖傳〉에 모두 “크게 형통하다.”고 해석했는데, 이는 乾卦䷀나 坤卦䷁와 같다고 의심할까 염려했기 때문이다. ‘利貞’을 겸하지 않았으면 “크게 善하고 형통하다.”고 해석하여 元의 뜻을 다했으니, ‘元’에는 크게 善하다는 뜻이 있다. ‘元亨’이 있는 것은 大有·蠱·升·鼎의 네 卦인데, 오직 升卦의 〈彖傳〉에서는 다른 卦를 잘못 따라서 ‘大亨’이라고 되어 있다.

---

6 王弼(226~249) : 三國時代 魏나라 사람으로 자는 輔嗣이다. 약관의 나이에 《周易》과 老子의 사상을 풀어내어 세상에 명성을 떨쳤으며, 何晏, 夏侯玄, 嵇康, 阮籍 등이 그의 영향을 받았다. 저서에 《老子注》, 《周易注》, 《論語釋疑》 등이 있다.

7 唯升之彖 誤隨他卦作大亨 : 升卦에 “彖曰 柔以時升 巽而順 剛中而應 是以大亨……”라고 하였다.

8 有 : 《大全》의 간주에 “어떤 판본에는 ‘爲’자로 되어 있다.” 하였다.

〈어떤 이가〉 묻기를 "여러 卦의 元이 乾卦䷀의 元과 같지 않음은 어째서입니까?" 하니, 답하기를 "乾卦에서는 元이 '크게 시작한다.'는 뜻이 되고 '만물 중에 으뜸으로 나온다.'는 뜻이 되지만, 다른 卦에서는 이러한 뜻이 있을 수 없어 〈다만〉 '착함'이 되고 '큰 것'이 될 뿐입니다." 하였다. 또 묻기를 "元이 '큰 것'이 됨은 괜찮지만 '착함'이 됨은 어째서입니까?" 하니, 대답하기를 "元은 물건보다 먼저 있는 것이니, 물건보다 먼저 있는 것이 어찌 善하지 않음이 있겠습니까. 일이 이루어진 뒤에야 실패함이 있는 것이니 실패함이 이룸보다 먼저 있는 것이 아니고, 흥성한 뒤에야 쇠퇴함이 있는 것이니 쇠퇴함이 진실로 흥성함보다 뒤에 있는 것이며, 얻음이 있은 뒤에야 잃음이 있는 것이니 얻음이 아니면 어찌 잃음이 있겠습니까. 善惡, 治亂, 是非에 이르기까지 天下의 일이 모두 그렇지 않음이 없으니, 반드시 善함이 먼저입니다. 그러므로 〈文言傳〉에 '元은 善의 으뜸이다.' 한 것입니다." 하였다.

【本義】以卦德卦體로 釋卦辭라 應天은 指六五也라

卦德과 卦體로 卦辭를 해석하였다. '하늘에 호응한다.'는 것은 六五를 가리킨 것이다.

字義 弼 : 도울 필　蠱 : 일 고, 어지러울 고　鼎 : 솥 정

象曰 火在天上이 大有니 君子以하여 遏惡揚善하여 順天休命하나니라

〈象傳〉에 말하였다. "불이 하늘 위에 있는 것이 大有이니, 君子가 이것을 본받아 惡을 막고 善을 드날려 하늘의 아름다운 命을 따른다."

【傳】火高在天上하여 照見萬物之衆多라 故爲大有니 大有는 繁庶之義라 君子觀大有之象하여 以遏絶衆惡하고 揚明善類하여 以奉順天休美之命하나니 萬物衆多면 則有善惡之殊라 君子享大有之盛인댄 當代天工하여 治養庶類니 治衆之道는 在遏惡揚善而已라 惡懲善勸은 所以順天命而安群生也라

불이 높이 하늘 위에 있어서 수많은 만물을 환히 살피기 때문에 大有卦가 되었으니, '大有'는 번성해서 많다는 뜻이다. 君子가 大有의 象을 보고서 온갖 惡을 막아 끊어버리고 모든 善함을 드날려 밝혀서 하늘의 아름다운 命을 받들어 따른다. 만물이 많으면 善惡의 다름이 있기 마련이다. 君子가 大有의 풍성함을 누리려면 마땅히 하늘의 일을 대신하여 온갖 부류를 다스리고 길러야 하니, 무리를 다스리는 道는 惡을 막고 善을 드날리는데 있을 뿐이다. 惡을 징계

하고 善을 권장하는 것은 하늘의 命을 따르고 여러 생명을 편안하게 하기 위한 것이다.

【本義】火在天上하여 所照者廣하니 爲大有之象이라 所有旣大에 无以治之면 則釁蘖이 萌於其間矣라 天命은 有善而无惡이라 故遏惡揚善이 所以順天이니 反之於身에도 亦若是而已矣니라

불이 하늘 위에 있어서 비추는 바가 넓으니, 大有卦의 象이 된다. 소유한 것이 이미 큰데도 다스림이 없다면 분쟁과 재앙이 그 사이에서 싹튼다. 天命은 善함은 있고 惡함은 없다. 그러므로 惡함을 막고 善함을 드날리는 것이 하늘을 따르는 것이니, 자신에게 돌이켜 보는 것도 이와 같을 뿐이다.

字義 遏 : 막을 알 揚 : 드날릴 양 休 : 아름다울 휴 繁 : 많을 번 庶 : 많을 서 懲 : 징계할 징 釁 : 틈 흔 蘖 : 재앙 얼 萌 : 싹틀 맹

初九는 无交害니 匪咎나 艱則无咎[9]리라

初九는 해로운 데에 교섭함(관계함)이 없으니, 허물은 아니지만 어렵게 여기면 허물이 없을 것이다.

【傳】九居大有之初하니 未至於盛하고 處卑无應與하니 未有驕盈之失이라 故无交害하니 未涉於害也라 大凡富有면 鮮不有害하나니 以子貢之賢으로도 未能盡免[10]커든 況其下者乎아 匪咎艱則无咎는 言富有本匪有咎也나 人因富有하여 自爲咎耳니 若能享富有而

---

9 无交害……艱則无咎 : 柳正源(朝鮮)은 《易解參攷》에서 "'匪咎'는 다른 사람들이 나를 허물하지 않는다는 것이고, '无咎'는 내가 스스로 허물이 없다는 것이다." 하였고, 徐有臣(朝鮮)은 《易義擬言》에서 "大有卦는 九四에 이르게 되면 성대하고 가득하여 해를 입게 된다. 初九는 九四와 서로 호응하지 않기 때문에 '无交害'라고 하였다. 九四와 응하지 않음은 의로움이 되기 때문에 '허물이 아니다〔匪咎〕'라고 하였고, 부유하면서 어렵게 여길 줄 모르면 교만하고 음탕하기를 기약하지 않아도 이르게 되기 때문에 '어렵게 여기면 허물이 없다〔艱則无咎〕' 했다." 하였다.

10 以子貢之賢 未能盡免 : 子貢은 공자의 제자이다. 공자의 제자 原憲이 몹시 가난하였는데 子貢이 큰말이 끄는 수레를 타고 화려한 복식을 하고 찾아 갔다. 그러나 골목이 좁아 수레에서 내려 걸어가서 원헌을 만나 "선생은 어찌 이렇게 병들어 보이십니까?" 하니, 원헌이 "'재물이 없는 것을 가난이라 말하고 道를 배우고서도 그것을 실천하지 못하는 것을 병든 것이라고 한다.'고 하니, 지금 저는 가난한 것일지언정 병든 것은 아닙니다." 하였다. 이 말을 듣고 자공이 부끄러워하였다.(《莊子》〈讓王〉)

知難處면 則自无咎也라 處富有而不能思艱兢畏면 則驕侈之心生矣리니 所以有咎也라

陽이 大有卦의 처음에 있어서 아직 번성함에 이르지 않았고, 낮은 자리에 있어 더불어 호응함이 없으니 교만하고 넘치는 잘못이 없다. 그러므로 해로운 데에 교섭함이 없으니, 아직 해로운 데에 교섭하지 않은 것이다. 대체로 富有하면 해롭지 않은 경우가 드무니, 子貢의 어짊으로도 〈그 해로움을〉 다 면하지 못하였는데, 하물며 그보다 아래에 있는 사람에게 있어서이겠는가. '허물은 아니지만 어렵게 여기면 허물이 없음'은 富有함이란 본래 허물이 있는 것은 아니지만, 사람이 부유함으로 인해 스스로 허물을 만들 뿐이라는 말이다. 만약 부유함을 누리면서도 어렵게 여겨 처신할 줄 안다면 스스로 허물이 없겠지만, 부유함에 처해서 어렵게 생각하고 삼가며 두려워하지 않는다면 교만하고 사치스러운 마음이 생길 것이니, 이 때문에 허물이 있게 된다.

【本義】 雖當大有之時나 然以陽居下하고 上无係應하며 而在事初하여 未涉乎害者也니 何咎之有리오 然亦必艱以處之則无咎니 戒占者宜如是也라

비록 크게 소유하는 때를 당했으나, 陽으로서 맨 아래에 있고, 위에 매이고 호응함이 없으며, 일의 처음에 있어서 아직 해로운 데에 교섭하지 않았으니, 무슨 허물이 있겠는가? 그러나 또한 반드시 어렵게 여겨 처신하면 허물이 없을 것이니, 점치는 자에게 마땅히 이와 같이 하라고 경계한 것이다.

字義 匪 : 아닐 비 涉 : 간섭할 섭 兢 : 조심할 긍 侈 : 사치할 치

象曰 大有初九는 无交害也라

〈象傳〉에 말하였다. "大有卦의 初九는 해로운 데에 교섭함이 없다."

【傳】 在大有之初하여 克念艱難이면 則驕溢之心이 无由生矣니 所以不交涉於害也라

크게 소유하는 초기에 있어서 어려움을 염려할 수 있다면 교만하고 분수에 넘치는 마음이 생길 이유가 없으니, 이 때문에 해로운 데에 교섭하지 않는 것이다.

字義 克 : 능할 극 溢 : 넘칠 일

## 九二는 大車以載니 有攸往하여 无咎리라

【本義】有攸往이면

九二는 큰 수레에 실음이니, 갈 곳을 두어 허물이 없을 것이다.

【본의】갈 곳이 있으면

【傳】九以陽剛居二하여 爲六五之君所倚任하니 剛健則才勝하고 居柔則謙順하고 得中則无過라 其才如此라 所以能勝大有之任하니 如大車之材强壯하여 能勝載重物也니 可以任重行遠이라 故有攸往而无咎也라 大有豐盛之時에 有而未極이라 故로 以二之才로 可往而无咎니 至於盛極이면 則不可以往矣라

九二가 강건한 陽으로서 두 번째 자리에 있어서 六五의 임금에게 의지하고 신임을 받는다. 〈九二는〉 강건하기 때문에 재질이 감당해내고, 부드러운 자리에 있기 때문에 겸손하고 유순하며, 中道를 얻었기 때문에 허물이 없다. 그 재질이 이와 같으므로 大有의 임무를 감당할 수 있으니, 큰 수레의 재질이 강하고 튼튼해서 무거운 물건을 실을 수 있는 것과 같다. 무거운 짐을 맡아 멀리까지 갈 수 있기 때문에 갈 곳을 두어 허물이 없다. 大有의 豐盛한 때에 소유하면서도 아직 궁극에 이르지 않았기 때문에 九二의 재질로 가서 허물이 없을 수 있으니, 풍성함이 궁극에 이르면 갈 수가 없다.

【本義】剛中在下하여 得應乎上하니 爲大車以載之象이니 有所往而如是면 可以无咎矣라 占者必有此德이라야 乃應其占也라

剛中함으로 아래에 있으면서 위에 호응함을 얻었으니, 큰 수레에 싣는 象이 된다. 갈 곳을 둠에 이와 같으면 허물이 없을 수 있다. 점치는 자가 반드시 이러한 德이 있어야만 이 占에 응하게 된다.

字義 攸 : 바 유

## 象曰 大車以載는 積中不敗也라

〈象傳〉에 말하였다. "'큰 수레에 실음'은 가운데 쌓아도 〈수레가〉 부서지지 않는다.

【傳】壯大之車는 重積載於其中而不損敗하니 猶九二材力之强하여 能勝大有之任也라

튼튼하고 큰 수레는 가운데에 무겁게 실어도 〈수레가〉 부서지고 망가지지 않으니, 九二의 재질과 힘이 강해서 大有의 임무를 감당할 수 있는 것과 같다.

九三은 公用亨(형)于天子[11]니 小人은 弗克이니라

【本義】 公用亨(향)于天子니

九三은 公이 天子를 형통하게 함이니, 小人은 해내지 못한다.

【본의】 公이 천자에게 조공을 올림이니

【傳】 三居下體之上하니 在下而居人上은 諸侯人君之象也라 公侯는 上承天子하고 天子는 居天下之尊하여 率土之濱이 莫非王臣[12]이니 在下者何敢專其有리오 凡土地之富와 人民之衆이 皆王者之有也니 此理之正也라 故三當大有之時하여 居諸侯之位하여 有其富盛이면 必用亨通乎天子니 謂以其有로 爲天子之有也니 乃人臣之常義也라 若小人處之면 則專其富有하여 以爲私하여 不知公已奉上之道라 故曰小人弗克也라하니라

九三은 下體의 맨 위에 있으니, 아래에 있으면서 사람들의 위에 있음은 諸侯와 임금의 象이다. 公侯는 위로 天子를 받들고, 天子는 세상의 존귀한 자리에 거처하여 온 세상의 모든 사람들이 천자의 신하 아님이 없으니, 아래에 있는 자가 어찌 감히 자기의 소유를 마음대로 할 수 있겠는가. 풍부한 土地와 많은 백성들이 모두 천자의 소유이니, 이것이 이치의 바름이다. 그러므로 九三이 大有의 때를 당해 諸侯의 자리에 있으면서 부유함과 풍성함을 소유하였다면 반드시 〈이것을 써서〉 天子가 형통하게 해야 한다. 이는 자신의 소유를 천자의 소유로 여기는 것을 말하니, 곧 신하의 떳떳한 의리이다. 만약 小人이 이 자리에 있다면 그 부유함을 독점하고 사유물로 여겨 자신을 공변되게 하고 윗사람을 받드는 도리를 알지 못한다. 그러므

---

**11** 公用亨(형)于天子 : 《大全》의 소주에서 王安石(北宋)은 "《周易》의 말에 王·先王·帝·后·大君이 있는데, 그중 '王'은 德業으로 말한 것이며, '先王'은 훌륭한 사업을 자손에게 전함으로 말한 것이고, '帝'는 主宰함으로 말한 것이며, '天子'는 바른 자리〔正位〕로 말한 것이고, '后'는 천자와 제후의 통칭이며, '大君'은 천자의 존칭이다." 하였다.

**12** 率土之濱 莫非王臣 : 《詩經》〈小雅 北山〉에 "너른 하늘 아래 王의 땅 아닌 곳이 없으며, 해안선 안쪽의 땅에 王의 신하 아닌 이가 없으나, 大夫가 공평하지 못하여 나만 종사하게 하여 홀로 어질다 하네.〔溥天之下 莫非王土 率土之濱 莫非王臣 大夫不均 我從事獨賢〕"이라고 하였다. 率土之濱은 해안선을 가리키는 말로 海內와 같은 말이니 '온 세상'을 뜻한다.

로 "小人은 해내지 못한다."고 하였다.

【本義】 亨은 春秋傳에 作享하니 謂朝獻也라 古者에 亨通之亨과 享獻之享과 烹飪之烹을 皆作亨字하니라 九三이 居下之上하니 公侯之象이요 剛而得正하고 上有六五之君이 虛中下賢이라 故爲享于天子之象이라 占者有其德이면 則其占如是나 小人无剛正之德하니 則雖得此爻나 不能當也라

'亨'은 《春秋傳》에 '享'으로 되어 있으니, 조정에 들어가 조공을 올린다는 말이다. 옛날에는 '亨通'의 亨자와 '享獻'의 享자와 '烹飪'의 烹자를 모두 '亨'자로 썼다. 九三이 下卦의 맨 위에 있으니 公侯의 象이고, 강건하면서 바른 자리를 얻었으며 위에 六五의 임금이 마음을 비우고 賢人에게 자신을 낮추기 때문에 天子에게 조공을 올리는 象이 된다. 점치는 자가 이러한 德이 있으면 그 占이 이와 같을 것이다. 그러나 小人은 剛하지만 바른 德이 없으니, 비록 이 爻를 얻더라도 감당할 수 없다.

字義 率 : 따를 솔 濱 : 물가 빈 烹 : 삶을 팽 飪 : 익힐 임

## 象曰 公用亨于天子는 小人은 害也리라

〈象傳〉에 말하였다. "'公이 天子를 형통하게 함'은 小人은 해로울 것이다."

【傳】 公은 當用[13]亨于天子니 若小人處之면 則爲害也라 自古로 諸侯能守臣節하여 忠順奉上者는 則蕃養其衆하여 以爲王之屛翰하고 豊殖其財하여 以待上之徵賦라 若小人處之면 則不知爲臣奉上之道하여 以其爲己之私리니 民衆財豊이면 則反擅其富强하여 益爲不順이라 是는 小人大有則爲害요 又大有爲小人之害也라

公은 마땅히 〈크게 소유함을 써서〉 天子를 형통하게 해야 하니, 만일 小人이 이런 자리에 있으면 해가 된다. 예로부터 諸侯가 신하의 節義를 지켜 충심과 순종함으로 윗사람을 받드는 자는 무리를 많이 길러서 왕의 울타리로 삼고, 재물을 풍부하게 늘려서 위에서 징수하는 세금에 대비하였다. 만일 小人이 이런 자리에 있으면 신하가 되어 윗사람을 받드는 도리를 알지 못하여 〈그 재물을〉 자기의 사유물로 여길 것이니, 백성이 많고 재물이 풍부하면 도리어 그 富强함을 마음대로 하여 더욱 불순한 일을 할 것이다. 이것이 小人이 크게 소유하면 해로움

13 用 : 《大全》의 간주에 "어떤 판본에는 '用'자가 없다." 하였다.

이 된다는 것이고, 또 크게 소유하는 것이 小人에게 해가 된다는 것이다.

字義 蕃 : 많을 번　屛 : 병풍 병　翰 : 기둥 한　殖 : 불어날 식　擅 : 제멋대로할 천

九四는 匪其彭(방)이면 无咎[14]리라

【本義】 匪其彭이니

九四는 너무 풍성하게 하지 않으면 허물이 없을 것이다.

【본의】 너무 풍성하게 하지 않음이니

【傳】 九四居大有之時하여 已過中矣니 是는 大有之盛者也니 過盛則凶咎所由生也라 故處之之道 匪其彭則得无咎니 謂能謙損하여 不處其太盛이면 則得无咎也라 四는 近君之高位니 苟處太盛이면 則致凶咎라 彭은 盛多之貌라 詩載驅云 汶水湯湯(상상)이어늘 行人彭彭이라하니 行人盛多之狀이요 雅大明云 駟騵彭彭이라하니 言武王戎馬之盛也[15]라

九四는 大有의 때에 처하여 이미 〈卦의〉 중간을 지났으니, 이는 크게 소유함이 성한 것이다. 지나치게 풍성하면 흉함과 허물이 이로 말미암아 생긴다. 그러므로 이에 대처하는 道는 너무 풍성하게 하지 않으면 허물이 없을 수 있으니, 겸손하여 너무 풍성한데 처하지 않으면 허물이 없을 수 있다는 말이다. 九四는 임금의 높은 자리에 가까우니, 만일 너무 풍성한데 처하면 흉함과 허물을 초래할 것이다. '彭'은 성하고 많은 모양이다. 《詩經》〈載驅〉에 "汶水는 넘실넘실 흐르는데 行人들이 많고 많네." 하였으니, 行人들이 성하고 많은 모양이고, 〈大雅·大明〉에 "네 마리 월따말이 튼튼하고 풍요롭네." 하였으니, 武王의 전투마가 성함을 말한 것이다.

【本義】 彭字는 音義未詳이라 程傳曰 盛貌라하니 理或當然이라 六五柔中之君을 九四以剛近之하니 有僭偪之嫌이나 然以其處柔也라 故有不極其盛之象而得无咎하니 戒占者

---

14 匪其彭(방) 无咎 : 《大全》의 소주에서 胡炳文(元)은 "괘의 이름이 '大有'이니, 彭자는 大자의 뜻이다. 大有는 모두 六五의 소유인데, 六五가 위에 있으나 九四가 강건한 陽으로서 그를 가까이하기 때문에 참람하고 핍박한다는 혐의가 있으므로 반드시 큰 것을 가지지 않은 뒤에 허물이 없을 수 있다." 하였다.

15 詩載驅云……言武王戎馬之盛也 : 《詩集傳》에 의하면, 〈齊風 載驅〉의 '彭彭'은 '衆盛貌(많고 성한 모양)'라 하였고, 〈大明〉편의 '駟騵彭彭'의 '彭彭'은 '强盛貌(강성한 모양)'라 하였다.

宜如是也라

'彭'자는 音과 뜻이 확실하지 않지만, 《程傳》에 "성한 모양이다." 하였으니, 이치상 혹 마땅할 듯하다. 유순하고 中道를 얻은 임금인 六五를 九四가 剛함으로 가까이하니, 〈九四에게〉 참람하고 핍박하는 혐의가 있다. 그러나 〈九四가〉 부드러운 자리에 있기 때문에 풍성함을 지극히 하지 않는 象이 있어서 허물이 없을 수 있으니, 점치는 자가 마땅히 이와 같이 해야 함을 경계한 것이다.

字義 彭 : 성대한모양 방 汶 : 물이름 문 湯 : 물많은모양 상 騵 : 배흰말 원 戎 : 군대 융
僭 : 참람할 참 偪 : 핍박할 핍

象曰 匪其彭无咎는 明辨晳(제)也라

【本義】 明辨晳也라

〈象傳〉에 말하였다. "'너무 풍성하게 하지 않으면 허물이 없음'은 밝게 분별하는 지혜가 있기 때문이다."

【본의】 밝게 분별함이 분명하다.

【傳】 能不處其盛而得无咎者는 蓋有明辨之智也라 晳는 明智也라 賢智之人은 明辨物理하여 當其方盛이면 則知咎之將至라 故能損抑하여 不敢至於滿極也라

풍성한데 처하지 않아 허물이 없을 수 있는 것은 밝게 분별하는 지혜가 있기 때문이다. '晳'는 밝은 지혜이다. 어질고 지혜로운 사람은 사물의 이치를 밝게 분별하여 풍성할 때를 당하면 허물이 장차 이를 것을 안다. 그러므로 덜어내고 억제하여 감히 가득하고 지극한 데까지 이르지 않는다.

【本義】 晳는 明貌라

'晳'는 밝은 모양이다.

字義 晳 : 밝을 제

六五는 厥孚交如니 威如면 吉하리라

六五는 믿음으로 사귀니, 위엄이 있으면 길할 것이다.

【傳】 六五當大有之時하여 居君位虛中하니 爲孚信之象이라 人君이 執柔守中而以孚信接於下면 則下亦盡其信誠하여 以事於上이니 上下孚信相交也라 以柔居尊位하여 當大有之時하면 人心安易하나니 若專尙柔順이면 則陵慢生矣라 故必威如則吉이라 威如는 有威嚴之謂也라 旣以柔和孚信으로 接於下하여 衆志說從하고 又有威嚴하여 使之有畏면 善處有者也니 吉可知矣라

六五가 크게 소유하는 때를 당하여 임금의 자리에 있으면서 마음을 비우니, 믿음이 있는 象이 된다. 임금이 유순함을 견지하고 中道를 지키며 믿음으로 아랫사람을 대하면 아랫사람도 믿음과 정성을 다해 윗사람을 섬기니, 이는 위아래가 믿음으로 서로 사귀는 것이다. 柔로서 높은 자리에 있으면서 크게 소유한 때를 당하면 사람들의 마음이 안이해지니, 만약 오로지 유순함만을 숭상하면 능욕과 태만함이 생긴다. 그러므로 반드시 위엄이 있으면 길하다. '威如'는 위엄이 있음을 말한다. 이미 유순하게 화합하고 믿음으로 아랫사람을 대하여 사람들의 뜻이 기쁘게 따르고, 또 위엄이 있어서 사람들이 두려움을 갖게 하면 크게 소유하는 때에 잘 처신하는 것이니, 吉함을 알 수 있다.

【本義】 大有之世에 柔順而中하여 以處尊位하고 虛己以應九二之賢하여 而上下歸之하니 是其孚信之交也라 然君道貴剛하여 太柔則廢니 當以威濟之則吉이라 故其象占如此하니 亦戒辭也라

크게 소유하는 세상에 柔順하면서 中道를 얻어 높은 자리에 있고, 자신을 비워 九二의 賢人에게 호응하여 위아래가 그에게 돌아오니, 이는 믿음으로 사귀는 것이다. 그러나 임금의 道는 강건함을 귀하게 여겨서 너무 유약하면 폐지되니, 마땅히 위엄으로 다스리면 吉하다. 그러므로 그 象과 占이 이와 같은 것이니, 또한 경계한 말이다.

字義 厥 : 그 궐 陵 : 능멸할 릉 慢 : 태만할 만 說 : 기쁠 열

象曰 厥孚交如는 信以發志也[16]요

---

16 信以發志也 : 李滉(朝鮮)의 《周易釋義》에 '信으로써'(《程傳》)와 '信이 志 發홀시오'(《本義》)의 두 가지 풀이가 달려 있다. 金相岳(朝鮮)은 《山天易說》에서 "윗사람에게 믿음이 있으면 아랫사람의 의

【本義】信以發志也요

〈象傳〉에 말하였다. "'그 믿음으로 사귐'은 믿음으로써 뜻을 일으킴이고,

【본의】 믿음이 뜻을 일으킴이고

【本義】一人之信이 足以發上下之志也라

한 사람의 믿음은 위아래의 뜻을 일으키기에 충분하다.

威如之吉은 易而无備也일새라

'위엄이 있으면 길함'은 마음이 안이해져서 대비함이 없기 때문이다."

【傳】下之志는 從乎上者也니 上以孚信接於下하면 則下亦以誠信事其上이라 故厥孚交如라 由上有孚信하여 以發其下孚信之志하니 下之從上은 猶響之應聲也라 威如之所以吉者는 謂若无威嚴이면 則下易慢而无戒備也니 謂无恭畏備上之道라 備는 謂備上之求責也라

아랫사람의 뜻은 윗사람을 따르는 것이니, 윗사람이 믿음으로 아랫사람을 대하면 아랫사람도 정성과 믿음으로 윗사람을 섬기기 때문에 "믿음으로 사귄다." 하였다. 윗사람이 믿음이 있어서 아랫사람이 〈윗사람을〉 믿으려는 뜻을 일으키니, 아랫사람이 윗사람을 따르는 것은 메아리가 소리에 응하는 것과 같다. 위엄이 있으면 길한 까닭은 만약 윗사람이 위엄이 없다면 아랫사람들이 안이해지고 태만해져서 경계하고 대비함이 없게 된다는 말이니, 윗사람을 공경하고 두려워하여 대비하는 道가 없음을 말한다. '備'는 윗사람의 요구와 바람에 대비함을 말한다.

【本義】太柔則人將易之而无畏備之心이라

너무 유순하면 사람들이 장차 안이해져서 두려워하고 대비하는 마음이 없게 된다.

上九는 自天祐之라 吉无不利로다

---

지를 일으킬 수 있다." 하였다.

上九는 하늘로부터 도움을 받기 때문에 길하여 이롭지 않음이 없다.

【傳】上九在卦之終하여 居无位之地하니 是는 大有之極而不居其有者也라 處離之上하니 明之極也라 唯至明일새 所以不居其有하여 不至於過極也라 有極而不處면 則无盈滿之災하니 能順乎理者也라 五之孚信而履其上은 爲蹈履誠信之義요 五有文明之德이어늘 上能降志以應之는 爲尙賢崇善之義라 其處如此면 吉道之至也니 自當享其福慶하여 自天祐之리라 行順乎天而獲天祐라 故所往皆吉하여 无所不利也라

上九는 卦의 끝에 있어서 지위가 없는 곳에 있으니, 이는 크게 소유함이 지극하지만 그 소유함을 자처하지 않는 것이다. 離卦☲의 맨 위에 있으니 밝음이 지극하다. 오직 지극히 밝기 때문에 그 소유함을 자처하지 않으니, 지나치게 극한 데까지 이르지 않는다. 소유함이 지극한 데도 자처하지 않으면 가득차서 생기게 되는 재앙이 없으니, 이치에 순응할 수 있는 자이다. 九五가 믿음이 있고 〈上九가〉 그 위를 밟는 것은 정성과 믿음을 이행하는 뜻이 되고, 九五가 文明한 德이 있는데 上九가 뜻을 낮추어 호응하는 것은 賢人을 높이고 善을 숭상하는 뜻이 된다. 그 대처함이 이와 같으면 길한 道가 지극한 것이니, 스스로 마땅히 복과 경사를 누려 하늘로부터 도움을 받을 것이다. 행동이 하늘에 순응하여 하늘의 도움을 받기 때문에 가는 곳마다 모두 吉하여 이롭지 않은 바가 없다.

【本義】大有之世에 以剛居上而能下從六五하니 是能履信思順而尙賢也라 滿而不溢이라 故其占如此하니라

크게 소유하는 세상에 강건함을 가지고 맨 위에 있으면서도 아래로 六五를 따르니, 이것이 믿음을 이행하고 순종할 것을 생각하며 賢人을 높이는 것이다. 가득차도 넘치지 않기 때문에 그 占이 이와 같다.

字義 祐 : 도울 우 履 : 행할 리 溢 : 넘칠 일

象曰 大有上吉은 自天祐也라

〈象傳〉에 말하였다. "大有卦의 上九가 길한 것은 하늘로부터 도움을 받기 때문이다."

【傳】大有之上은 有極當變이로되 由其所爲順天合道라 故天祐助之하여 所以吉也라 君

子滿而不溢은 乃天祐也라 繫辭에 復申之云 天之所助者는 順也요 人之所助者는 信也니 履信思乎順하고 又以尙賢也라 是以로 自天祐之하여 吉无不利也라하니라 履信은 謂履五니 五虛中이 信也요 思順은 謂謙退不居요 尙賢은 謂志從於五라 大有之世엔 不可以盈이니 豊而復處盈焉은 非所宜也라 六爻之中[17]은 皆樂據權位로되 唯初上은 不處其位라 故 初九는 无咎요 上九는 无不利라 上九在上하여 履信思順이라 故在上而得吉하니 蓋自天祐也라

大有卦의 上九는 소유함이 극에 달하면 마땅히 변하되, 행하는 바가 하늘에 순응하고 道에 합하기 때문에 하늘이 도와서 吉한 것이다. 君子는 〈소유함이〉 가득해도 넘치지 않으니, 하늘이 돕는다. 〈繫辭傳〉에 다시 거듭하여 말하기를 "하늘이 돕는 것은 순응하기 때문이고, 사람이 돕는 것은 믿음이 있기 때문이니, 믿음을 이행하고 순응할 것을 생각하며 또 賢人을 숭상한다. 이 때문에 하늘로부터 도움을 받아 길하여 이롭지 않음이 없다." 하였다. '履信'은 六五를 밟는 것을 말하니, 六五가 가운데를 비운 것이 '信'이요, '思順'은 겸손하게 물러나 자처하지 않음을 말하며, '尙賢'은 뜻이 六五를 따르는 것을 말한다. 大有의 세상에서는 가득해서는 안 되니, 풍성한데도 다시 가득 찬 데 처함은 마땅한 바가 아니다. 여섯 爻에서 가운데에 있는 네 爻는 모두 권세와 지위를 차지하는 것을 좋아하지만, 오직 初爻와 上爻는 지위에 처해 있지 않는다. 그러므로 初九는 허물이 없고, 上九는 이롭지 않음이 없는 것이다. 上九가 위에 있어서 믿음을 이행하고 순응함을 생각하기 때문에 위에 있으면서도 吉함을 얻는 것이니, 하늘로부터 도움을 받는 것이다.

17 六爻之中 : 初爻와 上爻를 제외한 나머지 네 爻를 가리킨다.

# 15. 謙

## ䷎ 艮下坤上

下卦는 艮卦☶이고 上卦는 坤卦☷이다.

【傳】謙[1]은 序卦에 有大者는 不可以盈이라 故受之以謙이라하니라 其有旣大면 不可至於盈滿이요 必在謙損이라 故大有之後에 受之以謙也라 爲卦 坤上艮下하니 地中有山也라 地體卑下어늘 山高大之物而居地之下는 謙之象也요 以崇高之德而處卑之下는 謙之義也라

謙卦는 〈序卦傳〉에 "큰 것을 소유한 자는 가득차서는 안 되기 때문에 謙卦로 받았다." 하였다. 소유한 것이 이미 크면 가득차는 데까지 이르러서는 안 되고, 반드시 겸양하고 덜어냄이 있어야 하기 때문에 大有卦 뒤에 謙卦로 받았다. 卦의 구성이 上卦는 坤卦☷이고 下卦는 艮卦☶이니, 땅 속에 산이 있는 것이다. 땅은 몸체가 낮아서 아래에 있는데, 산이 높고 큰 물건이면서 땅의 아래에 있는 것은 謙卦의 象이며, 숭고한 德으로 낮은 것의 아래에 있는 것은 謙卦의 뜻이다.

字義 謙 : 겸손할 겸 盈 : 가득찰 영

---

1 謙 : 《說文解字》에 "謙은 敬이다." 하였다. '敬'은 본래 절대자에 대한 敬畏心을 뜻한다. 절대자 앞에 섰을 때 인간은 자만심을 버리고 겸허하지 않을 수 없다. 謙은 敬과 相補的인 관계이다. 李舜臣(南宋)은 "한 陽이 上卦인 세 陰의 아래에 있어서 그 자리가 마땅하지 않으므로 이름을 謙이라 했다." 하였다. 愼後聃(朝鮮)은 《周易象辭新編》에서 "艮卦☶가 陽卦로서 陰卦인 坤卦☷의 아래에 있으니 이는 낮추어 물러나는 象이어서 '謙'이라고 한다. 陽卦가 坤卦☷보다 아래에 있는 것이 艮卦☶만 그런 것이 아니다. 그러나 震卦☳의 陽은 初爻의 자리에 있어서 떨쳐 나아가는 象이 있고, 坎卦☵의 陽은 二爻의 자리에 있어서 통솔하는 象이 있으니, 모두 낮추어 물러나는 뜻에 전일할 수 없어 謙이 될 수 없다. 오직 艮卦☶의 陽만이 〈陽이〉 三爻의 자리에 있다. 그런 뒤에야 '편안히 그치는 덕'을 지키니 떨쳐 나아감이 되지 않고 '用事의 자리'를 피하니 통솔함이 되지 않는다. 이는 오직 낮추어 물러남으로 뜻을 삼는 것이니 이 때문에 '謙'이라고 이른다." 하였다.

謙[2]은 亨[3]하니 君子有終이니라

【本義】君子有終이리라

謙은 형통하니, 君子는 끝마침이 있다.

【본의】君子는 끝마침이 있을 것이다.

【傳】謙有亨之道也라 有其德而不居를 謂之謙이니 人以謙巽自處면 何往而不亨乎리오 君子有終[4]은 君子志存乎謙巽하고 達理故로 樂天而不競하고 內充故로 退讓而不矜하여 安履乎謙하여 終身不易하여 自卑而人益尊之하고 自晦而德益光顯하니 此所謂君子有終也라 在小人하여는 則有欲必競하고 有德必伐하니 雖使勉慕於謙이라도 亦不能安行而固守하여 不能有終也라

謙卦에는 형통한 道가 있다. 德이 있으면서도 자처하지 않음을 謙이라 하니, 사람이 謙巽함으로 자처한다면 어디를 간들 형통하지 않겠는가. '君子가 끝마침이 있음'은 君子는 뜻이 謙巽함에 있고 이치에 통달하기 때문에 天命을 즐거워하여 다투지 않고, 내면이 충만하기 때문에 겸양하여 물러나고 자랑하지 않는다. 그리하여 謙巽함을 편안히 이행하여 종신토록 바꾸지 않아서 스스로 낮추지만 사람들이 더욱 높여주고 스스로 숨어있어도 德이 더욱 빛나 드러나니, 이것이 "君子는 끝마침이 있다."는 것이다. 小人에게 있어서는 욕망이 있으면 반드시 다투고 德이 있으면 반드시 자랑하니, 설령 謙巽함을 힘쓰고 사모하더라도 편안히 행하고 굳게 지키지 못하여, 끝마침이 있을 수 없다.

【本義】謙者는 有而不居[5]之義라 止乎內而順乎外는 謙之意也요 山至高而地至卑어늘 乃

---

2 謙 : 빌헬름 영문판 주역인 《The I Ching》에서는 謙卦를 "Ch'ien / Modesty"라고 하였다. 겸괘는 크고 높고 산이 비천한 땅 아래에 있는 상이니, 숭고한 덕으로 아래에 처하는 상이므로 '겸손'이라고 정의하였다.

3 亨 : 《周易正義》의 공영달 疏에 "謙卦에서 元과 利와 貞을 말하지 않은 이유는, 元은 물건의 머리이고 利와 貞은 주관하고 바르게 하는 것인데, 사람에 대해서 이미 겸손하게 물러나니 어찌 머리가 되겠으며, 겸손함으로 남에게 낮추니 무엇으로 물건을 주관하고 바르게 하겠는가." 하였다.

4 君子有終 : 《大全》의 소주에서 李舜臣(南宋)은 "謙卦는 《周易》에서 가장 길한 괘이다. 그러나 세상에 가장 행하기 어려운 일이니, 겸손하기가 어려운 것이 아니라 겸손하면서 끝마치는 것이 어려운 것이다. 군자가 아니면 어찌 끝마침이 있을 수 있겠는가." 하였다.

5 有而不居 : 강건한 陽이 유약한 陰의 아래에 굽히고 있음을 이른다. 蔡淵(南宋)은 "君子는 九三이

屈而止於其下는 謙之象也라 占者如是면 則亨通而有終矣니 有終은 謂先屈而後伸也라

'謙'이란 지니고 있으면서도 자처하지 않는다는 뜻이다. 안으로는 그쳐 있고 밖으로는 순응함이 謙卦의 뜻이며, 산은 지극히 높고 땅은 지극히 낮은데도 〈산이〉 굽혀서 땅의 아래에 그쳐 있는 것이 謙卦의 象이다. 占치는 자가 이와 같이 한다면 亨通하여 끝마침이 있을 것이니, '끝마침이 있음'은 먼저는 굽혔다가 뒤에 펴는 것을 말한다.

字義 巽 : 공손한 손 競 : 다툴 경 退 : 물러날 퇴 矜 : 자랑할 긍 履 : 행할 리 伐 : 자랑할 벌 使 : 가령 사

彖曰 謙亨은 天道下(濟)〔際〕而光明하고 地道卑而上行이라

〈彖傳〉에 말하였다. "'謙이 형통함'은 하늘의 道는 내려와 교제하여 빛나고 밝으며, 땅의 道는 낮아 올라가 유행함이다.

【傳】 濟는 當爲際라 此는 明謙而能亨之義라 天之道는 以其氣下際라 故能化育萬物하여 其道光明하니 下際는 謂下交也라 地之道는 以其處卑일새 所以其氣上行하여 交於天하니 皆以卑降而亨也라

'濟'는 마땅히 '際'가 되어야 한다. 이것은 겸손하여 형통할 수 있다는 뜻을 밝힌 것이다. 하늘의 道는 기운이 내려와 교제하기 때문에 만물을 化育하여 그 道가 빛나고 밝으니, '내려와 교제함'은 아래로 사귐을 말한다. 땅의 道는 그 처함이 낮기 때문에 기운이 올라가 유행하여 하늘과 사귀니, 모두 낮추어 형통한 것이다.

【本義】 言謙之必亨이라

겸손하면 반드시 형통함을 말하였다.

天道는 虧盈而益謙하고

하늘의 道는 가득 찬 것은 이지러지게 하고 겸손한 것은 더해주며,

---

다. 군자는 謙德이 있으면 처음에는 낮더라도 끝내는 더욱 존귀하고, 처음에는 어두워도 끝내는 더욱 빛날 수 있기 때문에 끝마침이 있는 것이다." 하였다.

【傳】以天行而言하면 盈者則虧하고 謙者則益하니 日月陰陽이 是也라

하늘의 運行으로 말하면 가득 찬 것은 이지러지게 하고 겸손한 것은 더해주니, 日月과 陰陽이 이것이다.

字義 虧 : 이지러질 휴

地道는 變盈而流謙하고

땅의 道는 가득 찬 것을 변하게 하고 겸손한 데로 흐르며,

【傳】以地勢而言하면 盈滿者傾變而反陷하고 卑下者流注而益增也라

땅의 형세로 말하면 가득 찬 곳은 기울어지고 변해서 도리어 패이고, 낮은 곳은 흘러 들어와 더욱 보태진다.

字義 傾 : 기울 경 注 : 물댈 주

鬼神은 害盈而福謙하고

鬼神은 가득 찬 것은 해롭게 하고 겸손한 것은 복을 주며,

【傳】鬼神은 謂造化之跡이라 盈滿者를 禍害之하고 謙損者를 福祐之하니 凡過而損, 不足而益者 皆是也라

鬼神은 造化의 자취를 말한다. 가득 찬 것은 禍를 내려 해롭게 하고, 겸손하고 덜어내는 것은 福을 내려 도우니, 지나치면 덜어내고 부족하면 더해주는 것이 다 이것이다.

字義 跡 : 자취 적 祐 : 도울 우

人道는 惡(오)盈而好謙[6]하나니

6 天道……惡盈而好謙 : 《大全》의 소주에서 蔡淵(南宋)은 "가득 찬 것을 이지러지게 하고 겸손한 것

사람의 道는 가득 찬 것을 미워하고 겸손한 것을 좋아하니,

【傳】人情은 疾惡於盈滿而好與於謙巽也라 謙者는 人之至德이라 故聖人詳言하니 所以戒盈而勸謙也라

사람의 情은 가득 찬 것을 미워하고 겸손한 것을 좋아하여 함께한다. 겸손함은 사람의 지극한 德이므로 聖人이 자세히 말하였으니, 가득 참을 경계하여 겸손함을 권한 것이다.

字義 疾 : 미워할 질

謙은 尊而光하고 卑而不可踰[7]니 君子之終也라

【本義】尊而光하고 卑而不可踰니

謙은 높고 빛나며 낮아도 넘을 수 없으니, 君子의 끝마침이다.

【본의】높은 이는 빛나고 낮은 이도 넘을 수 없으니

【傳】謙爲卑巽也나 而其道尊大而光顯하고 自處雖卑屈이나 而其德實高하여 不可加尙하니 是不可踰也라 君子至誠於謙하여 恒而不變이면 有終也라 故尊光이라

謙은 낮추고 공손히 하지만 그 道가 높고 커서 빛나고 드러나며, 自處하기를 낮추고 굽히지만 그 德이 실제로 높아서 더할 나위가 없으니, 이는 넘을 수 없는 것이다. 君子가 겸손함을 지극히 참되게 하여 항상하고 변치 않는다면 끝마침이 있으므로 높고 빛나는 것이다.

---

을 더해 줌은 기운으로 말하였으니, 해와 달, 음과 양이 이것이다. 가득 찬 것을 변하게 하고 겸손한 것으로 흐름은 형태로 말하였으니, 산과 골짜기, 하천과 연못이 이것이다. 가득 찬 것은 해롭게 하고 겸손한 것은 복을 줌은 이치로 말하였으니, 재앙과 상서, 화와 복이 이것이다. 가득 찬 것을 미워하고 겸손한 것을 좋아함은 인정으로 말하였으니, 줌과 빼앗음, 나아감과 물러남이 이것이다." 하였고, 李瀷(朝鮮)은 《易經疾書》에서 "'天道'는 이치로 말한 것이니 앞에서 이지러지면 곧 뒤에서 보태지고, '地道'는 형체로 말한 것이니 위에서 변하면 곧 아래로 흘러간다. '鬼神'은 기도드리고 제사 올리는 대상인 天神·地祇와 같은 부류로 다 사람의 힘이 미치지 못하는 바이니, 귀신이 혹 사람에게 복을 내리거나 재해를 내린다. '人道'는 人情으로 말한 것이니, 교만함을 미워하고 겸손함을 좋아한다." 하였다.

7 尊而光 卑而不可踰 : 《大全》의 소주에서 王宗傳(南宋)은 "'尊'은 九三이 下卦의 맨 위에 있음이고, '光'은 艮의 卦體이기 때문이며, '卑'는 九三이 上卦의 밑에 있음이고, '不可踰'는 지위가 비록 아래에 있더라도 덕이 강건하여 넘볼 자가 없음을 이른다." 하였다.

【本義】變은 謂傾壞요 流는 謂聚而歸之라 人能謙則其居尊者는 其德愈光하고 其居卑者는 人亦莫能過하니 此는 君子所以有終也라

'變'은 기울고 무너짐을 말하고, '流'는 모여서 돌아감을 말한다. 사람이 겸손할 수 있으면 높은 곳에 처한 자는 그 德이 더욱 빛나고, 낮은 곳에 처한 자도 남들이 또한 넘을 수 없으니, 이것이 君子가 끝마침이 있게 되는 까닭이다.

字義 踰 : 넘을 유 壞 : 무너질 괴 愈 : 더욱 유

象曰 地中有山이 謙이니 君子以하여 裒[8]多益寡하여 稱物平施하나니라

〈象傳〉에 말하였다. "땅 속에 山이 있는 것이 謙이니, 君子가 이것을 본받아 많은 곳에서 덜어내 적은 곳에 더해주어, 물건을 저울질하여 베풂을 고르게 한다."

【傳】地體卑下하니 山之高大而在地中은 外卑下而內蘊高大之象이라 故爲謙也라 不云山在地中而曰地中有山은 言卑下之中에 蘊其崇高也라 若言崇高蘊於卑下之中이라하면 則文理不順하니 諸象皆然하니 觀文可見이라 君子以裒多益寡稱物平施는 君子觀謙之象에 山而在地下하니 是高者下之요 卑者上之라 見抑高擧下, 損過益不及之義하여 以施於事하면 則裒取多者하여 增益寡者하여 稱物之多寡하여 以均其施與하여 使得其平也라

땅의 몸체가 낮아서 아래에 있는데 산이 높고 크면서 땅 속에 있으니, 밖으로는 낮고 아래에 있어도 안으로는 높고 큼을 간직하는 象이므로 謙卦가 된다. "산이 땅 속에 있다." 하지 않고 "땅 속에 산이 있다." 한 것은 낮고 아래에 있는 것 속에 숭고한 것이 간직되었음을 말한 것이니, 만약 숭고한 것이 낮고 아래에 있는 것 속에 간직되어 있다고 한다면 文理가 순조롭지 않다. 여러 象들도 모두 마찬가지이니, 글을 보면 알 수가 있다. "군자가 이것을 본받아 많은 곳에서 덜어내 적은 곳에 더해주어 물건을 저울질하여 베풂을 고르게 함"은 君子가 謙卦의 象을 봄에 산이 땅의 아래에 있으니, 이는 높은 것을 낮추고 낮은 것을 높이는 것이다. 〈그러므로〉 높은 것은 억제하고 낮은 것은 들어 올리며, 지나친 것은 덜어내고 모자란 것은 보태주는 뜻을 알아서 일에 시행한다면 많은 곳에서 덜어내 적은 곳에 더해주어 물건의 많고 적음을 저울질해서 그 베풂을 고르게 함으로써 가지런함을 얻게 할 것이다.

---

8 裒 : '減(덜 감)'의 뜻이다. 《本義》에서는 '損'으로 풀었다.

【本義】以卑蘊高는 謙之象也라 裒多益寡는 所以稱物之宜而平其施[9]니 損高增卑하여 以趨於平은 亦謙之意也라

낮으면서 높은 것을 간직함은 謙卦의 象이다. '많은 곳에서 덜어내 적은 곳에 더해 줌'은 물건의 마땅함을 저울질하여 베풂을 고르게 하는 것이니, 높은 것을 덜어내어 낮은 데에 더해주어 가지런함으로 나아가는 것 또한 謙卦의 뜻이다.

字義 裒 : 덜 부 稱 : 저울질할 칭 蘊 : 쌓을 온 趨 : 향할 추

初六은 謙謙君子니 用涉[10]大川[11]이라도 吉하니라

【本義】用涉大川이 吉하리라

初六은 겸손하고 겸손한 君子이니, 大川을 건너더라도 吉하다.

【본의】大川을 건넘이 吉할 것이다.

【傳】初六은 以柔順處謙하고 又居一卦之下하여 爲自處卑下之至니 謙而又謙也라 故曰 謙謙이니 能如是者는 君子也라 自處至謙이면 衆所共與也니 雖用涉險難이나 亦无患害어든 況居平易乎아 何所不吉也리오 初處謙而以柔居下하니 得無過於謙乎아 曰 柔居下는 乃其常也니 但見其謙之至라 故爲謙謙이요 未見其失也라

初六은 柔順함으로 겸손하게 처신하고, 또 한 卦의 맨 아래에 있어서 낮은 데에 자처함이 지극하니 겸손하고 또 겸손하다. 그러므로 "겸손하고 겸손하다."고 하였으니, 이와 같이 할

---

9 裒多益寡 所以稱物之宜而平其施 : 朱熹(南宋)는 《朱子語類》에서 "대체로 사람들은 자기에게 있는 것은 높게 보고, 남에게 있는 것은 낮게 본다. 겸손함은 자기의 높음을 억제하고 남에게 낮추는 것이니, 이것이 바로 '고르게 함〔平〕'이다." 하였다.

10 用涉 : 《大全》의 소주에서 王安石(北宋)은 "'利涉'은 재질과 때가 건넘에 이롭다는 것이고, '用涉'은 이것을 써서 건넌 후에 길하다는 것이다." 하였다.

11 謙謙君子 用涉大川 : 《大全》의 소주에서 胡炳文(元)은 "九三은 아래 卦의 맨 위에 있으면서 수고로우며 겸손하니 위에 있는 君子이고, 初六은 아래 괘의 가장 아래 자리에 있으면서 겸손하고 또 겸손하니 아래에 있는 君子이다. 위에 있는 자는 '높으며 빛남'이고, 아래에 있는 자는 '낮아도 넘을 수 없음'이니, 모두 君子의 마침이 되는 것이다. '大川을 건넘이 길하다'는 이로써 환난을 구제하더라도 가능하니, 하물며 평상시에 있어서이겠는가." 하였다.

수 있는 자는 君子이다. 스스로 지극히 겸손하게 처신하면 사람들이 더불어 함께하니 비록 험난한 곳을 건너더라도 걱정과 해로움이 없는데, 하물며 평탄한 곳이야 어찌 길하지 않겠는가. 〈어떤 이가 묻기를〉 "初六은 겸손한 때에 처하고 柔로써 맨 아래에 있으니, 겸손함이 너무 지나친 것이 아닙니까?" 하니, 대답하기를 "柔가 맨 아래에 있음은 떳떳함이니, 단지 겸손함이 지극함을 보였을 뿐입니다. 그러므로 '겸손하고 겸손함'이 되고, 잘못된 것을 볼 수가 없습니다." 하였다.

【本義】 以柔處下는 謙之至也니 君子之行也라 以此涉難이면 何往不濟리오 故占者如是면 則利以涉川也라

유순함으로 맨 아래에 있음은 겸손함이 지극한 것이니, 君子의 행실이다. 이로써 어려움을 건넌다면 어디를 간들 건너지 못하겠는가. 그러므로 占치는 자가 이와 같이 하면 내를 건넘이 이롭다.

字義 濟 : 물건널 제

象曰 謙謙君子는 卑以自牧也라

〈象傳〉에 말하였다. "'겸손하고 겸손한 君子'는 낮춤으로써 자처하는 것이다."

【傳】 謙謙은 謙之至也니 謂君子以謙卑之道로 自牧也라 自牧은 自處也니 詩云自牧歸荑[12]라하니라

'겸손하고 겸손함'은 겸손함이 지극한 것이니, 君子가 겸손하여 낮추는 道로 자처함을 이른다. '自牧'은 자처함이니, 《詩經》에 "자처하기를 삐비처럼 유순하게 한다." 하였다.

字義 荑 : 삐비 제

---

12 自牧……詩云自牧歸荑 : 《周易正義》의 공영달 疏에 "겸손함으로 낮추어 스스로 덕을 기른다.〔以謙卑 自養其德也〕" 하였고, 宋時烈(朝鮮)은 《易說》에서 "爻의 〈象傳〉의 '自牧'은 '스스로 처함'이 아니라 '스스로 기름'인 듯하다." 하였다. 詩는 《詩經》 〈邶風 靜女〉이다. 이에 대하여 朱子는 "牧은 바깥 들이다. 歸는 또한 준다는 뜻이다.〔牧 外野也 歸 亦貽也〕" 하였으니, 《程傳》과 다르다.

六二는 鳴謙이니 貞하고 吉하니라

【本義】 鳴謙이니

六二는 겸손함을 울림이니, 바르고 길하다.

【본의】 겸손함으로 알려짐이니

【傳】 二以柔順居中하니 是爲謙德積於中이라 謙德이 充積於中이라 故發於外하여 見(현)於聲音顔色이라 故曰鳴謙[13]이요 居中得正하여 有中正之德也라 故云貞吉이라 凡貞吉은 有爲貞且吉者하고 有爲得貞則吉者하니 六二之貞吉은 所自有也라

六二는 柔順함으로 가운데 자리에 있으니, 이는 겸손한 德이 마음에 쌓인 것이다. 겸손한 德이 마음에 가득 쌓여 있기 때문에 밖으로 발현되어 소리와 안색에 드러난다. 그러므로 "겸손함을 울린다." 하였고, 가운데 자리에 있고 바른 자리를 얻어서 中正한 德이 있으므로 "바르고 길하다." 하였다. '貞吉'은 '바르고 또한 길하다.'는 의미도 있고, '바름을 얻으면 길하다.'는 의미도 있으니, 六二의 '貞吉'은 본래 〈바름을〉 지니고 있는 것이다.

【本義】 柔順中正하여 以謙有聞하니 正而且吉者也라 故其占如此하니라

柔順하고 中正하여 겸손함으로 알려짐이 있으니, 바르고 또 吉한 자이므로 그 占이 이와 같다.

象曰 鳴謙貞吉은 中心得也라

〈象傳〉에 말하였다. "'겸손함을 울림이니 바르고 길함'은 마음에 얻은 것이다."

【傳】 二之謙德은 由至誠積於中하여 所以發於聲音이니 中心所自得也요 非勉[14]爲之也라

六二의 겸손한 德은 지극한 정성이 마음에 쌓임으로 말미암아 소리로 발현된 것이니, 마음

---

13 謙德充積於中……故曰鳴謙 : 朴萬瓊은 《壺隱遺稿》 〈心易〉에서 "지극한 정성이 마음에 쌓여 밖으로 드러나고 음성과 안색에 나타나지만, 그 마음이 겸손하여 자랑하지 않는다." 하였다.

14 勉 : 《大全》의 간주에 "어떤 판본에는 뒤에 '强'자가 있다." 하였다.

속에 스스로 얻은 것이지 억지로 한 것이 아니다.

九三은 勞謙이니 君子有終이니 吉하니라

【本義】君子有終하여 吉하리라

九三은 공로가 있으면서도 겸손함이니, 君子가 끝마침이 있으니 吉하다.

【본의】 군자가 끝마침이 있어서 길할 것이다.

【傳】三以陽剛之德而居下體하여 爲衆陰所宗하고 履得其[15]位하여 爲下之上하니 是上爲君所任하고 下爲衆所從하여 有功勞而持謙德者也라 故曰勞謙이라 古之人有當之者하니 周公是也라 身當天下之大任하여 上奉幼弱之主하고 謙恭自牧하여 夔夔如畏然하시니 可謂有勞而能謙矣라 旣能勞謙하고 又須君子行之有終이면 則吉이라 夫樂高喜勝은 人之常情이라 平時能謙도 固已鮮矣어든 況有功勞可尊乎아 雖使知謙之善하여 勉而爲之라도 若矜負之心不忘이면 則不能常久하니 欲其有終이나 不可得也라 唯君子는 安履謙順이 乃其常行이라 故久而不變하니 乃所謂有終이니 有終則吉也라 九三은 以剛居正하여 能終者也니 此爻之德이 最盛이라 故象辭特重하니라

九三은 강건한 陽의 德으로 下體에 있어서 여러 陰에게 높임을 받고, 밟음이 제자리를 얻어 下卦의 맨 위가 되니, 이는 위로는 임금에게 신임을 받고 아래로는 여러 사람에게 추종을 받아 功勞가 있으면서도 겸손한 德을 지닌 자이므로 '勞謙'이라 하였다. 옛사람 중에 이에 해당하는 자가 있으니, 周公이 이런 사람이다. 몸소 天下의 큰 임무를 담당하여 위로는 어리고 약한 임금을 받들고 겸손과 공손함으로 自處하여 조심하고 조심하여 두려운 듯이 하였으니, 功勞가 있으면서도 겸손하다고 이를 만하다.

이미 공로가 있으면서도 겸손하고, 또 반드시 君子가 행함에 끝마침이 있으면 吉한 것이다. 높음을 좋아하고 이김을 기뻐함은 사람의 일반적인 감정이다. 평소에 겸손한 것도 참으로 이미 드문 일인데, 하물며 높일 만한 공로가 있으면 어떠하겠는가. 설령 겸손함이 좋음을 알아서 힘써 행하더라도 만약 자랑하고 자부하는 마음을 잊지 못하면 항상하고 오래할 수 없으니,

---

15 其 : 《大全》의 간주에 "어떤 판본에는 '正'자로 되어 있다." 하였다.

끝마침을 두고자 하나 그렇게 될 수가 없다. 오직 君子는 겸손함과 유순함을 편안히 실천함이 바로 떳떳한 행실이므로 오래도록 변치 않는다. 이것이 이른바 "끝마침이 있다."는 것이니, 끝마침이 있으면 吉하다. 九三은 강건함으로 바른 자리에 있어서 끝마칠 수 있는 자이니, 이 爻의 德이 가장 성대하므로 卦辭의 〈彖傳〉의 말이 특별히 중요하다.

【本義】卦唯一陽이 居下之上하여 剛而得正하니 上下所歸요 有功勞而能謙하니 尤人所難이라 故有終而吉[16]이라 占者如是면 則如其應矣리라

卦에 오직 하나의 陽이 下卦의 맨 위에 있어 강건하면서 바른 자리를 얻었으니, 위아래가 귀의하는 곳이고, 功勞가 있으면서 겸손할 수 있음은 더욱 사람들이 하기 어려운 것이므로 끝마침이 있어서 吉하다. 점치는 자가 이와 같으면 그 응함이 이와 같을 것이다.

字義 勞 : 공로 로　夔 : 조심할 기

象曰 勞謙君子는 萬民이 服也라

〈象傳〉에 말하였다. "'공로가 있으면서도 겸손한 君子'는 만백성이 복종한다."

【傳】能勞謙之君子는 萬民所尊服也라 繫辭云 勞而不伐하고 有功而不德하니 厚之至也니 語以其功下人者也라 德言盛이요 禮言恭이니 謙也者는 致恭以存其位者也라하니라 有勞而不自矜伐하고 有功而不自以爲德은 是其德弘厚之至也니 言以其功勞而自謙以下於人也라 德言盛, 禮言恭은 以其德言之則至盛이요 以其自處之禮言之則至恭이니 此所謂謙也라 夫謙也者는 謂致恭以存其位者也니 存은 守也니 致其恭巽하여 以守其位라 故高而不危하고 滿而不溢이라 是以로 能終吉也라 夫君子履謙은 乃其常行이요 非爲保其位而爲之也어늘 而言存其位者는 蓋能致恭이 所以能存其位니 言謙之道如此라

---

16 卦唯一陽……故有終而吉 : 《大全》의 소주에서 楊萬里(南宋)는 "유약한 陰이라야 겸손한 덕인데, 九三이 강건한 陽으로 거함은 어째서인가? 세상의 일을 이루는 것은 강건하고 밝은 재주가 아니면 불가해서이다. 지금 九三이 강건하고 밝은 재주로 위로는 임금이 신임하는 바가 되고 아래로는 무리가 의지하여 믿는 바가 되니, 수고하여 공로가 있다. 그러나 공로가 있어도 자랑하지 않고, 공이 있어도 덕으로 여기지 않으니, 이것이 군자가 공손함으로 그 자리를 보존하는 도이다. 그러므로 끝마침이 있는 길함을 얻는 것이다." 하였다.

如言爲善有令名하니 君子豈爲令名而爲善也哉아 亦言其令名者는 爲善之故[17]也라

공로가 있으면서도 겸손한 君子는 만백성이 높이고 복종하는 바이다. 〈繫辭傳〉에 "功勞가 있어도 자랑하지 않고, 功績이 있어도 德으로 여기지 않음이 두터움의 지극함이니, 功이 있으면서도 남에게 낮추는 자를 말한다. 德은 성대함을 말하고 禮는 공손함을 말하니, 겸손함이란 공손함을 지극히 하여 그 자리를 보존하는 것이다." 하였다. 功勞가 있어도 스스로 자랑하지 않고 功績이 있어도 스스로 德으로 여기지 않음은 그 德이 넓고 후함이 지극한 것이니, 공로가 있으면서도 스스로 겸손하여 남에게 낮춤을 말한다. '德은 성대함을 말하고 禮는 공손함을 말함'은 德으로 말하면 지극히 성대하고 自處하는 禮로 말하면 지극히 공손한 것이니, 이것이 이른바 '겸손함'이다. '겸손함'이란 공손함을 지극히 하여 자리를 보존함을 말한다. '보존함'은 지킴이니, 공손함을 지극히 하여 자리를 지키는 것이다. 그러므로 높아도 위태롭지 않고 가득 차도 넘치지 않으니, 이 때문에 마침내 길할 수 있다. 君子가 겸손을 실천하는 것은 변함없는 떳떳한 행실이지 자리를 보존하기 위하여 하는 것이 아니다. 그런데도 "자리를 보존한다."고 한 것은 공손함을 다할 수 있으면 자리를 보존할 수 있기 때문이니, 겸손함의 道가 이와 같다는 말이다. 예컨대 "善을 행하면 훌륭한 명예가 있다."고 한 것과 같으니, 君子가 어찌 훌륭한 명예를 위하여 善을 행하겠는가. 이 또한 훌륭한 명예는 善을 행했기 때문이라는 말이다.

六四는 无不利撝謙[18]이니라

【本義】 无不利나 撝謙이니라

六四는 겸손함을 베풀어 펼침에 이롭지 않음이 없다.

【본의】 이롭지 않음이 없으나 겸손함을 발휘해야 한다.

【傳】 四居上體하여 切近君位하고 六五之君이 又以謙柔自處하며 九三이 又有大功德하여 爲上所任, 衆所宗이어늘 而己居其上하니 當恭畏以奉謙德之君하고 卑巽以讓勞謙之

---

17 故 : 《大全》의 간주에 "어떤 판본에는 '效'자로 되어 있다." 하였다.

18 撝謙 : 撝는 《程傳》에서 '施布之象'으로 설명하였고, 《本意》에서 '發揮'로 설명하였다. 金相岳(朝鮮)은 《山天易說》에서 "六二의 '鳴'은 마음에서 얻은 것이고 六四의 '撝'는 일에 드러난 것이니, 모두 陰이 제자리를 얻은 것이다." 하고, 또 "'이롭지 않음이 없음'은 六五와 같지만, 六四는 다만 그 겸손함을 베풂에 이로운 것이고, 六五는 이미 침벌함에 이롭고 또 이롭지 않음이 없는 것이다." 하였다.

臣하여 動作施爲 无所不利於撝謙也라 撝는 施布之象이니 如人手之撝也라 動息進退에 必施其謙이니 蓋居多懼之地요 又在賢臣之上故也라

六四는 上體에 있어서 임금의 자리와 매우 가깝고 六五의 임금이 또 겸손함과 유순함으로 자처하고 있으며, 九三이 또 큰 功德이 있어서 윗사람의 신임을 받고 무리가 높이는데 자신이 〈九三의〉 위에 있으니, 마땅히 공손함과 두려움으로 겸손한 德을 가진 임금을 받들며, 낮춤과 공손함으로 공로가 있으면서도 겸손한 신하에게 양보하여, 움직이고 시행함이 겸손함을 베풀어 펼침에 이롭지 않음이 없다. '撝'는 베풀어 펼치는 象이니, 사람이 손을 펴는 것과 같다. 움직일 때나 쉴 때나 나아가고 물러남에 반드시 겸손함을 베풀어야 하니, 두려움이 많은 자리에 있고 또 현명한 신하의 위에 있기 때문이다.

【本義】 柔而得正하고 上而能下하니 其占이 无不利矣라 然居九三之上이라 故戒以更當發揮其謙하여 以示不敢自安之意也라

유순하면서 바름을 얻었고 위에 있으면서도 낮출 수 있으니, 그 占이 이롭지 않음이 없다. 그러나 九三의 위에 있기 때문에 더욱 겸손함을 발휘해야 함을 경계시켜 감히 스스로 편안히 여겨서는 안 된다는 뜻을 보였다.

[字義] 撝 : 휘두를 휘　宗 : 높일 종

## 象曰 无不利撝謙은 不違則(칙)也[19]라

〈象傳〉에 말하였다. "'겸손함을 베풀어 펼침에 이롭지 않음이 없음'은 法則을 어기지 않는 것이다."

【傳】 凡人之謙은 有所宜施요 不可過其宜也니 如六五或用侵伐이 是也라 唯四는 以處近君之地하고 據勞臣之上이라 故凡所動作이 靡不利於施謙이니 如是然後에 中於法則이라 故曰不違則也라하니 謂得其宜也라

---

19 不違則(칙)也 : 《大全》의 소주에서 胡炳文(元)은 "陰으로서 六四의 자리에 있으면서 겸손함을 발휘하니 지나치는 잘못이 있을 듯하지만, 爻의 〈象傳〉에서 '법칙을 어기지 않는다'고 단언하여 六四에서 겸손함을 펼침이 天理의 당연한 것이지 지나친 것이 아님을 보여주었다." 하였다.

사람의 겸손함은 베풂에 마땅함이 있어야 하고, 그 마땅함을 지나쳐서는 안 된다. 예컨대 六五가 때로는 "침벌을 쓴다."는 것이 여기에 해당한다. 오직 九四는 임금과 가까운 자리에 있고, 공로가 있는 신하의 윗자리를 점거하였다. 그러므로 모든 동작이 겸손함을 베풀어 펼침에 이롭지 않음이 없으니, 이렇게 한 뒤에야 법칙에 맞는다. 그러므로 "법칙을 어기지 않는다." 하였으니, 그 마땅함을 얻은 것을 말한다.

【本義】言不爲過라

지나침이 되지 않음을 말한 것이다.

字義 勞 : 공로 로　中 : 맞을 중

六五는 不富以其鄰이니 利用侵伐[20]이니 无不利하리라

【本義】利用侵伐이요

六五는 부유하지 않으면서도 이웃을 얻으니, 침벌을 씀이 이로우니, 이롭지 않음이 없을 것이다.

【본의】침벌을 씀이 이롭고

【傳】富者는 衆之所歸니 唯財爲能聚人이라 五以君位之尊而執謙順하여 以接於下하니 衆所歸也라 故不富而能有其隣也라 隣은 近也니 不富而得人之親也라 爲人君而持謙順이면 天下所歸心也라 然君道는 不可專尙謙柔요 必須威武相濟然後에 能懷服天下라 故利用行侵伐也니 威德竝著然後에 盡君道之宜而无所不利也라 蓋五之謙柔는 當防於過라 故發此義하니라

부유함은 사람들이 귀의하는 것이니, 오직 재물만이 사람을 모을 수 있다. 六五는 높은 임

---

20 利用侵伐 : 康儼(朝鮮)은 《周易》에서 "九三은 공로가 있으며 겸손할 수 있어서 크게 백성의 마음을 얻었지만, 六五가 유순한 덕으로 존귀한 자리에 있으면서 겸허함만 한결같이 하고 제재함이 없다면, 공로가 있으며 겸손한 군자인 九三같은 이가 공로를 믿고 교만이 넘치는 우환이 있지 않음을 어찌 알 수 있겠는가. 이것이 임금의 지위에 있으면 마땅히 위엄으로 제재하는 道가 있어야 하는 것이니, 또한 공신을 보전하는 방법이다. 그러므로 이 爻에서 특별히 '침벌'을 말하였고, 爻의 〈象傳〉에서도 '승복하지 않는 자를 침벌하는 것이다.'라고 했다." 하였다.

금의 자리로서 겸손함과 유순함을 지니고 아랫사람을 대하니 무리가 귀의하는 곳이다. 그러므로 부유하지 않아도 이웃을 둘 수 있다. '隣'은 가까움이니, 부유하지 않아도 사람들의 친함을 얻는 것이다. 임금이 되어 겸손함과 유순함을 유지하면 세상 사람들이 마음으로 귀의하지만, 임금의 道는 오로지 겸손함과 유순함만 숭상해서는 안 되고, 반드시 위엄과 무력으로 서로 도운(보완한) 뒤에야 세상을 회유하여 승복시킬 수 있다. 그러므로 침벌을 행함이 이로운 것이니, 위엄과 德이 함께 드러난 뒤에야 마땅한 임금의 도리를 다하여 이롭지 않음이 없을 것이다. 六五의 겸손함과 유순함은 마땅히 지나침을 막아야 하기 때문에 이러한 뜻을 펼친 것이다.

【本義】以柔居尊하니 在上而能謙者也라 故爲不富而能以其隣之象이라 蓋從之者衆矣나 猶有未服者면 則利以征之요 而於他事에도 亦无不利하니 人有是德則如其占也라

柔로서 높은 자리에 있으니 위에 있으면서 겸손할 수 있는 자이다. 그러므로 부유하지 않아도 이웃을 얻을 수 있는 象이 된다. 따르는 사람이 많더라도 여전히 승복하지 않는 자가 있다면 정벌함이 이롭고, 다른 일에도 이롭지 않음이 없으니, 사람이 이러한 德을 갖고 있으면 이 占과 같을 것이다.

## 象曰 利用侵伐은 征不服也[21]라

〈象傳〉에 말하였다. "'침벌을 씀이 이로움'은 승복하지 않는 자를 정벌하는 것이다."

【傳】征其文德謙巽所不能服者也라 文德所不能服而不用威武면 何以平治天下리오 非人君之中道니 謙之過也라

文德과 겸손함으로 복종시킬 수 없는 자를 정벌하는 것이다. 文德으로 복종시킬 수 없는데도 위엄과 무력을 쓰지 않는다면 무엇으로 세상을 태평하게 다스릴 수 있겠는가. 이는 임금의 中道가 아니라, 겸손함이 지나친 것이다.

---

21 征不服也 : '不服'은 九三을 지칭한다는 주장이 있다. 金龜柱는 《周易剳錄》에서 "九三의 입장에서 말한다면 공로가 있으며 겸손한 군자가 되지만, 六五의 입장에서 본다면 한 양이 下卦의 맨 위에 있고 여럿이 따르는 것이 되니, 이것은 강력한 신하가 권력을 나누고는 기꺼이 승복하여 섬기려 하지 않는 것과 같다." 하였다.

上六은 鳴謙이니 利用行師하여 征邑國[22]이니라

【本義】鳴謙이니 利用行師나 征邑國이니라

上六은 겸손함이 울림이니, 군사를 행하여 邑國을 정벌함이 이롭다.

【본의】겸손함이 알려짐이니, 군사를 행함이 이로우나 邑國을 정벌하여야 한다.

【傳】六以柔處柔하니 順之極이요 又處謙之極하니 極乎謙者也라 以極謙而反居高하여 未得遂其謙之志라 故至發於聲音이요 又柔處謙之極하여 亦必見(현)於聲色이라 故曰鳴謙이라 雖居无位之地하여 非任天下之事나 然人之行己에 必須剛柔相濟어늘 上은 謙之極也니 至於太甚이면 則反爲過矣라 故利在以剛武自治니 邑國은 己之私有라 行師는 謂用剛武요 征邑國은 謂自治其私라

上六은 柔로서 부드러운 자리에 있으니 유순함이 지극하고, 또 謙卦의 끝에 있으니 겸손함이 지극한 자이다. 지극히 겸손한데 도리어 높은데 있어서 그 겸손한 뜻을 이룰 수 없기 때문에 음성으로 발현됨에 이른 것이다. 또 柔가 謙卦의 끝에 있어서 반드시 소리와 안색에 드러나기 때문에 "겸손함이 울린다." 하였다. 비록 지위가 없는 처지여서 세상의 일을 맡은 것은 아니지만, 사람이 처신함에 반드시 剛과 柔가 서로 도와야 하는데, 上六은 겸손함이 지극하니 너무 성대함에 이르면 도리어 지나침이 된다. 그러므로 이로움이 剛한 무력으로 스스로 다스림에 있다. '邑國'은 자기의 사사로운 소유이고, '군사를 행함'은 剛한 무력을 씀을 말하며, '邑國을 정벌함'은 자기의 사사로움을 다스림을 말한다.

【本義】謙極有聞하여 人之所與라 故可用行師라 然以其質柔而无位라 故可以征己之邑國而已라

겸손함이 지극하여 알려짐이 있어서 사람들이 함께한다. 그러므로 군사를 행할 수 있지만, 재질이 유순하고 지위가 없기 때문에 자기의 읍국만을 정벌할 수 있을 뿐이다.

---

22 征邑國 : 《大全》의 소주에서 胡炳文(元)은 "지위가 없는 初六은 겸손함을 써서 사람을 구제할 수 있고, 임금의 자리에 있는 六五는 겸손함을 써서 사람을 다스릴 수 있으며, 지위가 없는 上六은 겸손함을 써서 자기의 사사로움을 다스릴 수 있다. 初六과 上六은 모두 지위가 없는데, 上六에서 邑國을 정벌함이 初六에서 大川을 건너는 것만 못한 것은 어째서인가? 初六은 卦의 처음에 있으니 나와서 쓰일 때이고, 上六은 卦의 끝에 있기 때문이다." 하였다.

象曰 鳴謙은 志未得也니 可用行師하여 征邑國也라

【本義】 可用行師나

〈象傳〉에 말하였다. "'겸손함이 울림'은 뜻을 얻지 못함이니, 군사를 행하여 邑國을 정벌하여야 한다."

【본의】 군사를 행할 수 있으나

【傳】 謙極而居上하여 欲謙之志를 未得이라 故不勝其切하여 至於鳴也라 雖不當位나 謙既過極하니 宜以剛武自治其私라 故云利用行師征邑國也라

겸손함이 지극한데 맨 위에 있어서 겸손하고자 하는 뜻을 얻지 못하였다. 그러므로 그 간절함을 이기지 못하여 울림에 이른 것이다. 비록 자리가 마땅하지 않지만 겸손함이 이미 너무 지극하니, 마땅히 剛한 무력으로 자기의 사사로움을 다스려야 한다. 그러므로 "군사를 행하여 읍국을 정벌함이 이롭다." 하였다.

【本義】 陰柔无位하고 才力不足이라 故其志未得하여 而至於行師나 然亦適足以治其私邑而已라

유약한 陰으로 지위가 없고 재질과 힘이 부족하다. 그러므로 그 뜻을 얻지 못하여 군사를 행함에 이르렀으나, 또한 자기의 사사로운 邑을 다스릴 수 있을 뿐이다.

# 周易傳義 卷第七

## 16. 豫

### ䷏ 坤下震上

下卦는 坤卦☷이고 上卦는 震卦☳이다.

【傳】豫[1]는 序卦에 有大而能謙이면 必豫라 故受之以豫라하니 承二卦之義而爲次也라 有旣大而能謙이면 則有豫樂也니 豫者는 安和悅樂之義라 爲卦 震上坤下하여 順動之象이니 動而和順이라 是以豫也라 九四爲動之主하여 上下群陰이 所共應也요 坤又承之以順하니 是以動而上下順應이라 故爲和豫之義라 以二象言之하면 雷出於地上이니 陽始潛閉於地中이라가 及其動而出地하여는 奮發其聲하여 通暢和豫라 故爲豫也라

豫卦는 〈序卦傳〉에 "큰 것을 소유하고도 겸손하면 반드시 즐겁기 때문에 豫卦로 받았다." 하였으니, 두 卦의 뜻을 이어 차례를 삼았다. 소유한 것이 이미 큰데도 겸손할 수 있으면 즐거움이 있으니, '豫'는 편안하게 화합하며 기뻐하고 즐거워한다는 뜻이다. 卦의 구성이 上卦가 震卦☳이고 下卦가 坤卦☷로 유순하게 움직이는 象이니, 움직이되 화합하여 따르기 때문에 즐겁다. 九四는 움직임의 주체가 되어 위아래의 여러 陰이 함께 호응하고, 또 坤卦가 이를 받들어 따르니, 이 때문에 움직임에 위아래가 順應하므로 화합하며 즐거워하는 뜻이 된다. 두 卦象으로 말하면 우레가 땅 위로 나온 것이니, 陽이 처음에는 땅 속에 잠겨 갇혀 있다가 움직여서 땅을 뚫고 나옴에 미쳐서는 그 소리를 떨쳐 내어 通暢하고 화합하여 즐겁기 때문에 豫卦가 된다.

字義 豫 : 즐거울 예 奮 : 떨칠 분 暢 : 통할 창

---

1 豫 : 《大全》의 소주에서 王大寶(南宋)는, 豫卦는 '화합하여 즐거운 것'을 주된 의미로 삼는다는 전제아래 몇 가지 의미를 덧붙였다. 즉 화합하려 해도 준비가 되어 있지 않으면 서로 어그러지게 되므로 豫卦에는 '미리 준비한다'는 의미가 있고, 또 화합하려 해도 진지하지 않으면 교만함과 게으름이 생겨나게 되므로 豫卦에는 '태만함을 예방한다'는 의미도 있다고 설명하였다.

## 豫[2]는 利建侯行師하니라

豫는 제후를 세우고 군대를 움직이는 것이 이롭다.

【傳】豫는 順而動也니 豫之義는 所利在於建侯行師라 夫建侯樹屛은 所以共安天下니 諸侯和順則萬[3]民悅服이요 兵師之興에 衆心和悅則順從而有功이라 故悅豫之道 利於建侯行師也라 又上動而下順은 諸侯從王, 師衆順令之象이니 君萬邦하고 聚大衆엔 非和悅이면 不能使之服從也라

豫는 순응하여 움직임이니, 豫卦의 뜻은 이로움이 제후를 세워 군대를 움직이는데 있다. 제후를 세워 藩屛을 세움은 함께 세상을 편안하게 하려는 것이니, 제후가 和順하면 모든 백성들이 기쁘게 복종하고, 군대를 일으킬 때에 사람들의 마음이 화합하여 기뻐하고 순종하여 功이 있게 된다. 그러므로 화합하여 즐거워하는 道는 제후를 세워 군대를 움직임이 이롭다. 또 위에서 움직이고 아래에서 순응함은 제후가 임금을 따르고 군사들이 명령을 따르는 象이니, 만방에 임금이 되고 대중을 모으는 것은 화합하여 기뻐함이 아니면 복종시킬 수 없다.

【本義】豫는 和樂也니 人心和樂以應其上也라 九四一陽을 上下應之하니 其志得行하고 又以坤遇震하여 爲順以動이라 故其卦爲豫요 而其占은 利以立君用師也라

豫는 화합하여 즐거움이니, 사람의 마음이 和樂하여 윗사람에게 호응한다. 九四 한 陽을 위아래가 호응하니, 그 뜻을 행할 수 있고, 또 坤卦☷가 震卦☳를 만나 순응하여 움직이기 때문에 그 卦는 豫卦가 되고, 그 占은 제후를 세워 군대를 움직이는 것이 이롭다.

## 彖曰 豫는 剛應而志行하고 順以動이 豫라

〈彖傳〉에 말하였다. "豫는 剛이 호응하여 뜻이 행해지고, 순응함으로써 움직임이 豫이다.

---

2 豫 : 빌헬름 영문판 주역인 《The I Ching》에서는 豫卦를 "Yu / Enthusiasm"라고 하였다. 예괘는 상괘인 진괘는 움직임, 하괘인 곤괘는 복종과 헌신을 상징한다. 유순하게 움직여 기쁘게 따르는 상이므로 큰 기쁨인 '열광'이라고 정의하였다.

3 萬 : 《大全》의 간주에 "어떤 판본에는 '兆'자로 되어 있다." 하였다.

【傳】剛應은 謂四爲群陰所應이니 剛得衆應也요 志行은 謂陽志上行하여 動而上下順從하니 其志得行也라 順以動豫는 震動而坤順하니 爲動而順理요 順理而動이며 又爲動而衆順이라 所以豫也라

'剛이 호응함'은 九四가 여러 陰들에게 호응을 받음을 말하니, 剛이 무리의 호응을 얻는 것이고, '뜻이 행해짐'은 陽의 뜻이 위로 가고자 하여 움직임에 위아래가 호응하여 따름을 말하니, 그 뜻이 행해지는 것이다. "순응함으로써 움직임이 豫이다."는 震卦가 움직이자 坤卦가 따르니 움직임에 이치를 따름이 되고, 이치를 따라 움직이고 또 움직여서 무리가 따름이 되기 때문에 즐거운 것이다.

【本義】以卦體卦德으로 釋卦名義라

卦體와 卦德으로 卦名의 뜻을 해석하였다.

豫順以動이라 故로 天地도 如之온 而況建侯行師乎아

豫는 순응함으로써 움직이기 때문에 天地도 이와 똑같이 하는데 하물며 제후를 세우고 군대를 움직임에 있어서이겠는가.

【傳】以豫順而動이면 則天地如之而弗違온 況建侯行師에 豈有不順乎아 天地之道와 萬物之理는 唯至順而已니 大人所以先天後天而不違者도 亦順乎理而已니라

즐겁게 순응하여 움직이면 天地도 이와 똑같이 하여 어기지 않는데 하물며 제후를 세우고 군대를 움직임에 어찌 따르지 않는 자가 있겠는가. 天地의 道와 萬物의 이치는 오직 지극히 순할 따름이니, 大人이 하늘보다 먼저하고 하늘보다 뒤에 하여도 어기지 않는 이유도 이치를 따르기 때문일 뿐이다.

【本義】以卦德으로 釋卦辭라

卦德으로 卦辭를 해석하였다.

天地以順動이라 故로 日月不過而四時不忒하고 聖人이 以順動이라 則刑罰淸而

民服[4]하나니

天地가 순응함으로써 움직이기 때문에 日月의 도수가 틀리지 않아 四時가 어긋나지 않고, 聖人이 순응함으로써 움직이기 때문에 형벌이 맑아져서 백성이 복종하니,

【傳】復詳言順動之道라 天地之運이 以其順動일새 所以日月之度不過差하여 四時之行不愆忒하며 聖人이 以順動일새 故經正而民興於善하고 刑罰清簡而萬民服也라

순응하여 움직이는 道를 다시 자세히 말하였다. 天地의 운행이 순응함으로써 움직이므로 日月의 度數가 틀리지 않아 四時의 운행이 어긋나지 않으며, 聖人이 순응함으로써 움직이므로 法이 바루어져 백성들이 善에 일어나며, 형벌이 맑고 간략해져서 모든 백성들이 복종한다.

字義 忒 : 어긋날 특 愆 : 어그러질 건, 허물 건

豫之時義大矣哉라

豫卦의 때와 뜻이 크도다."

【傳】旣言豫順之道矣나 然其旨味淵永하여 言盡而意有餘也라 故復贊之云 豫之時義大矣哉라하니 欲人硏味其理하여 優柔涵泳而識之也라 時義는 謂豫之時義라 諸卦之時與義用大者는 皆贊其大矣哉하니 豫以下十一卦是也라 豫, 遯, 姤, 旅는 言時義하고 坎, 睽, 蹇은 言時用하고 頤, 大過, 解, 革은 言時하니 各以其大者也라

이미 즐겁게 순응하는 道를 말하였으나 그 의미가 깊고 길어서 말은 다했어도 뜻은 남음이 있다. 그러므로 다시 칭찬하기를 "豫卦의 때와 뜻이 크다." 하였으니, 사람들이 그 이치를 연구하고 음미해서 오랫동안 충분히 익혀서 알게 하고자 한 것이다. '時義'는 豫卦의 때와 뜻을 말한다. 여러 卦에서 '時'와 '義'와 '用'이 큰 것은 모두 "위대하다.〔大矣哉〕"라고 찬탄하였는데, 豫卦 뒤에 나오는 11卦가 이것이다. 이 가운데 豫卦·遯卦·姤卦·旅卦는 '時'와 '義'를 말하였고,

---

4 日月不過而四時不忒……則刑罰清而民服 : 徐有臣(朝鮮)은 《易義擬言》에서 하늘과 땅이 움직이고 해와 달, 네 계절이 운행하는 것은 그때에 닥쳐서 분별할 수 있는 것이 아니므로 형벌 역시 미리 예비해야 하는 것으로 설명하였다. 법을 미리 내걸어 예비하지 않으면, 백성들이 범법하기를 두려워할 줄 모르는 자가 많아져서 형벌이 날로 번잡해지니 豫卦의 때와 의미는 기미를 아는데 있다는 말이다.

坎卦·睽卦·蹇卦는 '時'와 '用'을 말하였으며, 頤卦·大過卦·解卦·革卦는 '時'를 말하였으니, 각각 그 큰 것으로 말한 것이다.

【本義】極言之而贊其大也라

할 수 있는 말은 다하여 그 큼을 찬양하였다.

字義 硏 : 궁구할 연 涵 : 잠길 함 遯 : 돈괘 돈, 숨을 돈 姤 : 구괘 구, 만날 구
頤 : 이괘 이, 턱 이, 기를 이 贊 : 기릴 찬

象曰 雷出地奮이 豫니 先王이 以하여 作樂(악)崇德하여 殷薦之上帝하여 以配祖考하니라

〈象傳〉에 말하였다. "우레가 땅에서 나와 분발하는 것이 豫이니, 先王이 이것을 본받아 음악을 지어 德을 높여서 上帝께 성대하게 올려 祖考를 배향하였다."

【傳】雷者는 陽氣奮發이니 陰陽相薄[5]而成聲也라 陽始潛閉地中이라가 及其動이면 則出地奮震也하나니 始閉鬱이라가 及奮發이면 則通暢和豫라 故爲豫也라 坤順震發하니 和順積中而發於聲樂之象也라 先王이 觀雷出地而奮에 和暢發於聲之象하여 作聲樂以褒崇功德하여 其殷盛이 至於薦之上帝하여 推配之以祖考라 殷은 盛也니 禮有殷奠[6]하니 謂盛也라 薦上帝, 配祖考는 盛之至也라

우레는 陽氣가 奮發한 것이니, 陰陽이 서로 부딪쳐 소리를 이룬 것이다. 陽이 처음에 땅속에 잠복해 갇혀 있다가 움직이게 되면 땅에서 나와 분발하고 진동하니, 처음에는 답답하게 갇혀 있다가 분발하면 확 뚫리고 화락하기 때문에 豫卦가 된다. 坤卦☷는 순응하고 震卦☳는 발동하니, 和順함이 속에 쌓여 있다가 음악에 나타나는 象이다. 先王이 우레가 땅에서 나와 분발함에 和暢함이 소리에 나타나는 象을 보고서, 음악을 만들어 功德을 기리고 높여서 그 성대

5 薄 : 搏擊이니 '부딪치다'라는 말이다.

6 禮有殷奠 : 《禮記》〈喪大記〉에 "大夫나 士가 죽어서 빈장이 끝난 뒤에 임금이 조문 갈 경우에는 먼저 사람을 보내어 알린다. 그러면 상주는 殷奠의 禮를 갖추고 문 밖에서 기다린다.〔大夫士旣殯 而君往焉 使人戒之 主人具殷奠之禮 俟于門外〕" 하였다. '殷奠'은 祭需를 성대하게 차려서 올리는 奠을 이른다.

함이 상제께 올리는 데에까지 이르고, 더 나아가 조상을 배향하는 데까지 이른다. '殷'은 성대함이다. 《禮記》에 '殷奠'이라는 것이 있으니 성대함을 말한다. 상제께 올리고 조상을 배향함은 성대함이 지극한 것이다.

【本義】 雷出地奮은 和之至也라 先王作樂에 旣象其聲하고 又取其義라 殷은 盛也라

우레가 땅에서 나와 분발함은 조화로움이 지극한 것이다. 先王이 음악을 지을 때 이미 그 소리를 형상하고 또 그 뜻을 취하였다. '殷'은 성하다는 뜻이다.

字義 殷 : 성대할 은 薄 : 부딪칠 박 鬱 : 막힐 울 褒 : 기릴 포 奠 : 제물 전

## 初六은 鳴豫니 凶하니라

初六은 즐거움을 〈이기지 못해〉 소리를 내니, 凶하다.

【傳】 初六은 以陰柔居下하고 四는 豫之主也而應之하니 是不中正之小人이 處豫而爲上所寵하여 其志意滿極하여 不勝其豫하여 至發於聲音이니 輕淺如是면 必至於凶也라 鳴은 發於聲也라

初六은 유약한 陰으로서 맨 아래에 있고, 九四는 豫卦의 주체인데 初六과 호응하니, 이는 中正하지 못한 小人이 즐거움에 처하여 윗사람에게 총애를 받아 득의양양하여 그 즐거움을 이기지 못해 소리를 내는 데까지 이른 것이다. 이처럼 경박하면 흉함에 이를 수밖에 없다. '鳴'은 소리를 내는 것이다.

【本義】 陰柔小人이 上有强援하여 得時主事라 故不勝其豫而以自鳴하니 凶之道也라 故其占如此하니라 卦之得名은 本爲和樂이나 然卦辭는 爲衆樂之義요 爻辭는 除九四與卦同外에 皆爲自樂하니 所以有吉凶之異라

유약한 陰인 小人이 위에 강력한 원조가 있어서 때를 얻어 일을 주관하기 때문에 그 즐거움을 이기지 못해 스스로 소리를 내니, 흉한 道이므로 占이 이와 같다. 卦名이 '豫'인 것은 본래 和樂하기 때문이나, 卦辭는 여럿이 즐거워하는 뜻이 되고, 爻辭는 卦辭와 같은 九四를 제외하고는 모두 자기 혼자 즐거워하니, 이 때문에 吉凶의 다름이 있다.

象曰 初六鳴豫는 志窮[7]하여 凶也라

〈象傳〉에 말하였다. "'初六이 즐거움을 〈이기지 못해〉 소리 냄'은 뜻이 궁극하여 흉한 것이다."

【傳】 云初六은 謂其以陰柔[8]處下而志意窮極하여 不勝其豫하여 至於鳴也니 必驕肆而致[9]凶矣라

'初六'이라고 말한 것은 유약한 陰으로서 맨 아래에 있어 뜻대로 함이 궁극에 달하자 그 즐거움을 이기지 못해 소리를 내는 데까지 이르렀음을 말한 것이니, 반드시 교만하고 방자하여 凶함을 이룰 것이다.

【本義】 窮은 謂滿極이라

'窮'은 자만함이 극도에 달함을 말한다.

六二는 介于石[10]이라 不終日이니 貞하고 吉하니라

【本義】 貞하여 吉하리라

六二는 절개가 돌과 같아 하루가 다하기를 기다리지 않으니, 바르고 길하다.

【본의】 바르게 하여 길할 것이다.

【傳】 逸豫之道는 放則失正이라 故豫之諸爻多不得正하니 (才)〔不〕[11]與時合也일새라 唯

---

7 志窮 : 朴文健(朝鮮)은 《周易衍義》에서 "'뜻이 궁하다'는 것은 뜻을 얻지 못했다는 말이다." 하였고, 吳致箕(朝鮮)는 《周易經傳增解》에서 "위에서 도와주는 것만 믿고 스스로 즐거워하여, 안일하게 즐기려는 뜻을 끝까지 하기 때문에 흉하게 된다." 하였다.

8 柔 : 《大全》의 간주에 "어떤 판본에는 '柔'자가 없다." 하였다.

9 致 : 《大全》의 간주에 "어떤 판본에는 '至'자로 되어 있다." 하였다.

10 介于石 : 李瀷(朝鮮)은 《易經疾書》에서 "절개〔介〕가 어째서 돌과 같은가? '介'는 나누어 경계 짓는 뜻이 있는데, 한 번 분리되면 다시 합하기 어려운 것으로 돌 만한 것이 없다. 비록 기미를 보았다 하더라도 사람의 마음이란 쉽게 되돌아오고 머뭇거리게 된다. 한 번 분리되자 다시 합할 수 없는 것이 돌을 자른 것과 같으므로 그 결단함을 귀하게 여기는 비유로 삼았다." 하였다.

11 (才)〔不〕 : 저본에는 '才'로 되어 있으나, 中華書局의 《二程集》에 의거하여 '不'로 바로잡았다.

六二一爻는 處中正하고 又无應하니 爲自守之象이라 當豫之時하여 獨能以中正自守하니 可謂特立之操니 是其節介如石之堅也라 介于石은 其介如石也라 人之於豫樂에 心悅之라 故遲遲하여 遂致於耽戀하여 不能已也어늘 二以中正自守하여 其介如石하니 其去之速하여 不俟終日이라 故貞正而吉也라 處豫엔 不可安且久也니 久則溺矣니 如二는 可謂見幾而作者也라 夫子因二之見幾而極言知幾之道曰 知幾其神乎인저 君子上交不諂하며 下交不瀆하나니 其知幾乎인저 幾者는 動之微니 吉之先見者也라 君子見幾而作하여 不俟終日하나니 易曰 介于石이라 不終日이니 貞이요 吉이라하니라 介如石焉이어니 寧用終日이리오 斷可識矣로다 君子知微知彰知柔知剛하나니 萬夫之望[12]이라하시니라 夫見事之幾微者는 其神妙矣乎인저 君子上交不至於諂하고 下交不至於瀆者는 蓋知幾也라 不知幾면 則至於過而不已하여 交於上에 以恭巽이라 故過則爲諂하고 交於下에 以和易라 故過則爲瀆하나니 君子見於幾微라 故不至於過也라 所謂幾者는 始動之微也니 吉凶之端을 可先見而未著者也라 獨言吉者는 見之於先하니 豈復至有凶也리오 君子明哲하여 見事之幾微라 故能其介如石이라 其守旣堅이면 則不惑而明하여 見幾而動하니 豈俟終日也리오 斷은 別也니 其判別을 可見矣라 微與彰, 柔與剛은 相對者也니 君子見微則知彰矣요 見柔則知剛矣라 知幾如是면 衆所仰也라 故贊之曰 萬夫之望이라하니라

편안히 여겨 즐거워하는 道는 방탕하면 바름을 잃으므로 豫卦의 여러 爻는 바름을 얻지 못한 것이 많으니, 때와 합하지 못하기 때문이다. 오직 六二 한 爻만이 中正함에 처하고 또 호응함이 없으니 스스로 지키는 象이 된다. 豫卦의 때를 당해 홀로 中正함으로 스스로를 지켜 '홀로 우뚝히 서있는 지조'라 이를 만하니, 이는 그 절개가 돌과 같이 견고한 것이다. '介于石'은 그 절개가 돌과 같다는 뜻이다. 사람이 즐거워 기뻐할 때에는 마음이 기쁘기 때문에 더디고 더뎌서 마침내 탐닉하고 연연하게 되어 그만두지 못하는데, 六二는 中正함으로 스스로를 지켜 그 절개가 돌과 같으니, 빨리 떠나서 날이 저물도록 기다리지 않기 때문에 바르고 吉하다. 즐거움에 처할 때에는 편안히 여기고 또 오래해서는 안 되니, 오래하면 빠지게 된다. 그러나 六二와 같은 경우는 '기미를 보고 일어나는 자'라고 이를 만하다.

孔子는 六二가 기미를 보는 것을 근거로 기미를 아는 道를 극찬하기를 "기미를 아는 것이 神과 같구나! 君子는 윗사람과 사귈 때 아첨하지 않고 아랫사람과 사귈 때 함부로 대하지 않으니, 이는 기미를 아는 것이다. '幾'는 움직임이 미미한 것이니, 길함이 먼저 나타나는 것이다. 君子는

---

12 知幾其神乎……萬夫之望 : 《周易》〈繫辭 下〉 5장에 보인다.

기미를 보고 일어나서 날이 저물도록 기다리지 않는다. 《周易》에 '절개가 돌과 같아 날이 저물도록 기다리지 않으니, 바르고 吉하다.' 하였다. 절개가 돌과 같으니, 어찌 날이 저물도록 기다리겠는가? 결단함을 알 수 있다. 君子는 미미한 것을 알고 드러난 것을 알며 부드러움을 알고 강함을 알기에 모든 사람이 우러러본다." 하였다. 일의 기미를 보는 것이 참으로 신묘하지 않은가!

君子가 윗사람과 사귈 때 아첨하는 데 이르지 않고, 아랫사람과 사귈 때 함부로 대하지 않게 되는 것은 기미를 알기 때문이다. 기미를 알지 못하면 지나친데 이르러도 멈추지 않아서 윗사람을 사귈 때에는 공손하게 하기 때문에 지나치면 아첨이 되고, 아랫사람을 사귈 때에는 화락하고 편안하게 하기 때문에 지나치면 함부로 함이 되지만 君子는 기미를 보기 때문에 지나친 데 이르지 않는다. 이른바 '幾'라는 것은 처음 움직이는 기미이니, 吉凶의 단서를 미리 볼 수 있으나 아직 드러나지는 않은 것이다.

吉만을 말한 것은 일이 드러나기 전에 미리 보았기 때문이니, 어찌 다시 凶한 데에까지 이르겠는가. 君子는 명철하여 일의 기미를 보기 때문에 그 절개가 돌과 같을 수 있다. 그 지킴이 이미 견고하면 의혹되지 않고 밝아서 기미를 보고 행동하니, 어찌 날이 저물도록 기다리겠는가. '斷'은 분별함이니, 그 판별함을 볼 수 있다. 미미함과 드러남, 부드러움과 강함은 서로 상대가 되는 것이니, 君子는 미미함을 보면 드러날 것을 알고 부드러움을 보면 강할 것을 안다. 기미를 아는 것이 이와 같으면 사람들이 우러러보기 때문에 칭찬하기를 "모든 사람들이 우러러본다." 하였다.

【本義】 豫雖主樂이나 然易以溺人이니 溺則反而憂矣라 卦獨此爻 中而得正하니 是上下皆溺於豫而獨能以中正自守하여 其介如石也라 其德이 安靜而堅確이라 故其思慮明審하여 不俟終日而見凡事之幾微也라 大學曰 安而后能慮하고 慮而后能得이라하니 意正如此라 占者如是면 則正而吉矣리라

豫卦가 비록 즐거움을 주장하지만 사람을 쉽게 빠지게 하니, 빠지면 반대로 근심하게 된다. 豫卦에서는 六二만이 中道를 얻고 바른 자리를 얻었으니, 이는 위아래가 모두 즐거움에 빠졌으나 홀로 中正함으로 스스로를 지켜 그 절개가 돌과 같은 것이다. 그 德이 편안하고 확고하므로 생각이 분명하고 세밀하여 날이 저물도록 기다리지 않고 모든 일의 기미를 본다. 《大學》에 "편안한 뒤에 생각할 수 있고 생각한 뒤에 얻을 수 있다." 하였으니, 바로 이러한 뜻이다. 점치는 자가 이와 같으면 바르게 하여 길할 것이다.

字義 介 : 절개 개 耽 : 즐길 탐 諂 : 아첨할 첨 瀆 : 함부로할 독 彰 : 드러날 창 審 : 살필 심
幾 : 기미 기 后 : 뒤 후

象曰 不終日貞吉은 以中正也라

〈象傳〉에 말하였다. "'날이 저물도록 기다리지 않으니, 바르고 길함'은 中正하기 때문이다."

【傳】能不終日而貞且吉者는 以有中正之德也라 中正이라 故로 其守堅而能辨之早, 去之速이라 爻言六二處豫之道하니 爲教之意深矣로다

날이 저물도록 기다리지 않아 바르고 또 吉한 것은 中正한 德이 있기 때문이다. 中正하기 때문에 그 지킴이 견고하여 일찍 변별하고 빨리 떠날 수 있다. 爻辭에서 六二가 즐거움에 대처하는 道를 말했으니 가르친 뜻이 깊다.

六三은 盱豫라 悔며 遲하여도 有悔[13]리라

【本義】盱豫라 悔니 遲하면 有悔리라

六三은 올려다보며 즐거워하므로 후회하며, 머뭇거려도 후회가 있을 것이다.

【본의】올려다보며 아래로는 즐거워하므로 후회할 것이니, 뉘우치기를 더디게 하면 후회가 있을 것이다.

【傳】六三은 陰而居陽하여 不中不正之人也니 以不中正而處豫면 動皆有悔라 盱는 上視也니 上瞻望於四면 則以不中正으로 不爲四所取라 故有悔也라 四는 豫之主어늘 與之切近하니 苟遲遲而不前이면 則見棄絶이니 亦有悔也라 蓋處身不正이면 進退皆有悔吝이니 當如之何오 在正身而已라 君子處己有道하니 以禮制心하여 雖處豫時라도 不失中正이라 故無悔也라

六三은 陰으로 陽의 자리에 있어서 中正하지 못한 사람이니, 中正하지 못하면서 즐거움에 처하면 움직임에 모두 후회가 있다. '盱'는 위로 올려다본다는 뜻이니, 위로 九四를 바라보면 六三이 中正하지 않아서 九四가 취하지 않으므로 후회가 있다. 九四는 豫卦의 주체인데 六三

---

13 六三……有悔 : 六三 한 爻에 두 번의 '悔'가 언급된 것에 대해《大全》의 소주에서 張淸子(元)는 앞에서는 사람들에게 무엇 때문에 후회하게 되는지 그 단서를 보여준 것이고, 뒤에서는 사람들에게 뉘우쳐 허물을 고치도록 권면한 것이라고 설명하였다.

이 九四와 매우 가까이 있으니, 〈六三이 즐거움에 빠져서〉 만약 머뭇거리고 앞으로 나가지 않으면 버림을 받을 것이니, 이 또한 후회가 있다. 처신이 바르지 못하면 나아가고 물러나는 데 모두 후회와 부끄러움이 있으니, 어찌 해야 하는가? 몸을 바르게 함에 달려 있을 뿐이다. 君子가 처신하는 데에는 道가 있으니, 禮로써 마음을 제어하여 비록 즐거운 때에 처하더라도 中正을 잃지 않기 때문에 후회가 없다.

【本義】盱는 上視也라 陰不中正而近於四하고 四爲卦主라 故六三이 上視於四而下溺於豫하니 宜有悔者也라 故其象如此요 而其占은 爲事當速悔니 若悔之遲則必有悔也라

'盱'는 위로 올려다보는 것이다. 六三은 陰으로 中正하지 못하면서 九四와 가깝고, 九四는 卦의 주체이므로 六三이 위로는 九四를 쳐다보고 아래로는 즐기는데 빠져있으니 마땅히 후회가 있는 자이므로 그 象이 이와 같다. 그 占은 일을 할 때 빨리 뉘우쳐야 하니, 만약 뉘우치기를 더디게 하면 반드시 후회할 일이 있을 것이다.

字義 盱 : 볼 우 遲 : 더딜 지 瞻 : 볼 첨

## 象曰 盱豫有悔는 位不當也일새라

〈象傳〉에 말하였다. "'올려다보며 즐거워하므로 후회가 있음'은 자리가 마땅하지 않기 때문이다."

【傳】自處不當하여 失中正也라 是以進退有悔라

스스로 처신함이 마땅하지 못하여 中正을 잃었다. 이 때문에 나아가거나 물러나거나 후회가 있다.

## 九四는 由豫[14]라 大有得이니 勿疑면 朋이 盍簪[15]하리라

---

14 由豫 : 朴齊家(朝鮮)는 《周易》에서 "'由'는 '猶'와 통하니 결단하지 못함을 말한다. 九四는 홀로 陽으로서 무리를 얻고 위로 유약한 六五를 받들고 있으니, 위태롭고 의심스러운 자리이므로 감히 제멋대로 하지 못하고 머뭇거려 결단하지 못하는 象이다. 후세에 결단하지 못하는 것을 '猶豫'라고 한 것은 여기에서 비롯되었는데, '由豫'를 짐승의 이름으로 여기는 것은 견강부회한 설명이다." 하였다.

15 盍簪 : '盍'은 合과 같다. 宋時烈(朝鮮)은 《易說》에서 "合簪에서 '簪'은 부인들의 장신구인데 머리카

九四는 그 자신으로 말미암아 즐거워하므로 크게 얻음이 있으니, 의심하지 않으면 벗들이 모여들 것이다.

【傳】豫之所以爲豫者는 由[16]九四也라 爲動之主하여 動而衆陰悅順하니 爲豫之義요 四는 大臣之位니 六五之君이 順從之하여 以陽剛而任上之事하니 豫之所由也라 故云由豫라 大有得은 言得大行其志하여 以致天下之豫也라 勿疑朋盍簪은 四居大臣之位하여 承柔弱之君而當天下之任하니 危疑之地也라 獨當上之倚任而下无同德之助하니 所以疑也라 唯當盡其至誠하고 勿有疑慮면 則朋類自當盍聚리라 夫欲上下之信인댄 唯至誠而已니 苟盡其至誠이면 則何患乎其[17]无助也리오 簪은 聚也니 簪之名簪은 取聚髮也라 或曰 卦唯一陽이니 安得同德之助리오 曰 居上位而至誠求助면 理必得之니 姤之九五曰 有隕自天이 是也라 四以陽剛으로 迫[18]近君位而專主乎豫하니 聖人이 宜爲之戒어늘 而不然者는 豫는 和順之道也라 由和順之道면 不失爲臣之正也라 如此而專主於豫면 乃是任天下之事而致時於豫者也라 故唯戒以至誠勿疑하니라

豫卦가 즐거움이 되는 까닭은 九四 때문이다. 九四는 움직임의 주체가 되어서 그가 움직이면 여러 陰들이 기뻐하고 순종하니 '즐거움'의 뜻이 된다. 九四는 大臣의 자리로서 六五의 임금에게 순종하여 강건한 陽으로서 윗사람의 일을 맡으니, 즐거움이 그로 말미암아 생기기 때문에 "그 자신으로 말미암아 즐거워한다." 하였다. '크게 얻음이 있음'은 그 뜻을 크게 행하여 세상의 즐거움을 이루게 함을 말한다. '의심하지 않으면 벗들이 모임'은 九四가 大臣의 자리에 거하여 柔弱한 임금을 받들고 세상의 임무를 담당하니, 위태롭고 의심받을 수 있는 자리이다. 홀로 윗사람의 의지함과 신임을 받고 아래에 德이 같은 이의 도움이 없으니, 이 때문에 의심하는 것이다. 오직 지성을 다하고 의심하는 생각을 두지 않으면 벗들이 스스로 모여들 것이다. 윗사람과 아랫사람에게 신임을 받고자 한다면 지성을 다 해야 할 뿐이니, 진실로 지성을 다한다면 어찌 돕는 이가 없을까 근심하겠는가. '簪'은 모인다는 뜻이니, '簪'을 '비녀'라고 부르는 것은 머리털을 모은다는 데에서 그 의미를 취한 것이다.

---

락을 끌어 모아 비녀를 꽂아 어지럽게 흩어지지 않도록 하는 것으로, 무리들이 모여드는 것이 비녀에 머리카락이 모인 것과 같다는 말이다. 굳이 부인의 비녀를 가지고 말한 것은 九四 이외에는 모두 유순한 陰이기 때문이다." 하였다.

**16** 由 : 《大全》의 간주에 "어떤 판본에는 '由'자가 없다." 하였다.

**17** 乎其 : 《大全》의 간주에 "어떤 판본에는 '乎'자가 없고, 어떤 판본에는 '其'자가 없다." 하였다.

**18** 迫 : 《大全》의 간주에 "어떤 판본에는 '逼'자로 되어 있다." 하였다.

어떤 이가 묻기를 "卦에 오직 陽이 하나인데 어떻게 德이 같은 이의 도움을 얻을 수 있습니까?" 하니, 대답하기를 "윗자리에 있으면서 지성으로 도움을 구한다면 이치상 반드시 얻을 수 있으니, 姤卦의 九五 爻辭에 '하늘로부터 떨어진다.'는 것이 이것입니다. 九四가 강건한 陽으로서 임금의 자리와 매우 가까이 있으면서 오로지 즐거움을 주관하니, 聖人이 마땅히 경계할 것인데, 그렇게 하지 않은 것은 '豫卦'는 和順하게 하는 道이니, 화순하게 하는 道를 따르면 신하의 바름을 잃지 않기 때문입니다. 이와 같이 하면서 오로지 즐거움을 주장한다면 이는 바로 세상의 일을 맡아 세상을 즐거움에 이르게 하는 자입니다. 그러므로 오직 지성으로 하고 의심하지 말라고 경계한 것입니다." 하였다.

【本義】 九四는 卦之所由以爲豫者也라 故其象如此요 而其占은 爲大有得이나 然又當至誠不疑면 則朋類合而從之矣라 故又因而戒之라 簪은 聚也요 又速也라

九四는 卦가 豫卦가 되는 까닭이므로 그 象이 이와 같고, 그 占은 크게 얻음이 있음이 된다. 그러나 또 지성으로 하고 의심하지 않으면 벗들이 합하여 따르기 때문에 또한 이에 근거해 경계한 것이다. '簪'은 모임이고, 또 빠르다는 뜻이다.

字義 盍 : 모일 합 簪 : 비녀 잠 隕 : 떨어질 운

## 象曰 由豫大有得은 志大行也라

〈象傳〉에 말하였다. "'그 자신으로 말미암아 즐거워하므로 크게 얻음이 있음'은 뜻이 크게 행해지는 것이다."

【傳】 由己而致天下於樂豫라 故爲大有得이니 謂其志得大行也라

자기로 말미암아 세상 사람들이 즐거움을 이루기 때문에 크게 얻음이 있는 것이니, 그 뜻이 크게 행해지는 것을 말한다.

## 六五는 貞호되 疾하나 恒不死[19]로다

19 六五……恒不死 : 《大全》의 소주에서 王宗傳(南宋)은 "六二가 바르게 하여 길한 것은 가운데 있고

【本義】貞疾이나

六五는 바르지만 병이 있고, 늘 병이 있지만 죽지는 않는다.

【본의】고질병을 앓으나

【傳】六五以陰[20]柔居君位하니 當豫之時하여 沈溺於豫하여 不能自立者也라 權之所主와 衆之所歸 皆在於四하니 四之陽剛得衆은 非耽惑柔弱之君의 所能制也니 乃柔弱不能自立之君이 受制於專權之臣也라 居得君位는 貞也요 受制於下는 有疾苦也라 六居尊位하여 權雖失而位未亡也라 故云貞疾恒不死라하니 言貞而有疾하나 常疾而不死하니 如漢魏末世之君也라 人君致危亡之道非一이나 而以豫爲多라 在四에 不言失正하고 而於五에 乃見其强逼者는 四本無失이라 故於四엔 言大臣任天下之事之義하고 於五則言柔弱居尊하여 不能自立하여 威權去己之義하니 各據爻以取義라 故不同也라 若五不失君道而四主於豫면 乃是任得其人하여 安享其功이니 如太甲成王也[21]라 蒙亦以[22]陰居尊位하고 二以陽爲蒙之主나 然彼吉而此疾者는 時不同也니 童蒙而資之於人은 宜也어니와 耽豫而失之於人은 危亡之道也라 故로 蒙은 相應則倚任者也요 豫는 相逼則失權者也며 又上下之心이 專歸於四也라

六五는 유약한 陰으로서 임금의 자리에 있으니 豫卦의 때를 만나니, 즐거움에 빠져 자립하지 못하는 자이다. 권세를 주장함과 사람들이 모여드는 것이 모두 九四에게 있으니, 강건한

---

또 제자리에 있기 때문이다. 六五가 제자리에 있지만 병을 앓는 것은 비록 가운데 있지만 제자리가 아니기 때문이다. 豫卦의 때를 만났으나 즐기지 않는 이는 바로 六二이고, 豫卦의 때를 만났으나 즐길 수 없는 이는 바로 六五이다." 하였다. 吳致箕(朝鮮)는《周易經傳增解》에서 "六五는 유약한 陰으로 강건한 陽을 타고 있어 자립할 수 없으므로 고질병을 앓는 象이 있으나, 가운데 자리를 얻어 여전히 지위와 德을 가지고 있으므로 오래도록 보전할 수 있어서 죽지 않는다." 하였고, 朴文健(朝鮮)은《周易衍義》에서 "六五는 강건한 陽을 올라탔으므로 두려워서 바르게 처신하지만 도리어 상해를 입는 병을 얻는다. 그러나 中道에 맞게 처신하므로 늘 병이 있지만 죽는 데에 이르지는 않는다는 말이다." 하였으며, 沈大允(朝鮮)은《周易象義占法》에서 "질병은 기가 막혀서 생기는데 六五는 九四에 의해 가로막혀 통하지 못한다. 坎卦는 질병이 되고, 坤卦는 굳은 것〔貞〕이 되며, 巽卦는 항상됨〔恒〕이고, 兌卦는 죽는 것〔死〕이다." 하였다.

20 陰 :《大全》의 간주에 "어떤 판본에는 '陰'자가 없다." 하였다.

21 如太甲成王也 : 殷나라 太甲은 伊尹의 보좌로 자립할 수 있었고, 周나라 成王은 周公의 보좌로 자립하여 나라를 잘 다스리는 공이 있게 되었다.

22 以 :《大全》의 간주에 "어떤 판본에는 以자가 없다." 하였다.

陽으로 무리를 얻은 九四는 유혹에 빠진 柔弱한 임금이 제재할 수 있는 바가 아니니, 이것은 바로 柔弱하여 자립하지 못하는 임금이 專權을 행사하는 신하에게 견제를 받는 것이다. 임금의 자리에 있는 것은 바른 것이고, 아랫사람에게 견제를 받는 것은 괴롭게 병을 앓는 것이다. 陰으로서 존귀한 자리에 있어서 비록 권력은 잃었지만 지위는 잃지 않았기 때문에 '貞疾恒不死'라 하였다. 이는 "바르지만 병이 있고 늘 병을 앓지만 죽지는 않는다."는 말이니, 漢나라와 魏나라 말세의 임금과 같다.

임금이 위태롭게 되고 망하는 길은 한 가지가 아니나 안일하게 즐기다가 그렇게 되는 경우가 많다. 九四에서는 바름을 잃은 것을 말하지 않고, 六五에서 도리어 九四가 강하여 핍박함을 나타낸 것은, 九四는 본래 잘못이 없기 때문에 九四에서는 大臣이 세상의 일을 맡는 뜻만을 말한 것이고, 六五에서는 유약한 자가 존귀한 자리에 있어 자립하지 못해서 위엄과 권력이 자기 몸에서 떠난 뜻을 말한 것이니, 〈이와 같이〉 각각 爻에 의거하여 뜻을 취했기 때문에 똑같지 않은 것이다.

만약 六五가 임금의 道를 잃지 않고 九四가 豫卦를 주관한다면, 적임자를 얻어 일을 맡긴 것이 되어 임금이 그 功을 편안히 누릴 것이니, 太甲과 成王의 경우와 같다. 蒙卦 또한 六五가 陰으로서 존귀한 자리에 있고, 九二가 陽으로서 蒙卦의 주체가 되었지만, 蒙卦에서는 吉하다고 하고, 豫卦에서는 병을 앓는다고 한 것은 때가 같지 않기 때문이다. 童蒙으로서 남에게 의뢰함은 마땅하나, 즐거움에 빠져서 남에게 권력을 잃음은 위태롭고 망하는 길이다. 그러므로 蒙卦는 서로 호응하여 의지하고 맡기는 것이고, 豫卦는 서로 핍박하니 권력을 잃은 것이며, 또 위아래의 마음이 오로지 九四에게 귀의한다.

【本義】當豫之時하여 以柔居尊하여 沈溺於豫하고 又乘九四之剛하여 衆不附而處勢危라 故爲貞疾之象이나 然以其得中이라 故又爲恒不死之象하니 卽象而觀하면 占在其中矣라

豫卦의 때를 만나 유약한 陰으로 존귀한 자리에 있어 즐거움에 빠지고, 또 剛한 九四를 올라타서 무리가 따르지 않으니 처한 형세가 위태롭다. 그러므로 바르지만 고질병을 앓는 象이 된다. 그러나 가운데 자리에 있기 때문에 또 늘 고질병을 앓더라도 죽지는 않는 象이 되니, 象에 입각하여 관찰하면 占이 그 가운데에 들어 있다.

字義 沈 : 빠질 침　致 : 이를 치

象曰 六五貞疾은 乘剛也요 恒不死는 中未亡也라

〈象傳〉에 말하였다. "'六五는 바르지만 병이 있음'은 剛을 탔기 때문이고, '늘 병이 있지만 죽지 않음'은 가운데 자리를 잃지 않았기 때문이다."

【傳】貞而疾은 由乘剛하여 爲剛所逼也요 恒不死는 中之尊位未亡也라

바르지만 병이 있는 것은 剛을 올라타서 剛에게 핍박을 받기 때문이고, 늘 병이 있지만 죽지 않는 것은 존귀한 가운데 자리를 잃지 않았기 때문이다.

上六은 冥豫니 成하나 有渝[23]면 无咎리라

【本義】冥豫라 成하나 有渝니

上六은 즐거움에 빠져 어두우니, 그렇게 이루어졌더라도 변함이 있으면 허물이 없을 것이다.

【본의】즐거움에 빠져 어두우므로, 이루어졌으나 변함이 있을 것이니,

【傳】上六은 陰柔로 非有中正之德하고 以陰居上하여 不正也而當豫極之時하니 以君子居斯時라도 亦當戒懼온 況陰柔乎아 乃耽肆於豫하여 昏迷不知反者也라 在豫之終이라 故爲昏冥已成也나 若能有渝變則可以无咎矣리니 在豫之終하여 有變之義라 人之失은 苟能自變이면 皆可以无咎라 故冥豫雖已成이나 能變則善也라 聖人發此義하니 所以勸遷善也라 故更不言冥之凶하고 專言渝之无咎하니라

上六은 유약한 陰으로 中正한 德이 있지 않고, 陰으로서 맨 위에 있어 바르지 못한데다가 극도로 즐거운 때를 만났으니, 君子라도 이러한 때를 만나면 마땅히 경계하고 두려워해야 하는데, 하물며 유약한 陰은 어떠하겠는가! 마침내 즐거움에 탐닉하고 방자해서 혼미하여 돌이킬 줄 모르는 자이다. 豫卦의 끝에 있기 때문에 이미 어두워져 버렸으나, 만약 변할 수 있다면 허물이 없을 수 있다. 豫卦의 끝에 있어서 변하는 뜻이 있다. 사람의 잘못은 만약 스스로

23 有渝 : 上六은 豫卦의 때와 의미를 되새김하여 경계하였다. 朴文鎬(朝鮮)는 《楓山記聞錄》〈經說-周易〉에서 '변함이 있으면[有渝]'은 《程傳》에서 '豫卦의 끝에 있어서 변하는 뜻이 있다.'고 한 설명과 《本義》에서 '움직이는 卦體이기 때문에'라는 두 설명을 합하여 본 뒤에야 그 뜻이 비로소 갖추어질 것이라고 하였다.

변한다면 다 허물이 없을 수 있다. 그러므로 비록 이미 즐거움에 빠져 어둡게 되었지만 변할 수 있으면 좋다. 聖人이 이러한 뜻을 밝힌 것은 善한 데로 옮겨갈 것을 권면한 것이므로 다시 어두워서 凶하다는 것은 말하지 않고, 오직 변하면 허물이 없다고 말하였다.

【本義】 以陰柔로 居豫極하여 爲昏冥於豫之象이요 以其動體[24]라 故又爲其事雖成而能有渝之象이라 戒占者如是면 則能補過而无咎하니 所以廣遷善之門也라

유약한 陰으로서 즐거움의 궁극에 있어, 즐거움에 빠져 어두운 象이 되고, 움직이는 卦體이기 때문에 또 그 일이 비록 이루어졌더라도 변화할 수 있는 象이 된다. 점치는 자가 이와 같이 하면 잘못을 보충하여 허물이 없을 수 있다고 경계한 것이니, 善한 데로 옮겨갈 수 있는 문을 넓힌 것이다.

字義 冥 : 어두울 명 渝 : 변할 투

象曰 冥豫在上이어니 何可長也리오

〈象傳〉에 말하였다. "즐거움에 빠져 어두우면서 꼭대기에 있으니, 어찌 오래갈 수 있겠는가."

【傳】 昏冥於豫하여 至於終極하니 災咎行及矣라 其可長然乎아 當速渝也라

즐거움에 빠져 어두우면서 맨 마지막에까지 이르렀으니, 재앙과 허물이 미칠 것이다. 오래도록 그럴 수 있겠는가. 마땅히 신속하게 변해야 한다.

---

24 以其動體 : 上卦가 震卦☳임을 가리킨다. 震卦는 움직이는 뜻이 있다.

# 17. 隨

## ䷐ 震下兌上

下卦는 震卦☳이고 上卦는 兌卦☱이다.

【傳】隨는 序卦에 豫必有隨라 故受之以隨라하니라 夫悅豫之道는 物所隨也니 隨所以次豫也라 爲卦兌上震下하니 兌爲說하고 震爲動하니 說而動하고 動而說이 皆隨之義라 女는 隨人者也니 以少女從長男은 隨之義也요 又震爲雷하고 兌爲澤하니 雷震於澤中에 澤隨而動은 隨之象也라 又以卦變言之하면 乾之上이 來居坤之下하고 坤之初 往居乾之上하여 陽來下於陰也니 以陽下陰이면 陰必說隨니 爲隨之義라 凡成卦旣取二體之義하고 又有取爻義者하며 復有更取卦變之義者하니 如隨之取義 尤爲詳備라

隨卦는 〈序卦傳〉에 "기뻐하면 반드시 따르기 때문에 隨卦로 받았다." 하였다. 기뻐하는 道는 만물이 따르니 隨卦가 豫卦 다음에 온 까닭이다. 卦의 구성이 上卦가 兌卦☱이고 下卦는 震卦이다. 兌卦는 기쁨이 되고 震卦는 움직임이 되니, 기뻐해서 움직이고 움직여서 기뻐하는 것이 모두 따르는 뜻이다. 여자는 남을 따르는 자이니, 少女가 長男을 따르는 것이 隨卦의 뜻이고, 또 震卦는 우레가 되고 兌卦는 못이 되니, 우레가 못 속에서 움직임에 못이 따라서 움직이는 것은 隨卦의 象이다. 또 卦變으로 말하면 乾卦의 上爻가 와서 坤卦의 아래에 있고 坤卦의 初爻가 가서 乾卦의 위에 있어서 陽이 와서 陰에게 낮추고 있으니, 陽으로서 陰에게 낮추면 陰은 반드시 기뻐하여 따르므로 隨卦의 뜻이 된다. 卦를 이룸에 이미 두 卦體의 뜻을 취하고서 또 爻의 뜻을 취한 경우가 있고, 다시 卦變의 뜻을 취한 경우가 있으니, 隨卦의 경우는 뜻을 취한 것이 더욱 자세히 갖추어진 것이다.

隨[1]는 元亨하니 利貞이라 无咎리라

---

1 隨 : 빌헬름 영문판 주역인 《The I Ching》에서는 隨卦를 "Sui / Following"이라고 하였다. 수괘는

【本義】元亨하나

隨卦는 크게 형통하니, 바르게 하는 것이 이롭고 허물이 없을 것이다.

【본의】크게 형통하나

【傳】隨之道可以致大亨也라 君子之道 爲衆所隨와 與己隨於人과 及臨事擇所隨 皆隨也니 隨得其道면 則可以致大亨也라 凡人君之從善과 臣下之奉命과 學者之徙義와 臨事而從長이 皆隨也라 隨之道는 利在於貞正이니 隨得其正然後能大亨而无咎요 失其正則有咎矣니 豈能亨乎아

隨卦의 道는 크게 형통할 수 있다. 君子의 道를 사람들이 따르는 것과 자기가 남을 따르는 것과 일에 임해서 따를 바를 가리는 것이 모두 따르는 것이니, 따르는 것이 도리를 얻으면 크게 형통할 수 있다. 임금이 善을 따르고 신하가 命을 받들고 학자가 義를 따르고 일에 임해서 어른을 따르는 것이 모두 따르는 것이다. 따르는 道는 이로움이 바르게 하는 데 있으니, 따르는 것이 바름을 얻은 다음에야 크게 형통하여 허물이 없고, 바름을 잃으면 허물이 있으니 어떻게 형통할 수 있겠는가.

【本義】隨는 從也라 以卦變言之하면 本自困卦九來居初하고 又自噬嗑九來居五요 而自未濟來者는 兼此二變하니 皆剛來隨柔之義요 以二體言之하면 爲此動而彼說이니 亦隨之義라 故爲隨라 己能隨物하고 物來隨己하여 彼此相從하면 其通이 易矣라 故其占爲元亨이나 然必利於貞이라야 乃得无咎니 若所隨不貞이면 則雖大亨而不免於有咎矣리라 春秋傳에 穆姜曰 有是四德이라야 隨而无咎어늘 我皆无之하니 豈隨也哉[2]아하니 今按四德이 雖非本義나 然其下云云은 深得占法之意하니라

'隨'는 따르는 것이다. 卦變으로 말하면, 본래 困卦䷮로부터 陽(九二)이 와서 첫 번째 자리에 있고, 또 噬嗑卦䷔로부터 陽(上九)이 와서 다섯 번째 자리에 있으며, 未濟卦䷿로부터 온 것은 이 두 변화를 겸하였으니, 모두 剛이 와서 柔를 따르는 뜻이다. 두 卦體로 말하면, 이것이 움직임에 저것이 기뻐함이 되니, 또한 따른다는 뜻이므로 隨卦가 된다. 자기가 남을 따르

---

상괘인 태괘의 성질은 기쁨이고 하괘인 진괘의 성질은 움직임이다. 움직이면서 즐거운 일이 일어나면 따라가는 사람들이 생기므로 '따름'이라고 정의하였다.

2 春秋傳……豈隨也哉 : 《春秋左氏傳》 襄公 9年에 내용이 보인다.

수 있고 남이 와서 자기를 따라서 彼此가 서로 따르면 통하기가 쉽다. 그러므로 그 占은 크게 형통한 것이 되지만, 반드시 바름에서 이로움을 얻어야 허물이 없을 수 있으니, 만약 따르는 바가 바르지 못하면 비록 크게 형통하더라도 허물을 면하지 못한다. 《春秋左氏傳》에 穆姜이 "이 네 가지 德이 있어야 따라도 허물이 없을 것인데, 나에게는 전혀 없으니, 어찌 따르겠는가?" 하였다. 지금 살펴보면, 네 가지 德이 비록 본래의 뜻은 아니지만, 그 아래에서 말한 것은 점치는 방법의 뜻을 깊이 체득한 것이다.

字義 奉 : 받들 봉 徙 : 옮길 사 穆 : 화목할 목

彖曰 隨는 剛來而下柔하고 動而說(열)이 隨니

〈彖傳〉에 말하였다. "隨는 剛이 와서 柔에게 낮추며, 움직이고 기뻐함이 隨이니

【本義】以卦變卦德으로 釋卦名義라

卦變과 卦德으로 卦名의 뜻을 해석하였다.

大亨하고 貞하여 无咎하여 而天下隨時하나니

【本義】天下隨(時)〔之〕

크게 형통하고 발라서 허물이 없어서 천하가 때를 따르니

【본의】 천하가 따르니

【傳】卦所以爲隨는 以剛來而下柔하고 動而說也일새니 謂乾之上九來居坤之下하고 坤之初六이 往居乾之上하여 以陽剛으로 來下於陰柔하니 是는 以上下下요 以貴下賤이니 能如是면 物之所說隨也라 又下動而上說은 動而可悅也니 所以隨也라 如是則可[3]大亨而得正이니 能大亨而得正則爲无咎라 不能亨不得正이면 則非可隨之道니 豈能使天下隨之乎아 天下所隨者는 時也라 故云天下隨時라하니라

3 可 : 《大全》의 간주에 "어떤 판본에는 '以'자로 되어 있다." 하였다.

卦가 隨卦가 된 까닭은 剛이 와서 柔에게 낮추며, 움직이고 기뻐하기 때문이니, 乾卦의 上九가 와서 坤卦의 맨 아래에 있고, 坤卦의 初六이 가서 乾卦의 맨 위에 있어서, 강건한 陽으로서 와서 유약한 陰에게 낮춘다. 이는 윗사람으로서 아랫사람에게 낮추고 귀한 사람으로서 천한 사람에게 낮추는 것이니, 이와 같이 할 수 있으면 物(상대)이 기뻐하여 따른다. 또 아래서 움직임에 위가 기뻐하는 것은 움직임에 기뻐할 수 있으니, 이 때문에 따른다. 이와 같으면 크게 형통하여 바름을 얻을 수 있고, 크게 형통하여 바름을 얻을 수 있으면 허물이 없게 된다. 형통하지 못하고 바름을 얻지 못하면 따를 만한 道가 아니니, 어찌 세상 사람들로 하여금 따르게 하겠는가. 천하가 따르는 것은 때이므로 "천하가 때를 따른다." 한 것이다.

【本義】王肅本에 時를 作之하니 今當從之라 釋卦辭하니 言能如是則天下之所從也라

王肅의 판본에 '時'자를 '之'자로 썼으니, 이제 마땅히 이것을 따라야 한다. 卦辭를 해석하였으니, 이와 같이 할 수 있으면 天下가 따르게 된다는 것을 말하였다.

字義 肅 : 엄숙할 숙

## 隨時之義[4] 大矣哉라

【本義】(隨時之義)〔隨之時義〕

때를 따르는 뜻이 크다."

【본의】隨의 때와 뜻이

【傳】君子之道隨時而動하여 從宜適變하여 不可爲典要니 非造道之深하여 知幾能權者면 不能與於此也라 故贊之曰 隨時之義大矣哉라하니 凡贊之者는 欲人知其義之大하여 玩而識之也라 此贊隨時之義大는 與豫等諸卦不同하니 諸卦는 時與義니 是兩事라

君子의 道는 때를 따라 움직여 마땅함을 따르고 변화에 적응해서 일정한 법칙을 만들 수는 없으니, 道에 造詣가 깊어서 기미를 알아 저울질할 수 있는 자가 아니면 여기에 참여할 수

---

4 隨時之義 : 《大全》의 소주에서 胡炳文(元)은 《本義》의 주장대로 王肅의 판본을 따라 '隨之時義'로 보는 것이 적합하다고 하였다. 이렇게 한 다음에야 〈彖傳〉에서 '時'의 위대함을 찬미한 것이 통틀어 12卦가 된다고 하였다.

없다. 그러므로 찬탄하기를 "때를 따르는 뜻이 크다." 하였으니, 찬탄한 것은 사람들이 그 큰 뜻을 알아 玩味하여 알게 하고자 한 것이다. 여기에서 때를 따르는 뜻이 크다고 찬탄한 것은 豫卦 등의 여러 괘와는 같지 않다. 여러 卦에서는 때와 뜻이니, 이는 두 가지 일이다.

【本義】王肅本에 時字在之字下하니 今當從之라

王肅의 판본에 '時'자가 '之'자 아래에 있으니, 지금 마땅히 그것을 따라야 한다.

字義 適 : 맞을 적 權 : 저울질할 권

## 象曰 澤中有雷[5] 隨니 君子以하여 嚮晦入宴息하나니라

〈象傳〉에 말하였다. "못 가운데에 우레가 있는 것이 隨이니, 君子가 이것을 본받아 날이 어둠을 향하면 방안에 들어가 편안하게 쉰다."

【傳】雷震於澤中에 澤隨震而動이 爲隨之象이니 君子觀象하여 以隨時而動이라 隨時之宜는 萬事皆然이나 取其最明且近者言之라 君子以嚮晦入宴息은 君子晝則自强不息이라가 及嚮昏晦則入居於內하여 宴息以安其身하니 起居隨時하여 適其宜也라 禮에 君子晝不居內하고 夜不居外하니 隨時之道也라

우레가 못 가운데에서 진동함에 못이 진동을 따라 움직이는 것이 隨卦의 象이니, 君子가 이러한 象을 보고서 때를 따라 움직인다. 때를 따르는 마땅함은 모든 일이 다 그렇지만, 가장 분명하고 또 가까운 것을 취하여 말하였다. "군자가 이것을 본받아 날이 어둠을 향하면 방안에 들어가 편안하게 쉰다."는 것은 君子가 낮에는 스스로 힘쓰고 쉬지 않다가 날이 어둠을 향하면 방안에 들어가 거처하여 편안하게 쉬어서 몸을 편안하게 하는 것이니, 일어나고 앉는 것을 때에 따라서 마땅함에 맞게 하는 것이다. 《禮記》〈檀弓〉에 "군자가 낮에는 안에 거처하지 않고 밤에는 밖에 거처하지 않는다." 한 것이 때를 따르는 道이다.

【本義】雷藏澤中하니 隨時休息이라

---

5 澤中有雷 : 權近(朝鮮)은 《周易淺見錄》에서 "우레는 일 년 동안에 움직이거나 쉬며, 사람은 하루 동안에 움직이거나 쉰다. 우레가 봄에 발동하고 가을에 쉬는 것은 사람이 낮에 활동하고 밤에 편안하게 쉬는 것과 같다. 그러므로 군자는 이것을 본받아 들어가 쉰다." 하였다.

우레가 못 가운데에 감춰져 있으니, 때에 따라 휴식한다.

字義 嚮 : 향할 향 晦 : 어두울 회

## 初九는 官有渝[6]니 貞이면 吉하니 出門交면 有功하리라

【本義】官有渝니

初九는 주장하여 지킴이 변함이 있으니, 바르게 하면 吉하니 문을 나가 사귀면 功이 있을 것이다.

【본의】주장하여 변함이 있으니

【傳】九居隨時而震體요 且動之主니 有所隨者也라 官은 主守也니 旣有所隨면 是其所主守有變易也라 故曰 官有渝라 貞吉은 所隨得正則吉也니 有渝而不得正이면 乃過動也라 出門交有功은 人心所從이 多所親愛者也니 常人之情은 愛之則見其是하고 惡之則見其非라 故妻孥之言은 雖失而多從하고 所憎之言은 雖善爲惡也니 苟以親愛而隨之면 則是私情所與니 豈合正理리오 故出門而交則有功也라 出門은 謂非私暱이니 交不以私라 故其隨當而有功이라

初九는 따르는 때에 있고 震의 卦體이며 또 움직임의 주체이니, 따르는 자이다. '官'은 주장하여 지키는 것이니, 이미 따르는 바가 있으면 이는 주장하여 지킴에 변하고 바뀜이 있는 것이다. 그러므로 "주장하여 지킴이 변함이 있다." 하였다. "바르게 하면 길하다."는 따르는 것이 바르면 吉하다는 것이니, 변함이 있음에 바름을 얻지 못하면 잘못 움직인 것이다. "문을 나가 사귀면 功이 있다."는 것은 사람의 마음이 따르는 것은 친애하는 자를 따르는 경우가 많으니, 보통 사람의 情은 사랑하면 그 옳음을 보고, 미워하면 그 그름을 본다. 그러므로 처자식의 말은 비록 잘못된 것이라도 많이 따르고, 미워하는 사람의 말은 비록 좋더라도 나쁘게 여기니, 만일 친애한다고 하여 따르면 이는 사사로운 情으로 함께하는 것이니, 어찌 바른 이치에 합

---

6 官有渝 : 李滉(朝鮮)은 《周易釋義》에서 "官이 渝호미 이시니"가 마땅하다고 하였다. 李滉의 견해를 따르면 "官이 변함이 있으니"가 된다. 《程傳》이나 《本義》에서 모두 '旣'라는 글자를 썼기 때문에 '변함'은 이미 지난 일이지, 앞으로 변하지 말라고 사람들에게 경계한 것이 아니기 때문에 그렇게 보아야 한다는 것이다.

하겠는가. 그러므로 문을 나가 사귀면 功이 있다. "문을 나가는 것"은 사사롭게 친하는 것이 아니니, 사귀는 것을 사사로이 하지 않기 때문에 따르는 것이 마땅하여 功이 있다.

【本義】卦는 以物隨爲義하고 爻는 以隨物爲義하니라 初九以陽居下하여 爲震之主하니 卦之所以爲隨者也라 旣有所隨면 則有所偏主而變其常矣니 惟得其正則吉이요 又當出門以交하여 不私其隨則有功也라 故其象占如此하니 亦因以戒之라

卦는 상대가 따르는 것을 뜻으로 삼았고, 爻는 상대를 따르는 것을 뜻으로 삼았다. 初九는 陽으로서 맨 아래에 있어서 震卦의 주체가 되었으니, 卦가 隨卦가 된 까닭이다. 이미 따르는 것이 있으면 치우치게 주장하는 것이 있어서 떳떳함을 변하게 하니, 오직 바름을 얻으면 吉하고, 또 마땅히 문을 나가 사귀어서 따르는 것을 사사롭게 하지 않으면 功이 있다. 그러므로 그 象과 占이 이와 같으니, 또한 계속해서 경계하였다.

字義 官 : 주장할 관　渝 : 변할 투

象曰 官有渝에 從正이면 吉也니

【本義】官有渝에

〈象傳〉에 말하였다. "주장하여 지킴이 변함이 있음에 바름을 따르면 吉하니,

【본의】주장하여 변함이 있음에

【傳】旣有隨而變하니 必所從得正則吉也요 所從不正則有悔吝이라

이미 따름이 있어 변하였으니, 반드시 따르는 것이 바름을 얻으면 吉하고, 따르는 것이 바르지 못하면 뉘우침과 부끄러움이 있을 것이다.

出門交有功은 不失也라

'문을 나가 사귀면 功이 있다'는 것은 잘못하지 않는 것이다."

【傳】出門而交는 非牽於私라 其交必正矣리니 正則无失而有功이라

문을 나가 사귐은 사사로운 데에 끌리지 않는 것이다. 그 사귐이 반드시 바를 것이니, 바르면 잘못이 없고 功이 있을 것이다.

六二는 係[7]小子면 失丈夫하리라

【本義】係小子요 失丈夫로다

六二는 小子에게 얽매이면 丈夫를 잃을 것이다.

【본의】小子에게 얽매이고 丈夫를 잃는다.

【傳】二應五而比初하니 隨先於近이요 柔不能固守라 故爲之戒云 若係小子則失丈夫也라 初陽在下하니 小子也요 五正應在[8]上하니 丈夫也라 二若志係於初면 則失九五之正應하니 是失丈夫也[9]라 係小子而失丈夫는 捨正應而從不正이니 其咎大矣라 二有中正之德하니 非必至如是也로되 在隨之時엔 當爲之戒也라

六二는 九五와 호응하고 初九와 가까우니, 따름에는 가까운 것을 먼저 하고, 柔는 굳게 지키기 못한다. 그러므로 경계하여 말하기를 "만약 小子에게 얽매이면 丈夫를 잃는다." 하였다. 初九의 陽이 아래에 있으니 小子이고, 九五의 正應이 위에 있으니 丈夫이다. 六二가 만약 뜻이 初九에 얽매여 있으면 九五의 正應을 잃으니, 이는 丈夫를 잃는 것이다. 小子에게 얽매여 丈夫를 잃는 것은 正應을 버리고 바르지 않은 것을 따르는 것이니, 그 잘못이 크다. 六二는 中正의 德이 있으니, 반드시 이와 같은데 이르지 않을 것이지만 따르는 때에는 마땅히 경계하여야 한다.

【本義】初陽은 在下而近하고 五陽은 正應而遠하니 二陰柔하여 不能自守以須正應이라 故其象如此하니 凶吝可知니 不假言矣라

---

7 係 : 《大全》의 소주에서 楊時(北宋)는, 隨卦의 爻辭에서 있는 '隨'와 '係'에 대해 自立 가능성을 기준으로 삼아 구분했다. 自立이 가능한 初九·九四·九五의 陽爻에는 '係'를 말하지 않았고, 自立하기에 부족한 六二·六三·上六의 陰爻에는 모두 '係'를 말하였다는 것이다.

8 在 : 《大全》의 간주에 "어떤 판본에는 '居'자로 되어 있다." 하였다.

9 也 : 《大全》의 간주에 "어떤 판본에는 '也'자가 없다." 하였다.

初九의 陽은 아래에 있어서 가깝고 九五의 陽은 正應이지만 머니, 六二가 유약한 陰으로 스스로 지켜 正應을 기다리지 못한다. 그러므로 그 象이 이와 같으니, 凶함과 부끄러움을 알 수 있으니, 굳이 말할 것이 없다.

字義 係 : 메일 계 捨 : 버릴 사 假 : 빌릴 가

象曰 係小子면 弗兼與也리라

【本義】 係小子는 弗兼與也라

〈象傳〉에 말하였다. "小子에게 얽매이면 겸하여 함께할 수가 없을 것이다."

【본의】 小子에게 얽매인 자는 겸하여 함께할 수가 없다.

【傳】 人之所隨 得正則遠邪하고 從非則失是하니 无兩從之理라 二苟係初則失五矣리니 弗能兼與也라 所以戒人從正에 當專一也라

사람이 따르는 바가 바름을 얻으면 사특함을 멀리하고, 그릇됨을 따르면 옳음을 잃으니, 두 가지를 다 따르는 이치는 없다. 六二가 만약 初九에 얽매이면 九五를 잃을 것이니, 겸하여 함께할 수는 없다. 그래서 사람이 바른 것을 따름에 마땅히 專一하여야 한다고 경계하였다.

字義 弗 : 아니 불

六三은 係丈夫하고 失小子하니 隨에 有求를 得[10]하나 利居貞하니라

【本義】 隨하여

六三은 丈夫에 얽매이고 小子를 잃으니, 따름에 구하는 것을 얻으나 바름에 거처함이 이롭다.

---

10 得 : 金箕澧(朝鮮)는 《易要選義綱目》에서 六二에서는 丈夫를 잃고 六三에서는 小子를 잃는다는 상반된 상황을 비교하면서, '得'을 六三에서만 말하고 六二에서는 말하지 않은 이유를 '失'의 당위성으로 설명했다. "육이는 잃어서는 안 될 것을 잃었기 때문에 '얻는다'고 말하지 않았고, 육삼은 마땅히 잃어야 할 것을 잃었기 때문에 '구하던 것을 얻는다'고 말했다." 하였다.

【본의】따라서

【傳】丈夫는 九四也요 小子는 初也니 陽之在上者는 丈夫也요 居下者는 小子也라 三雖與初同體나 而切近於四라 故係於四也라 大抵陰柔不能自立하여 常親係於所近者라 上係於四라 故下失於初하니 舍初從上은 得隨之宜也니 上隨則善也라 如昏之隨明과 事之從善은 上隨也요 背是從非하고 舍明逐暗은 下隨也라 四亦无應하여 无隨之者也니 近得三之隨면 必與之親善이라 故三之隨四에 有求必得也라 人之隨於上而上與之면 是得所求也요 又凡所求者를 可得也라 雖然이나 固不可非理枉道以隨於上하고 苟取愛說以遂所求니 如此는 乃小人邪諂趨利之爲也라 故云利居貞이라 自處於正이면 則所謂有求而必[11]得者니 乃正事니 君子之隨也라

'丈夫'는 九四이고 '小子'는 初九이니, 陽이 위에 있는 것은 丈夫이고, 아래에 있는 것은 小子이다. 六三은 비록 初九와 같은 卦體이지만 九四와 매우 가깝기 때문에 九四에게 얽매인다. 대체로 유약한 陰은 자립할 수 없어서 항상 가까운 것에 친하고 얽매인다. 위로 九四에게 얽매이기 때문에 아래로 初九를 잃으니, 初九를 버리고 위에 있는 九四를 따르는 것은 마땅하게 따르는 것이므로, 위로 따르면 좋다. 예를 들어 어두움이 밝음을 따르는 것과 일이 善을 따르는 것은 위로 따르는 것이고, 옳음을 버리고 그름을 따르는 것과 밝음을 버리고 어둠을 따르는 것은 아래로 따르는 것이다. 九四 또한 正應이 없어서 따를 자가 없으니, 가까이 六三의 따름을 얻으면 반드시 함께 親善한다. 그러므로 六三이 九四를 따름에 구하면 반드시 얻는다. 사람이 윗사람을 따라 윗사람이 그와 함께하면 이는 구하는 것을 얻은 것이고, 또 모든 구하는 것을 얻을 수 있다. 비록 그렇지만 이치가 아닌 것으로 道를 굽혀서 위를 따르거나, 사랑과 기쁨을 구차하게 취하여 구하는 것을 이루어서는 안 되니, 이와 같이 하는 것은 바로 小人들이 간사하게 아첨하여 이익을 따르는 행위이다. 그러므로 "바름에 거처하는 것이 이롭다." 하였다. 스스로 바름에 처하면 이른바 "구하면 반드시 얻는다."는 것이니, 곧 바른 일이니, 君子의 따름이다.

【本義】丈夫는 謂九四요 小子는 亦謂初也라 三近係四而失於初하니 其象이 與六二正相反이라 四陽當任而己隨之하니 有求必得이나 然非正應이라 故有不正而爲邪媚之嫌이라 故其占如此하고 而又戒以居貞也라

丈夫는 九四를 말하고, 小子는 또한 初九를 말한다. 六三은 가까이 九四에 얽매이고 初九를

---

11 必 : 《大全》의 간주에 "어떤 판본에는 '必'자가 없다." 하였다.

잃었으니, 그 象이 六二와 정반대이다. 九四의 陽이 임무를 담당하였는데 자기(六三)가 따르니, 구하면 반드시 얻으나 正應이 아니기 때문에 바르지 못하여 간사하게 아첨하는 혐의가 있다. 그러므로 그 占이 이와 같고 또 바름에 거처하라고 경계하였다.

字義 舍 : 버릴 사 背 : 등질 배 逐 : 쫓을 축 枉 : 굽힐 왕 邪 : 간사할 사 諂 : 아첨할 첨 趨 : 추구할 추

象曰 係丈夫는 志舍下也라

〈象傳〉에 말하였다. "'장부에게 얽매임'은 뜻이 아래를 버리는 것이다."

【傳】 旣隨於上이면 則是其志舍下而不從也니 舍下而從上은 舍卑而從高也니 於隨爲善矣라

이미 위를 따르면 이는 그 뜻이 아래를 버리고 따르지 않는 것이니, 아래를 버리고 위를 따름은 낮은 것을 버리고 높은 것을 따르는 것이니 따름에 있어서 좋다.

九四는 隨에 有獲이면 貞이라도 凶하니 有孚하고 在道하고 以明이면 何咎리오

【本義】 隨有獲이니

九四는 따름에 얻음이 있으면, 바르더라도 凶하니, 믿음이 있고 道에 있고 밝음을 쓰면 무슨 허물이 있겠는가?

【본의】 따라서 얻음이 있으니

【傳】 九四以陽剛之才로 處臣位之極하니 若於隨有獲이면 則雖正亦凶이라 有獲은 謂得天下之心이 隨於己라 爲臣之道는 當使恩威一出於上하여 衆心皆隨於君이니 若人心從己면 危疑之道也라 故凶이라 居此地者는 奈何오 唯孚誠積於中하고 動爲合於道하고 以明哲處之면 則又何咎리오 古之人이 有行之者하니 伊尹, 周公, 孔明이 是也라 皆德及於[12]民而

12 於 : 《大全》의 간주에 "어떤 판본에는 '於'자가 없다." 하였다.

民隨之하니 其得民之隨는 所以成其君之功이요 致其國之安이라 其至誠存乎中은 是有孚也요 其所施爲无不中道는 在道也라 唯其明哲이라 故能如是以明也니 復何過咎之有리오 是以로 下信而上不疑하여 位極而无逼上之嫌하고 勢重而无專强[13]之過하니 非聖人大賢則不能也라 其次는 如唐之郭子儀 威震主而主不疑하니 亦由中有誠孚而處无甚失也니 非明哲이면 能如是乎아

九四는 강건한 陽의 재질로서 신하의 지극히 높은 자리에 있으니, 만약 따름에 얻음이 있다면 비록 바르더라도 또한 凶하다. '얻음이 있음'은 천하 사람들의 마음이 자기를 따름을 얻는 것을 말한다. 신하 노릇을 하는 도리는 마땅히 은혜와 위엄이 한결같이 임금에게서 나와 뭇사람들의 마음이 모두 임금을 따르게 하여야 하니, 만약 사람들의 마음이 자기를 따른다면 위태롭고 의심을 받는 방법이기 때문에 凶하다. 이러한 처지에 있는 사람은 어떻게 하여야 하는가? 오직 믿음과 정성이 마음에 쌓이고 행동이 도리에 합하고, 明哲하게 대처하면 또 무슨 허물이 있겠는가? 옛사람 가운데 이를 행한 사람이 있으니, 伊尹, 周公, 孔明이 이러한 사람들이다. 모두 德이 백성에게 미치고 백성들이 따랐으니, 백성의 따름을 얻은 것은 임금의 功을 이루고 나라의 편안함을 이루기 위해서였다. 지극한 정성이 마음에 있는 것은 '믿음이 있는 것'이고, 베푸는 행위가 道에 맞지 않음이 없는 것은 '道에 있는 것'이다. 오직 明哲하기 때문에 이와 같이 밝음을 쓸 수 있었던 것이니, 다시 무슨 잘못과 허물이 있겠는가. 이 때문에 아랫사람들이 믿고 윗사람이 의심하지 않아, 지위가 지극하면서도 윗사람을 핍박하는 혐의가 없고, 권세가 무거우면서도 제멋대로 강하게 하는 허물이 없었으니, 聖人이나 賢人이 아니면 하지 못한다. 그 다음으로 唐나라의 郭子儀와 같은 자는 위엄이 임금을 두렵게 하였으나 임금이 의심하지 않았으니, 이 또한 중심에 믿음과 정성이 있고 대처함에 심한 잘못이 없었기 때문이니, 明哲한 사람이 아니면 이와 같을 수 있겠는가.

【本義】 九四以剛居上之下하여 與五同德이라 故其占이 隨而有獲이나 然勢陵於五라 故雖正而凶하니 惟有孚在道而明이면 則上安而下從之하여 可以无咎也라 占者當時之任이면 宜審此戒니라

九四는 剛으로 上卦의 아래에 있어서 九五와 德이 같다. 그러므로 그 占이 따라서 얻음이 있지만 九四의 세력이 九五를 능멸한다. 그러므로 비록 바르더라도 凶하니, 오직 믿음이 있고

13 强 : 《大全》의 간주에 "어떤 판본에는 '權'자로 되어 있다." 하였다.

道에 있으며 밝으면 윗사람은 편안하고 아랫사람은 따라서 허물이 없을 수 있다. 점치는 사람이 당시의 임무를 맡았으면 마땅히 이러한 경계를 살펴야 한다.

字義 獲 : 얻을 획 恩 : 은혜 은 威 : 위엄 위 施 : 베풀 시 逼 : 핍박할 핍 嫌 : 혐의할 혐 陵 : 능멸할 릉

## 象曰 隨有獲은 其義凶[14]也요 有孚在道는 明功也라

〈象傳〉에 말하였다. "'따름에 얻음이 있음'은 그 뜻이 凶하고, '믿음이 있고 道에 있음'은 明哲한 功이다."

【傳】居近君之位而有獲이면 其義固凶이로되 能有孚而在道則无咎하니 蓋明哲之功也라

임금과 가까운 자리에 거처하여 얻음이 있으면 그 뜻이 본래 凶하지만, 믿음이 있고 道에 있으면 허물이 없으니, 이는 明哲한 功이다.

## 九五는 孚于嘉[15]니 吉하니라

九五는 善을 믿어 吉하다.

【傳】九五居尊得正而中實하니 是其中誠이 在於隨善이니 其吉可知라 嘉는 善也라 自人君至於庶人히 隨道之吉은 唯在隨善而已니 下應二之正中이 爲隨善之義라

九五는 높은 자리에 있고 바름을 얻었으며 가운데가 實하다. 이는 그 마음의 정성이 善을 따르는 데 있는 것이니, 吉함을 알 수 있다. '嘉'는 善이다. 임금으로부터 서민에 이르기까지 따르는 道의 吉함은 오직 善을 따르는데 있을 뿐이니, 아래로 六二의 正中과 호응함이 善을

---

14 隨有獲 其義凶 : 朴齊家(朝鮮)는 《周易》에서 六三은 '有求得'으로 구해야 얻지만 九四는 '隨有獲'으로 구하지 않아도 저절로 얻는 것은 권세가 중하기 때문이라고 보았다. 그래서 그 뜻이 흉하다고 했다는 것이다.

15 嘉 : 柳正源(朝鮮)은 《易解參攷》에서 "혼례를 '嘉'라고 하고 혼례의 짝을 '配'라고 하니, '嘉'는 모두 짝이라는 뜻이다."라고 한 東谷 鄭氏의 말을 인용해 九五와 六二가 지극히 善한 짝이라는 뜻으로 풀었다.

따르는 뜻이 된다.

【本義】陽剛中正으로 下應中正하니 是信于善也라 占者如是면 其吉宜矣라

강건한 陽이 中正함으로 아래의 中正함과 호응하니, 이는 善을 믿는 것이다. 점치는 자가 이와 같으면 그 吉함이 마땅하다.

## 象曰 孚于嘉吉은 位正中也일새라

〈象傳〉에 말하였다. "善에 대해 믿어 吉함은 자리가 正中하기 때문이다."

【傳】處正中之位하고 由正中之道하여 孚誠所隨者正中也니 所謂嘉也니 其吉可知라 所孚之嘉는 謂六二也라 隨는 以得中爲善이라 隨之所防者過也니 蓋心所說隨면 則不知其過矣니라

正中한 자리에 있고 正中한 道를 따라서 믿음과 정성으로 따르는 자도 正中하니, 이른바 善이란 것이니, 그 吉함을 알 수 있다. 믿는 善이란 六二를 말한다. 따르는 道는 中을 얻는 것을 善으로 여긴다. 따르는 道에서 막아야 할 것은 지나침이니, 마음이 기뻐하여 따르면 지나침을 알지 못한다.

字義 防 : 막을 방

## 上六은 拘係之요 乃從維之니 王用亨[16]于西山이로다

【本義】王用(亨)〔享〕于西山이로다

上六은 붙잡아 얽어매고 따라서 동여매니, 임금이 西山에서 형통하게 하였다.

【본의】 임금이 西山에 제사지내도다

---

16 亨 : 《大全》의 소주에서, 項安世(南宋)는 古文에서 '亨'은 글자를 그대로 두고도 '享'의 음과 뜻으로 쓰인 점을 들어 隨卦의 上六을 포함해서 大有卦의 九三과 益卦의 六二와 升卦의 六四에 있는 '亨'이란 글자는 모두 語法이 같다고 하였다.

【傳】上六以柔順而居隨之極하니 極乎隨者也라 拘係之는 謂隨之極이 如拘持縻係之요 乃從維之는 又從而維繫之也니 謂隨之固結如此라 王用亨于西山은 隨之極如是니 昔者太王用此道하여 亨王業于西山하니라 太王이 避狄之難하여 去豳來岐한대 豳人老稚扶携以隨之를 如歸市[17]하니 蓋其人心之隨 固結如此라 用此故로 能亨盛其王業於西山이라 西山은 岐山也니 周王之業이 蓋興於此라 上居隨極하여 固爲太過나 然在得民[18]之隨와 與隨善之固엔 如此乃爲善也요 施於他則過矣니라

上六은 柔順함으로 隨卦의 끝에 있으니, 따름에 지극한 자이다. '붙잡아 얽어맴'은 따름이 지극하여 붙잡아 얽어매는 것과 같다는 말이고, '따라서 동여맴'은 또 따라서 동여매는 것이니, 따름의 굳게 맺음이 이와 같음을 말한다. "임금이 서산에서 형통하게 하였다."는 것은 따름의 지극함이 이와 같은 것이니, 옛날에 太王이 이 道를 써서 王業을 西山에서 형통하게 하였다. 太王이 북쪽 오랑캐의 난을 피하여 豳을 버리고 岐山으로 오자, 豳 땅의 늙은이를 부축하고 어린아이를 데리고 따르기를 시장에 가듯 하였으니, 人心의 따름이 굳게 맺어짐이 이와 같았다. 이 때문에 그 王業을 西山에서 형통하고 창성하게 할 수 있었다. '西山'은 岐山이니, 周나라의 왕업이 여기에서 일어났다. 上六은 隨卦의 끝에 있으니 참으로 너무 지나친 것이 되지만, 백성의 따름을 얻음과 善을 따르는 굳건함에 있어서는 이와 같이 하여야 善이 되며, 다른 곳에 이렇게 하면 지나침이 된다.

【本義】居隨之極하여 隨之固結而不可解者也나 誠意之極이면 可通神明이라 故其占爲王用亨于西山하니 亨은 亦當作祭享之享이라 自周而言하면 岐山在西라 凡筮祭山川者得之하고 其誠意如是하면 則吉也라

隨卦의 끝에 있어서 따름이 굳게 맺어져 풀 수 없는 자이지만, 정성스런 뜻이 지극하면 神明과 통할 수 있다. 그러므로 그 占은 임금이 西山에 제사 드린다는 것이 되니, '亨'은 마땅히 祭享의 '享'자가 되어야 한다. 周나라의 입장에서 말하면 岐山은 서쪽에 있다. 山川에 제사할 것을 점친 자가 이 爻를 얻고 그 정성스런 뜻이 이와 같다면 吉하다.

字義 拘 : 붙잡을 구 係 : 얽어맬 계 維 : 동여맬 유 避 : 피할 피 狄 : 오랑캐 적
豳 : 땅이름 빈 岐 : 산이름 기 稚 : 어린 아이 치 扶 : 부축할 부 携 : 이끌 휴

17 太王……如歸市 : 이 내용은 《孟子》 〈梁惠王〉에 보인다.

18 民 : 《大全》의 간주에 "어떤 판본에는 '心'자가 있다." 하였다.

## 象曰 拘係之는 上窮也라

〈象傳〉에 말하였다. "'붙잡아 얽어맴'은 위에서 궁극한 것이다."

【傳】隨之固如拘係[19]維持[20]하니 隨道之窮極也라

따름의 굳음이 붙잡아 얽어매고 동여매는 것과 같으니, 따르는 道가 극에 달한 것이다.

【本義】窮은 極也라

'窮'은 극에 달한 것이다.

---

19 係 : 《大全》의 간주에 "어떤 판본에는 '係'자가 없다." 하였다.

20 持 : 《大全》의 간주에 "어떤 판본에는 '持'자가 없다." 하였다.

# 18. 蠱

## ☶ 巽下艮上

下卦는 巽卦☴이고 上卦는 艮卦☶이다.

【傳】蠱는 序卦에 以喜隨人者는 必有事라 故受之以蠱라하니 承二卦之義하여 以爲次也라 夫喜悅以隨於人者는 必有事也니 无事則何喜何隨리오 蠱所以次隨也라 蠱는 事也니 蠱非訓事요 蠱乃有事也라 爲卦 山下有風하니 風在山下하여 遇山而回則物亂하니 是爲蠱象이니 蠱之義는 壞亂也라 在文에 爲蟲皿하니 皿之有蟲은 蠱壞之義라 左氏傳云 風落山하고 女惑男이라하니 以長女下於少男는 亂其情也라 風遇山而回면 物皆撓亂하니 是爲有事之象이라 故云蠱者事也요 旣蠱而治之면 亦事也라 以卦之象言之하면 所以成蠱也요 以卦之才言之면 所以治蠱也라

蠱卦는 〈序卦傳〉에 "기쁨으로 남을 따르는 자는 반드시 일이 있으므로 蠱卦로 받았다." 하였으니, 〈豫와 隨〉 두 卦의 뜻을 이어 차례를 삼았다. 기뻐하여 남을 따르는 자는 반드시 일이 있게 마련이니, 일이 없다면 무엇을 기뻐하고 무엇을 따르겠는가? 蠱卦가 隨卦 다음에 온 까닭이다. 蠱는 '일'이니, '蠱'자의 뜻이 일이 아니고, 蠱라서 일이 있게 되는 것이다. 卦의 구성이 산 아래에 바람이 있으니, 바람이 산 아래에 있다가 산을 만나 회오리치면 물건이 혼란해지니, 이것이 蠱의 象이 되니, 蠱의 뜻은 허물어지고 어지러워지는 것이다. 글자는 '蟲'과 '皿'으로 이루어져 있으니, 그릇에 벌레가 있는 것은 좀먹고 허물어진다는 뜻이다.

《春秋左氏傳》에 "바람이 山木의 잎을 떨어뜨리고 여자가 남자를 유혹한다." 하였으니, 長女가 少男에게 낮추는 것은 그 情을 어지럽히는 것이다. 바람이 산을 만나 회오리치면 물건이 모두 흔들리고 어지러워지니, 이는 일이 있는 象이 된다. 그러므로 蠱는 '일'이라고 말하였고, 이미 어지러워진 것을 다스리는 것도 일이다. 卦의 象으로 말하면 '蠱'를 이루는 것이 되고, 卦의 재질로 말하면 '蠱'를 다스리는 것이 된다.

字義 蠱 : 좀먹을 고 回 : 돌 회 壞 : 허무러질 괴 撓 : 요란할 요 亂 : 어지러울 란

## 蠱[1]는 元亨[2]하니 利涉大川이니

【本義】 元亨하니

蠱는 크게 善하여 亨通하니, 큰 내를 건넘이 이로우니

【본의】 크게 형통하니

【傳】 旣蠱則有復治之理라 自古治必因亂하고 亂則開治하니 理自然也라 如卦之才以治蠱면 則能致元亨也라 蠱之大者는 濟時之艱難險阻也라 故曰 利涉大川이라

이미 어지러워졌으면 다시 다스려지는 이치가 있다. 예로부터 다스리는 것은 반드시 혼란함으로 인해 다스리는 것이니, 혼란해지면 다스려지는 길이 열리는 것은 자연스러운 이치이다. 卦의 재질로 '蠱'를 다스리면 크게 善하여 형통하게 할 수 있다. 蠱의 큰 것은 時代의 어려움과 험난함을 구제하는 것이므로, 큰 내를 건넘이 이롭다고 하였다.

字義 阻 : 막힐 조

## 先甲三日하며 後甲三日[3]이니라

【本義】 先甲三日하고

---

1 蠱 : 빌헬름 영문판 주역인 《The I Ching》에서는 蠱卦를 "Ku / Work on What Has Been Spoiled 〔Decay〕"라고 하였다. 고괘는, 내괘는 손괘로 유순함과 무관심이며, 외괘는 간괘로 융통성도 없고 활동성도 없는 성격이 함께 만나 정체와 부패를 이룬다. 부패하면 부패의 원인을 척결하자는 요구가 일어나므로 '문란함을 바로잡는 일(부패)'이라고 정의하였다.

2 元亨 : 《諺解》에 "元하야 亨하니"로 되어 있고, 《程傳》에서 元亨에 대한 풀이를 '大善而亨'이라고 한 것에 근거해서 '元亨'을 '크게 善하여 형통하니'로 번역하였다.

3 先甲三日 後甲三日 : 《大全》의 소주에서 胡炳文(元)은, '先甲後甲'에 대해 先天八卦圖를 가지고 蠱卦와의 연관성을 밝혔다. 先天八卦圖에서 甲은 동방 離卦의 위치인데 甲으로부터 거꾸로 세면 離卦·震卦·坤卦의 세 자리 다음에 艮卦☶를 얻으니 艮卦☶가 先甲三日이다. 甲으로부터 앞으로 나가는 방향으로 세면 離卦·兌卦·乾卦의 세 자리 다음에 巽卦☴를 얻으니 巽卦가 後甲三日이다. 蠱卦를 이루고 있는 巽卦☴와 艮卦☶에 착안한 풀이이다.
《程傳》의 경우 甲을 일의 시작으로 보고 그 시작을 전후로 3일간의 원인을 연구하고 향후를 대비하라는 의리적인 뜻으로 풀었다. 본의의 경우도 甲을 일의 시작으로 본 것은 동일하나 실제 干支의 차례상 3일 전이 辛이고 3일 후가 丁임을 전제로 하여 새로움〔辛〕과 정녕〔丁〕의 의미로 풀었다. 현토 상 큰 차이는 없으나 天干에 기초하여 해석하였느냐의 여부가 다르다.

甲보다 앞으로 3일 동안 하며, 甲보다 뒤로 3일 동안 한다.

【본의】 甲보다 앞으로 3일 동안 하고

【傳】 甲은 數之首요 事之始也니 如辰之甲乙과 甲第[4]甲令[5]이 皆謂首也니 事之端也라 治蠱之道는 當思慮其先後三日이니 蓋推原先後하여 爲救弊可久之道라 先甲은 謂先於此니 究其所以然也요 後甲은 謂後於此니 慮其將然也라 一日二日로 至於三日은 言慮之深, 推之遠也라 究其所以然則知救之之道요 慮其將然則知備之之方이니 善救則前弊可革이요 善備則後利可久니 此古之聖王이 所以新天下而垂後世也라 後之治蠱者는 不明聖人先甲後甲之誡하여 慮淺而事近이라 故勞於救世而亂不革하고 功未及成而弊已生矣라 甲者는 事之首요 庚者는 變更之首라 制作政教之類則云甲하니 擧其首也요 發號施令之事則云庚하니 庚은 猶更也니 有所更變也라

'甲'은 數의 처음이고 일의 시작이니, 때의 甲乙과 甲第, 甲令과 같은 것이 모두 처음을 이르니 일의 단서이다. 蠱를 다스리는 道는 마땅히 그 앞뒤로 3일을 생각하여야 하니, 앞뒤로 근원을 推究해서 폐단을 구제하여 오래갈 수 있는 방법을 마련하기 위해서이다. '先甲'은 이보다 먼저 하는 것을 이르니 그렇게 된 까닭을 연구하는 것이고, '後甲'은 이보다 뒤에 하는 것을 이르니 장차 그렇게 될까 염려하는 것이다. 1일, 2일로부터 3일에 이르는 것은 염려가 깊고 멀리까지 推究함을 말하는 것이다. 그렇게 된 까닭을 연구하면 그것을 구제할 방법을 알게 되고, 장차 그렇게 될까 염려하면 그것을 대비할 방법을 알게 되니, 잘 구제하면 이전의 폐단을 고칠 수 있고, 잘 대비하면 뒤의 이로움을 오래가게 할 수 있으니, 이는 옛날 聖王이 세상을 새롭게 하고 후세에 가르침을 남긴 방법이다. 후세에 蠱를 다스리는 자는 聖人의 先甲하고 後甲하는 경계를 알지 못하여 염려가 얕고 일(推究)이 卑近하여 세상을 구제하기에 힘쓰지만 어지러움이 고쳐지지 않고, 功은 미처 이루어지기 전에 폐단이 이미 생겨버리게 되는 것이다. '甲'은 일의 처음이고, '庚'은 變更의 처음이다. 정치와 교화를 制作하는 종류는 '甲'이라 이르니 그 처음을 든 것이고, 호령을 발하고 명령을 시행하는 일을 '庚'이라고 하니, 庚은 '更'과 같아서 變更함이 있는 것이다.

【本義】 蠱는 壞極而有事也라 其卦艮剛居上하고 巽柔居下하여 上下不交하고 下卑巽而上

4 甲第 : 과거시험의 장원급제, 고귀족의 집으로 으뜸가는 집을 가리킨다.

5 甲令 : 법률의 제1조. 가장 중요한 법령을 가리킨다.

苟止라 故其卦爲蠱라 或曰 剛上柔下는 謂卦變이라하니 自賁來者는 初上二下하고 自井來者는 五上上下하고 自旣濟來者는 兼之하니 亦剛上而柔下하니 皆所以爲蠱也라 蠱壞之極엔 亂當復治라 故其占爲元亨而利涉大川이라 甲은 日之始요 事之端也라 先甲三日은 辛也요 後甲三日은 丁也라 前事過中而將壞면 則可自新以爲後事之端하여 而不使至於大壞요 後事方始而尙新이나 然更當致其丁寧之意하여 以監其前事之失而不使至於速壞니 聖人之戒深也라

蠱는 무너짐이 지극하여 일이 있는 것이다. 이 卦는 艮卦의 剛이 위에 있고 巽卦의 柔가 아래에 있어서 위아래가 사귀지 못하고, 아래는 낮추어 공손하며 위는 구차하게 멈춰있기 때문에 그 卦가 蠱가 된 것이다. 어떤 이는 말하기를 "剛이 위에 있고 柔가 아래에 있다는 것은 卦變을 이른 것이다." 하였다. 賁卦䷕로부터 온 것은 初九가 올라가고 六二가 내려왔고, 井卦䷯로부터 온 것은 九五가 올라가고 上六이 내려왔으며, 旣濟卦䷾로부터 온 것은 비괘와 정괘의 괘변을 겸하였는데, 또한 剛이 올라가고 柔가 내려왔으니, 모두 蠱가 된 까닭이다. 좀먹고 무너짐이 지극해지면 어지러움은 다시 다스려지는 것이 마땅하다. 그러므로 그 占이 크게 형통하여 큰 내를 건넘이 이롭다. '甲'은 날의 시작이고 일의 단서이다. 甲에서 앞선 3일은 辛이고, 甲보다 뒤의 3일은 丁이다. 앞의 일이 중간을 지나 장차 무너지려 하면 스스로 새롭게 하여 뒷일의 단서로 삼아 크게 무너짐에 이르지 않도록 해야 하고, 뒷일이 막 시작되어 아직 새롭지만 다시 그 간곡한 뜻을 다하여 앞일의 잘못을 거울삼아 급속히 무너짐에 이르지 않게 하여야 하니, 聖人의 경계가 깊다.

字義 辰 : 때 신　第 : 차례 제　令 : 명령 령　救 : 구제할 구　弊 : 폐단 폐　究 : 연구할 구
慮 : 생각할 려　誡 : 경계할 계　更 : 변경될 경　苟 : 구차할 구　尙 : 아직 상
丁 : 친절할 정　寧 : 편안할 녕

## 彖曰 蠱는 剛上而柔下하고 巽而止 蠱[6]라

〈彖傳〉에 말하였다. "蠱는 剛이 올라가고 柔가 내려오고, 공손하고 멈춤이 蠱이다.

---

6 剛上而柔下 巽而止 蠱 : 이 부분에 대해 《程傳》에서는 上下가 순하게 따라 蠱를 다스리는 道의 뜻으로 보았고, 《本義》에서는 蠱에 이르게 된 연유의 뜻으로 보았다. 李恒老(朝鮮)는 《周易傳義同異釋義》에서 이 부분에 대해 이 둘을 病의 진단과 藥의 처방이라는 관점에서 "이 단락에서는 蠱가 되는 이유를 말하였고, 아래 단락에서는 蠱를 다스리는 방법을 말했다." 하였다.

【傳】以卦變及二體之義而言이라 剛上而柔下는 謂乾之初九 上而爲上九하고 坤之上六이 下而爲初六也라 陽剛은 尊而在上者也어늘 今往居於上하고 陰柔는 卑而在下者也어늘 今來居於下라 男雖少而居上하고 女雖長而在下하여 尊卑得正하고 上下順理하니 治蠱之道也라 由剛之上柔之下하여 變而爲艮巽[7]하니 艮은 止也요 巽은 順也라 下巽而上止하여 止於巽順也니 以巽順之道로 治蠱라 是以元亨也라

卦變과 두 卦體의 뜻으로 말하였다. '剛이 올라가고 柔가 내려옴'은 乾卦의 初九가 올라가 上九가 되고, 坤卦의 上六이 내려와 初六이 됨을 말한다. 강건한 陽은 높아서 위에 있는 자인데 이제 가서 위에서 거처하고, 유약한 陰은 낮아서 아래에 있는 자인데 이제 와서 아래에 거처하며, 남자는 비록 어리지만 위에 있고 여자는 비록 어른이지만 아래에 있어서, 높고 낮음이 바름을 얻고 위아래가 이치를 따르니, 蠱를 다스리는 道이다. 剛이 올라가고 柔가 내려옴으로 말미암아 卦體가 변하여 艮卦와 巽卦가 되었으니, 艮은 멈춤이고, 巽은 順함이다. 아래는 順하고 위는 멈추어서 巽順함에 머무니, 巽順한 道로 어지러움을 다스리기 때문에 크게 善하여 형통하다.

【本義】以卦體卦變卦德으로 釋卦名義라 蓋如此則積弊而至於蠱矣라

卦體와 卦變과 卦德으로 卦名의 뜻을 해석하였다. 이와 같이 하면 폐단이 쌓여 蠱에 이를 것이다.

字義 積 : 쌓을 적 弊 : 폐단 폐

蠱元亨하여 而天下治也요

【本義】蠱元亨하여

蠱는 크게 善하여 亨通해서 天下가 다스려지고

【본의】蠱는 크게 형통하여

---

7 由剛之上柔之下 變而爲艮巽 : 陽爻가 위로 올라가 上九가 됨으로써, 蠱卦의 外卦가 坤卦☷에서 艮卦☶로 바뀌었다. 또한 陰爻가 아래로 내려가 初六이 됨으로써, 蠱卦의 內卦가 乾卦☰에서 巽卦☴로 바뀌었다.

【傳】治蠱之道 如卦之才면 則元亨而天下治矣라 夫治亂者 苟能使尊卑上下之義正하여 在下者巽順하고 在上者能止齊安定之하여 事皆止於順이면 則何蠱之不治也리오 其道大善而亨也니 如此則天下治矣라

蠱를 다스리는 道가 卦의 재질과 같으면 크게 善하여 亨通해서 天下가 다스려진다. 어지러움을 다스리는 자가 참으로 높고 낮음과 위와 아래의 뜻을 바르게 하여, 아래에 있는 자는 공손하고 위에 있는 자는 멈추어서 가지런하고 안정되게 하여 일이 모두 順함에 머물게 할 수 있다면, 어떤 蠱인들 다스리지 못하겠는가! 그 道가 크게 착하고 형통하니, 이와 같이 하면 天下가 다스려질 것이다.

## 利涉大川은 往有事也요

큰 내를 건넘이 이로움은 가서 일이 있는 것이요,

【傳】方天下壞亂之際엔 宜涉艱險以往而濟之하니 是往有所事也라

한창 天下가 무너져 어지러워지는 때에는 마땅히 어려움과 험함을 건너 나아가 구제하여야 하니, 이는 가서 일하는 바가 있는 것이다.

## 先甲三日後甲三日은 終則有始 天行[8]也라

'甲보다 앞으로 3일 동안 하며, 甲보다 뒤로 3일 동안 한다.'는 마치면 시작이 있는 것이 天行이다."

【傳】夫有始則必有終하고 旣終則必有始는 天之道也라 聖人知終始之道라 故能原始而究其所以然하고 要終而備其將然하여 先甲後甲而爲之慮하니 所以能治蠱而致元亨也라

시작이 있으면 반드시 마침이 있고, 마치면 반드시 시작이 있는 것은 하늘의 道이다. 聖人

8 先甲三日……天行 : 《大全》의 소주에서 徐直方(宋)은 "앞으로 셋, 뒤로 셋은 여섯 효이다. 효는 여섯에서 마치고, 일곱은 다시 시작이 되니, 이른바 '마치면 시작이 있는 것이 하늘의 운행이다'라는 말이다. '칠일만에 얻으리라'라거나 '칠일만에 와서 회복한다'는 것이 모두 그 뜻이다." 하였다.

은 마치고 시작하는 道를 알기 때문에 시작의 근원을 찾아 그렇게 된 까닭을 연구하고, 마침을 알아 장차 그럴 것에 대비하여, 甲보다 앞으로 하며, 甲보다 뒤로 하여 염려하니, 이 때문에 蠱를 다스릴 수 있어서 크게 善하여 형통함을 이루는 것이다.

【本義】釋卦辭라 治蠱至於元亨이면 則亂而復治之象也라 亂之終은 治之始니 天運然也라

卦辭를 해석하였다. 蠱를 다스려 크게 형통함에 이르니, 어지러웠다가 다시 다스려지는 象이다. 어지러움의 끝은 다스려짐의 시작이니, 天運이 그러하다.

字義 原 : 근원 찾을 원 要 : 요약할 요

## 象曰 山下有風이 蠱니 君子以하여 振(賑)民하며 育德[9]하나니라

〈象傳〉에 말하였다. "山 아래에 바람이 있음이 蠱이니, 君子가 이것을 본받아 백성을 구제하며 德을 기른다."

【傳】山下有風하니 風遇山而回하면 則物皆散亂이라 故爲有事之象이라 君子觀有事之象하여 以振濟於民하며 養育其德也라 在己則養德하고 於天下則濟民하니 君子之所事无大於此二者니라

산 아래 바람이 있으니, 바람이 산을 만나 회오리치면 물건이 다 흩어져 어지러워진다. 그러므로 일이 있는 象이 된다. 君子가 일이 있는 象을 보아 백성을 구제하고 자신의 德을 기른다. 자기에게 있어서는 德을 기르고 세상에 있어서는 백성을 구제하니, 君子가 일삼는 바가 이 두 가지보다 더 큰 것이 없다.

【本義】山下有風하니 物壞而有事矣而事莫大於二者하니 乃治己治人之道也라

산 아래에 바람이 있으니 물건이 무너져 일이 있는 것이고, 일은 백성을 구제하고 德을 기르는 일 두 가지보다 더 큰 것이 없으니, 이는 바로 자기를 다스리고 남을 다스리는 道이다.

字義 振 : 구제할 진 濟 : 구제할 제

---

9 振(賑)民 育德 : 金相岳(朝鮮)은 《山天易說》에서 백성을 구제하는 일은 巽卦에서 취하였고, 德을 기르는 일은 艮卦에서 취한 것으로 보았다.

初六은 幹父之蠱[10]니 有子면 考[11]无咎하리니 厲하여야 終吉이리라

初六은 아버지의 일을 주관함이니, 훌륭한 자식을 두면 아버지가 허물이 없을 것이니, 위태롭게 여겨야 마침내 吉할 것이다.

【傳】初六이 雖居最下나 成卦由之하여 有主之義라 居內在下而爲主하니 子幹父蠱也라 子幹父蠱之道는 能堪其事면 則爲有子而其考得无咎나 不然則爲父之累라 故必惕厲則得終吉也라 處卑而尸尊事면 自當兢畏라 以六之才로 雖能巽順이나 體乃陰柔요 在下无應而主幹하니 非有能濟之義라 若以不克幹而言이면 則其義甚小라 故專言爲子幹蠱之道하여 必克濟則不累其父하고 能厲則可以終吉이라하니 乃備見爲子幹蠱之大法也라

初六이 비록 가장 낮은 곳에 있으나 卦가 이 爻로 말미암아 이루어져서 주관하는 뜻이 있다. 內卦에 거처하고 아래에 있으면서 주체가 되니, 자식이 아버지의 일을 주관하는 것이다. 자식이 아버지의 일을 주관하는 道는 그 일을 감당할 수 있으면 훌륭한 자식을 둠이 되어 아버지가 허물이 없을 것이고, 그렇지 않으면 아버지에게 누가 된다. 그러므로 반드시 두려워하고 조심하면 마침내 吉할 수 있다. 낮은 자리에 거처하여 높은 사람의 일을 주관하면 스스로 마땅히 조심하고 두려워하여야 한다. 初六의 재질이 비록 巽順하지만 卦體가 유약한 陰이고, 맨 아래에 있으면서 호응함이 없이 주관하니 이룰 수 있는 뜻이 없다. 만약 일을 주관할 수 없는 것으로 말하면 그 뜻이 매우 작기 때문에 오로지 자식이 되어 아버지의 일을 주관하는 道를 말하여, 반드시 이룰 수 있으면 아버지에게 누를 끼치지 않고, 위태롭게 여기면 마침내 吉할 것이라고 하였으니, 바로 자식으로서 아버지의 일을 주관하는 큰 법을 갖추어 보여 준 것이다.

【本義】幹은 如木之幹이니 枝葉之所附而立者也라 蠱者는 前人已壞之緒라 故諸爻皆

10 幹父之蠱 : 《大全》의 소주에서 潘柄(宋)은, '아버지의 일을 주간함'에 대해 《程傳》과 《本義》를 비교하면서 모든 효에 다 통하려면 《本義》의 견해가 좋다고 보았다. 《程傳》의 견해대로라면 '아버지의 일'은 아래에 있는 자식이 주관하는 아버지의 일이고, 《本義》에서는 '앞사람이 무너뜨린 실마리'이다. 《程傳》에서는 上下관계로 본 반면 《本義》에서는 前後관계로 본 것이다.

11 考 : 金箕澧(朝鮮)는 《易要選義綱目》에서 "살아있을 때에는 '父'라고 하고 돌아갔을 때에는 '考'라 하는데, 여기에서는 '父'와 '考'를 같은 말로 썼다. 《書經》 〈康誥〉에 "아버지〔考〕의 마음을 크게 상하니, 아버지〔父〕가 자식을 보살펴 줄 수 없다.〔大傷厥考心 于父不能字厥子〕"고 하여 살아있고 돌아간 것으로 '考'와 '父'를 달리 부르지 않았다.

有父母之象하니 子能幹之면 則飭治而振起矣라 初六은 蠱未深而事易濟라 故其占爲有子則能治蠱而考得无咎나 然亦危矣라 戒占者宜如是요 又知危而能戒則終吉也라

'幹'은 나무의 根幹과 같으니, 枝葉이 붙어 의지할 수 있는 것이다. 蠱는 앞사람이 이미 무너뜨린 실마리이다. 이 때문에 여러 爻가 모두 父母의 象이 있으니, 자식이 일을 주관할 수 있으면 정리하고 다스려서 진작될 것이다. 初六은 蠱가 아직 심하지 않아서 구제하기 쉽다. 그러므로 그 占이 훌륭한 자식을 두면 蠱를 다스려서 아버지가 허물이 없을 수 있으나 또한 위태롭다. 점치는 자가 마땅히 이와 같이 해야 하고, 또 위태로움을 알아 경계하면 마침내 吉하다고 경계한 것이다.

字義 幹 : 주관할 간 枝 : 가지 지 葉 : 잎 엽 緖 : 실마리 서 飭 : 정리할 칙 治 : 다스릴 치 振 : 진작할 진 起 : 일어날 기

象曰 幹父之蠱는 意承考也라

〈象傳〉에 말하였다. "'아버지의 일을 주관함'은 뜻이 아버지의 일을 잇는 것이다."

【傳】子幹父蠱之道는 意在承當於父之事也라 故祗敬其事하여 以置父於无咎之地하고 常懷惕厲면 則終得其吉也라 盡誠於父事는 吉之道也라

아들이 아버지의 일을 주관하는 道는 뜻이 아버지의 일을 이어서 맡으려는데 있다. 그러므로 그 일을 공경하여 아버지를 허물이 없는 자리에 놓이게 하고, 항상 두렵고 위태로운 마음을 품으면 마침내 吉함을 얻는다. 아버지의 일에 정성을 다함은 吉한 道이다.

字義 祗 : 공경할 지 懷 : 품을 회 惕 : 두려울 척

九二는 幹母[12]之蠱니 不可貞이니라

九二는 어머니의 일을 주관함이니, 곧게 해서는 안 된다.

---

12 母 : 《大全》의 소주에서 楊時(南宋)는 "어머니는 陰을 높여서 부른 것입니다. 晉卦䷢ 六二에서 '王母'라 하고, 小過卦䷽ 六二에서 '할머니를 만난다'고 하였는데 모두 육오를 가리킨 것입니다." 하였다.

【傳】九二陽剛으로 爲六五所應하니 是는 以陽剛之才로 在下而幹夫在上陰柔之事也라 故取子幹母蠱爲義하니 以剛陽之臣으로 輔柔弱之君도 義亦相近이라 二는 巽體而處柔하여 順義爲多하니 幹母之蠱之道也라 夫子之於母에 當以柔巽輔導之하여 使得於義니 不順而致敗蠱면 則子之罪也라 從容將順에 豈无道乎아 以婦人言之면 則陰柔可知니 若伸己剛陽之道하여 遽然矯拂則傷恩하여 所害大矣니 亦安能入乎아 在乎屈己下意하고 巽順將承하여 使之身正事治而已라 故曰不可貞이니 謂不可貞固하여 盡其剛直之道니 如是乃中道也라 又安能使之爲甚高之事乎아 若於柔弱之君에 盡誠竭忠하여 致之於中道則可矣어니와 又安能使之大有爲乎아 且以周公之聖으로 輔成王에 成王非甚柔弱也나 然能使之爲成王而已니 守成不失道則可矣나 固不能使之爲羲黃堯舜之事也라 二巽體而得中하니 是能巽順而得中道하여 合不可貞之義하니 得幹母蠱之道也라

九二는 강건한 陽으로 六五가 호응하는 바가 되니, 이는 강건한 陽의 재질로서 아래에 있으면서 위에 있는 유약한 陰의 일을 주관하는 것이다. 그러므로 아들이 어머니의 일을 주관하는 것으로 의미를 삼았으니, 강건한 陽의 신하가 柔弱한 임금을 보필하는 것도 뜻이 서로 비슷하다. 九二는 巽의 卦體로 柔의 자리에 있어서 유순한 뜻이 많으니, 어머니의 일을 주관하는 道이다. 아들은 어머니에 대하여 마땅히 부드럽고 공손함으로 도와서 인도하여 의리에 맞게 하여야 하니, 유순하지 못하여 敗蠱에 이른다면 이는 아들의 죄이다. 조용히 받들어 순종하려고 한다면 어찌 방도가 없겠는가. 부인으로 말했으면 유약한 陰임을 알 수 있는데, 만약 자기의 剛陽한 道를 펴서 갑자기 바로잡으려 한다면 母子간의 은혜를 상하여 크게 해로울 것이니, 또한 어떻게 〈자식의 뜻이〉 들어갈 수 있겠는가. 몸을 굽히고 뜻을 낮추며 巽順하게 받들어 몸이 바르고 일이 다스려지게 함에 있을 뿐이므로 "곧게 해서는 안 된다." 하였다. 貞固하게 하여 그 剛直한 道를 다하여서는 안 됨을 말한 것이니, 이와 같이 하여야 中道인 것이다. 또 어찌 어머니가 너무 높은 일을 하도록 할 수 있겠는가? 마치 柔弱한 임금에게 정성을 다하고 충심을 다하여 임금이 中道에 이르도록 하는 것은 가하거니와, 또 어떻게 그가 큰일을 하도록 할 수 있겠는가. 周公과 같은 聖人도 成王을 보필할 적에 成王이 심히 柔弱하지 않았으나 그가 成王이 되도록 할 수 있었을 뿐이었으니, 이루어 놓은 것을 지켜서 道를 잃지 않도록 할 수는 있었지만, 참으로 伏羲·黃帝와 堯·舜의 일을 하게 하지는 못하였다. 九二는 巽의 卦體로서 中道를 얻었으니, 이는 巽順하면서 中道를 얻어서, "곧게 해서는 안 된다"는 뜻에 부합하니, 어머니의 일을 주관하는 道를 얻은 것이다.

【本義】九二剛中으로 上應六五하니 子幹母蠱而得中之象이라 以剛承柔而治其壞라 故

又戒以不可堅貞하니 言當巽以入之也라

九二는 剛中으로 위로 六五와 호응하니, 아들이 어머니의 일을 주관하면서 中을 얻은 象이다. 剛으로서 柔를 받들어 그 무너짐을 다스린다. 그러므로 또한 견고하고 바르게 하지 말라고 경계하였으니, 마땅히 공손함으로 들어가야 함을 말한 것이다.

字義 遽 : 갑자기 거　矯 : 바로잡을 교　拂 : 털어낼 불　竭 : 다할 갈　輔 : 보필할 보

## 象曰 幹母之蠱는 得中道也라

〈象傳〉에 말하였다. "'어머니의 일을 주관함'은 中道를 얻은 것이다."

【傳】二得中道而不過剛하니 幹母蠱之善者也라

九二가 中道를 얻어 지나치게 剛하지 않으니, 어머니의 일을 주관하기를 잘하는 자이다.

## 九三은 幹父之蠱니 小有悔나 无大咎리라

九三은 아버지의 일을 주관함이니, 조금 후회가 있지만 큰 허물은 없을 것이다.

【傳】三以剛陽之才로 居下之上하여 主幹者也니 子幹父之蠱也라 以陽處剛而不中하니 剛之過也나 然而在巽體하여 雖剛過而不爲无順이니 順은 事親之本也요 又居得正이라 故无大過라 以剛陽之才로 克幹其事하니 雖以剛過而有小小之悔나 終无大過咎也라 然有小悔하니 已非善事親也라

九三은 剛한 陽의 재질로서 下卦의 맨 위에 있으면서 일을 주관하는 자이니, 아들이 아버지의 일을 주관하는 것이다. 陽으로서 剛한 자리에 거처하고 中道를 얻지 못했으니, 剛함이 지나치다. 그러나 巽의 卦體에 있어서 비록 剛이 지나치지만 유순함이 없는 것은 아니다. 유순함은 어버이를 섬기는 근본이고, 또 거처함에 바름을 얻었으므로 큰 허물이 없는 것이다. 剛陽의 재질로 그 일을 주관할 수 있으니, 비록 剛이 지나쳐서 소소한 후회가 있지만 마침내 큰 허물은 없다. 그러나 조금 후회가 있으니 이미 어버이를 잘 섬기는 것은 아니다.

【本義】過剛不中이라 故小有悔요 巽體得正이라 故无大咎라

지나치게 剛하고 中道를 얻지 못하기 때문에 조금 후회가 있고, 巽의 卦體이면서 바름을 얻었기 때문에 큰 허물은 없다.

字義 事 : 섬길 사 親 : 어버이 친 克 : 능할 극

象曰 幹父之蠱는 終无咎也니라

〈象傳〉에 말하였다. "'아버지의 일을 주관함'은 마침내 허물이 없는 것이다."

【傳】以三之才로 幹父之蠱하니 雖小有悔나 終无大咎也라 蓋剛斷能幹하고 不失正而有順하니 所以終无咎也라

九三의 재질로 아버지의 일을 주관하니, 비록 조금 후회는 있지만 마침내 큰 허물은 없다. 剛함과 과단성으로 일을 주관할 수 있고, 바름을 잃지 않으며 유순함이 있으니, 이 때문에 마침내 허물이 없다.

字義 剛 : 굳셀 강 斷 : 결단할 단

六四는 裕父之蠱[13]니 往하면 見吝하리라

六四는 아버지의 일을 너그럽게 처리하니, 가면 부끄러움을 당할 것이다.

【傳】四以陰居陰하니 柔順之才也요 所處得正이라 故爲寬裕以處其父事者也라 夫柔順之才而處正이면 僅能循常自守而已니 若往幹過常之事면 則不勝而見吝也라 以陰柔而无應助하니 往安能濟리오

---

13 裕父之蠱 : 《大全》의 소주에서 袁樞(南宋)는, 모든 爻에서는 '幹'자를 써서 일을 주관하는 것으로 말하고 六四만 그렇지 않은 이유를 '剛'과의 연관성에서 찾았다. 이에 대해 "어지러운 일을 주관할 수 있는 것은 괘체가 강하거나, 강한 양을 올라타고 있거나, 강한 양과 호응하고 있기 때문이다. 六四만이 유약한데다 그쳐 있으므로 어지러워 무너지는 사태에 이르게 되니, 어지러운 일을 주관할 수 있는 바가 아니다." 하였다. 그런데 일반이론에 따르면 六四는 아래에 九三이 있어 剛을 탄 '乘剛'에 해당한다. 그러므로 金奎五(朝鮮)는 《讀易記疑》에서 "梅巖(袁樞)이 말한 '乘剛'은 初六의 자리를 말하는 것 같은데 '乘'자는 잘못 쓴 것 같다."고 하였다.

六四는 陰으로서 陰의 자리에 있으니 柔順한 재질이고, 거처한 곳이 바름을 얻었으므로 너그럽게 그 아버지의 일을 처리함이 된다. 柔順한 재질로 바른 자리에 있으면 겨우 일상을 따라 스스로를 지킬 수 있을 뿐이니, 만약 가서 일상에 넘치는 일을 주관한다면 감당할 수 없어서 부끄러움을 당하게 될 것이다. 유약한 陰으로서 호응하는 도움이 없으니, 가더라도 어찌 구제할 수 있겠는가?

【本義】 以陰居陰하여 不能有爲하니 寬裕以治蠱之象也라 如是則蠱將日深이라 故往則見吝이니 戒占者不可如是也라

陰으로서 陰의 자리에 있어서 큰일을 할 수가 없으니, 너그럽게 蠱를 다스리는 象이다. 이와 같이 하면 蠱가 날로 깊어지기 때문에 가면 부끄러움을 당하게 되니, 占치는 자가 이처럼 해서는 안 된다고 경계한 것이다.

字義 寬 : 너그러울 관 裕 : 너그러울 유

## 象曰 裕父之蠱는 往엔 未得也라

〈象傳〉에 말하였다. "'아버지의 일을 너그럽게 처리함'은 가면 얻지 못하는 것이다."

【傳】 以四之才로 守常하니 居寬裕之時則可矣어니와 欲有所往則未得也요 加其所任則不勝矣리라

六四의 재질로 일상을 지키니, 너그러운 때에 거처하면 괜찮지만, 가는 바를 두고자 하면 얻지 못할 것이고, 그 임무를 더하면 감당하지 못할 것이다.

## 六五는 幹父之蠱니 用譽[14]리라

六五는 아버지의 일을 주관함이니, 명예로울 것이다.

---

14 六五……用譽 : 吳致箕(朝鮮)는 《周易經傳增解》에서 六五가 아버지의 일을 주관하여 다스리기에 가장 좋은 爻라고 보았다. 九三이 지나치게 剛해서 후회스러운 것이나, 六四가 지나치게 柔해서 부끄러운 것과 달리, 六五는 柔가 中을 얻고 剛한 자리에 있기 때문에 명예가 있어 가장 좋다는 것이다.

【傳】五居尊位하여 以陰柔之質로 當人君之幹而下應於九二하니 是能任剛陽之臣也라 雖能下應剛陽之賢而倚任之나 然己實陰柔라 故不能爲創始開基之事요 承其舊業則可矣라 故爲幹父之蠱라 夫創業垂統之事는 非剛明之才則不能이요 繼世之君은 雖柔弱之資라도 苟能任剛賢이면 則可以爲善繼而成令譽也니 太甲, 成王은 皆以臣而用譽者也라

六五가 높은 자리에 거처하여 유약한 陰의 재질로서 임금의 일을 맡고, 아래로 九二와 호응하니, 이는 강건한 陽인 신하에게 임무를 맡길 수 있는 것이다. 비록 아래로 강건한 陽인 賢人과 호응하여 의지해 맡길 수는 있지만, 자기가 실로 유약한 陰이므로 창업하여 토대를 열어주는 일은 할 수 없고, 옛 사업을 이어받는 것은 할 수 있으므로 아버지의 일을 주관함이 된다. 창업하고 전통을 세우는 일은 강건하고 밝은 재질이 아니면 할 수 없고, 대를 잇는 임금은 비록 柔弱한 자질이라도 강건한 현인에게 맡기면 잘 계승하여 아름다운 명예를 이룰 수 있으니, 太甲과 成王은 모두 신하를 써서 명예가 있는 이들이다.

【本義】柔中居尊而九二承之以德하니 以此幹蠱면 可致聞譽라 故其象占如此하니라

柔가 가운데 자리를 얻어 높은 데에 있고, 九二가 德으로 받드니, 이로써 蠱를 주관하면 명예를 이룰 수 있다. 그러므로 그 象과 占이 이와 같다.

字義 任 : 맡길 임 倚 : 의지할 의 譽 : 명예 예

象曰 幹父用譽는 承以德也라

〈象傳〉에 말하였다. "'아버지의 일을 주관하여 명예로움'은 德으로 받들기 때문이다."

【傳】幹父之蠱而用有令譽者는 以其在下之賢이 承輔之以剛中之德也일새라

아버지의 일을 주관하여 훌륭한 명예가 있는 것은 그 아래에 있는 賢人이 剛中의 德으로 받들어 보필하기 때문이다.

上九는 不事王侯[15]하고 高尚其事로다

---

15 不事王侯 : 金箕澧(朝鮮)는 《易要選義綱目》에서 "나랏일로 말하면 아래의 네 爻는 일을 하는 신하

上九는 王侯를 섬기지 않고 그 일을 높이 숭상한다.

【傳】上九居蠱之終하여 无係應於下하고 處事之外하니 无所事之地也라 以剛明之才로 无應援而處无事之地하니 是는 賢人君子不偶於時而高潔自守하여 不累於世務者也라 故云 不事王侯高尙其事라하니라 古之人有行之者하니 伊尹, 太公望之始와 曾子, 子思之徒 是也라 不屈道以徇時하여 旣不得施設於天下면 則自善其身하고 尊高敦尙其事하여 守其志節而已라 士之自高尙도 亦非一道니 有懷抱道德하고 不偶於時而高潔自守者하며 有知止足之道하여 退而自保者하며 有量能度(탁)分하고 安於不求知者하며 有淸介自守하여 不屑天下之事하고 獨潔其身者하니 所處雖有得失小大之殊나 皆自高尙其事者也라 象所謂志可則者는 進退合道者也라

上九는 蠱卦의 끝에 있으면서 아래로 얽매이고 호응함이 없고 일의 밖에 거처하니, 할 일이 없는 처지이다. 강건하고 밝은 재질로 호응하여 도와주는 이가 없어서 할 일이 없는 처지에 놓였으니, 이는 賢人君子가 때를 만나지 못하여 고결하게 자신을 지켜서 세상의 일에 매이지 않는 것이다. 그러므로 "왕후를 섬기지 않고 그 일을 높이 숭상한다." 하였다. 옛사람 가운데 이렇게 행한 사람이 있었으니 伊尹과 太公望의 초기(등용되기 전 초야에 있을 때)와 曾子와 子思 등이 이들이다. 道를 굽혀 時宜를 따르지 않아 세상에 베풀 수 없으면 스스로 자기 몸을 착하게 하고, 그 일을 높이고 돈독하게 숭상하여 그 지조와 절개를 지킬 뿐이다. 선비가 스스로 高尙하게 하는 데에도 한 가지 방법만 있는 것은 아니니, 道德을 품고 때를 만나지 못해서 고결하게 스스로 지키는 사람이 있고, 그치고 만족하는 道를 알아서 물러나 스스로 보존하는 사람이 있으며, 능력을 헤아리고 분수를 헤아려 알아주기를 구하지 않는 것을 편안하게 여기는 사람이 있고, 맑은 절개를 스스로 지켜서 세상일을 달갑게 여기지 않고 홀로 자기 몸을 깨끗하게 하는 사람이 있으니, 처신하는 것에 비록 얻고 잃음과 작고 큰 것의 차이가 있으나 모두 스스로 그 일을 높이고 숭상하는 자이다. 爻의 〈象傳〉에 "뜻을 본받을 만하다." 한 것은 進退가 道에 합하는 것이다.

【本義】剛陽居上하여 在事之外라 故爲此象이요 而占與戒皆在其中矣라

강건한 陽이 맨 위에 있어 일의 밖에 있기 때문에 이러한 象이 되었고, 占과 경계함이 모두 그 가운데 있다.

---

가 되고 六五는 임금이 되며, 上九는 자신을 깨끗이 하여 멈출 줄 아는 자가 된다."고 하였다.

字義 偶 : 만날 우 潔 : 깨끗할 결 累 : 매일 루 徇 : 따를 순 抱 : 품을 포 量 : 헤아릴 량
度 : 헤아릴 탁 介 : 절개 개 屑 : 달갑게 여길 설

## 象曰 不事王侯는 志可則(칙)也라

〈象傳〉에 말하였다. "'王侯를 섬기지 않음'은 뜻을 본받을 만하다."

【傳】 如上九之處事外하여 不累於世務하고 不臣事於王侯는 蓋進退以道하고 用捨隨時니 非賢者면 能之乎아 其所存之志可爲法則也라

上九와 같이 일의 밖에 처하여 세상의 일에 얽매이지 않고, 신하가 되어 王侯를 섬기지 않는 것은, 나아가고 물러남을 道로써 하고 쓰고 버림을 때에 따라 하는 것이니, 賢人이 아니면 이렇게 할 수 있겠는가. 그가 간직하고 있는 뜻이 본받을 만하다.

# 周易傳義 卷第八

## 19. 臨

### ䷒ 兌下坤上

下卦는 兌卦☱이고 上卦는 坤卦☷이다.

【傳】 臨은 序卦에 有事而後可大라 故受之以臨이라하니라 臨者는 大也요 蠱者는 事也니 有事則可大矣라 故受之以臨也라 韓康伯云 可大之業이 由事而生이라하니 二陽方長而盛大라 故爲臨也라 爲卦 澤上有地하니 澤上之地는 岸也니 與水相際하여 臨近乎水라 故爲臨이라 天下之物이 密近相臨者 莫若地與水라 故地上有水則爲比요 澤上有地則爲臨也라 臨者는 臨民臨事 凡所臨이 皆是로되 在卦엔 取自上臨下하니 臨民之義라

臨卦는 〈序卦傳〉에 "일이 있은 뒤에 크게 될 수 있기 때문에 臨卦로 받았다." 하였다. 臨은 '큰 것'이고 蠱는 '일'이니, 일이 있으면 크게 될 수 있기 때문에 臨卦로 받았다. 韓康伯(東晉)은 "크게 될 수 있는 사업은 일을 통해 생긴다." 하였다. 두 陽이 한창 자라나 성대하기 때문에 臨卦가 된다. 卦의 구성이 못 위에 땅이 있다. 못 위의 땅은 언덕이니, 물과 서로 접해 물에 가까이 임하여 있기 때문에 臨卦가 된다. 세상의 사물 중에 아주 가까이 서로 임한 것은 땅과 물 만한 것이 없다. 그러므로 땅 위에 물이 있으면 比卦䷇가 되고, 못 위에 땅이 있으면 臨卦䷒가 된다. 臨은 백성에게 임하는 것, 일에 임하는 것, 모든 임하는 것이 다 해당되는데, 卦에 있어서는 위에서 아래에 임함을 취하였으니, 백성에게 임하는 뜻이다.

字義 岸 : 언덕 안　際 : 닿을 제

臨[1]은 元亨하고 利貞[2]하니

---

1 臨 : 빌헬름 영문판 주역인 《The I Ching》에서는 臨卦를 "Lin / Approach"라고 하였다. 臨卦는 아래의 두 양효가 자라나서 성대해지는 의미이다. 사회적으로 임금이 백성에게 가까이 가는 뜻을 내

臨卦는 크게 형통하고 바르게 함이 이로우니,

【傳】以卦才로 言也니 臨之道如卦之才면 則大亨而正也라

卦의 재질로 말한 것이니, 임하는 道가 卦의 재질과 같으면 크게 형통하고 바르다.

## 至于八月[3]하여는 有凶하리라

八月에 이르면 凶함이 있을 것이다.

【傳】二陽方長於下하니 陽道嚮盛之時라 聖人豫爲之戒曰 陽雖方盛이나 至於八月이면 則其道消矣리니 是有凶也라 大率聖人爲戒는 必於方盛之時하나니 方盛而慮衰면 則可以防其滿極而圖其永久어니와 若旣衰而後戒면 亦无及矣라 自古天下安治에 未有久而不亂者하니 蓋不能戒於盛也일새라 方其盛而不知戒라 故狃安富則驕侈生하고 樂舒肆則綱紀壞하며 忘禍亂則釁孽萌하나니 是以로 浸淫하여 不知亂之至也라

두 陽이 한창 아래에서 자라니 陽의 道가 성할 때이다. 聖人이 미리 경계하여 "陽이 비록 성하나 八月에 이르면 그 道가 사라질 것이니, 이것은 흉함이 있는 것이다." 하였다. 대체로 聖人이 경계함은 반드시 한창 성하려고 할 때에 하니, 성하려고 할 때 쇠퇴할 것을 염려하면 가득차거나 궁극에 이름을 막아서 영구함을 도모할 수 있지만, 이미 쇠퇴한 뒤에 경계하면 또한 미칠 수 없다. 예로부터 세상이 편안히 다스려짐에 오래되도록 혼란하지 않은 적이 없으니, 성할 때에 경계하지 않았기 때문이다. 성할 때에 경계할 줄을 모르기 때문에 편안하고

---

포하고 있기 때문에 '가까이 가다'라고 정의하였다.

2 元亨 利貞 : 許傳(朝鮮)은 《易考》에서 臨卦의 네 가지 德은 坤卦로부터 얻은 것이고, 无妄卦는 乾卦로부터 얻은 것이고, 革卦는 坤卦로부터 얻은 것이라고 하였다.

3 至于八月 : 《本義》에서 두 가지 설을 소개하면서 그 의미를 추측하였다. '至于八月'에 대한 학설 가운데 하나는 陽이 하나인 달인 復卦䷗로부터 陰이 둘인 달인 遯卦䷠에 이르는 것이고, 또 하나는 泰卦䷊로부터 觀卦䷓에 이르는 것이다. 앞의 학설은 周나라 달력으로 8월이며, 뒤의 학설은 夏나라 달력으로 8월인데 文王이 卦辭를 쓸 때 주나라 달력만을 사용하여 기록한 것으로 추측하였다. 이에 대해 權近(朝鮮)은 《周易淺見錄》에서 文王이 卦辭를 쓸 당시인 商나라의 正月을 기준으로 말하면 臨卦는 丑月에 해당하고, 이로부터 申月에 이르러 8개월이 되면 그 괘가 否卦가 되어 흉한 것이라고 하였고, 李瀷(朝鮮)도 《易經疾書》에서 臨卦의 二爻로부터 여섯 자리를 지나 本爻로 돌아오고, 또 한 자리를 나아가면 8월이기 때문에 否卦를 말한 것이라고 하였다.

부유함에 길들여지면 교만과 사치가 생기고, 게으르고 방자함을 즐기면 기강이 무너지고, 재앙과 난리를 잊으면 禍가 싹트니, 이 때문에 점차 빠져들어서 혼란이 오는 줄 알지 못하는 것이다.

【本義】臨은 進而凌逼於物也라 二陽浸長하여 以逼於陰이라 故爲臨이니 十二月之卦也라 又其爲卦 下兌說上坤順하고 九二以剛居中하여 上應六五라 故占者大亨而利於正이라 然이나 至于八月이면 當有凶也라 八月은 謂自復卦一陽之月로 至于遯卦二陰之月이니 陰長陽遯之時也라 或曰 八月은 謂夏正八月이요 於卦爲觀이라하니 亦臨之反對也니 又因占而戒之하니라

臨卦는 〈一陽의 달䷗에서 二陽의 달䷒로〉 나아가 상대를 능멸하고 핍박하는 것이다. 두 陽이 점차 자라나 陰을 핍박하기 때문에 臨卦가 된 것이니, 12月의 卦이다. 또한 卦의 구성이 下卦는 兌卦☱로 기뻐하고 上卦는 坤卦☷로 유순하며, 九二가 剛으로 가운데 자리에 있어 위로 六五와 호응한다. 그러므로 점치는 사람이 크게 형통하고 바르게 함이 이롭다. 그렇지만 8月에 이르면 마땅히 凶함이 있을 것이다. 八月은 復卦䷗인 一陽의 달(11월)로부터 遯卦䷠인 二陰의 달(6월)에 이르는 것이니, 陰이 자라고 陽이 물러나는 때이다. 어떤 이는 말하기를 "八月은 夏나라 正月로 쳐서 8月이고 卦로는 觀卦䷓가 된다." 하였는데, 역시 臨卦의 반대이니 占을 통해 경계한 것이다.

字義 嚮 : 향할 향 圖 : 도모할 도 狃 : 익숙할 뉴(유) 驕 : 교만할 교 侈 : 사치할 치
樂 : 즐길 락 舒 : 게으를 서 肆 : 방자할 사 綱 : 벼리 강 紀 : 벼리 기 釁 : 불화 흔
孽 : 재앙 얼 萌 : 싹틀 맹 浸 : 점점 침 淫 : 빠질 음 凌 : 능멸할 릉 逼 : 핍박할 핍

彖曰 臨은 剛浸而長하며

〈彖傳〉에 말하였다. "臨卦는 剛이 점점 자라며

【本義】以卦體로 釋卦名이라

卦體로 卦名을 해석하였다.

說(열)而順하고 剛中而應하여

기뻐하며 順하고 剛이 가운데 있으며 호응하여

【本義】又以卦德卦體로 言卦之善이라

또 卦德과 卦體로 卦의 좋음을 말하였다.

## 大亨以正하니 天之道也라

크게 형통하고 바르게 하니 하늘의 道이다.

【傳】浸은 漸也니 二陽이 長於下而漸進也라 下兌上坤이니 和說而順也요 剛得中道而有應助라 是以能大亨而得正하야 合天之道니 剛正而和順이 天之道也라 化育之功이 所以不息者는 剛正和順而已니 以此臨人臨事臨天下면 莫不大亨而得正也라 兌爲說이니 說乃和也라 夬彖云 決而和라하니라

'浸'은 점차 나아감이니, 〈初九와 九二〉 두 陽이 아래에서 자라나 점차 나아가는 것이다. 下卦는 兌卦☱이고 上卦는 坤卦☷이니, 화합하여 기뻐하면서 따르고, 剛이 中道를 얻어 호응하고 도움이 있다. 이 때문에 크게 형통하고 바름을 얻어 하늘의 道에 합하니, 강건하고 바르면서 화합하고 유순함은 하늘의 道이다. 化育하는 功이 쉬지 않는 것은 강건하고 바르면서 화합하고 유순하기 때문일 뿐이니, 이로써 사람에게 임하고 일에 임하고 세상에 임하면 크게 형통하고 바름을 얻지 않음이 없을 것이다. 兌卦는 기뻐함이 되니, 기뻐함이 바로 화합함이다. 夬卦䷪ 〈彖傳〉에 "결단하여 화합한다." 하였다.

【本義】當剛長之時하여 又有此善이라 故其占如此也라

剛이 자라는 때를 당하여 또 이러한 좋은 점이 있으므로 그 占이 이와 같다.

## 至于八月有凶은 消不久也라

八月에 이르러 凶함이 있다는 것은 사라져서 오래가지 못함이다."

【傳】臨은 二陽生하니 陽方漸盛之時라 故聖人爲之戒云 陽雖方長이나 然至于八月則

消而凶矣라 八月은 謂陽生之八月이니 陽始生於復하여 自復至遯에 凡八月이니 自建子로 至建未也라 二陰長而陽消矣라 故云消不久也라 在陰陽之氣言之면 則消長如循環하여 不可易也어니와 以人事言之면 則陽爲君子요 陰爲小人하니 方君子道長之時하여 聖人爲之誡하여 使知極則有凶之理而虞備之하여 常不至於滿極이면 則无凶也라

臨은 두 陽이 생겨나니 陽이 점차 성할 때이다. 그러므로 聖人이 경계하기를 "陽이 비록 자라나지만 八月에 이르면 사라져 凶할 것이다." 하였다. '八月'은 陽이 생겨난 지 여덟 달이라는 것이니, 陽이 復卦䷗에서 처음 생겨나 復卦로부터 遯卦䷠에 이름이 모두 여덟 달이니, 子月로부터 未月에 이르기까지이다. 〈이때에 이르면〉 두 陰이 자라나 陽이 사라지게 되기 때문에 '사라져서 오래가지 못함'이라고 말한 것이다. 陰陽의 기운으로 말하면, 사라지고 자라남이 순환하는 것과 같아서 바꿀 수 없다. 그러나 사람의 일로 말하면 陽은 君子가 되고 陰은 小人이 되니, 君子의 道가 자라날 때에 聖人이 경계하여, 지극하면 흉하게 되는 이치가 있음을 알아 헤아리고 대비하게 하여 항상 가득차고 지극함에 이르지 않게 하였으니, 이렇게 하면 흉함이 없게 한 것이다.

【本義】言雖天運之當然이나 然君子宜知所戒라

비록 天運의 당연함이나 君子가 마땅히 경계할 줄을 알아야 함을 말한 것이다.

字義 循 : 돌 순 環 : 고리 환

象曰 澤上有地 臨이니 君子以하여 敎思无窮하며 容保民이 无疆하나니라

〈象傳〉에 말하였다. "못 위에 땅이 있는 것이 臨이니, 君子가 이것을 본받아 가르치려는 생각이 다함이 없으며, 백성을 포용하여 보존함이 끝이 없다."

【傳】澤之上有地는 澤岸也니 水之際也라 物之相臨與含容이 无若水之在地라 故澤上有地爲臨也라 君子觀親臨之象하면 則敎思无窮하니 親臨於民은 則有[4]敎導之意思也요 无窮은 至誠无斁也라 觀含容之象하면 則有容保民之心하니 无疆은 廣大无疆限也라 含容은 有廣大之意라 故爲无窮无疆之義라

---

4 有 : 《大全》의 간주에 "어떤 판본에는 '有'자가 없다." 하였다.

못 위에 땅이 있는 것은 못 언덕이니, 물이 접해 있는 곳(물기슭)이다. 사물이 서로 임하고 포용함은 물이 땅에 있는 것만한 것이 없다. 그러므로 못 위에 땅이 있는 것이 臨卦가 된다. 君子가 친히 임하는 象을 보면 가르치려는 생각이 다함이 없으니, 백성에게 친히 임함은 가르쳐 인도하려는 생각이 있는 것이다. '다함이 없음'은 지극히 성실하여 싫어함이 없는 것이다. 포용하는 象을 보면 백성을 포용하여 보존하려는 마음을 두는 것이니, '끝이 없음'은 넓고 커서 경계가 없는 것이다. '포용함'은 넓고 큰 뜻이 있기 때문에 다함이 없고 끝이 없는 뜻이 된다.

【本義】 地臨於澤은 上臨下也니 二者[5]는 皆臨下之事라 敎之无窮者는 兌也요 容之无疆者는 坤也라

땅이 못에 임함은 위에서 아래로 임하는 것이니, 이 두 가지는 모두 아래로 임하는 일이다. 가르침이 다함이 없음은 兌卦☱이며, 포용함이 끝이 없음은 坤卦☷이다.

字義 際 : 변두리 제 導 : 이끌 도 斁 : 싫어할 역

初九는 咸[6]臨이니 貞하여 吉하니라

【本義】 咸臨이니

初九는 감동하여 임함이니, 바르게 하여 길하다.

【본의】 다 임함이니

【傳】 咸은 感也니 陽長之時에 感動於陰이며 四應於初하여 感之者也니 比他卦에 相應尤重이라 四는 近君之位어늘 初得正位하여 與四感應하니 是는 以正道爲當位所信任하여 得行其志요 獲乎上而得行其正道라 是以吉也라 他卦는 初上爻에 不言得位失位하니 蓋初終之義爲重也요 臨則以初得位居正爲重이라 凡言貞吉은 有旣正且吉者하고 有得正

---

5 二者 : 金長生(朝鮮)은 《周易》에서 두 가지는 '가르치려는 생각〔敎思〕'과 '백성은 보호하는 것〔保民〕'이라고 보았다.

6 咸 : 《本義》의 소주에 어떤 이가 《程傳》에서 咸을 感의 뜻으로 풀이한 것에 대해 묻자, 朱子는 陰은 반드시 陽을 따르기 때문에 咸을 感의 뜻으로 보아도 좋지만 조금 억지로 풀이한 것이라고 하였다.

則吉者하며 有貞固守之則吉者하니 各隨其事[7]也라

咸은 감동함이니, 陽이 자라는 때에 陰을 감동시키는 것이다. 六四는 初九와 호응하여 감동하는 자이니, 다른 卦에 비하여 서로 호응함이 더욱 중요하다. 六四는 임금과 가까운 자리인데, 初九가 바른 자리를 얻어 六四와 感應하니, 이것은 바른 道로써 지위를 맡은 자에게 신임을 받아 그 뜻을 행하는 것이고, 위의 신임을 얻어 바른 道를 행할 수 있기 때문에 吉한 것이다. 다른 卦에서는 初爻와 上爻에 '자리를 얻었다'와 '자리를 잃었다'를 말하지 않았으니, 처음과 끝의 뜻이 중요하기 때문이고, 臨卦는 初爻가 자리를 얻어 바른 데에 있음을 귀중하게 여겼다. "바르게 하여 길하다."고 말한 것은 이미 바르고 또 길한 경우도 있고, 바름을 얻으면 길한 경우도 있고, 貞固하게 지키면 길한 경우도 있으니, 각각 그 일에 따르는 것이다.

【本義】卦唯二陽이 徧臨四陰이라 故二爻皆有咸臨[8]之象이라 初九剛而得正이라 故其占爲貞吉이라

괘에 오직 두 양이 네 음에 두루 임하기 때문에 두 효가 모두 임하는 상이 있다. 初九가 강으로 바름을 얻었기 때문에 그 점이 바르게 하여 길한 것이다.

象曰 咸臨貞吉은 志行正也라

〈象傳〉에 말하였다. "'감동하여 임하니, 바르게 하여 길함'은 뜻이 바른 道를 행하려는 것이다."

【傳】所謂貞吉은 九之志在於行正也라 以九居陽하고 又應四之正하니 其志正也라

이른바 '바르게 하여 길하다'는 初九의 뜻이 바름을 행함에 있다는 것이다. 陽으로 陽의 자리에 있고 또 바른 자리에 있는 六四와 호응하니, 그 뜻이 바른 것이다.

九二는 咸臨이니 吉하여 无不利하리라

---

7 事 : 《大全》의 간주에 "어떤 판본에는 '時'자로 되어 있다." 하였다.

8 咸臨 : 《大全》의 소주에서 丘富國(宋代)은, '咸'을 '皆'라고 풀이하여 初爻와 二爻에 '모두 임함'이라고 한 것에 대해서, 陽이 비록 자라지만 陰이 오히려 성대하여 두 陽이 협력하지 않으면 이기기에 부족하기 때문이라고 보았다.

【本義】咸臨이니

九二는 감동하여 임함이니, 吉하여 이롭지 않음이 없을 것이다.

【본의】다 임함이니

【傳】二方陽長而漸盛하여 感動於六五中順之君하니 其交之親이라 故로 見信任하여 得行其志하니 所臨이 吉而无不利也라 吉者는 已然이니 如是故吉也요 无不利者는 將然이니 於所施爲에 无所不利也라

九二는 한창 陽이 자라서 점차 성대하여 中順한 임금인 六五를 감동시키니 그 사귐이 친하다. 그러므로 신임을 받아 그 뜻을 행할 수 있으니, 임하는 바가 길하여 이롭지 않음이 없다. '吉하다'는 것은 이미 그러한 것이니 이와 같기 때문에 길하다는 것이고, '이롭지 않음이 없다'는 것은 장차 그렇게 된다는 것이니 시행하는 바에 이롭지 않음이 없다는 것이다.

【本義】剛得中而勢上進이라 故 其占吉而无不利也라

剛이 가운데 자리를 얻고 기세가 위로 나아가기 때문에 그 占이 吉하여 이롭지 않음이 없는 것이다.

象曰 咸臨吉无不利는 未順命[9]也라

〈象傳〉에 말하였다. "'감동하여 임하니, 길하여 이롭지 않음이 없음'은 명령에 순종하려는 것이 아니다."

【傳】未者는 非遽之辭라 孟子에 或問勸齊伐燕이라하니 有諸잇가 曰未也라하고 又云 仲子所食之粟은 伯夷之所樹歟아 抑亦盜跖之所樹歟아 是未可知也라하며 史記에 侯嬴曰 人固未易知라하니 古人用字之意 皆如此라 今人은 大率用對已字라 故意似異나 然實

9 未順命 : 《周易正義》에서는 九二가 六五의 명령을 다 순종하지 않고 일의 마땅함과 따를지의 여부를 헤아리기 때문에 이롭지 않음이 없다고 풀이하였다. 李止淵(朝鮮)은 《周易箚疑》에서 '順命'을 '順理'의 뜻으로 보았다. 임괘의 두 양이 八月에 이르면 명령에 순종하지 않을 수 없어 吉함이 변해 凶함이 되는데 경계하여 이런 이치를 따르지 않기 때문에 이롭지 않음이 없다고 한 것으로 풀이하였다.

不殊也라 九二與五感應以臨下하니 蓋以剛德之長而又得中하여 至誠相感이요 非由順上之命也라 是以吉而无不利라 五順體而二說體요 又陰陽相應이라 故象特明其非由說順也라

'未'는 갑자기 그러한 것이 아니란 말이다.《孟子》〈公孫丑 下〉에 "어떤 사람이 '齊나라에게 燕나라를 치도록 권하셨다 하니, 그런 일이 있었습니까?' 라고 묻자, 맹자께서 '아니다.' 했다." 하였고, 또 〈滕文公 下〉에 말하기를 "仲子가 먹는 곡식은 伯夷가 심은 것인가? 아니면 盜跖이 심은 것인가? 이를 알 수 없다." 하였으며,《史記》〈范雎列傳〉에 侯嬴이 말하기를 "사람은 진실로 알기가 쉽지 않다." 하였으니, 옛사람이 글자를 쓴 뜻이 모두 이와 같다. 지금 사람은 대체로 〈'未'자를〉 '已'자와 상대하여 쓰기 때문에 뜻이 다른 것 같지만 실제로는 다르지 않다. 九二는 六五와 感應하여 아래에 임하니, 강건한 德이 자라고 또 中道를 얻어서 지성으로 서로 감응하는 것이고, 윗사람의 명령에 순종하려는 것이 아니다. 그래서 길하여 이롭지 않음이 없는 것이다. 六五는 유순한 卦體이고 九二는 기뻐하는 卦體이며, 또한 陰陽이 서로 감응하기 때문에 爻의 〈象傳〉에서는 다만 기뻐하여 순종함을 말미암은 것이 아님을 밝힌 것이다.

【本義】未詳이라

자세하지 않다.

字義 遽 : 갑자기 거　勸 : 권할 권　齊 : 나라이름 제　伐 : 칠 벌　燕 : 나라이름 연　粟 : 곡식 속
樹 : 심을 수　歟 : 어조사 여　盜 : 도둑 도　跖 : 밟을 척　侯 : 제후 후　嬴 : 찰 영
已 : 이미 이

## 六三은 甘臨이라 无攸利하니 旣憂之라 无咎리라

六三은 달콤함으로 임하여 이로운 바가 없으니, 이미 근심하므로 허물이 없을 것이다.

【傳】三居下之上하니 臨人者也요 陰柔而說體로 又處不中正하니 以甘說臨人者也라 在上而[10]以甘說臨下면 失德之甚이니 无所利也라 兌性旣說하고 又乘二陽之上하니 陽方長而上進이라 故不安而益甘이나 旣知危懼而憂之하니 若能持謙守正하여 至誠以自處則无咎也라 邪說由己어늘 能憂而改之면 復何咎乎리오

10 而 :《大全》의 간주에 "어떤 판본에는 '其'자로 되어 있다." 하였다.

六三은 下卦의 맨 위에 있으니 사람에게 임하는 자이고, 유약한 陰이면서 기뻐하는 卦體로 또 中正하지 못하니, 달콤함과 기뻐함으로 사람에게 임하는 자이다. 위에 있으면서 달콤함과 기뻐함으로 아랫사람에게 임하면 德을 잃음이 심하니, 이로운 것이 없다. 兌卦☱의 성질은 이미 기뻐하고 또 두 陽의 위를 타고 있으니, 陽이 한창 자라나 위로 나아가기 때문에 불안하여 더욱 달콤하게 임한다. 그러나 이미 위태로움과 두려움을 알고 근심하니, 만약 겸손한 마음을 갖고 바름을 지켜 至誠으로 스스로 처신하면 허물이 없을 것이다. 간사하게 기뻐함이 자신으로 말미암았는데, 근심하여 고칠 수 있다면 다시 무슨 허물이 있겠는가.

【本義】 陰柔不中正而居下之上하니 爲以甘說臨人之象이라 其占固无所利나 然能憂而改之則无咎也라 勉人遷善하니 爲教深矣라

유약한 陰으로 中正하지 못하면서 下卦의 맨 위에 있으니, 달콤함과 기뻐함으로 사람에게 임하는 象이다. 그 占이 참으로 이로울 것이 없지만, 근심하여 고칠 수 있다면 허물이 없을 것이다. 사람에게 잘못을 고쳐 착한 데로 옮겨가기를 힘쓰게 하였으니, 가르침이 깊다.

字義 危 : 위태로울 위 懼 : 두려울 구 邪 : 간사할 사 勉 : 힘쓸 면

## 象曰 甘臨은 位不當也요 旣憂之하니 咎不長也리라

〈象傳〉에 말하였다. "'달콤함으로 임함'은 자리가 마땅하지 않음이고, 이미 걱정하므로 허물이 오래가지 않을 것이다."

【傳】 陰柔之人이 處不中正而居下之上하고 復乘二陽하니 是處不當位也라 旣能知懼而憂之면 則必強勉自改라 故其過咎不長也리라

유약한 陰의 사람이 처함이 中正하지 못하면서 下卦의 맨 위에 있고 다시 두 陽을 탔으니, 이는 마땅하지 않은 자리에 처한 것이다. 이미 두려움을 알고 근심하였다면 반드시 힘써 스스로 고칠 것이기 때문에 그 허물이 오래가지 않을 것이다.

## 六四는 至臨[11]이니 无咎하니라

11 至臨 : 李恒老(朝鮮)는 《周易傳義同異釋義》에서 '至臨'에 대한 《程傳》과 《本義》의 풀이를 비교하여

六四는 지극하게 임함이니 허물이 없다.

【傳】四居上之下하여 與下體相比하니 是切臨於下니 臨之至也라 臨道尙近이라 故以比爲至라 四居正位而下應於剛陽之初하며 處近君之位하여 守正而任賢하여 以親臨於下라 是以无咎하니 所處當也라

六四는 上卦의 맨 아래에 있어 下體(下卦)와 서로 가까우니, 이것은 아래에 간절히 임하는 것이므로 임함이 지극한 것이다. 임하는 道는 가까움을 숭상하기 때문에 가까움을 지극하다고 여겼다. 六四가 바른 자리에 있고 아래로 剛陽의 初九와 호응하며, 임금과 가까운 자리에 있으면서 바름을 지키고 어진 이에게 맡겨서 아래에 친히 임한다. 이 때문에 허물이 없으니, 처한 바가 마땅한 것이다.

【本義】處得其位하고 下應初九하여 相臨之至하니 宜无咎者也라

처함이 제자리를 얻고 아래로 初九와 호응하여 서로 임함이 지극하니, 마땅히 허물이 없는 것이다.

字義 尙 : 높일 상

象曰 至臨无咎는 位當[12]也일새라

〈象傳〉에 말하였다. "'지극하게 임하니, 허물이 없음'은 자리가 마땅하기 때문이다."

【傳】居近君之位하니 爲得其任이요 以陰處四하니 爲得其正이요 與初相應하니 爲下賢이라 所以无咎니 蓋由位之當也라

임금과 가까운 자리에 있으니 신임을 얻음이 되고, 陰으로서 네 번째 자리에 있으니 바름

---

견해를 밝혔다. 《程傳》에서는 땅이 못에 임하는 것으로 '지극한 임함'을 풀이하였고, 六四가 初九에 임하는 것으로 '허물이 없음'을 풀이한 반면, 《本義》에서는 다만 六四가 初九에 호응하는 뜻만을 취한 것에 대해 땅과 못의 뜻은 〈大象傳〉에 이미 드러나서 爻에서는 취할 필요가 없었기 때문이라고 보았다.

12 位當 : 《大全》의 소주에서 丘富國(宋代)은, 六三의 '位不當'과 六四의 '位當'을 비교하여 둘 다 유약한 陰이지만 六三은 이로운 것이 없고 六四는 허물이 없는 것에 대해 六三은 陽을 탔지만 六四는 陽에 應하며, 六三은 자리가 마땅하지 않지만 六四는 자리가 마땅하기 때문이라고 보았다.

을 얻음이 되며, 初九와 서로 호응하니 어진 이에게 낮춤이 된다. 이 때문에 허물이 없는 것이니, 대체로 자리가 마땅하기 때문이다.

字義 下 : 낮출 하

## 六五는 知(智)[13]臨이니 大君之宜니 吉하니라

六五는 지혜로 임함이니, 大君의 마땅함이니 길하다.

【傳】 五以柔中順體로 居尊位而下應於二剛中之臣하니 是能倚任於二하여 不勞而治니 以知臨下者也라 夫以一人之身으로 臨乎天下之廣하니 若區區自任이면 豈能周於萬事리오 故自任其知者는 適足爲不知어니와 唯能取天下之善하여 任天下之聰明이면 則无所不周니 是不自任其知요 則其知大矣라 五順應於九二剛中之賢하여 任之以臨下하니 乃己以明知로 臨天下라 大君之所宜也니 其吉可知니라

六五는 柔中하고 順한 卦體로서 높은 자리에 있고, 아래로 九二의 剛中한 신하와 호응하니, 이것은 九二에게 의지하고 맡겨서 수고하지 않고도 다스리는 것이니, 지혜로써 아래에 임하는 자이다. 한 사람의 몸으로 넓은 세상에 군림하니, 만약 구구하게 자기가 맡는다면 어찌 온갖 일을 두루할 수 있겠는가? 그러므로 스스로 자기의 지혜만을 믿는 자는 다만 지혜롭지 못함이 되지만, 오직 세상의 善을 취하여 세상의 총명한 사람에게 맡긴다면 두루하지 않음이 없을 것이니, 이것이 스스로 자기의 지혜만을 믿지 않는 것이고 그 지혜가 큰 것이다. 六五가 九二의 剛中한 賢人에게 호응하여 맡기고 아래에 임하니, 이것은 자기의 밝은 지혜로 세상에 임하는 것이다. 이는 大君의 마땅함이니, 길함을 알 수 있다.

【本義】 以柔居中하고 下應九二하여 不自用而任人하니 乃知之事而大君之宜니 吉之道也라

---

13 知(智) : 金相岳(朝鮮)은 《山天易說》에서 "五常의 德 가운데 오직 '지혜'는 안에 감추어 두니, 坤으로 감추는 것이다." 하였고, 金箕澧(朝鮮)는 《易要選義綱目》에서 "乾卦의 네 德에서는 '仁·義·禮'를 말하고 '知'를 말하지 않았고, 坤卦에서는 '지혜가 빛나고 크다' 말했으니, 지혜는 坤卦의 道가 되기 때문에 '知臨'이라 한 것이다." 하였고, 李震相(朝鮮)은 《易學管窺》에서 "坤卦는 지혜가 빛나고 큰 象이다. 지혜는 안에 감추어 두는데, 坤으로써 감춘다. 坤卦는 북쪽에 거하여 지혜가 되니, 앎은 지혜의 작용이다." 하여 모두 坤卦와 연관해서 풀었다.

유순한 陰으로 가운데 자리에 있고 아래로 九二와 호응하여 스스로 하지 않고 남에게 맡기니, 곧 지혜로운 일이고 大君의 마땅함이니, 吉한 道이다.

字義 倚 : 의지할 의 勞 : 수고할 로 區 : 구구할 구 周 : 두루 주

## 象曰 大君之宜는 行中[14]之謂也라

〈象傳〉에 말하였다. "'大君의 마땅함'은 中道를 행함을 이른다."

【傳】君臣道合은 蓋以氣類相求라 五有中德이라 故能倚任剛中之賢하여 得大君之宜하여 成知臨之功하니 蓋由行其中德也라 人君之於賢才에 非道同德合이면 豈能用也리오

임금과 신하가 道를 합함은 같은 기운끼리 서로 구하는 것이다. 六五가 中德이 있기 때문에 강건한 中德을 지닌 賢人에게 의지하고 맡겨서 大君의 마땅함을 얻어 지혜로 임하는 功을 이루는 것이니, 中德을 행하기 때문이다. 임금이 어진 재주를 가진 사람과 道가 같고 德이 합하지 않는다면 어찌 쓸 수 있겠는가.

## 上六은 敦臨이니 吉하여 无咎하니라

上六은 돈독하게 임함이니, 길하여 허물이 없다.

【傳】上六은 坤之極이니 順之至也요 而居臨之終하니 敦厚於臨也라 與初二로 雖非正應이나 然大率陰求於陽하고 又其至順이라 故志在從乎二陽이라 尊而應卑하고 高而從下하며 尊賢取善은 敦厚之至也라 故曰敦臨이니 所以吉而无咎라 陰柔在上하여 非能臨者면 宜有咎也로되 以其敦厚於順剛이라 是以吉而无咎라 六居臨之終이어늘 而不取極義는 臨无過極이라 故止爲厚義요 上은 无位之地니 止以在上言이라

上六은 坤卦☷의 끝이니 유순함이 지극하고, 臨卦의 마지막에 있으니 임함에 敦厚한 것이다. 初九나 九二와 비록 正應은 아니지만 대체로 陰이 陽을 구하고 또 지극히 유순하기 때문에

14 行中 : 金相岳(朝鮮)은 《山天易說》에서 "'中'은 中德이고 六五와 九二가 서로 호응하여 사귀기 때문에 '行中'이라 말했다." 하였다.

뜻이 두 陽을 따르는데 있다. 존귀하면서도 비천한 데에 호응하고, 높으면서도 아래를 따르며, 어진 이를 높이고 善을 취함은 돈후함이 지극한 것이다. 그러므로 '돈독하게 임함'이라고 하였으니, 이 때문에 길하여 허물이 없다. 유약한 陰으로 위에 있어서 임하는 데 능한 사람이 아니면 허물이 있을 것이나, 剛에게 순종하기를 돈후하게 하기 때문에 길하여 허물이 없는 것이다. 上六이 臨卦의 마지막에 있지만 極의 뜻을 취하지 않는 것은 臨卦에는 지나치게 極함이 없기 때문이다. 그러므로 다만 두텁다는 뜻이 되고, 上爻는 지위가 없는 자리이므로 위에 있는 것으로만 말했다.

【本義】居卦之上하고 處臨之終하여 敦厚於臨하니 吉而无咎之道也라 故其象占如此하니라

卦의 맨 위에 있고 臨卦의 마지막에 처하여 돈후하게 임하니, 길하여 허물이 없는 道이다. 그러므로 그 象과 占이 이와 같다.

字義 敦 : 돈독할 돈 厚 : 후할 후

## 象曰 敦臨之吉은 志在內[15]也라

〈象傳〉에 말하였다. "'돈독하게 임하니 길함'은 뜻이 안에 있기 때문이다."

【傳】志在內는 應乎初與二也니 志順剛陽而敦篤이면 其吉可知也라

"뜻이 안에 있다."는 것은 初九와 九二에 호응하는 것이다. 뜻이 강한 陽에게 순종하여 돈독하게 하니, 그 吉함을 알 수 있다.

---

15 志在內 : 朴文鎬(朝鮮)는 《經說·周易》에서 "'돈독하게 임한다'는 것을 《程傳》에서는 上六이 다만 두 陽에 임하는 것으로 말하였고, 《本義》에서는 上六이 다섯 爻에 전부 임하는 것으로 말하였는데 〈象傳〉에서 '뜻이 안에 있다' 말한 것으로 보면 《程傳》이 나은 것 같다." 하였다.

# 20. 觀

## ䷓ 坤下巽上

下卦는 坤卦☷이고 上卦는 巽卦☴이다.

【傳】 觀은 序卦에 臨者는 大也니 物大然後可觀이라 故受之以觀이라하니 觀所以次臨也라 凡觀은 視於物則爲觀이요 爲觀於下則爲觀[1]이니 如樓觀을 謂之觀者는 爲觀於下也라 人君이 上觀天道하고 下觀民俗則爲觀이요 修德行政하여 爲民瞻仰則爲觀이라 風行地上하여 徧觸萬類는 周觀之象也요 二陽在上하고 四陰在下하여 陽剛居尊하여 爲群下所觀은 仰觀之義也라 在諸爻則唯取觀見하니 隨時爲義也라

觀卦는 〈序卦傳〉에 "臨은 큼이다. 물건은 크게 된 뒤에 볼 수 있기 때문에 觀卦로 받았다." 하였으니, 觀卦가 臨卦 다음에 온 까닭이다. 觀은 물건을 보면 '볼 觀'이 되고, 아래에 보여줌이 되면 '보일 관'이 되니, 樓觀을 觀이라고 하는 것은 아래에 보여줌이 되기 때문이다. 임금이 위로 天道를 보고 아래로 백성의 풍속을 보면 '볼 관'이 되고, 德을 닦고 정치를 행하여 백성들이 우러러보게 되면 '보일 관'이 된다. 바람이 땅 위에 불어 만물을 두루 접촉함은 두루 보는 象이고, 두 陽이 위에 있고 네 陰이 아래에 있으니, 강건한 陽이 높은 데 있어 여러 아랫사람들이 보게 되는 것은 우러러보는 뜻이다. 모든 爻에 있어서는 오직 본다는 뜻만을 취하였으니, 때에 따라 뜻을 삼은 것이다.

字義 樓 : 다락 루 瞻 : 쳐다볼 첨 仰 : 우러러볼 앙 徧 : 두루 편 觸 : 접촉할 촉

---

1 視於物則爲觀 爲觀於下則爲觀 : 伊川은 물건을 본다는 뜻의 觀과 아래에게 보여준다는 뜻의 觀으로 구분하였고, 朱子는 위에서 아래에게 보여준다는 뜻인 '自上示下'의 觀과 아래에서 위를 본다는 뜻인 '自下觀上'의 觀으로 구분하면서, 卦名의 觀은 '위에서 보여준다'는 뜻으로 去聲이고 六爻의 觀은 '아래에서 본다'는 뜻의 平聲이라고 하였다.

觀[2]은 盥[3]而不薦[4]이면 有孚하여 顒若하리라

【本義】盥而不薦하면

觀은 손만 씻고 제사를 올리지 않은 듯이 하면 믿음이 있어 우러러볼 것이다.

【본의】손만 씻고 제사를 올리지 않으면

【傳】予聞之胡翼之先生[5]하니 曰 君子居上하여 爲天下之[6]表儀하여 必極其莊敬이면 則下觀仰而化也라 故爲天下之觀을 當如宗廟之祭始盥之時요 不可如旣薦之後니 則下民盡其至誠하여 顒然瞻仰之矣라하니라 盥은 謂祭祀之始에 盥手酌鬱鬯於地하여 求神之時也요 薦은 謂獻腥獻熟之時也라 盥者는 事之始니 人心方盡其精誠하여 嚴肅之至也요 至旣薦之後에 禮數繁縟이면 則人心散하여 而精一이 不若始盥之時矣라 居上者正其表儀하여 以爲下民之觀인댄 當[7]嚴을 如始盥之初하여 勿使誠意少散하여 如旣薦之後면 則天下之人이 莫不盡其孚誠하여 顒然瞻仰之矣라 顒은 仰望也라

내가 胡翼之선생에게 들으니, "군자가 위에 있으면서 세상의 본보기가 되어 반드시 엄숙하고 공손함을 지극히 하면 아랫사람들이 우러러보고 교화된다. 그러므로 세상 사람들의 우러러봄이 되기를 종묘의 제사에 처음 손을 씻을 때와 같이 해야 하고, 이미 제수를 올린 뒤와 같이 해서는 안 되니, 이렇게 하면 아랫사람들이 지극한 정성을 다하여 공경히 우러러볼 것이다." 하였다. '盥'은 제사하는 처음에 손을 씻고 울창주를 땅에 부어 神이 강림하기를 구하는 때를

---

2 觀 : 빌헬름 영문판 주역인 《The I Ching》에서는 觀卦를 "Kuan / Contemplation (View)"이라고 하였다. 관괘는 찬찬히 본다는 뜻과 남에게 보여준다는 두 가지의 뜻이 있다. 인군은 백성을 살피고 백성은 선정을 펼치는 인군을 우러러보는 상이므로 '살펴봄(바라보기)'이라고 정의하였다.

3 盥 : '盥'에 대해서 《本義》에서는 제사를 지내려고 손을 깨끗이 씻는 것으로만 보았지만 《程傳》에서는 손을 씻고 울창주를 땅에 부어 神을 구하는 행위까지 포함한 것으로 보았다.

4 薦 : 沈潮(朝鮮)는 《易象箚論》에서 "손만 씻고 제사를 올리지 않는다"는 의미가 《論語》에서 "禘祭祀에서 이미 강신〔灌〕한 후에는 내가 더 이상 보고 싶지 않다."고 말한 뜻과 같다고 보고, 觀卦 卦辭의 薦이 《論語》의 灌에 해당한다고 하였다.

5 胡翼之先生 : 북송의 유학자 胡瑗(993~1059)을 가리킨다. 翼之는 字이고, 호는 安定, 태주 해릉 출신. 그의 《周易口義》는 象數學을 배격하고 義理學의 입장에 易을 해석한 것으로, 程頤의 《易傳》에 큰 영향을 주었다.

6 之 : 《大全》의 간주에 "어떤 판본에는 '之'자가 없다." 하였다.

7 當 : 《大全》의 간주에 "어떤 판본에는 '常'자로 되어 있다." 하였다.

말하고, '薦'은 날고기와 익은 고기를 올리는 때를 말한다. '盥'은 제사의 시작이니 사람의 마음이 精誠을 다하여 엄숙함이 지극한 것이고, 이미 올린 뒤에 禮數가 번거롭게 되면, 사람의 마음이 흩어져 정성스럽고 한결같음이 처음 손을 씻을 때만 못하다. 위에 있는 자는 몸가짐을 바르게 하여 아래 백성에게 보여줌(본보기)이 되어야 하니, 장엄하게 하기를 제사에 처음에 손을 씻기 시작할 때와 같이 해서 정성스런 뜻이 조금이라도 흩어져 이미 제수를 올린 뒤와 같이 하지 말아야 하니, 이렇게 하면 세상 사람들이 모두 믿음과 정성을 다하여 공경히 우러러보지 않는 이가 없을 것이다. '顒'은 우러러 바라보는 것이다.

【本義】 觀者는 有以中正示人而爲人所仰也라 九五居上하니 四陰仰之하고 又內順外巽하며 而九五以中正示天下하니 所以爲觀이라 盥은 將祭而潔手也요 薦은 奉酒食以祭也라 顒然은 尊敬之貌라 言致其潔淸而不輕自用이면 則其孚信在中而顒然可仰이니 戒占者當如是也라 或曰 有孚顒若은 謂在下之人이 信而仰之也라 此卦는 四陰長而二陽消하니 正爲八月之卦어늘 而名卦繫辭에 更取他義는 亦扶陽抑陰之意라

觀은 中正함으로 사람에게 보여서 사람들이 우러러보는 것이다. 九五가 위에 있으니 네 陰이 우러러보고, 또 內卦는 유순하고 外卦는 공손하며, 九五가 中正함으로 천하에 보여주니, 이 때문에 觀이라고 한 것이다. '盥'은 장차 제사 지내려고 손을 깨끗이 씻는 것이고, '薦'은 술과 밥을 받들어 제사 지내는 것이다. '顒然'은 존경하는 모양이다. 깨끗함을 지극히 하고 가볍게 스스로 행동하지 않으면 믿음이 마음속에 있어서 공경히 우러러볼 것이라는 말이니, 점치는 자가 마땅히 이와 같이 해야 한다고 경계한 것이다. 어떤 이는 말하기를 "'믿음이 있어 우러러본다'는 것은 아래에 있는 사람이 믿고 우러러보는 것이다." 하였다. 이 卦는 네 陰이 자라나고 두 陽이 사라지니 바로 八月의 卦인데, 卦를 이름한 것과 말을 단 것[卦辭]에 다시 다른 뜻을 취한 것은 또한 陽을 부양하고 陰을 억제하는 뜻이다.

字義 盥 : 손 씻을 관　薦 : 제사올릴 천　孚 : 믿을 부　顒 : 우러러볼 옹　儀 : 본보기 의
更 : 다시 갱　扶 : 붙들 부　抑 : 억제할 억

彖曰 大觀으로 在上하여 順而巽하고 中正으로 以觀天下니

〈彖傳〉에 말하였다. "큰 볼 것으로 위에 있어 유순하고 공손하며 中正으로 천하에 보여주니,

【傳】五居尊位하여 以剛陽中正之德으로 爲下所觀하여 其德甚大라 故曰大觀在上이라 下坤而上巽이니 是能順而巽也요 五居中正하니 以巽順中正之德으로 爲觀於天下也라

九五가 높은 자리에 거처하여 陽의 강건함과 中正한 德으로 아래에서 우러러보는 바가 되어 그 德이 매우 크기 때문에 "큰 볼 것으로 위에 있다." 하였다. 下卦는 坤卦☷이고 上卦는 巽卦☴이니 이는 유순하고 공손함이며, 九五가 中正한 자리에 있으니 巽順하고 中正한 德으로 세상에 보여줌이 된다.

【本義】以卦體卦德으로 釋卦名義라

卦體와 卦德으로 卦名의 뜻을 해석하였다.

## 觀盥而不薦有孚顒若은 下觀而化也라

'觀은 손만 씻고 제사를 올리지 않은 듯이 하면 믿음이 있어 우러러봄'은 아래에서 보고 敎化되는 것이다.

【傳】爲觀之道는 嚴敬을 如始盥之時면 則下民至誠瞻仰[8]而從化也라 不薦은 謂不使誠意少散也라

보여줌이 되는 道는 엄하고 공경하기를 제사에 처음 손을 씻을 때와 같이 하면, 아래 백성들이 지성으로 우러러보고 따라서 敎化되는 것이다. '제사를 올리지 않음'은 정성스런 뜻이 조금도 흩어지지 않게 한다는 말이다.

【本義】釋卦辭라

卦辭를 해석하였다.

## 觀天之神道而四時不忒하니 聖人이 以神道設敎而天下服矣니라

하늘의 신묘한 道를 봄에 四時가 어긋나지 않으니, 성인이 神妙한 道로 가르침을 베풂

8 瞻仰 : 《大全》의 간주에 "어떤 판본에는 '仰觀'으로 되어 있다." 하였다.

에 천하가 복종한다.”

【傳】天道至神이라 故曰神道라 觀天之運行에 四時无有差忒이면 則見其神妙하니 聖人見天道之神하고 體神道以設教라 故天下莫不服也라 夫天道至神이라 故運行四時하고 化育萬物하여 无有差忒하니라 至神之道는 莫可名言이라 唯聖人默契하여 體其妙用하여 設爲政教라 故天下之人이 涵泳其德而不知其功하고 鼓舞其化而莫測其用하여 自然仰觀而戴服이라 故曰以神道設教而天下服矣라하니라

하늘의 道는 지극히 신묘하기 때문에 神道라고 한다. 하늘이 운행함에 四時가 어긋남이 없음을 보면 그 신묘함을 볼 수 있으니, 聖人이 하늘의 道가 신묘함을 보고 신묘한 道를 체득하여 가르침을 베풀기 때문에 천하에 복종하지 않는 이가 없는 것이다. 하늘의 道는 지극히 신묘하기 때문에 四時를 운행하여 만물을 화육함에 어긋남이 없다. 지극히 신묘한 道는 이름지어 말할 수 없다. 오직 聖人만이 말 없는 가운데 뜻이 서로 맞아 그 신묘한 작용을 체득하여 정치와 교화를 베풀기 때문에 세상 사람들이 德에 무젖어 있으면서도 그 功을 알지 못하고, 教化에 고무되면서도 그 쓰임을 헤아릴 수 없어서 자연히 우러러보고 받들어 복종한다. 그러므로 “신묘한 道로 가르침을 베풂에 천하가 복종한다.” 하였다.

【本義】極言觀之道也라 四時不忒은 天之所以爲觀也요 神道設教는 聖人之所以爲觀也라

觀의 道를 지극히 말하였다. ‘四時가 어긋나지 않음’은 하늘이 보여주는 것이고, ‘신묘한 도로 가르침을 베풂’은 성인이 보여주는 것이다.

字義 忒 : 어긋날 특　設 : 베풀 설　差 : 어긋날 차　默 : 묵묵할 묵　契 : 부합할 계

象曰 風行地上이 觀이니 先王이 以하여 省方觀民하여 設教하니라

〈象傳〉에 말하였다. “바람이 땅 위에 행함이 觀이니, 先王이 이것을 본받아 四方을 살피고 백성을 관찰하여 가르침을 베푼다.”

【傳】風行地上하여 周及庶物하니 爲由歷周覽之象이라 故先王體之하여 爲省方之禮하여 以觀民俗而設政教也라 天子巡省四方하여 觀視民俗하여 設爲政教하니 如奢則約之以

儉하고 儉則示之以禮是也라 省方은 觀民也요 設敎는 爲民觀也라

바람이 땅 위에 불어서 여러 사물에 두루 미치니, 지나가며 두루 살피는 象이 된다. 그러므로 先王이 이를 체득하여 四方을 살피는 禮를 만들어서 백성의 풍속을 살펴서 정치와 교화를 베푸는 것이다. 天子가 사방을 巡行하여 백성의 풍속을 살펴서 정치와 교화를 베푸니, 사치하면 검소함으로써 간략하게 하고, 검소하면 禮로써 보여주는 것이 이것이다. '省方'은 백성을 살피는 것이고, '設敎'는 백성들의 우러러봄이 되는 것이다.

【本義】 省方以觀民하고 設敎以爲觀이라

사방을 살핌으로써 백성을 살피고 가르침을 베풂으로써 보여줌이 되는 것이다.

字義 及 : 미칠 급　庶 : 여러 서　由 : 말미암을 유　歷 : 지낼 력　周 : 두루 주　覽 : 볼 람

## 初六은 童觀[9]이니 小人은 无咎요 君子는 吝이리라

初六은 어린아이의 봄이니, 小人은 허물이 없고 君子는 부끄러울 것이다.

【傳】 六以陰柔之質로 居遠於陽이라 是以[10]觀見者淺近하여 如童稚然이라 故曰童觀이라 陽剛中正在上은 聖賢之君也니 近之則見其道德之盛하여 所觀深遠이어늘 初乃遠之하여 所見不明하니 如童蒙之觀也라 小人은 下民也니 所見昏淺하여 不能識君子之道는 乃常分也니 不足謂之過咎어니와 若君子而如是면 則可鄙吝也라

初六은 유약한 陰의 재질로서 陽과 〈가장〉 멀리 있다. 이 때문에 보는 것이 〈깊고 원대하지 못하고〉 얕고 가까워서 어린아이와 같으므로 '어린아이의 봄'이라 하였다. 강건한 陽이 中正함으로 위에 있는 것은 성스럽고 어진 임금이니, 그런 사람을 가까이하면 道德의 성대함을 보아서, 보는 것이 깊고 원대하겠지만, 初六은 〈九五에게서〉 멀리 있어 보는 것이 밝지 못하여 마치 '어린아이의 봄'과 같다. 小人은 백성이니 보는 바가 어둡고 얕아서 君子의 道를 알지 못함은 보통 있을 수 있는 일이어서 허물이라고 할 수 없지만, 君子이면서 이와 같다면 더럽고 부끄러울 만하다.

---

9 童觀 : 《大全》의 소주에서 胡炳文(南宋)은, "어린 아이의 상이란 양의 자리이고 음의 효인데, 양은 남자이고 음은 어린 아이이다. 그러므로 몽괘 육오에서도 어린 아이라고 말하였다." 하였다.

10 以 : 《大全》의 간주에 "어떤 판본에는 '其'로 되어 있다." 하였다.

【本義】卦는 以觀示爲義하니 據九五爲主也요 爻는 以觀瞻爲義하니 皆觀乎九五也라 初六은 陰柔在下하여 不能遠見하여 童觀之象이니 小人之道요 君子之羞也라 故其占在小人則无咎요 君子得之則可羞矣라

卦는 '보여줌'으로 뜻을 삼았으니, 九五를 근거로 주체를 삼았고, 爻는 '쳐다봄'으로 뜻을 삼았으니, 모두 九五를 보는 것이다. 初六은 유약한 陰으로 아래에 있어 멀리 보지 못하여 어린아이의 象이니, 小人의 道이고 君子의 부끄러움이다. 그러므로 그 占이 小人에 있어서는 허물이 없고, 君子가 얻으면 부끄러울 만한 것이다.

字義 童 : 어린 아이 동　稚 : 어린 아이 치　常 : 평상 상　分 : 분수 분　羞 : 부끄러울 수

象曰 初六童觀은 小人道也라

〈象傳〉에 말하였다. "'初六의 어린아이의 봄'은 小人의 道이다."

【傳】所觀不明하여 如童稚하니 乃小人之分이라 故曰小人道也라

보는 바가 밝지 못하여 어린아이와 같음이 바로 小人의 分數이므로 小人의 道라고 하였다.

六二는 闚觀[11] 이니 利女貞하니라

六二는 엿봄이니, 여자의 바름이 이롭다.

【傳】二應於五하니 觀於五也라 五剛陽中正之道는 非二陰暗柔弱의 所能觀見也라 故但如闚覘之觀耳니 闚覘之觀은 雖少見而不能甚[12]明也라 二旣不能明見剛陽中正之道면 則利如女子之貞하니 雖見之不能甚明이나 而能順從者는 女子之道也니 在女子엔 爲貞

11 闚觀 : 朴齊家는《周易》에서 이 엿봄은 여자가 엿보는 것이 아니라, 여자를 엿보는 것이니, 여자를 엿보는데도 여자가 알지 못하기 때문에 '여자의 바름'이 되는 것으로 풀이하였다. 그리고 "만약 여자가 알아서 호응한다면 바름이 아니기 때문에 '여자가 바르게 하면 이롭다'고 말하였으니 알지 못하는 것이 바름이 되고, 호응하지 않는 것이 이익이 되기 때문이다." 하였다.

12 甚 :《大全》의 간주에 "어떤 판본에는 '盡'자로 되어 있다." 하였다.

也라 二既不能明見九五之道인댄 能如女子之順從이면 則不失中正하니 乃爲利也라

六二가 九五와 호응하니, 九五를 보는 것이다. 九五의 강건한 陽이면서 中正한 道는 어둡고 柔弱한 六二의 陰이 볼 수 있는 것이 아니다. 그러므로 단지 엿보는 것과 같을 뿐이니, 엿보는 것은 조금은 보지만 매우 밝지는 못하다. 六二가 이미 강건한 陽의 中正한 道를 밝게 보지 못한다면, 여자가 貞固하게 하는 것처럼 함이 이롭다. 비록 보는 것이 매우 밝지는 못하지만 順從하는 것이 여자의 道이니, 여자에게는 바름이 된다. 六二가 九五의 道를 밝게 보지 못하더라도 여자가 順從하는 것처럼 하면 中正함을 잃지 않을 것이니 이롭다.

【本義】陰柔居內而觀乎外는 闚觀之象이니 女子之正也라 故其占如此니 丈夫得之則非所利矣라

유약한 陰으로 안에 있으면서 밖을 보는 것은 엿보는 象이니, 여자의 바름이다. 그러므로 그 占이 이와 같으니, 丈夫가 얻으면 이로운 것이 아니다.

字義 闚 : 엿볼 규 覘 : 엿볼 첨

象曰 闚觀女貞이 亦可醜也니라

〈象傳〉에 말하였다. "'엿봄이니 여자의 바름이 이로움'이 또한 부끄러울 만하다."

【傳】君子不能觀見剛陽中正之大道하고 而僅[13]闚覘其彷彿하니 雖能順從이나 乃同女子之貞이니 亦可羞醜也라

君子가 강건한 陽의 中正한 큰 道를 보지 못하고 겨우 그 비슷한 것이나 엿보니, 비록 순종하나 여자의 정고함과 같으므로 또한 부끄럽고 추할 만하다.

【本義】在丈夫則爲醜也라

丈夫에게 있어서는 추한 것이 된다.

字義 醜 : 추할 추

13 僅 : 《大全》의 간주에 "어떤 판본에는 '能'자로 되어 있다." 하였다.

## 六三은 觀我生[14]하여 進退로다

六三은 내가 내는 행동을 보아서 나아가고 물러간다.

【傳】 三은 居非其位나 處順之極하니 能順時以進退者也라 若居當其位면 則无進退之義也라 觀我生은 我之所生이니 謂動作施爲出於己者라 觀其所生而隨宜進退하니 所以處雖非正이나 而未至失道也라 隨時進退하여 求不失道라 故无悔咎[15]하니 以能順也일새라

六三은 거처함이 제자리가 아니지만, 유순한 坤卦☷의 끝에 있으니 때에 순응하여 나아가고 물러나는 자이다. 만약 거처함이 제자리에 마땅하다면 나아가고 물러나는 뜻이 없을 것이다. '觀我生'은 내가 낸 행동이니, 동작과 행위가 자기에게서 나오는 것이다. 내가 낸 행동을 보아 마땅함에 따라 나아가고 물러가니, 이 때문에 거처함이 비록 바르지 않더라도 道를 잃음에 이르지 않는다. 때에 따라 나아가고 물러나 구함에 道를 잃지 않으므로 후회와 허물이 없는 것이니, 유순하기 때문이다.

【本義】 我生은 我之所行也라 六三이 居下之上하여 可進可退라 故不觀九五而獨觀己所行之通塞(색)하여 以爲進退하니 占者宜自審也라

'我生'은 내가 행한 것이다. 六三이 下卦의 맨 위에 거처하여 나아갈 수도 있고 물러날 수도 있다. 그러므로 九五를 보지 않고 홀로 자기가 행한 것의 통하고 막힘을 보아 나아가고 물러가니, 점치는 자가 마땅히 스스로 살펴야 할 것이다.

字義 塞 : 막힐 색　審 : 살필 심

## 象曰 觀我生進退하니 未失道[16]也라

---

14 我生 : 李瀷(朝鮮)은 《易經疾書》에서 "我는 九五를 가리켜 말한 것이고, 生은 '衆生', '蒼生'이라고 할 때의 生이다."라고 하여 我生을 九五의 백성으로 풀었으며, '民'을 '生'이라고 바꾸어 표현한 것은 '觀'에는 그저 보는 것이 아닌 사랑해서 살리고자 하는 뜻이 들어있기 때문이라고 하였다. 金相岳(朝鮮)은 《山天易說》에서 '生'을 陰과 陽이 서로 낳는 것으로 보았다. 六三이 上九와 호응하니, 上九가 바로 六三인 나를 낳는 陽이므로 '觀我生'의 상이 있다고 하였다.

15 咎 : 《大全》의 간주에 "어떤 판본에는 '吝'자로 되어 있다." 하였다.

16 未失道 : 徐有臣은 《易義擬言》에서 "六三이 上九의 君子에게 호응하기 때문에 道를 잃지 않으니, 復卦의 六四爻의 〈象傳〉에서 '從道'라 한 것과 같다." 하였다.

〈象傳〉에 말하였다. "'내가 내는 행동을 보아서 나아가고 물러남'은 道를 잃지 않는 것이다."

【傳】觀己之生而進退하여 以順乎宜라 故未至於失道也라

자신이 낸 행동을 보아 나아가고 물러나서 마땅함을 따르기 때문에 道를 잃는 데까지 이르지 않는다.

## 六四는 觀國之光이니 利用賓于王[17]하니라

六四는 나라의 빛남을 봄이니, 왕에게 손님이 되는 것이 이롭다.

【傳】觀莫明於近하니 五以剛陽中正으로 居尊位하니 聖賢之君也라 四切近之하여 觀見其道라 故云觀國之光이니 觀見國之盛德光輝也라 不指君之身而云國者는 在人君而言하면 豈止觀其行一身乎아 當觀天下之政化면 則人君之道德을 可見矣라 四雖陰柔나 而巽體居正하고 切近於五하니 觀見而能順從者也라 利用賓于王은 夫聖明在上이면 則懷抱才德之人이 皆願進於朝廷하여 輔戴之以康濟天下라 四旣觀見人君之德과 國家之治 光華盛美하니 所宜賓于王朝하여 效其智力하여 上輔於君하여 以施澤天下라 故云利用賓于王也라 古者有賢德之人이면 則人君賓禮之라 故士之仕進於王朝를 則謂之賓이라

보는 것은 가까이 보는 것보다 밝은 것이 없다. 九五가 강건한 陽으로서 中正함으로 높은 자리에 있으니 성스럽고 어진 임금이다. 六四가 九五와 매우 가까이 있으면서 그 道를 보기 때문에 "나라의 빛남을 본다." 하였으니, 나라의 성대한 德이 빛남을 보는 것이다. 임금의 몸을 가리키지 않고 '나라'라고 한 것은 임금으로 말하면 어찌 한 몸에서만 행함을 볼 뿐이겠는가? 마땅히 천하의 정치와 교화를 보면 임금의 道德을 볼 수 있는 것이다. 六四가 비록 유약한 陰이지만 巽의 卦體로 바른 자리에 있고 九五와 매우 가까이 있으니, 보고서 순종하는 자이다.

"왕에게 손님이 되는 것이 이롭다."는 것은 성스럽고 현명한 임금이 위에 있으면 재주와 德을 품은 자들이 다 조정에 나아가 보필하고 떠받들어 세상을 편안히 하고 구제하기를 원한다는

17 觀國之光 利用賓于王 : 《春秋左氏傳》 莊公 22년의 占例 기록이 있다. 陳의 厲公의 아들인 敬仲이 태어났을 때 周나라의 史官이 敬仲의 앞날에 대해 점을 쳐서 觀卦가 否卦로 바뀐 것을 얻었는데 "나라의 빛남을 봄이니, 왕에게 손님이 되는 것이 이롭다." 한 내용이다.

뜻이다. 六四가 이미 임금의 德과 나라의 다스림이 빛나고 아름다움을 보았으니, 마땅히 王의 조정에 손님이 되어 그 지혜와 힘을 바쳐서 위로 임금을 보필하여 세상에 혜택을 베풀어야 하기 때문에 "왕에게 손님이 되는 것이 이롭다." 하였다. 옛날 어진 德을 지닌 사람이 있으면 임금이 손님으로 예우하였기 때문에 선비가 王의 조정에 벼슬해서 나아가는 것을 '賓'이라 하였다.

【本義】六四最近於五라 故有此象하니 其占이 爲利於朝覲仕進也라

六四가 九五와 가장 가까이 있기 때문에 이러한 象이 있으니, 그 占이 조정에서 임금을 뵙고 벼슬에 나아가는 것이 이로움이 된다.

字義 賓 : 손님 빈 莫 : 못할 막 輔 : 보필할 보 戴 : 받들 대 康 : 편안할 강 濟 : 구제할 제
華 : 빛날 화 效 : 바칠 효 朝 : 알현할 조 覲 : 알현할 근

象曰 觀國之光은 尙[18]賓也라

〈象傳〉에 말하였다. "'나라의 빛남을 봄'은 손님이 됨을 숭상하는 것이다."

【傳】君子懷負才業은 志在乎兼善天下라 然有卷懷自守者하니 蓋時无明君하여 莫能用其道하여 不得已也니 豈君子之志哉아 故孟子曰 中天下而立하여 定四海之民을 君子樂之[19]라하시니라 旣觀見國之盛德光華인댄 古人所謂非常之遇也[20]니 所以志願登進王朝하여 以行其道라 故云觀國之光은 尙賓也라 尙은 謂尙志니 其志意願慕賓于王朝也라

君子가 재주와 학문을 간직함은 그 뜻이 세상을 함께 善하게 하는 데 있다. 그러나 재주와 德을 숨기고 스스로 지키는 자가 있는 것은 당시에 현명한 임금이 없어서 그 道를 쓰지 못해 부득이해서 하는 것이니, 어찌 君子의 뜻이겠는가? 그러므로 孟子가 "천하의 한가운데 서서 四海의 백성을 안정시킴을 君子가 즐거워한다." 하였다. 이미 나라의 성대한 德이 빛남을 보았

18 尙 : 朴齊家(朝鮮)의 《周易》에서는 《程傳》에서 尙을 '뜻을 숭상한다'는 尙志로 본 것에 대해 의견을 달리했다. "이 '尙'자는 다만 "순임금이 위로 임금을 뵈었다."라고 할 때의 '위로'라는 뜻과 같아 다시 별다른 뜻이 없고, 다만 아래의 "백성을 본다."는 것과 짝하여 설명한 것일 뿐이다."라고 하였다.

19 中天下而立……君子樂之 : 《孟子》 〈盡心 上〉에 보인다.

20 也 : 《大全》의 간주에 "어떤 판본에는 '也'자가 없다." 하였다.

다면 옛사람이 말한 '비상한 만남'이니, 뜻과 소원이 왕의 조정에 올라가서 그 道를 행하는 것이다. 그러므로 "나라의 빛남을 봄은 손님이 됨을 숭상하는 것이다." 하였다. '숭상함'은 뜻을 숭상함을 말하니, 그 뜻이 왕의 조정에 손님이 되기를 원하고 사모하는 것이다.

字義 兼 : 아우를 겸　卷 : 말 권　懷 : 품을 회　慕 : 사모할 모

## 九五는 觀我生[21]호되 君子면 无咎[22]리라

【本義】觀我生이니

九五는 내가 내는 행동을 보되 군자다우면 허물이 없을 것이다.

【본의】내가 내는 행동을 보니

【傳】九五居人君之位하니 時之治亂과 俗之美惡이 係乎己而已라 觀己之生하여 若天下之俗이 皆君子矣면 則是己之所爲政化善也니 乃无咎矣어니와 若天下之俗이 未合君子之道면 則是己之所爲政治未善이니 不[23]能免於咎也라

九五는 임금의 자리에 있으니, 때의 治亂과 풍속의 美惡(좋고 나쁨)이 자기에게 달려 있을 뿐이다. 자기가 내는 행동을 보아서 만약 세상의 풍속이 모두 군자답다면 이는 자기가 행한 政治와 敎化가 잘된 것이니 허물이 없을 것이지만, 세상의 풍속이 君子의 道에 합치되지 않는다면 이는 자기가 행한 정치가 잘되지 못한 것이니 허물을 면하지 못할 것이다.

【本義】九五陽剛中正으로 以居尊位하여 其下四陰이 仰而觀之하니 君子之象也라 故戒居此位, 得此占者는 當觀己所行이니 必其陽剛中正이 亦如是焉이면 則得无咎也라

---

21 觀我生 : 朴齊家(朝鮮)는 《周易》에서 九五의 '觀我生'은 임금을 위해 말한 것이고 六三의 '觀我生'은 신하를 위해 말한 것으로 보았다. 九五는 임금으로 君子의 德이 있어야만 허물이 없고, 六三은 신하로서 君子인지 小人인지 아직 결정되지 않았기 때문에 '進退'라 한 것이라고 보았다.

22 君子 无咎 : 李恒老(朝鮮)는 《周易傳義同異釋義》에서 《程傳》에서는 君子를 天下에 속하게 하였고, 《本義》에서는 군자를 점치는 사람에게 속하게 하였다고 구분하였다. 朴文鎬는 《經說·周易》에서 군자에 대한 《程傳》의 풀이는 문장의 뜻에서 멀기 때문에 마땅히 《本義》를 정론으로 삼아야 한다고 주장하면서 "백성을 관찰하여 보는 것은 소인이 감당할 수 있는 것이 아니기 때문에 소인이 이 점을 만나면 허물이 됨을 알 수 있다."고 하였다.

23 不 : 《大全》의 간주에 "어떤 판본에는 '未'자로 되어 있다." 하였다.

九五는 강건한 陽이 中正함으로 높은 자리에 있어 아래에 있는 네 陰이 우러러보니, 君子의 象이다. 그러므로 이런 자리에 있으면서 이 占을 얻은 자는 마땅히 자기가 행한 바를 보아야 할 것이니, 반드시 강건한 陽의 中正함이 또한 이와 같다면 허물이 없을 수 있다고 경계한 것이다.

字義 係 : 맬 계

## 象曰 觀我生은 觀民也라

〈象傳〉에 말하였다. "'내가 내는 행동을 봄'은 백성을 보는 것이다."

【傳】我生은 出於己者니 人君이 欲觀己之施爲善否인댄 當觀於民이니 民俗善則政化善也라 王弼云 觀民以察己之道是也라

'내가 내는 행동'은 자기에게서 나온 것이다. 임금이 자기가 시행한 것이 잘되었는지 그렇지 않은지를 보려고 하면 마땅히 백성을 살펴봐야 하니, 백성의 풍속이 善하면 政治와 敎化가 잘된 것이다. 王弼이 "백성을 보아 자기의 道를 살핀다." 한 것이 이것이다.

【本義】此는 夫子以義言之시니 明人君觀己所行에 不但一身之得失이요 又當觀民德之善否하여 以自省察也라

이것은 孔子가 의리로써 말한 것이니, 임금이 자기가 행한 바를 보는 것은 단지 한 몸의 得失(잘잘못)만이 아니고, 백성의 德이 선한지 그렇지 않은지를 보아 스스로 살펴야 함을 밝힌 것이다.

## 上九는 觀其生[24]하되 君子면 无咎리라

---

24 觀其生 : 權近은 《周易淺見錄》에서 朱子의 의견에 근거해 '我'는 저를 통하여 나를 보는 것이고, '其'는 나에게 나아가 스스로 보는 것으로 보고, "六三의 신하는 임금을 통하여 스스로를 보고, 九五의 임금은 백성들을 보아서 자기를 살피고, 上九는 스스로 행위의 得失을 자신에게서 본다는 것이니, 이것이 程子와 朱子의 생각이다." 하였다. 그러면서 "'觀我'는 스스로 자신이 내는 행동을 보는 것〔自觀其所生〕이고, '觀其'는 다른 사람이 자기가 내는 행동을 보는 것〔人觀其所生〕이라고 생각한다." 하였다. 朴齊家(朝鮮)는 《周易》에서 "九五의 '觀我生'은 현재로부터 말한 것이고, 上九

【本義】觀其生이니

上九는 내는 행동을 보되 군자다우면 허물이 없을 것이다.

【본의】그 내는 행동을 봄이니

【傳】上九以陽剛之德으로 處於上하여 爲下之所觀而不當位하니 是賢人君子不在於位이나 而道德爲天下所觀仰者也라 觀其生은 觀其所生也니 謂出於己者德業行義也라 旣爲天下所觀仰이라 故自觀其所生하되 若皆君子矣면 則无過咎也어니와 苟未君子면 則何以使人觀仰矜式이리오 是其咎也라

上九는 강건한 陽의 德으로 위에 거처하여 아랫사람들이 우러러보는 바가 되었으나, 자리가 마땅하지 않으니, 이것은 賢人과 君子가 지위에 있지는 않지만 道德은 세상이 우러러보는 바가 된 것이다. '내는 행동을 봄'은 그 내는 바를 봄이니, 자기에게서 나온 德業과 행동한 의리를 말한다. 이미 세상이 우러러보는 바가 되었기 때문에 스스로 내는 바를 보되 만약 모두 군자답다면 허물이 없을 것이나, 만일 군자답지 않다면 어떻게 사람들로 하여금 우러러보고 공경하여 본받게 하겠는가? 이것은 그 허물인 것이다.

【本義】上九陽剛으로 居尊位之上하여 雖不當事任이나 而亦爲下所觀이라 故其戒辭 略與五同호되 但以我爲其하여 小有主賓之異耳라

上九가 강건한 陽으로 尊位의 위에 있어서 비록 일의 책임을 맡지는 않았지만, 아랫사람들이 우러러보는 바가 되었다. 그러므로 그 경계하는 말이 대략 九五와 같으나 다만 〈'觀我生'의〉 '我'를 '其'라고 하여 주인과 손님의 차이가 조금 있을 뿐이다.

字義 矜 : 숭상할 긍　式 : 본받을 식

象曰 觀其生은 志未平也라

〈象傳〉에 말하였다. "'내는 행동을 봄'은 뜻이 편안하지 못함이다."

【傳】雖不在位나 然以人觀其德하여 用爲儀法이라 故當自愼省하여 觀其所生하되 常不

---

의 '觀其生'은 平生을 단정하여 논한 것이다." 하였다.

失於君子면 則人不失所望而化之矣요 不可以不在於位故로 安然放意하여 无所事也라 是其志意 未得安也라 故云志未平也라하니 平은 謂安寧也라

비록 지위에 있지 않으나 사람들이 그 德을 보고서 본받고 법으로 삼는다. 그러므로 마땅히 스스로 삼가고 살펴서 그 내는 바를 보되, 항상 군자다움을 잃지 않는다면 사람들이 바라는 것을 잃지 않아서 敎化될 것이고, 지위에 있지 않다는 이유로 편안히 방심하여 일하는 바가 없어서는 안 된다. 이것이 그 뜻이 편안할 수 없는 것이므로 "뜻이 편안하지 못함이다." 하였으니, '平'은 安寧함을 이른다.

【本義】 志未平은 言雖不得位나 未可忘戒懼也라

'뜻이 편안하지 못함'은 비록 지위는 얻지 못하였으나 경계하고 두려워함을 잊어서는 안 된다는 말이다.

字義 放 : 놓을 방

# 21. 噬嗑

## ䷔ 震下離上

下卦는 震卦☳이고 上卦는 離卦☲이다.

【傳】噬嗑은 序卦에 可觀而後有所合이라 故受之以噬嗑하니 嗑者는 合也라하니 旣有可觀然後有來合之者也니 噬嗑所以次觀也라 噬는 齧也요 嗑은 合也니 口中에 有物間之하야 齧而後合之也라 卦上下二剛爻而中柔하야 外剛中虛하니 人頤口之象也요 中虛之中에 又一剛爻는 爲頤中有物之象이라 口中有物則隔其上下하여 不得嗑하니 必齧之則得嗑이라 故爲噬嗑이라 聖人以卦之象으로 推之於天下之事하니 在口則爲有物隔而不得合이요 在天下則爲有强梗或讒邪하야 間隔於其間이라 故天下之事不得合也[1]니 當用刑法하여 小則懲戒하고 大則誅戮하여 以除去之然後에 天下之治得成矣라 凡天下로 至於一國一家와 至於萬事에 所以不和合者는 皆由有間也니 无間則合矣라 以至天地之生과 萬物之成에 皆合而後能遂하니 凡未合者는 皆有間也라 若君臣父子親戚朋友之間에 有離貳怨隙者는 蓋讒邪間於其間也니 除去之則和合矣라 故間隔者는 天下之大害也라 聖人이 觀噬嗑[2]之象하여 推之於天下萬事하여 皆使去其間隔而合之하니 則无不和且治[3]矣라 噬嗑者는 治天下之大用也니 去天下之間은 在任刑罰이라 故卦取用刑爲義요 在二體하면 明照而威震하니 乃用刑之象也라

噬嗑卦는 〈序卦傳〉에 "볼 만한 뒤에 합함이 있기 때문에 噬嗑卦로 받았으니, '嗑'은 합함이다." 하였다. 이미 볼 만한 것이 있은 뒤에 와서 합하는 자가 있으니, 噬嗑卦가 觀卦 다음에

1 也 : 《大全》의 간주에 "어떤 판본에는 '也'자가 없다." 하였다.

2 噬嗑 : 《大全》의 간주에 "어떤 판본에는 '齧合'으로 되어 있다." 하였다.

3 治 : 《大全》의 간주에 "어떤 판본에는 '洽'자로 되어 있다." 하였다.

온 까닭이다. '噬'는 씹는 것이고 '嗑'은 합하는 것이니, 입속에 물건이 끼어 있어서 이것을 씹은 뒤에 합쳐진다. 卦의 맨 위와 맨 아래에는 두 剛爻가 있고 가운데는 柔가 있어서 밖은 剛하고 가운데는 비어 있으니, 사람의 턱과 입의 象이고, 속이 빈 가운데에 또 하나의 剛爻가 있는 것은 턱 속에 물건이 있는 象이다. 입 속에 물건이 있으면 위아래를 가로막아 합할 수 없어서, 반드시 씹어야 합할 수 있기 때문에 噬嗑卦가 된다.

聖人이 卦의 象을 가지고 세상의 일에 미루어 보니, 입에 있어서는 물건이 가로막아 합하지 못함이 되고, 세상에 있어서는 강경하거나 혹은 아첨하고 거짓된 자가 그 사이를 가로막고 있음이 되기 때문에 세상의 일이 합하지 못하는 것이니, 마땅히 형벌과 法을 써서 작게는 징계하고 크게는 죽여서 제거한 뒤에야 세상의 다스림이 이루어지는 것이다. 세상 사람들로부터 한 나라와 한 집안에 이르고 萬事에 이르기까지 화합하지 못하는 까닭은 다 간격이 있기 때문이니, 간격이 없으면 합한다. 天地의 낳음과 萬物의 이루어짐에 이르기까지 모두 합한 뒤에 이루어지니, 합하지 못하는 것은 다 간격이 있기 때문이다.

임금과 신하, 아버지와 아들, 친척과 벗 사이에 離反하고 원망하며 틈이 있는 것은 아첨하고 거짓된 자가 그 사이에 끼어 있기 때문이니, 이를 제거하면 화합하기 때문에 간격은 천하의 큰 해로움이다. 聖人이 噬嗑卦의 象을 보고서 세상의 온갖 일에 미루어서 다 그 간격을 제거하여 합하게 하니, 화합하고 다스려지지 않음이 없다.

噬嗑은 세상을 다스리는 큰 쓰임이니, 천하의 간격을 제거함은 형벌을 쓰는데 있기 때문에 卦가 형벌을 씀을 취하여 뜻을 삼았다. 두 卦體에 있어서는 밝게 비추고 위엄을 떨치니, 이것이 형벌을 쓰는 象이다.

字義 噬 : 씹을 서　嗑 : 합할 합　齧 : 씹을 설　頤 : 턱 이　隔 : 막을 격　强 : 강경할 강
梗 : 강경할 경　讒 : 아첨할 첨　邪 : 간사할 사　懲 : 징계할 징　戒 : 징계할 계　誅 : 벨 주
戮 : 죽일 륙(육)　離 : 이반할 리　貳 : 의심할 이　怨 : 원망할 원　隙 : 틈 극

## 噬嗑[4]은 亨하니 利用獄[5][6]하니라

噬嗑은 형통하니, 獄을 쓰는 것이 이롭다.

---

4 噬嗑 : 빌헬름 영문판 주역인《The I Ching》에서는 噬嗑卦를 "Shih Ho / Biting Through"라고 하였다. 서합괘는 치아 사이에 끼어있는 음식물 때문에 벌어진 입을 다물 수 없어 힘을 들여 음식물을 깨물어야 한다. 상괘와 하괘의 상징인 천둥과 번개가 치면서 폭풍우를 일으켜 자연의 불안정한 기운을 정화하는 상으로 입 속의 장애물(음식물)을 정리하려면 깨물어야 하므로 '깨묾'이라고 정의하였다.

【傳】噬嗑亨은 卦自有亨義也라 天下之事所以不得亨者는 以有間也니 噬而嗑之則亨通矣라 利用獄은 噬而嗑之之道는 宜用刑獄[7]也니 天下之間은 非刑獄이면 何以[8]去之리오 不云利用刑而云利用[9]獄者는 卦有明照之象하여 利於察獄也일새라 獄者는 所以究治情僞니 得其情則知爲間之道니 然後可以設防與致刑也라

'噬嗑이 형통함'은 卦 자체에 형통한 뜻이 있다. 세상의 일이 형통함을 얻지 못하는 것은 간격이 있기 때문이니, 씹어서 합하면 형통하다. '獄을 쓰는 것이 이로움'은 씹어서 합하는 道는 마땅히 형옥을 써야 하니, 세상의 간격을 형벌이 아니면 어떻게 제거하겠는가? '형벌을 씀이 이롭다' 하지 않고 '獄을 씀이 이롭다' 한 것은 卦에 밝게 살피는 상이 있어서 獄을 살피는데 이롭기 때문이다. 獄事는 眞實과 虛僞를 알아내서 다스리는 것이니, 그 眞實을 얻으면 가로막는 도리를 알게 될 것이니, 그런 뒤에 예방도 하고 형벌도 가할 수 있는 것이다.

【本義】噬는 齧也요 嗑은 合也니 物有間者를 齧而合之也라 爲卦 上下兩陽而中虛하니 頤口之象이요 九四一陽이 間於其中하니 必齧之而後合이라 故爲噬嗑이라 其占이 當得亨通者는 有間故로 不通이라가 齧之而合則亨通矣라 又三陰三陽으로 剛柔中半이요 下動上明하고 下雷上電이라 本自益卦로 六四之柔上行하여 以至於五而得其中하니 是知以陰居陽이 雖不當位나 而利用獄이라 蓋治獄之道는 惟威與明而得其中之爲貴라 故筮得之者有其德則應其占也라

'噬'는 씹는 것이고 '嗑'은 합하는 것이니, 사이에 끼어 있는 물건을 씹어서 합하는 것이다.

---

5 噬嗑亨 利用獄 : 徐有臣은 《易義擬言》에서 '噬'는 시작, '嗑'은 완성, '亨'은 공, '獄'은 쓰임으로 구분하였다.

6 獄 : 金相岳(朝鮮)은 《山天易說》에서 "卦에서 형벌과 옥을 말한 것이 다섯 괘로 噬嗑卦·賁卦·豊卦·旅卦·中孚卦인데, 文王은 噬嗑卦에서만 말하였고, 孔子는 다섯 괘에서 象을 취하여 그 뜻을 다 밝혔다." 하였다. 《大全》의 소주에서 程迥과 徐幾(宋代)는 離卦☲가 형벌과 옥의 상이 된다고 말하였는데, 尹鍾燮(朝鮮)도 《經·易》에서 "噬嗑에서 獄을 쓰는 것이 이롭다고 한 것은 離卦에서 밝음으로 취하였으니, 離卦에 獄의 상이 있다."고 하였다. 그리고 "형벌을 말한 괘에는 모두 離卦가 있으니, 〈大象傳〉에서 賁卦는 折獄이라 하였고, 豊卦는 致刑이라 하였고, 旅卦는 留獄이라 하였으며, 中孚卦는 큰 괘체가 離卦와 같아 議獄이라 하였다."고 하면서 실례를 들어 밝혀놓았다.

7 刑獄 : 보통 刑罰과 동일한 의미로 쓰이지만 《周易》에서 刑과 獄을 구분해볼 수 있다. 刑은 각종 형벌을 통칭한다면 獄은 옥사를 통칭하거나 죄인을 가두는 감옥을 의미한다.

8 何以 : 《大全》의 간주에 "어떤 판본에는 '不可以'로 되어 있다." 하였다.

9 利用 : 《大全》의 간주에 "어떤 판본에는 '利用'이 없다." 하였다.

卦의 구성이 위와 아래에 두 陽이 있고 가운데가 비었으니 턱과 입의 象이고, 九四의 一陽이 그 사이에 끼어 있으니 반드시 씹은 뒤에 합하기 때문에 噬嗑이라 하였다. 그 占이 형통함을 얻는 것은 간격이 있기 때문에 통하지 못하다가 씹어서 합하면 형통하는 것이다. 또 세 陰과 세 陽으로 剛과 柔가 반반이고, 아래는 움직이고 위는 밝으며, 아래는 우뢰이고 위는 번개이다. 본래 益卦☳로부터 六四의 柔가 위로 가서 다섯 번째 자리에 이르러 中道를 얻었으니, 이는 陰으로서 陽의 자리에 있어서 비록 마땅한 자리는 아니지만 獄을 씀이 이로움을 알 수 있다. 獄事를 다스리는 道는 오직 위엄과 밝음이 中道를 얻는 것이 귀하기 때문에 占을 쳐서 이 卦를 얻은 자가 이러한 德이 있으면 이 占에 상응할 것이다.

字義 獄 : 옥사 옥 究 : 연구할 구 治 : 다스릴 치 情 : 진실 정 僞 : 거짓 위 設 : 베풀 설 防 : 막을 방

彖曰 頤中有物[10]일새 曰噬嗑이니

〈彖傳〉에 말하였다. "턱 안에 물건이 있기 때문에 噬嗑이라 하였으니,

【本義】 以卦體로 釋卦名義라

卦體로 卦名의 뜻을 해석하였다.

噬嗑하여 而亨하니라

씹어 합하여 형통하다.

【傳】 頤中有物이라 故爲噬嗑이라 有物間於頤中則爲害요 噬而嗑之則其害亡하니 乃亨通也라 故云噬嗑而亨이라하니라

턱 안에 물건이 있기 때문에 噬嗑이 된다. 물건이 턱 안에 끼어 있으면 해가 되고 씹어 합하

10 頤中有物 : 《大全》의 소주에서 王宗傳(南宋)은 "易에서 卦를 세울 때 이름을 정하고, 象을 세움에 각각 가리키는 것이 있는데, 鼎卦·井卦·大過卦의 '흔들리는 기둥'과 小過卦의 '나는 새' 같은 종류는 멀리 사물에서 취하였고, 艮卦의 '등', 頤卦의 '턱', 噬嗑卦의 '턱 안에 물건' 같은 종류는 가까이 몸에서 취하였다." 하여 噬嗑卦를 '近取諸身'의 예로 들었다.

면 그 해가 없어져서 형통할 것이기 때문에 "씹어 합하여 형통하다." 하였다.

## 剛柔分하고 動而明하고 雷電[11]이 合而章[12]하고

剛과 柔가 나뉘고, 움직이고 밝으며, 우레와 번개가 합하여 빛나고,

【傳】 以卦才言也라 剛爻與柔爻相間하여 剛柔分而不相雜하니 爲明辨之象이니 明辨은 察獄之本也라 動而明은 下震上離하니 其動而明也라 雷電合而章은 雷震而電耀하여 相須竝見(현)하니 合而章也라 照與威竝行은 用獄之道也니 能照則无所隱情하고 有威則莫敢不畏라 上旣以二象으로 言其動而明이라 故復言威照竝用之意하니라

卦의 재질로 말하였다. 剛爻와 柔爻가 서로 사이를 두어 剛柔가 나뉘어지고 서로 섞이지 않아서 밝게 분별하는 象이 되니, 밝게 분별함은 옥사를 살피는 근본이다. '움직이고 밝음'은 下卦는 震卦☳이고 上卦는 離卦☲이니, 움직이고 밝은 것이다. '우레와 번개가 합하여 빛남'은 우레는 진동하고 번개는 빛나서 서로 기다려 함께 나타나니, 합하여 빛나는 것이다. 밝게 살핌과 위엄을 아울러 행하는 것이 獄을 쓰는 道이니, 밝게 살피면 진실을 숨길 수 없고, 위엄이 있으면 감히 두려워하지 않을 수 없다. 앞에서 이미 두 卦象으로 움직이고 밝음을 말하였기 때문에 다시 위엄과 밝게 살핌을 아울러 쓰는 뜻을 말한 것이다.

字義 章 : 빛날 장 耀 : 빛날 요 竝 : 아우를 병 情 : 진실 정

## 柔得中而上行하니 雖不當位나 利用獄也니라

柔가 中道를 얻어 위로 가니, 비록 자리에 마땅하지 않으나 獄을 쓰는 것이 이롭다."

【傳】 六五以柔居中하니 爲用柔得中之義라 上行은 謂居尊位요 雖不當位는 謂以柔居

---

11 雷電 : 《大全》의 소주에서 李過(宋)는 "이는 굳세고 혀는 부드러운데 우레가 칠 때 반드시 번개와 합하듯 이로 씹을 때 반드시 혀와 함께한 다음에야 빛남을 이룬다." 하여 사람의 턱 속에 있는 이와 혀를 우레와 번개로 보았다.

12 剛柔分……合而章 : 《大全》의 소주에서 徐幾(宋代)는 "剛과 柔가 나누어짐은 아직 씹지 않은 象이고, 움직이고 밝음은 한창 씹는 象이고, 우레와 번개가 합하여 빛남은 이미 씹은 象이니, 씹으면 턱이 나누어지고, 합하면 턱이 합해진다." 하여 음식을 씹은 뒤에 합하는 전 과정으로 풀이하였다.

五라 爲不當而利於用獄者는 治獄之道 全剛則傷於嚴暴하고 過柔則失於寬縱하나니 五爲用獄之主하여 以柔處剛而得中하니 得用獄之宜也라 以柔居剛이 爲利用獄이면 以剛居柔爲利否아 曰 剛柔는 質也요 居는 用也니 用柔는 非治獄之宜也니라

六五가 유순한 陰으로서 가운데 자리에 있으니, 부드러움을 쓰고 中道를 얻은 뜻이 된다. '위로 행함'은 높은 자리에 있음을 말하고, '비록 자리에 마땅하지 않다'는 柔로서 다섯 번째 자리에 있음을 말한다. 마땅하지 않음이 되는데도 獄을 씀이 이로운 것은 獄을 다스리는 道는 전적으로 剛하게만 하면 그 잘못이 엄하고 사나운 점에 있고, 지나치게 부드럽게 하면 그 잘못이 너그럽게 풀어주는 점에 있을 것이니, 六五가 獄을 쓰는 주체가 되어 柔로써 剛한 자리에 처해 中道를 얻었으니, 獄을 쓰는 마땅함을 얻은 것이다. 〈어떤 이가 묻기를〉 "柔로서 剛한 자리에 거처함이 獄을 씀에 이롭다면, 剛으로서 부드러운 자리에 거처함도 이로운 것이 아닙니까?" 하니, 답하기를 "'剛柔'는 재질이고, '거처함'은 쓰임이니, 부드러움을 쓰는 것은 獄을 다스림에 알맞은 것이 아닙니다." 하였다.

【本義】以卦名卦體卦德二象卦變으로 釋卦辭라

卦名과 卦體와 卦德과 두 卦象과 卦變으로 卦辭를 해석하였다.

[字義] 嚴 : 엄할 엄 暴 : 사나울 포 寬 : 너그러울 관 縱 : 풀어줄 종

象曰 雷電이 噬嗑이니 先王이 以하여 明罰勅法하니라

【本義】(雷電)〔電雷〕가

〈象傳〉에 말하였다. "우레와 번개가 噬嗑이니, 先王이 이것을 본받아 형벌을 밝히고 법령을 정비하였다."

【본의】 번개와 우레가

【傳】象无倒置者하니 疑此文互也라 雷電은 相須竝見之物이요 亦有嗑象하니 電明而雷威라 先王觀雷電之象하여 法其明與威하여 以明其刑罰하고 飭其法令하니 法者는 明事理而爲之防者也라

〈象傳〉에서는 〈上卦와 下卦의 순서를〉 거꾸로 말한 경우가 없으니, 아마도 이 구절은 글자의

앞뒤가 바뀐 듯하다. '우레와 번개'는 서로 기다려 함께 나타나는 물건이고, 또한 합하는 象이 있으니, 번개는 밝고 우레는 위엄이 있다. 先王이 우레와 번개의 象을 보고서 그 밝음과 위엄을 본받아 刑罰을 밝히고 法令을 정비하였으니, 法은 일의 이치를 밝혀서 미리 방비하는 것이다.

【本義】雷電은 當作電雷[13]라

'雷電'은 마땅히 '電雷'가 되어야 한다.

字義 勅 : 정비할 칙 倒 : 거꾸로 될 도 置 : 둘 치 互 : 어긋 매길 호

## 初九는 屨校하여 滅[14]趾[15]니 无咎하니라

初九는 형틀을 채워 발꿈치를 멸하니, 허물이 없다.

【傳】九居初하야 最下无位者也니 下民之象이요 爲受刑之人이니 當用刑之始하여 罪小而刑輕이라 校는 木械也니 其過小라 故屨之於足하여 以滅傷其趾라 人有小過에 校而滅其趾면 則當懲懼하여 不敢進於惡矣라 故得无咎라 繫辭云 小懲而大誡 此小人之福也라하니 言懲之於小與初라 故[16]得无咎也라 初與上은 无位하니 爲受刑之人이요 餘四爻는 皆爲用刑之人이라 初居最下하니 无位者也요 上處尊位之上하여 過於尊位하니 亦无位者也라 王弼은 以爲无陰陽之位[17]라하나 陰陽은 係於奇偶하니 豈容无也리오 然諸卦

13 電雷 : 〈大象傳〉에서는 上卦를 먼저 말하고 下卦를 나중에 말하는 게 공통된 예이다. 여기에서도 그 순서대로 하면 '電雷'라고 해야 하는데, '雷電'이라고 썼기 때문에 이렇게 말한 것이다. 이에 대해 《易傳》에서는 앞뒤 글자가 바뀐 것 같다고 보았는데, 張淸子(元)는 "蔡邕의 《石經》에는 본래 電雷라고 되어 있다." 하였다.

14 滅 : 金相岳은 《山天易說》에서 '屨'는 離卦의 象이고, '校'는 坎卦의 형틀이며 발꿈치는 震卦의 象으로, 발에 형틀을 채우면 발꿈치가 보이지 않으니 이것을 '滅趾'라고 보았다.

15 趾 : 《大全》의 소주에서 胡一桂(宋代)는, 初爻에 '趾'자가 들어간 卦 가운데 噬嗑卦와 賁卦와 大壯卦와 夬卦는 모두 陽爻이고, 鼎卦와 艮卦와 咸卦의 '拇'는 모두 陰爻인 것을 들어, '趾'는 단지 下體의 初爻인 것을 취하였고 陰陽은 논하지 않았음을 밝혔다.

16 故 : 《大全》의 간주에 "어떤 판본에는 뒤에 '後'자가 있다." 하였다.

17 王弼 以爲无陰陽之位 : 尹東奎(朝鮮)는 《經說·易》에서 "王弼의 주석에 있는 '居无位之地'는 작위의 자리를 가리키는 듯하며, 반드시 陰陽의 자리로 말한 것이라고는 할 수 없다." 하면서 《程傳》에서 왕필의 설이 잘못이라고 한 것에 대해 그렇지 않다고 반박하였다. 또 '无位'라는 글자는 본래 《周易》의 經文이 아니고 王弼에게서 나온 설인데 陰陽의 자리이건 爵位의 지위이건 간에 王弼의 설

初上에 不言當位不當位者[18]는 蓋初終之義爲大요 臨之初九則以位爲正하고 若需上六云不當位라하고 乾上九云无位라하니 爵位之位요 非陰陽之位也라

陽이 初爻 자리에 있어 가장 낮아 지위가 없는 자이니, 백성의 象이고 형벌을 받는 사람이며, 형벌을 쓰는 초기에 해당하여 죄가 적어 형벌이 가볍다. '校'는 나무 형틀이니, 허물이 적기 때문에 발에 형틀을 채워서 그 발꿈치를 멸해서 상하게 하는 것이다. 사람이 적은 허물이 있을 때 형틀을 채워서 그 발을 멸하면 마땅히 징계하고 두려워하여 감히 惡한 데에 나아가지 못하기 때문에 허물이 없게 된다. 〈繫辭傳〉에서 "작게 징계하여 크게 경계시킴은 小人의 福이다." 하였으니, 죄가 적고 처음일 때 징계하기 때문에 허물이 없게 된다는 말이다. 初九와 上九는 지위가 없으니 형벌을 받는 사람이고, 나머지 네 爻는 모두 형벌을 쓰는 사람이다. 初九는 가장 낮은 자리에 있으니 지위가 없는 자이며, 上九는 尊位의 위에 있어 尊位를 넘었으니, 또한 지위가 없는 자이다. 王弼은 "〈初爻와 上爻는〉 陰陽의 자리가 없는 것이다." 하였으나, 陰과 陽은 홀수와 짝수에 매어 있는 것이니, 어찌 자리가 없겠는가? 그러나 여러 卦의 初爻와 上爻에서 자리가 마땅하다거나 자리가 마땅하지 않다고 말하지 않은 것은 처음과 끝의 뜻이 크기 때문이다. 臨卦䷒의 初九에서는 자리를 바르다고 하였고, 需卦䷄의 上六에서는 "지위가 마땅하지 않다." 하였으며, 乾卦의 上九에서는 "지위가 없다." 했으니, 벼슬자리의 지위이지 陰陽의 자리가 아니다.

【本義】 初上은 无位하니 爲受刑之象이요 中四爻는 爲用刑之象이라 初在卦始하여 罪薄過小하고 又在卦下라 故爲屨校滅趾之象이요 止惡於初라 故得无咎하니 占者小傷而无咎也라

初九와 上九는 지위가 없으니 형벌을 받는 象이 되고, 가운데 네 爻는 형벌을 쓰는 象이 된다. 初九는 卦의 처음에 있어서 죄가 가볍고 허물이 적으며, 또 卦의 맨 아래에 있기 때문에 형틀을 채워 발꿈치를 멸하는 象이 된다. 惡을 초기에 그치게 하기 때문에 "허물이 없음"이 되는 것이니, 占치는 자가 조금 다치나 허물은 없다.

字義 屨 : 채울 구　校 : 형틀 교　滅 : 멸할 멸　趾 : 발꿈치 지　奇 : 홀 기　偶 : 짝 우　爵 : 벼슬 작

象曰 屨校滅趾는 不行也라

---

을 근거로 王弼을 공격하는 것은 옳지 않다고 주장하였다.

18 不言當位不當位者 : 《大全》의 간주에 "어떤 판본에는 '不言位當不當者'로 되어 있다." 하였다.

〈象傳〉에 말하였다. "'형틀을 채워 발꿈치를 멸함'은 행하지 못하게 하는 것이다."

【傳】屨校而滅傷其趾면 則知懲誡而不敢長其惡이라 故云不行也라 古人制刑에 有小罪則校其趾하니 蓋取禁止其行하여 使不進於惡也라

발에 형틀을 채워서 그 발꿈치를 멸해 상하게 하면 징계할 줄을 알아 감히 惡行을 키우지 못하기 때문에 "행하지 못하게 한다."고 말한 것이다. 옛사람이 형벌을 제정할 때 작은 죄가 있으면 발에 형틀을 채웠으니, 행함을 금지하여 惡에 나아가지 못하게 하는 뜻을 취한 것이다.

【本義】滅趾는 又有不進於惡之象이라

'발꿈치를 멸함'은 또 惡에 나아가지 못하게 하는 象이 있다.

字義 禁 : 금지할 금

六二는 噬膚[19]하되 滅鼻[20]니 无咎하니라

【本義】噬膚나 滅鼻니 无咎리라

六二는 살을 씹되 코를 멸하니, 허물이 없다.

【본의】살을 씹으나 코를 멸하니, 허물이 없을 것이다.

【傳】二는 應五之位하니 用刑者也라 四爻皆取噬爲義로대 二居中得正하니 是用刑得其中正也라 用刑이 得其中正이면 則罪惡者易服이라 故取噬膚爲象하니 噬齧人之肌膚면 爲易

19 噬膚 : 膚에 대해 《程傳》에서는 '人之肥膚'라 하여 사람의 살로 보았고, 《本義》에서는 제사에 쓰는 '膚鼎'을 인용하여 고기 중에 부드럽고 연한 것으로 보았다. 이에 대해 朴齊家는 《周易》에서 사람을 깨물어 코가 없어지는 지경에 이른다면 그것은 사람을 형벌하는 것이 아니라 사람을 먹는 것이기 때문에 옳지 않다고 하면서 《本義》에서 '膚鼎'을 인용하여 고기의 부드러운 부분이라고 한 것이 옳다고 보았다.

20 滅鼻 : 朴齊家는 《周易》에서 膚를 희생의 몸뚱이가 아직 분리되지 않은 것을 가리켜 말한 것으로 보았다. 음식물이 작을 경우는 그 음식물을 입에 넣으면 코가 음식물에 파묻히지 않지만 음식물이 클 경우 입으로 깨물게 되면 코가 음식물에 파묻히는데 이 卦의 經文에서 세 가지 '滅'이라는 글자는 모두 파묻혀서 보이지 않는다는 뜻이지, 상하여 없어지게 하는 뜻이 아니라고 하였다. 즉 '沒而不見'의 滅이지 '傷而殘滅'의 滅이 아니라는 것이다.

入也라 滅은 沒也니 深入하여 至沒其鼻也라 二以中正之道로 其刑易服이나 然乘初剛하니 是用刑於剛强之人이라 刑剛强之人엔 必須深痛이라 故至滅鼻而无咎也라 中正之道 易以服人과 與嚴刑以待剛强은 義不相妨이라

六二는 六五와 호응하는 자리이니 형벌을 쓰는 자이다. 네 爻가 모두 '씹는 것'을 취하여 뜻을 삼았으나 六二는 中正을 얻었으니, 이는 형벌을 씀에 中正함을 얻은 것이다. 형벌을 씀에 中正함을 얻으면 죄지은 악인이 쉽게 승복하기 때문에 살을 씹는 것을 취하여 象으로 삼았으니, 사람의 살을 씹으면 쉽게 들어간다. '滅'은 없어짐이니, 깊이 들어가서 코를 멸하는 데에 이른 것이다. 六二가 中正한 道를 써서 형벌함에 쉽게 복종하나 初九의 剛을 타고 있으니, 이것은 강하고 굳센 사람에게 형벌을 쓰는 것이다. 강하고 굳센 사람에게 형벌을 쓸 때에는 반드시 심하고 아프게 해야 하기 때문에 코를 멸하는 데에 이르지만 허물은 없는 것이다. 中正한 道로 쉽게 사람을 승복시키는 것과 형벌을 엄하게 하여 강하고 굳센 사람을 상대하는 것은 뜻이 서로 방해되지 않는다.

【本義】 祭有膚鼎하니 蓋肉之柔脆로 噬而易嗑者라 六二中正이라 故其所治如噬膚之易나 然以柔乘剛이라 故雖甚易나 亦不免於傷滅其鼻하니 占者雖傷而終无咎也라

제사에 '膚鼎'이 있으니, 고기 중에 부드럽고 연한 것으로, 씹어서 합하기 쉬운 것이다. 六二가 中正하기 때문에 그 다스림이 살을 씹는 것처럼 쉽지만, 柔가 剛을 타고 있기 때문에 비록 아주 쉬워도 또한 그 코를 상하여 멸하는 것은 면할 수 없으니, 점치는 자가 비록 상하나 끝내 허물이 없을 것이다.

字義 膚 : 살 부 服 : 승복할 복 深 : 심할 심 痛 : 아플 통 妨 : 방해 방 鼎 : 솥 정 脆 : 연할 취

象曰 噬膚滅鼻는 乘剛[21]也일새라

【本義】 噬膚滅鼻는 乘剛也일새라

〈象傳〉에 말하였다. "'살을 씹되 코를 멸함'은 剛을 탔기 때문이다."

---

21 噬膚滅鼻 乘剛 : 朴齊家(朝鮮)는 《周易》에서 희생의 바깥 몸체가 먼저 입에 닿는 것이 '噬膚'이고, 그 음식물이 커서 입에 들어갈 수 없기 때문에 입을 대서 코가 파묻히는 것이 '滅鼻'이기 때문에 '乘剛'에서 剛은 음식물이 큰 것을 가리키는 것으로 보았다. 작은 음식물은 입 안에 쏙 들어가기 때문에 코가 가려지는 일이 없다는 것이다.

【본의】"살을 씹으나 코를 멸함"은 剛을 탔기 때문이다.

【傳】深至滅鼻者는 乘剛故也라 乘剛은 乃用刑於剛强之人이니 不得不深嚴也라 深嚴則得宜니 乃所謂中也라

깊이 코를 멸하는 데까지 이른 것은 剛을 탔기 때문이다. '乘剛'은 강하고 굳센 사람에게 형벌을 쓰는 것이니, 깊고 엄하게 하지 않을 수 없다. 깊고 엄하게 하면 마땅함을 얻으니, 中道라고 할 수 있다.

六三은 噬腊肉하다가 遇毒[22]이니 小吝이나 无咎리라

六三은 말린 포를 씹다가 毒을 만났으니, 조금 부끄러우나 허물은 없을 것이다.

【傳】三居下之上하니 用刑者也라 六居三하여 處不當位하니 自處不得其當而刑於人이면 則人不服而怨懟悖犯之하니 如噬齧乾腊堅韌之物이라가 而遇毒惡之味하여 反傷於口也라 用刑而人不服하여 反致怨傷이면 是可鄙吝也라 然當噬嗑之時하여 大要噬間而嗑之하니 雖其身處位不當而强梗難服하여 至於遇毒이나 然用刑이 非爲不當也라 故雖可吝而[23]亦小하니 噬而嗑之면 非有咎也라

六三은 下卦의 맨 위에 있으니, 刑罰을 쓰는 자이다. 陰이 三爻의 자리에 있어서 처한 자리가 마땅하지 않으니, 스스로 처함이 마땅함을 얻지 못하면서 사람을 刑罰하면 사람들이 복종하지 않아 원망하면서 범하니, 마치 말린 포 같은 단단하고 질긴 물건을 씹다가 毒惡한 맛을 만나서 도리어 입을 상하는 것과 같은 것이다. 형벌을 쓰되 사람이 복종하지 않아 도리어 원망과 상함을 초래한다면 이는 비루하고 부끄러울 만한 것이다. 그러나 噬嗑의 때를 당하여 대체는 끼어 있는 물건을 씹어서 합하는 것이니, 비록 자신이 처한 자리가 마땅하지 않고 강경하여 복종시키기 어려워 毒을 만남에 이르렀지만 刑罰을 씀이 부당한 것은 아니다. 그러므로 비록 부끄러울 수 있으나 또한 작은 것이니, 씹어서 합하면 허물이 있는 것이 아니다.

---

22 毒 : 金相岳은《山天易說》에서 "毒은 坎卦의 象으로 離卦의 互卦가 坎卦여서 물과 불이 서로 조화를 이루어 그 독을 제어하기 때문에 허물이 없다." 하였다.

23 而 :《大全》의 간주에 "어떤 판본에는 '而'자가 없다." 하였다.

【本義】 腊肉은 謂獸腊이니 全體骨而爲之者로 堅韌之物也라 陰柔不中正하여 治人而人不服하니 爲噬腊遇毒之象이라 占雖小吝이나 然時當噬嗑하니 於義에 爲无咎也라

'腊肉'은 짐승의 고기를 말린 포이니, 전체가 뼈 채로 된 것으로 단단하고 질긴 물건이다. 유약한 陰으로 中正하지 못하여 사람을 다스림에 사람이 복종하지 않으니, 포를 씹다가 毒을 만난 象이 된다. 占은 비록 조금 부끄러우나 씹어서 합하는 때를 당하였으니, 뜻에는 허물이 없음이 된다.

字義 腊 : 말린 포 석 怨 : 원망 원 懟 : 원망 대 悖 : 거스를 패 犯 : 범할 범 堅 : 단단할 견 韌 : 질길 인 鄙 : 비루할 비

象曰 遇毒은 位不當也일새라

〈象傳〉에 말하였다. "'毒을 만남'은 자리가 마땅하지 않기 때문이다."

【傳】 六三[24]以陰居陽하여 處位不當하니 自處不當이라 故所刑者難服而反毒之也라

六三은 陰으로서 陽의 자리에 있어서 처한 자리가 마땅하지 않으니, 스스로 처함이 마땅하지 않기 때문에 형벌을 받는 자를 복종시키기 어려워 도리어 毒을 만난 것이다.

九四는 噬乾胏하여 得金矢나 利艱貞하니 吉하리라

【本義】 得金矢니

九四는 뼈에 붙은 마른 고기를 씹어 금과 화살을 얻으나, 어렵고 바르게 함이 이로우니, 吉할 것이다.

【본의】 금과 화살을 얻으니

【傳】 九四居近君之位하니 當噬嗑之任者也라 四已過中하니 是其間愈大而用刑愈深也라

24 三 : 《大全》의 간주에 "어떤 판본에는 '三'자가 없다." 하였다.

故云噬乾胏라 胏는 肉之有聯[25]骨者로 乾肉而兼骨하니 至堅難噬者也라 噬至堅而得金矢하니 金은 取剛이요 矢는 取直이라 九四陽德剛直하여 爲得剛直之道하니 雖用剛直之道나 利在克艱其事而貞固其守則吉也라 九[26]四剛而明體요 陽而居柔하니 剛明則傷於果라 故戒以知難이요 居柔則守不固라 故戒以堅貞이라 剛而不貞者는 有矣나 凡失剛者는 皆不貞也니 在噬嗑엔 四最爲善이라

九四는 임금과 가까운 자리에 있으니, 씹어 합하는 임무를 맡은 자이다. 九四가 이미 〈卦의〉 중간을 지났으니, 이것은 그 간격이 더욱 커져서 형벌을 씀이 더욱 깊기 때문에 "마른 고기를 씹는다." 한 것이다. '胏'는 고기에 뼈가 붙어 있는 것이니, 마른 고기에 뼈까지 있어서 지극히 단단하여 씹기 어려운 것이다. 지극히 단단한 것을 씹어 金과 화살을 얻었으니, '金'은 剛함을 취한 것이고 '화살'은 곧음을 취한 것이다. 九四가 陽의 德으로 剛直하여 剛直한 道를 얻음이 되니, 비록 剛直한 道를 쓰지만 이로움이 일을 어렵게 여기고 지킴을 貞固하게 함에 있으니, 吉하다. 九四는 剛하고 밝은 卦體이며, 陽으로 유약한 자리에 있으니, 剛하고 밝으면 과감함으로 인해 다칠 수 있기 때문에 어려워할 줄을 알라고 경계하였고, 유약한 자리에 있으면 지킴이 견고하지 못하기 때문에 견고하고 바르게 하라고 경계한 것이다. 剛하면서 바르지 못한 자는 있지만, 剛함을 잃은 자는 모두 바르지 못한 것이니, 噬嗑卦에서는 九四가 가장 좋은 것이 된다.

【本義】 胏는 肉之帶骨者니 與胾通이라 周禮에 獄訟에 入鈞金束矢而後聽之[27]라하니 九四以剛居柔[28]하여 得用刑之道라 故有此象하니 言所噬愈堅而得聽訟之宜也라 然必利於艱難正固則吉이니 戒占者宜如是也라

'胏'는 고기에 뼈가 붙어 있는 것이니, '胾'와 통한다. 《周禮》에 "소송 사건에서 30근의 金과 화살 한 묶음을 납입한 뒤에 송사를 듣는다." 하였다. 九四는 剛함으로 柔한 자리에 있어 형벌

---

25 聯 : 《大全》의 간주에 "어떤 판본에는 '聯'자가 없다." 하였다.

26 九 : 《大全》의 간주에 "어떤 판본에는 '九'자가 없다." 하였다.

27 入鈞金束矢而後聽之 : 《周禮》 〈秋官〉에 "두 사람이 재물을 다투는 경우에 백성의 송사를 금지하고 화살 한 묶음을 관청에 내게 한 다음에 송사를 처리한다. 두 사람이 죄목을 기록한 문서로 다투는 경우 백성의 옥사를 금지하고 삼십 근의 금을 삼일 안에 관청에 내게 한 다음에 그 옥사를 처리한다.〔以兩造禁民訟 入束矢於朝然後聽之 以兩劑禁民獄 入鈞金三日乃致於朝然後聽之〕" 하였다.

28 九四以剛居柔 : 金長生(朝鮮)은 《本義》에서 "굳센 양으로 부드러운 음의 자리에 있어서 형벌을 쓰는 道를 얻었다." 한 것은 〈象傳〉 아래의 《程傳》에서 "굳센 양으로 부드러운 음의 자리에 있는 것은 옥사를 다스리는 마땅함이 아니다."라고 한 것과 상반되는 설임을 지적했다.

을 쓰는 道를 얻었기 때문에 이러한 象이 있으니, 씹는 것이 더욱 견고하여 송사를 다스리는 마땅함을 얻었다는 말이다. 그러나 반드시 어려워하고 바르게 함이 이롭고 吉하니, 점치는 자가 마땅히 이와 같이 해야 한다고 경계한 것이다.

字義 胏 : 뼈가 붙은 마른고기 치 聯 : 연계할 련 胾 : 고깃점 자 鈞 : 서른 근 균 束 : 묶을 속

## 象曰 利艱貞吉은 未光也라

〈象傳〉에 말하였다. "'어렵고 바르게 함이 이로우니 吉함'은 아직 빛나지 못한 것이다."

【傳】凡言未光은 其道未光大也라 戒於[29]利艱貞은 蓋其所不足也니 不得中正故也라

"아직 빛나지 못하다."고 말한 것은 그 道가 빛나고 크지 못하기 때문이고, "어렵고 바르게 함이 이롭다."고 경계한 것은 부족한 바가 있어서이니, 中正함을 얻지 못했기 때문이다.

## 六五는 噬乾肉[30]하여 得黃金[31]이니 貞厲면 无咎리라

【本義】貞厲라야

六五는 마른 고기를 씹어 黃金을 얻었으니, 바르고 위태롭게 여기면 허물이 없을 것이다.

【본의】바르고 위태롭게 여겨야

---

29 於 : 《大全》의 간주에 "어떤 판본에는 '以'자로 되어 있다." 하였다.

30 乾肉 : 《大全》의 소주에서 丘富國(宋代)은, 噬嗑卦의 가운데 네 爻는 모두 獄을 다스리는 사람이지만 재질의 굳셈과 부드러움이 같지 않기 때문에 씹는 것의 어려움과 쉬움도 다르다고 하면서 각각의 재질을 剛柔를 가지고 구분하였다. 六二는 부드러움으로 부드러운 자리에 있어 순수하게 부드럽기 때문에 '膚'이고, 六五는 부드러움으로 굳센 자리에 있어 굳셈과 부드러움이 알맞음을 얻었기 때문에 '乾肉'이고, 六三은 부드러운 가운데 굳셈이 있기 때문에 '腊肉'이고, 九四는 굳센 가운데 부드러움이 있기 때문에 '乾胏'가 된다. 난이도로 보면 六二의 '膚'가 가장 쉽고, 六五의 '乾肉'과 六三의 '腊肉'으로 갈수록 어렵고 九四의 '乾胏'가 가장 어렵다고 보았다.

31 黃金 : 金相岳은 《山天易說》에서 "離卦는 坤卦의 가운데 爻를 얻었고, 納甲이 己土로 金을 生하기 때문에 황금을 얻는다고 하였다." 하여 納甲法과 五行의 相生原理를 활용하여 爻辭를 해석하였다. 納甲法은 漢나라 京房이 卦에 干支를 붙여서 주역을 해설한 체계이다. 이 방법에 따르면 離卦☲에는 天干 己土가 배합되므로 오행상생원리에 따라 土生金으로 표현한 것이다.

【傳】五在卦愈上이어늘 而爲噬乾肉하여 反易於四之乾胏者는 五居尊位하여 乘在上之勢하여 以刑於下하니 其勢易也일새라 在卦에 將極矣니 其爲間이 甚大하여 非易嗑也라 故爲噬乾肉也라 得黃金은 黃은 中色이요 金은 剛物이니 五居中은 爲得中道요 處剛而四輔以剛은 得黃金也라 五无應이나 而四居大臣之位하여 得其助也라 貞厲无咎는 六五雖處中剛이나 然實柔體라 故戒以必正固而懷危厲則得无咎也라 以柔居尊而當噬嗑[32]之時하니 豈可不貞固而懷危懼哉[33]아

六五는 卦에 있어서 더욱 위에 있으나 마른 고기를 씹는 것이 되어, 도리어 九四의 뼈에 붙은 마른 고기를 씹는 것보다 쉬운 것은, 六五가 높은 자리에 있어 위에 있는 세력을 타고 아랫사람을 형벌하니, 그 형세가 쉽기 때문이다. 卦에 있어서 장차 끝에 이르려고 하니, 그 간격이 매우 커서 쉽게 합할 수 있는 것이 아니기 때문에 '마른 고기를 씹는 것'이 된다. 黃金을 얻었다는 것은 '黃'은 중앙의 색이고 '金'은 강한 물건이니, 六五가 가운데 자리에 있어 中道를 얻음이 되고, 剛한 자리에 처하고 九四가 강건함으로 돕는 것이 黃金을 얻은 것이다. 六五는 호응이 없지만 九四가 대신의 자리에 있어 그 도움을 얻은 것이다. '바르고 위태롭게 여기면 허물이 없음'은 六五가 비록 가운데의 剛한 자리에 처하였으나, 실제로는 유약한 卦體이기 때문에 반드시 바르게 하고 위태로운 마음을 품으면 허물이 없을 것이라고 경계한 것이다. 유약한 陰으로 높은 자리에 거처하여 씹어 합해야 하는 때를 당했으니, 어찌 貞固하고 위태롭게 여기며 두려워하는 마음을 품지 않을 수 있겠는가.

【本義】噬乾肉은 難於膚而易於腊胏者也라 黃은 中色이요 金은 亦謂鈞金이라 六五柔順而中으로 以居尊位하니 用刑於人에 人无不服이라 故有此象이라 然必貞厲라야 乃得无咎하니 亦戒占者之辭也라

'마른 고기를 씹음'은 〈六二의〉 '살을 씹는 것'보다는 어렵고, 〈六三의〉 '腊'과 〈九四의〉 '胏'를 씹는 것보다는 쉽다. '黃'은 중앙의 색이고, '金'은 또한 30근의 금을 말한다. 六五는 柔順하고 가운데 있으면서 높은 자리에 있으니, 사람에게 형벌을 씀에 복종하지 않는 자가 없기 때문에 이러한 象이 있다. 그러나 반드시 바르고 위태롭게 여겨야 허물이 없을 것이니, 또한 점치는 사람을 경계한 말이다.

---

32 嗑 : 《大全》의 간주에 "어떤 판본에는 '堅'자로 되어 있다." 하였다.

33 懷危懼哉 : 《大全》의 간주에 "어떤 판본에는 '忘危懼也'로 되어 있다." 하였다.

象曰 貞厲无咎는 得當也일새라

【本義】 貞厲无咎는

〈象傳〉에 말하였다. "'바르고 위태롭게 여기면 허물이 없음'은 마땅함을 얻었기 때문이다."

【본의】 '바르고 위태롭게 여겨야 허물이 없음'은

【傳】 所以能无咎者는 以所爲得其當也니 所謂當은 居中用剛而能守正慮危也라

'허물이 없음'이 된 까닭은 하는 것이 마땅함을 얻었기 때문이니, 마땅하다는 것은 가운데 자리에 있으면서 剛을 쓰며 바름을 지키고 위태로움을 염려하는 것이다.

上九는 何校하여 滅耳[34]니 凶토다

上九는 형틀을 채워 귀를 멸하니, 凶하다.

【傳】 上過乎尊位하니 无位者也라 故爲受刑者라 居卦之終하니 是其間大하여 噬之極也라 繫辭所謂惡積而不可掩이요 罪大而不可解者也라 故何校而滅其耳니 凶可知矣라 何는 負也니 謂在頸也라

---

34 滅耳 : 柳正源(朝鮮)은 《易解參攷》에서 "初爻와 上爻의 '滅'자를 어떤 이들은 형벌이라고 여겼는데, 유독 孔氏는 '보이지 않는다'고 풀이하였다."라는 郭雍의 주장을 인용해 噬嗑卦에 세 번 나오는 滅이 없애버리는 형벌이 아니고 가린다는 뜻이라고 하였는데 이것은 朴齊家의 의견과 같다. 즉 형틀을 발에 채우면 형틀이 커서 발꿈치를 가리고, 형틀을 머리에 채우면 형틀이 커서 귀를 가린다는 것이다. 만약 '滅'을 없애는 형벌로 풀이하면 '滅耳'는 귀를 자르는 것이고 '滅鼻'는 코를 자르는 것이고 '滅趾'는 발을 자르는 것이 되니, 그러면 上九는 凶함이 되지 않고 初爻와 二爻 또한 허물이 없는 것이 되지 않는다는 것이다. 왜냐하면 《書經》의 주석과 〈呂刑〉에 코를 자르고 귀를 자르는 것은 가벼운 형벌이고, 발을 자르는 것은 무거운 형벌이라고 하였는데, 初九는 작은 형벌이기 때문에 발을 자르는 것이 합당하지 않고, 上九는 큰 죄이기 때문에 가벼운 형벌이 마땅하지 않다는 것이다. 李震相(朝鮮)도 《易學管窺》에서 "滅은 가린다는 뜻이니 初九는 형틀이 커서 발을 가리고, 六二는 살이 깊어서 코를 가리고, 上九는 형틀이 커서 귀를 가리는 것이다."라고 하여 '滅'을 '沒'의 의미로 보았다. 또 "《呂刑》에 코를 베고 귀를 베는 형벌은 가볍고, 발을 베고 죽이는 형벌은 무겁다고 하였으니, 上九가 큰 죄인데 형벌이 귀를 가리는데 그치고, 初九의 작은 허물에 형벌이 발을 베는 지극한 데 이른 것이 아니다."라고 하여 '滅'이 잘라 없애는 형벌의 의미가 아님을 분명히 했다.

上九는 尊位를 지났으니 지위가 없는 자이기 때문에 형벌을 받는 자이다. 卦의 끝에 있으니 그 간격이 커서 씹는 것이 지극하다. 이는 〈繫辭傳〉에서 말한 "惡이 쌓여 가릴 수 없고 罪가 커서 풀 수 없다."는 것이다. 그러므로 형틀을 채워서 귀를 멸하게 하니 凶함을 알 수 있다. '何'는 짊어진다는 것이니 형틀을 목에 채움을 이른다.

【本義】 何는 負也라 過極之陽으로 在卦之上하니 惡極罪大하여 凶之道也라 故其象占如此하니라

'何'는 짊어짐이다. 지나치게 극한 陽이 卦의 맨 위에 있으니, 惡이 지극하고 罪가 커서 凶한 道이다. 그러므로 그 象과 占이 이와 같다.

字義 何 : 짊어질 하 校 : 형틀 교

## 象曰 何校滅耳는 聽不明也일새라

〈象傳〉에 말하였다. "'형틀을 채워서 귀를 멸함'은 귀가 밝지 못하기 때문이다."

【傳】 人之聾暗不悟하여 積其罪惡하여 以至於極이라 古人制法에 罪之大者는 何之以校하니 爲其无所聞知하여 積成其惡이라 故以校而滅傷[35]其耳니 誡聽之不明也라

사람이 귀먹고 어두워 깨닫지 못하여 罪惡을 쌓아 지극함에 이른 것이다. 옛사람이 法을 제정할 때 罪가 큰 자는 형틀을 채웠으니, 견문이 없어서 惡을 쌓아 이루었기 때문이다. 그러므로 형틀로써 그 귀를 멸하여 상하게 한 것이니, 귀가 밝지 못함을 징계한 것이다.

【本義】 滅耳는 蓋罪其聽之不聰也니 若能審聽而早圖之면 則无此凶矣리라

'귀를 멸함'은 듣는 것이 밝지 못함을 벌하는 것이니, 만약 자세히 듣고 일찍 도모한다면 이러한 흉함이 없을 것이다.

字義 聽 : 귀밝을 총 聾 : 귀먹을 롱 暗 : 어두울 암 悟 : 깨달을 오 審 : 자세히 밝힐 심
早 : 일찍 조

35 傷 : 《大全》의 간주에 "어떤 판본에는 '傷'자가 없다." 하였다.

# 周易傳義 卷第九

## 22. 賁

### ䷕ 下離上艮

下卦는 離卦☲이고 上卦는 艮卦☶이다.

【傳】 賁는 序卦에 嗑者는 合也니 物不可以苟合而已라 故受之以賁하니 賁者는 飾也라하니라 物之合則必有文하니 文은 乃飾也라 如人之合聚則有威儀上下하고 物之合聚則有次序行列하여 合則必有文也하니 賁所以次噬嗑也라 爲卦 山下有火하니 山者는 草木百物之所聚也요 下有火하면 則照見其上하여 草木品彙皆被其光彩하니 有賁飾之象이라 故爲賁也라

賁卦는 〈序卦傳〉에 "'嗑'은 합함이다. 사물은 구차하게 합해서는 안 되기 때문에 賁卦로 받았으니, 賁는 꾸밈이다." 하였다. 물건이 합하면 반드시 문채가 있으니 문채는 바로 꾸밈이다. 마치 사람이 모이면 威儀와 上下가 있고, 물건이 모이면 次序와 行列이 있는 것과 같아서 합하면 반드시 문채가 있으니, 賁卦가 噬嗑卦 다음에 온 까닭이다. 卦의 구성이 산 아래에 불이 있으니 산은 초목과 여러 물건들이 모인 곳이고, 아래에 불이 있으면 그 위를 비춰서 초목과 여러 물건들이 모두 그 광채를 입으니 꾸미는 象이 있기 때문에 賁卦가 된다.

字義 賁 : 꾸밀 비　飾 : 꾸밀 식　次 : 차례 차　序 : 차례 서　品 : 물건 품　彙 : 무리 휘
被 : 입을 피

賁(비)[1]는 亨하니 小利有攸往하니라

---

1 賁(비) : 빌헬름 영문판 주역인 《The I Ching》에서는 賁卦를 "Pi / Grace"라고 하였다. 비괘는 땅에서 나온 불꽃이 타오르면서 높은 산을 비추어 아름답게 꾸미는 것을 상징하므로 '꾸밈'이라고 정의하였다.

【本義】賁는 亨하고

賁는 형통하니 갈 곳을 둠이 조금 이롭다.

【본의】賁는 형통하고

【傳】物有飾而後能亨이라 故曰 无本不立이요 无文不行[2]이라하니 有實而加飾이면 則可以亨矣라 文飾之道는 可增其光彩라 故能小利於進也라

물건은 꾸민 다음에 형통할 수 있다. 그러므로 "根本이 없으면 서지 못하고 문채가 없으면 행하지 못한다."고 하였으니, 실질이 있으면서 꾸미면 형통할 수 있다. 문채나게 꾸미는 道는 광채를 더할 수 있기 때문에 나아감에 조금 이로운 것이다.

【本義】賁는 飾也라 卦自損來者는 柔自三來而文二하고 剛自二上而文三하며 自旣濟而來者는 柔自上來而文五하고 剛自五上而文上이라 又內離而外艮하니 有文明而各得其分之象이라 故爲賁라 占者以其柔來文剛하여 陽得陰助而離明於內라 故爲亨이요 以其剛上文柔而艮止於外라 故小利有攸往이라

賁는 꾸미는 것이다. 卦가 損卦䷨로부터 온 것은 柔가 三爻 자리에서 와서 二爻 자리를 꾸미고, 剛은 二爻 자리에서 올라가 三爻 자리를 꾸민다. 旣濟卦䷾로부터 온 것은 柔가 上爻 자리에서 와서 五爻 자리를 꾸미고, 剛이 五爻 자리에서 올라가 上爻 자리를 꾸민다. 또 內卦가 離卦☲이고 外卦가 艮卦☶이니 文明하면서 각기 그 分數를 얻는 象이 있기 때문에 賁卦가 된다. 점치는 자는 柔가 와서 剛을 꾸며 陽이 陰의 도움을 받고 離卦가 안에서 밝기 때문에 형통하고, 剛이 올라가서 柔를 꾸미고 艮卦가 밖에 멈춰 있기 때문에 갈 곳을 둠이 조금 이롭다.

字義 增 : 더할 증 彩 : 채색 채

彖曰 賁亨은

【本義】賁(亨)는

---

2 无本不立 无文不行 : 《禮記》〈禮器〉에 "선왕이 예를 정립함에 근본을 두고 문채를 두었으니, 忠信이 禮의 근본이고 義理가 禮의 문체이다. 근본이 없으면 서지 못하고 문채가 없으면 행하지 못한다.〔先王之立禮也 有本有文 忠信禮之本也 義理禮之文也 無本不立 無文不行〕"라고 보인다.

〈彖傳〉에 말하였다. "'賁가 형통함'은

【본의】 賁는

【本義】 亨字는 疑衍이라

'亨'자는 잘못 들어간 듯하다.

柔來而文剛이라 故로 亨하고 分剛하여 上而文柔라 故로 小利有攸往하니 天文也요

柔가 와서 剛을 꾸미기 때문에 형통하고, 剛을 나누어 올라가서 柔를 꾸미기 때문에 갈 곳을 둠이 조금 이로우니 하늘의 문채이고,

【本義】 以卦變으로 釋卦辭라 剛柔之交는 自然之象이라 故曰天文이라 先儒說天文上에 當有剛柔交錯四字라하니 理或然也라

卦變으로 卦辭를 해석하였다. 剛柔의 사귐은 자연스러운 象이므로 '하늘의 문채'라 하였다. 이전의 학자들은 '天文'이라는 말 위에 '剛柔交錯' 네 글자가 있어야 한다고 하였으니, 이치상 그럴 수도 있다.

文明以止하니 人文也니

【本義】 文明以止하니

文明해서 그치니 人文이다.

【본의】 文明하고 그치니

【傳】 卦爲賁飾之象은 以上下二體剛柔交하여 相[3]爲文飾也라 下體本乾으로 柔來文其中而爲離하고 上體本坤으로 剛往文其上而爲艮하여 乃爲山下有火하니 止於文明而成賁也라 天下之事无飾不行이라 故賁則能亨也라 柔來而文剛故亨은 柔來文於剛而成文明

---

3 交相 : 《大全》의 간주에 "어떤 판본에는 '相交'로 되어 있다." 하였다.

之象하니 文明이 所以爲賁也며 賁之道能致亨은 實由飾而能亨也라 分剛上而文柔故小利有攸往은 分乾之中爻하여 往文於艮之上也라 事由飾而加盛하고 由飾而能行이라 故小利有攸往이라 夫往而能利者는 以有本也일새니 賁飾之道는 非能增其實也요 但加之文彩耳니 事由文而顯盛이라 故爲小利有攸往이라 亨者는 亨通也요 往者는 加進也라 二卦之變이 共成賁義어늘 而彖分言[4]上下하여 各主一事者는 蓋離明은 足以致亨이요 文柔는 又能小進也일새라 天文也文明以止人文也는 此承上文하여 言陰陽剛柔相文者는 天之文也요 止於文明者는 人之文也니 止는 謂處於文明也라 質必有文은 自然之理요 理必有對待는 生生之本也라 有上則有下하고 有此則[5]有彼하고 有質則有文하여 一不獨立이요 二則爲文이니 非知道者면 孰能識之리오 天文은 天之理也요 人文은 人之道也라

卦가 꾸미는 象인 것은 上下 두 卦體의 剛과 柔가 사귀어 서로 꾸미기 때문이다. 下體는 본래 乾卦☰인데 柔가 와서 그 가운데를 꾸며 離卦☲가 되고, 上體는 본래 坤卦☷인데 剛이 가서 그 위를 꾸며 艮卦☶가 되어, 바로 산 아래에 불이 있는 것이 되었으니, 文明함에 그쳐 꾸밈을 이룬 것이다. 세상의 일은 文飾이 없으면 시행되지 않기 때문에 꾸미면 형통할 수 있다. 柔가 와서 剛을 꾸미기 때문에 형통한 것은 柔가 와서 剛을 꾸며 文明한 象을 이룬 것이니, 文明한 것은 꾸몄기 때문이며, 꾸밈의 道가 형통할 수 있는 것은 실로 꾸밈으로 말미암아 형통할 수 있기 때문이다.

'剛을 나누어 올라가서 柔를 꾸미기 때문에 갈 곳을 둠이 조금 이로운 것'은 乾卦의 가운데 爻를 나누어 가서 艮卦의 위를 꾸민 것이니, 일은 꾸밈으로 말미암아 더 성대해지고 꾸밈으로 말미암아 행해질 수 있다. 그러므로 갈 곳을 둠이 조금 이로움이 된다. 가서 이로울 수 있는 것은 근본이 있기 때문이니, 꾸미는 道는 그 실질을 증가시킬 수 있는 것이 아니라 단지 문채를 더하는 것일 뿐이다. 일은 문채로 말미암아 성대함을 드러내기 때문에 갈 곳을 둠이 조금 이롭다.

'亨'은 亨通하다는 것이고 '往'은 더 나아간다는 것이다. 두 卦의 卦變이 함께 꾸민다는 의미를 이루었는데, 〈彖傳〉에서 上下를 나눠 말하여 제각기 하나의 일을 주도하는 것은 離卦의 밝음이 형통함을 충분히 이룰 수 있고, 柔를 꾸밈이 또 조금 나아갈 수 있기 때문이다. '天文이고, 文明하여 그치니 人文이다.'라고 한 것은 위의 글을 이어서 말한 것이니, 陰陽과 剛柔가 서로 꾸미는 것은 天文이고 文明에 그치는 것은 人文이라는 말이니, 그친다는 것은 文明에 그친다는 말이다. 바탕에 반드시 문채가 있는 것은 자연의 이치이고, 이치에 반드시 對待(상대)가

---

4 言 : 《大全》의 간주에 "어떤 판본에는 '言'자가 없다." 하였다.

5 則 : 《大全》의 간주에 "어떤 판본에는 '必'자로 되어 있다." 하였다.

있는 것은 낳고 낳는 근본이다. 위가 있으면 아래가 있고, 이것이 있으면 저것이 있고, 바탕이 있으면 문채가 있으니, 하나는 홀로 서지 못하고 둘은 꾸밈이 되니, 道를 아는 자가 아니면 누가 알 수 있겠는가. 天文은 하늘의 이치이고. 人文은 사람의 道이다.

【本義】 又以卦德言之라 止는 謂各得其分이라

또 卦德으로 말하였다. 그침은 제각기 그 分數를 얻는 것을 말한다.

字義 處 : 그칠 처

## 觀乎天文하여 以察時變하며

天文을 관찰하여 四時의 변화를 살피며,

【傳】 天文은 謂日月星辰之錯列과 寒暑陰陽之代變이니 觀其運行하여 以察四時之遷改也라

天文은 日月과 星辰이 뒤섞여 나열됨과 寒暑와 陰陽이 교대로 변함을 말하는 것이니, 그 運行을 관찰하여 四時의 변천을 살피는 것이다.

字義 錯 : 섞일 착　列 : 늘어설 렬　代 : 교대할 대　遷 : 옮길 천

## 觀乎人文하여 以化成天下하나니라

人文을 관찰하여 天下를 敎化하여 이룬다."

【傳】 人文은 人理之倫序니 觀人文하여 以敎化天下하여 天[6]下[7]成其禮俗은 乃聖人用賁之道也라 賁之象은 取山下有火하고 又取卦變柔來文剛剛上文柔라 凡卦有以二體之義及二象而[8]成者하니 如屯取動乎險中與雲雷와 訟取上剛下險與天水違行이 是也라

---

6 天 : 《大全》의 간주에 "어떤 판본에는 '天'자가 없다." 하였다.

7 下 : 《大全》의 간주에 "어떤 판본에는 '下'자가 없다." 하였다.

8 而 : 《大全》의 간주에 "어떤 판본에는 '而'자가 없다." 하였다.

有取一爻者成卦之由也하니 柔得位而上下應之曰小畜과 柔得尊位大中而上下應之曰大有 是也라 有取二體하고 又取消長之義者하니 雷在地中復과 山附於地剝이 是也라 有取二象하고 兼取二爻交變爲義者하니 風雷益은 兼取損上益下하고 山下有澤損은 兼取損下益上이 是也라 有旣以二象成卦하고 復取爻之義者하니 夬之剛決柔와 姤之柔遇剛이 是也라 有以用成卦者하니 巽乎水而上水井과 木上有火鼎이 是也니 鼎은 又以卦形爲象이라 有以形爲象者하니 山下有雷頤와 頤中有物曰噬嗑이 是也라 此成卦之義也라 如剛上柔下와 損上益下는 謂剛居上柔在下하고 損於上益於下니 據成卦而言이요 非謂就卦中升降也라 如訟无妄에 云剛來 豈自上體而來也리오 凡以柔居五者는 皆云柔進而上行이라하니 柔는 居下者也어늘 乃居尊位하니 是進而上也요 非謂自下體而上也라 卦之變은 皆自乾坤이어늘 先儒不達이라 故謂賁本是泰卦라하니 豈有乾坤重而爲泰어늘 又由泰而變之理리오 下離는 本乾中爻變而成離요 上艮은 本坤上爻變而成艮이니 離在內라 故云柔來요 艮在上이라 故云剛上이니 非自下體而上也라 乾坤變而爲六子하고 八卦重而爲六十四하니 皆由乾坤之變也라

人文은 人道의 질서이니, 人文을 보고서 세상 사람들을 敎化하여 세상 사람들이 그 禮와 풍속을 이루는 것이 바로 聖人이 꾸밈을 쓰는 道이다. 賁卦의 象은 산 아래에 불이 있는 것을 취하였고, 또 卦變에 柔가 와서 剛을 꾸미고 剛이 올라가서 柔를 꾸미는 것을 취하였다. 卦에는 두 卦體의 뜻과 두 卦象으로 이루어진 것이 있으니, 이를테면 屯卦에서 '험한 가운데 움직임'과 '雲雷'를 취한 것과 訟卦에서 '上卦는 강하고 下卦는 험함'과 '하늘과 물이 어긋나게 행함'을 취한 것이 이것이다. 한 爻를 취해 卦가 이루어진 연유로 삼은 것이 있으니, "柔가 자리를 얻고 위아래가 호응하기 때문에 小畜이라고 한다."와 "柔가 尊位를 얻고 크게 中道를 얻어 위아래가 호응하기 때문에 大有라고 한다."는 것이 이것이다. 두 卦體를 취하고 또 消長의 뜻을 취한 것이 있으니, "우레가 땅속에 있는 것이 復이다."와 "산이 땅에 붙어 있는 것이 剝이다."라는 것이 이것이다. 두 卦象을 취하고 겸하여 두 爻가 서로 변하는 것을 취하여 뜻으로 삼은 것이 있으니, "바람과 우레가 益이다."라는 것은 '위에서 덜어 아래에 보태는 것'을 겸하여 취한 것과 "산 아래 못이 있는 損이다."라는 것은 '아래에서 덜어 위에 보태는 것'을 겸하여 취한 것이 이것이다. 이미 두 卦象으로 卦를 이루고 다시 爻의 뜻을 취한 것이 있으니 夬卦의 '剛이 柔를 결단함'과 姤卦의 '柔가 剛을 만남'이 이것이다. 쓰임으로 卦를 이룬 것이 있으니 "물에 들어가 물을 끌어올리는 것이 井이다."와 "나무 위에 불이 있는 것이 鼎이다."라는 것이 이것인데, 鼎卦는 또 卦의 형체로 象을 삼았다. 형체로 象을 삼은 것이 있으니, "산 아래 우레가 있는 것이 頤이다."와 "턱 속에 물건이 있는 것이 噬嗑이다."라는 것이 이것이다. 이

런 것들이 卦를 이루는 의미이다. 예를 들어 '剛上柔下'와 '損上益下'는 '剛이 위에 있고 柔가 아래에 있는 것'과 '위에서 덜어 아래에 보태주는 것'이니, 이루어진 卦를 근거로 말한 것이지, 卦 가운데에서 올라가고 내려가는 것으로 말한 것이 아니다. 訟卦와 无妄卦에서 '剛來'라고 한 것이 어찌 上體에서 온 것이겠는가? 柔가 五爻 자리에 있는 경우에는 모두 "柔가 나아가서 위로 갔다." 하였으니, 柔는 아래에 있는 것인데 존귀한 자리에 있다면 이것은 나아가서 올라간 것이지, 下體에서 올라갔음을 말한 것이 아니다.

卦의 變化는 모두 乾卦☰와 坤卦☷에서 온 것인데, 선대의 학자들이 이것을 알지 못했기 때문에 賁卦䷕는 본래 泰卦䷊라고 한 것이니, 어찌 乾卦☰와 坤卦☷가 중첩되어 泰卦䷊가 되었는데, 또 泰卦로부터 변하는 이치가 있겠는가. 아래의 離卦☲는 본래 乾卦☰의 中爻가 변하여 離卦가 된 것이고, 위의 艮卦☶는 본래 坤卦☷의 上爻가 변하여 艮卦가 된 것이다. 離卦는 內卦에 있기 때문에 '柔來'라 하고, 艮卦는 上卦이기 때문에 '剛上'이라 한 것이지 下體에서 올라간 것이 아니다. 乾卦와 坤卦가 변하여 여섯 자식이 되고, 八卦가 겹쳐서 64卦가 되는 것은 모두 乾坤의 변화로 말미암은 것이다.

【本義】 極言賁道之大也라

賁의 道가 큼을 지극히 말하였다.

象曰 山下有火賁니 君子以하여 明庶政하되 无敢折獄하나니라

【本義】 明庶政하고

〈象傳〉에 말하였다. "산 아래 불이 있는 것이 賁이니, 君子가 이것을 본받아 여러 政事를 밝히되 감히 獄事를 결단하지 않는다."

【본의】 여러 정사를 밝게 하고

【傳】 山者는 草木百物之[9]所聚生也니 火在其[10]下而上照庶類하면 皆被其光明하니 爲賁飾之象也라 君子觀山下有火明照之象하여 以修明其庶政하여 成文明之治호되 而无果敢

---

9 之 : 《大全》의 간주에 "어떤 판본에는 '之'자가 없다." 하였다.

10 其 : 《大全》의 간주에 "어떤 판본에는 '其'자가 없다." 하였다.

於折獄也라 折獄者는 人君之所致愼也니 豈可恃其[11]明而輕自用乎아 乃聖人之用心也니 爲戒深矣로다 象之所取는 唯以山下有火하여 明照庶物이니 以用明爲戒나 而賁亦自有无敢折獄之義라 折獄者는 專用情實이니 有文飾則沒其情矣라 故无敢用文以折獄也라

산은 초목과 여러 물건이 모여서 사는 곳이니, 불이 그 아래에 있어 위로 여러 사물을 비추면 모두 그 밝고 환함을 입으니 꾸미는 象이 된다. 君子는 산 아래에 불이 있어 밝게 비추는 象을 보고 여러 정사를 닦고 밝혀서 文明한 다스림을 이루지만 과감하게 옥사를 결단하지 않는다. 옥사를 결단하는 것은 임금이 신중하게 하는 것이니, 어찌 그 밝음을 믿고 경솔하게 〈밝음을〉 쓸 수 있겠는가? 바로 聖人의 마음씀이니 경계함이 깊다. 〈象傳〉에서 취한 것은 오직 산 아래 불이 있어 여러 물건을 밝게 비추는 것이니, 밝음을 쓰는 것으로 경계하였지만 賁卦에도 본래 獄事를 감히 결단하지 않는다는 뜻이 있다. 옥사를 결단하는 것은 오로지 실정을 써야 하니, 꾸미는 것이 있으면 그 실정이 사라진다. 그러므로 감히 꾸미는 것으로 獄事를 결단하지 않는 것이다.

【本義】山下有火에 明不及遠하니 明庶政은 事之小者요 折獄은 事之大者라 內離明而外艮止라 故取象如此하니라

산 아래 불이 있어 밝음이 멀리 미치지 못하니, 여러 정사를 밝히는 것은 작은 일이고, 옥사를 결단하는 것은 큰일이다. 內卦는 離卦로 밝고 外卦는 艮卦로 그치기 때문에 象을 취함이 이와 같은 것이다.

字義 折 : 결단할 절 恃 : 믿을 시 情 : 진실 정 實 : 진실 실

## 初九는 賁其趾니 舍車而徒[12]로다

初九는 발을 꾸밈이니, 수레를 놔두고 걸어간다.

---

11 其 : 《大全》의 간주에 "어떤 판본에는 '其'자가 없다." 하였다.

12 舍車而徒 : 李瀷(朝鮮)은 《易經疾書》에서 "호괘가 위는 진괘이고 아래는 감괘인데, 감괘에는 수레의 상이 있고 초구는 그 수레의 밖에 있다. 수레는 임금이 그것으로 신하를 영예롭게 해주는 것이다. 오효는 임금의 자리이고 초효는 그 호응이 아니다. 군자가 드러나지 않는 데에 처하여 나아가기를 탐하는 뜻이 없으므로 '수레를 버리고 걸어간다.'고 하였으니, 수레를 버리지 않으면 짐을 지고 수레를 타는 것이다." 하였다.

【傳】初九以剛陽居明體而處下하니 君子有剛明之德而在下者也라 君子在无位之地하여 無所施於天下요 唯自賁飾其所行而已니 趾는 取在下而所以行也라 君子修飾之道는 正其所行하고 守節處義하여 其行不苟하니 義或不當이면 則舍車輿而寧徒行하나니 衆人之所羞나 而君子以爲賁也라 舍車而徒之義는 兼於比應取之라 初比二而應四하니 應四는 正也요 與二는 非正也라 九之剛明守義하여 不近與於二而遠應於四하여 舍易而從難하니 如舍車而徒行也라 守節義는 君子之賁也라 是故로 君子所賁는 世俗所羞요 世俗所貴[13]는 君子所賤이라 以車徒爲言者는 因趾與行爲義也라

初九는 강건한 陽으로 밝은 卦體(☲)에 있고 맨 아래에 거처하니, 君子가 강건하고 밝은 德이 있으면서 맨 아래에 있는 것이다. 군자가 지위가 없는 처지에 있어서 세상에 베풀 것이 없고 단지 자신이 행하는 바를 꾸밀 뿐이다. '발'은 아래에 있으면서 걸어가는 것을 취한 것이다. 君子가 꾸미는 道는 그 행동을 바르게 하고 절개를 지키고 의리에 처하여 그 행동이 구차하지 않으니, 의리에 혹 합당하지 않으면 수레를 놔두고 차라리 걸어간다. 이는 뭇사람들은 부끄럽게 여기는 것이지만, 군자는 이것으로 꾸밈을 삼는다. 수레를 놔두고 걸어간다는 뜻은 '比'와 '應'을 겸하여 취한 것이다. 初九는 六二와 比의 관계이고 六四와 正應이니, 六四와 호응하는 것은 바른 것이고, 六二와 함께하는 것은 바른 것이 아니다. 初九가 강건하고 밝아 의리를 지켜 六二와 가까이 함께하지 않고 멀리 六四와 호응하니, 쉬운 것을 버리고 어려운 것을 따르는 것이 '수레를 놔두고 걸어가는 것'과 같다. 절개와 의리를 지키는 것은 君子의 꾸밈이니, 이 때문에 군자가 꾸미는 것은 세속에서 부끄럽게 여기는 것이고, 세속에서 귀하게 여기는 것은 군자가 천하게 여기는 것이다. '車'와 '徒(걷다)'로 말한 것은 발로 걸어가는 것에 근거해 뜻을 삼았기 때문이다.

【本義】剛德明體로 自賁於下하니 爲舍非道之車而安於徒步之象이라 占者自處를 當如是也라

강건한 德과 밝은 卦體로 스스로 아래에서 꾸미니, 도리에 맞지 않는 수레를 놔두고 걸어가는 것을 편안히 여기는 象이다. 점치는 자가 스스로 처신하기를 이와 같이 해야 한다.

字義 趾 : 발 지　舍 : 놔둘 사　徒 : 걸어갈 도　處 : 처할 처

---

13 貴 : 《大全》의 간주에 "어떤 판본에는 '賁'자로 되어 있다." 하였다.

象曰 舍車而徒는 義弗乘也라

〈象傳〉에 말하였다. "'수레를 놔두고 걸어감'은 의리상 타지 않는 것이다."

【傳】舍車而徒行者는 於義에 不可以乘也일새라 初應四는 正也요 從二는 非正也니 近舍二之易而從四之難이 舍車而徒行也라 君子之賁는 守其義而已라

수레를 놔두고 걸어가는 것은 의리상 탈 수 없기 때문이다. 初九가 六四와 호응하는 것은 바른 것이고, 六二를 따라가는 것은 바른 것이 아니니, 가까이 六二의 쉬운 것을 버리고 六四의 어려운 것을 따르는 것은 수레를 놔두고 걸어가는 것이다. 君子의 꾸밈은 의리를 지키는 것일 뿐이다.

【本義】君子之取舍는 決於義而已라

君子가 취하고 버림은 의리에 따라 결단할 뿐이다.

六二는 賁其須[14]로다

六二는 수염을 꾸민다.

【傳】卦之爲賁 雖由兩爻之變이나 而文明之義爲重하니 二實賁之主也라 故主言賁之道하니라 飾於物者는 不能大變其質也요 因其質而加飾耳라 故取須義하니 須는 隨頤而動者也라 動止惟係於[15]所附하니 猶善惡不由於賁也라 二之文明은 唯爲賁飾이요 善惡則係其質也라

卦가 賁卦가 된 것은 두 爻의 변화에서 연유하였지만 文明한 뜻이 중요하니, 六二가 실로 賁卦의 주체다. 그러므로 賁卦의 道를 주로 말하였다. 물건을 꾸미는 것은 그 바탕을 크게 변화

---

14 須 : 《大全》의 소주에서 朱震(宋代)은, 九三에서 上九까지 頤卦䷚의 몸체가 있는데, 六二가 턱의 아래에 있는 것이 '수염'의 象이기 때문에 六二와 九三이 굳셈과 부드러움으로 서로 꾸미는 것이 수염을 꾸미는 것이라고 하였다. 李瀷(朝鮮)은 《易經疾書》에서 "初九에 발의 象이 있으면 六二에 수염의 뜻이 없으니 수염은 六五를 가리켜 말한다." 하여 '須'를 九三이 아닌 六五로 보면서 六二가 괘의 주효가 되고 六五는 임금의 자리가 되어 서로 호응하는 것으로 보았다.

15 於 : 《大全》의 간주에 "어떤 판본에는 '於'자가 없다." 하였다.

시킬 수 없고, 그 바탕에 따라 꾸밈을 더할 뿐이다. 그러므로 '수염'의 뜻을 취하였으니, 수염은 턱을 따라 움직이는 것이다. 움직임과 멈춤이 오직 붙어있는 곳에 달려 있으니, 善과 惡이 꾸밈에 연유하지 않는 것과 같다. 六二가 문명한 것은 단지 꾸밈이 될 뿐이고 善과 惡은 그 바탕에 달려 있다.

【本義】二以陰柔로 居中正하고 三以陽剛而得正하여 皆无應與라 故二附三而動하니 有賁須之象이라 占者宜從上之陽剛而動也라

六二는 유약한 陰으로서 中正한 자리에 있고, 九三은 강건한 陽으로서 바름을 얻어 〈六二와 九三〉 모두 호응하는 것이 없다. 그러므로 六二가 九三에 붙어서 움직이니 수염을 꾸미는 象이 있다. 점치는 자는 위에 있는 강건한 陽을 따라 움직여야 한다.

字義 須 : 수염 수　附 : 붙을 부

## 象曰 賁其須는 與上興也라

〈象傳〉에 말하였다. "'수염을 꾸밈'은 위와 더불어 움직이는 것이다."

【傳】以須爲象者는 謂其與上同興也라 隨上而動하여 動止 唯係所附也가 猶加飾於物에 因其質而賁之하여 善惡在其質也라

'수염'으로 象을 삼은 것은 위와 함께 움직이는 것을 말한다. 위를 따라 움직여서 움직임과 멈춤이 오직 붙어있는 곳에 달려 있는 것이 물건에 꾸밈을 더할 때에 그 바탕을 따라 꾸미는 것과 같으니, 善과 惡은 그 바탕에 달려 있다.

## 九三은 賁如濡[16]如하니 永貞하면 吉하리라

---

16 濡 : 金相岳은 《山天易說》에서 《大全》 소주의 胡炳文의 설을 인용해 '濡'는 坎卦인 물의 윤택함인데 저것이 나를 윤택하도록 적시는 것과 저것이 나를 빠뜨리려고 적시는 것으로 구분하여 바름을 영구히 하면 윤택하도록 적시는 것이 될 수 있다는 뜻으로 보았다. 그리고 이것은 旣濟卦와 未濟卦에서 '머리를 적신다' 하고 '꼬리를 적신다' 한 것이나 夬卦의 九三에서 '만약에 적신다' 한 것과는 의미가 다르다고 보았다.

九三은 꾸밈이 윤택하니 永久히 하고 바르게 하면 吉할 것이다.

【傳】三은 處文明之極하여 與二四二陰으로 間處相賁하니 賁之盛者也라 故云賁如니 如는 辭助也라 賁飾之盛하여 光彩潤澤이라 故云濡如라 光彩之盛則有潤澤이니 詩云麀鹿濯濯이라하니라 永貞吉은 三與二四非正應이어늘 相比而成相賁라 故戒以常永貞正이라 賁者는 飾也니 賁[17]飾之事는 難乎常也라 故永貞則吉이라 三與四相賁하고 又下比於二하여 二柔文一剛하여 上下交賁하니 爲賁之盛也라

九三이 文明함(☲)이 지극한 데 있고 六二와 六四의 두 陰 사이에 있어 서로 꾸며주니 꾸밈이 성대한 것이다. 그러므로 '賁如'라고 했으니, '如'는 어조사이다. 꾸밈이 성대해서 광채가 윤택하기 때문에 '濡如'라 하였다. 광채가 성대하면 윤택함이 있으니, 《詩經》〈大雅 靈臺〉에서 "암사슴과 수사슴이 살찌고 윤택하다." 하였다. "영구히 하고 바르게 하면 길하다."는 九三이 六二나 六四와 正應이 아닌데도 서로 가까이 있어 꾸밈을 이루기 때문에 "영구히 하고 바르게 하라."고 경계한 것이다. 賁는 꾸미는 것이니, 꾸미는 일은 오래하기 어렵기 때문에 영구히 하고 바르게 하면 길하다. 九三이 六四와 서로 꾸미고, 또 아래로 六二와 가까워 두 柔가 하나의 剛을 꾸며 위아래가 서로 꾸미니, 꾸밈이 성대한 것이 된다.

【本義】一陽이 居二陰之間하여 得其賁〔而〕潤澤者也라 然不可溺於所安이라 故有永貞之戒하니라

하나의 陽이 두 陰의 사이에 있어 그 꾸밈을 얻어 윤택한 것이다. 그러나 편안한 데에 빠져서는 안 되기 때문에 영구히 하고 바르게 하라는 경계가 있는 것이다.

字義 濡 : 윤택할 유　麀 : 암사슴 우　鹿 : 수사슴 록　濯 : 윤택할 탁　溺 : 빠질 닉

象曰 永貞之吉은 終莫之陵也니라

〈象傳〉에 말하였다. "'영구히 하고 바르게 하면 길함'은 끝내 능멸하지 못하는 것이다."

---

17 賁 : 《大全》의 간주에 "어떤 판본에는 '修'자로 되어 있다." 하였다.

【傳】 飾而不常하고 且非正이면 人[18]所陵侮也라 故戒能永正則吉也라 其賁旣常而正이면 誰能陵之乎아

꾸미되 항상하지 않고 또 바르지 않으면 사람들이 능멸하기 때문에 영구히 하고 바르게 할 수 있으면 吉하다고 경계하였다. 그 꾸밈이 이미 항상하고 바르면 누가 능멸할 수 있겠는가.

六四는 賁如皤如하며 白馬翰[19]如하니 匪寇면 婚媾리라

【本義】 匪寇라 婚媾니라

六四는 꾸민 것이 희고 白馬가 날아가듯이 달려가니, 도둑이 아니면 혼인하려는 것이다.

【본의】 도둑이 아니라 혼인하려는 것이다.

【傳】 四與初爲正應하여 相賁者也니 本當賁如로되 而爲三所隔이라 故不獲相賁而皤如라 皤는 白也니 未獲賁也라 馬는 在下而動者也니 未獲相賁라 故云白馬요 其從正應之志如飛라 故云翰如라 匪爲九三之寇讐所隔이면 則婚媾니 遂其相親矣라 己之所乘과 與動於下者는 馬之象也라 初四正應으로 終必獲親이로되 第始爲其間隔耳라

六四와 初九는 正應이 되어 서로 꾸미는 자이니 본래 꾸미는 것이 당연하지만, 九三에게 가로막혔기 때문에 서로 꾸며줌을 얻지 못하여 희다. '皤'는 하얗다는 것이니, 아직 꾸밈을 얻지 못한 것이다. '말'은 아래에서 움직이는 것이니, 서로 꾸밈을 얻지 못했기 때문에 '白馬'라 하였고, 六四가 正應을 따르는 뜻이 날아가는 것과 같기 때문에 "날아가듯이 달려간다." 하였다. 九三의 도둑에게 막힌 것이 아니라면 혼인하려는 것이니, 서로 친하게 될 것이다. 자기가 타는 것과 아래에서 움직이는 것은 '말'의 象이다. 初九와 六四는 正應이기 때문에 끝내

---

18 人 : 《大全》의 간주에 "어떤 판본에는 앞에 '則'자가 있다." 하였다.

19 翰 : 康僴(朝鮮)은 《周易》에서 '翰'에 대한 《本義》의 주석인 "가서 구하려는 마음이 날아가는 듯이 빠르다."는 구절을 屯卦의 六四와 비교해서 屯卦의 六四는 혼인의 禮로써 말한 것이고, 賁卦의 六四는 陰陽이 서로 꾸미는 道를 주로 한 것이라 보았다. 혼인의 禮는 여자가 먼저 하는 뜻이 없으므로 屯卦의 六四는 구하기를 기다려서 가는 것으로 밝음을 삼았고, 꾸미는 道는 陰은 반드시 陽을 얻은 뒤에 꾸미게 되니, 陽을 따르는 뜻을 천천히 할 수 없기 때문에 천천히 하고 빠르게 하는 다름이 있다고 풀이하였다.

반드시 친함을 얻을 것이나, 다만 처음에 그 사이가 막혔을 뿐이다.

【本義】皤는 白也요 馬는 人所乘이니 人白則馬亦白矣라 四與初相賁者로되 乃爲九三所隔而不得遂라 故皤如요 而其往求之心이 如飛翰之疾也라 然九三이 剛正하여 非爲寇者也요 乃求婚媾耳라 故其象如此하니라

'皤'는 하얗다는 것이고 '말'은 사람이 타는 것이니, 사람이 희면 말도 희다. 六四와 初九는 서로 꾸며주는 자이지만 九三에게 막혀 이루어지지 않았기 때문에 희고, 가서 구하려는 마음이 나는듯이 빠르다. 그러나 九三은 강건하고 바르니, 도둑이 아니고 바로 혼인하기를 구할 뿐이다. 그러므로 그 象이 이와 같다.

字義 皤 : 흴 파　翰 : 날 한　寇 : 도적 구　婚 : 혼인 혼　媾 : 혼인 구　讐 : 원수 수　疾 : 빠를 질

象曰 六四는 當位疑也니 匪寇婚媾는 終无尤也라

【本義】匪寇婚媾는

〈象傳〉에 말하였다. "六四는 해당한 자리가 의심스럽기 때문이니, '도둑이 아니면 혼인하려는 것'은 끝내 원망이 없다."

【본의】'도둑이 아니라 혼인하려는 것'은

【傳】四與初相遠而三介於其間하니 是所當之位爲[20]可疑也라 雖爲三寇讐所隔하여 未得親於婚媾나 然其正應이 理直義勝하여 終必得合이라 故云終无尤也라 尤는 怨也니 終得相賁라 故无怨尤也라

六四는 初九와 서로 멀리 있고 九三이 그 사이에 끼어 있으니, 해당한 자리가 의심할 만하다. 비록 九三의 도둑에게 가로막혀 혼인하려는 자를 가까이할 수 없지만, 바르게 호응하는 것이 이치가 곧고 의리가 이겨서 끝내 반드시 합하기 때문에 "끝내 원망이 없다." 하였다. '尤'는 원망함이니, 끝내 서로 꾸밀 수 있기 때문에 원망하여 탓함이 없다.

【本義】當位疑는 謂所當之位可疑也요 終无尤는 謂若守正而不與면 亦无他患也라

20 爲 : 《大全》의 간주에 "어떤 판본에는 '爲'자가 없다." 하였다.

'當位疑'는 해당한 자리가 의심스러움을 말한 것이고, '終无尤'는 바름을 지켜서 〈九三과〉 함께하지 않으면 또한 다른 근심이 없음을 말한다.

六五는 賁于丘園이니 束帛이 戔戔[21]이면 吝하나 終吉이리라

【本義】賁于丘園이나 束帛戔戔이니

六五는 언덕과 동산에서 꾸밈이니, 묶어놓은 비단이 재단되어 있듯이 하면 부끄럽지만 마침내 吉할 것이다.

【본의】언덕과 동산을 꾸미나 묶어놓은 비단이 작으니

【傳】六五以陰柔之質로 密比於上九剛陽之賢하니 陰比於陽하고 復无所係應하여 從之者也니 受賁於上九也라 自古設險守國이라 故城壘多依丘坂하니 丘는 謂在外而近且高者라 園圃之地는 最近城邑하니 亦在外而近者라 丘園은 謂在外而近者니 指上九也라 六五雖居君位나 而陰柔之才로 不足自守하고 與上之剛陽으로 相比而志從焉하여 獲賁於外比之賢하니 賁于丘園也라 若能受賁於上九하여 受[22]其裁制하여 如束帛而[23]戔戔이면 則雖其柔弱으로 不能自爲하여 爲可吝少나 然能從於人하여 成賁之功하니 終獲其吉也라 戔戔은 翦裁分裂之狀이라 帛은 未用則束之라 故謂之束帛이요 及其制爲衣服하여는 必翦裁分裂을 戔戔然이라 束帛은 喩六五本質이요 戔戔은 謂受人翦製而成用也라 其資於人은 與蒙同이로되 而蒙不言吝者는 蓋童蒙而賴於人은 乃其宜也어니와 非童幼而資賁於人은 爲可吝耳라 然享其功하니 終爲吉也라

六五는 유약한 陰의 재질로서 上九의 陽으로 강건한 賢人과 매우 가깝다. 陰이 陽에 가까이 있고, 또 매이고 호응하는 바가 없어서 上九를 따르니, 上九에게 꾸밈을 받는다. 예로부터 험

21 束帛 戔戔 : 蔡鍾植(朝鮮)은 《周易傳義同歸解》에서 《本義》에서 '검약으로 꾸밈을 삼는다'고 말한 것은 사람들에게 실질을 숭상하는 뜻을 보인 것이고, 《程傳》에서 '제재를 받는 것으로 꾸밈을 삼는다'고 말한 것은 사람들에게 꾸밈으로 구제하는 뜻을 보인 것이라고 하였다. 결국 《本義》에서는 그 실질에 나아가 풀이하였고, 《程傳》에서는 그 꾸밈에 나아가 풀이하여 꾸밈의 근본과 말단을 말한 것이라고 하였다.

22 受 : 《大全》의 간주에 "어떤 판본에는 '隨'자로 되어 있다." 하였다.

23 而 : 《大全》의 간주에 "어떤 판본에는 '而'자가 없다." 하였다.

준한 곳에 방어 시설을 만들어 나라를 지켰기 때문에 성과 요새는 대부분 비탈진 언덕에 의지하였다. '언덕'은 밖에 있으면서 가깝고 높은 것을 말한다. 동산[園]과 밭[圃] 따위의 땅은 성읍에서 가장 가까운데, 역시 밖에 있으면서 가까운 것이다. 언덕과 동산은 밖에 있으면서 가까운 것이니 上九를 가리킨다. 六五는 비록 임금의 자리에 있지만 유약한 陰의 재질로서 스스로 지키기에 부족하고, 위의 강건한 陽과 서로 가깝고 뜻이 〈上九를〉 따라서 밖에 가까이 있는 賢人에게서 꾸밈을 얻으니 '언덕과 동산에서 꾸미는 것'이다. 만일 上九에게서 꾸밈을 받아 그의 裁制를 받아 묶어놓은 비단이 재단되어 있듯이 하면, 비록 柔弱해서 스스로 일을 하지 못해 조금 부끄럽지만, 남을 따라 꾸미는 功을 이룰 수 있으니 끝내 吉함을 얻는다. '戔戔'은 가위질하고 마름질하여 나눠 놓은 모양이다. 비단은 쓰지 않을 때에는 묶어놓기 때문에 '묶어놓은 비단'이라 하였고, 그것을 재단하여 의복을 만들 때에는 반드시 가위질하고 마름질하여 나누니 재단되어 있는 듯이 된다. '묶어놓은 비단'은 六五의 본질을 비유한 것이고, '戔戔'은 사람들에게 가위로 재단되어 쓰임을 이룬 것을 말한다. 남에게 의뢰하는 것은 蒙卦와 같지만 蒙卦에서 '부끄러움'을 말하지 않은 것은 어린아이가 남에게 의지하는 것은 당연하지만, 어린아이가 아닌데 남에게 꾸밈을 의지하는 것은 부끄러운 일이기 때문이다. 그러나 그 功을 누리니 마침내 吉하다.

【本義】 六五柔中으로 爲賁之主요 敦本尙實하여 得賁之道라 故有丘園之象이라 然陰性吝嗇이라 故有束帛戔戔之象이라 束帛은 薄物이요 戔戔은 淺小之意니 人而如此면 雖可羞吝이나 然禮奢寧儉이라 故得終吉이라

六五가 유약한 陰으로 가운데 자리에 있으니 賁卦의 주체가 되고, 근본을 돈독하게 하고 실질을 숭상하여 꾸밈의 道를 얻었기 때문에 언덕과 동산의 象이 있다. 그러나 陰의 성질은 인색하기 때문에 묶어놓은 비단이 작은 象이 있다. '묶어놓은 비단'은 얇은 것이고, '戔戔'은 얼마 되지 않는다는 뜻이니 사람으로서 이와 같으면 부끄러울 만하지만 禮는 사치하기보다는 차라리 검소한 것이 낫기 때문에 마침내 길함을 얻는다.

字義 丘 : 언덕 구　園 : 동산 원　戔 : 재단할 잔　壘 : 보루 루　坂 : 언덕 판　圃 : 밭 포
裁 : 마름질할 재　制 : 지을 제　翦 : 재단할 전　裂 : 재단할 렬　賴 : 의지할 뢰
享 : 누릴 향　嗇 : 인색할 색　奢 : 사치할 사　寧 : 차라리 녕

## 象曰 六五之吉은 有喜也라

〈象傳〉에 말하였다. "六五의 길함은 기쁨이 있는 것이다."

【傳】能從人以成賁之功하여 享其吉美하니 是有喜也라

남을 따라 꾸미는 功을 이루어 그 길함과 아름다움을 누리니 기쁨이 있다.

上九는 白賁[24]면 无咎리라

【本義】白賁니

上九는 꾸밈을 희게(소박하게) 하면 허물이 없을 것이다.

【본의】꾸밈이 희니

【傳】上九는 賁之極也니 賁飾之極이면 則失於華僞하니 唯能質白其賁면 則无過失之咎라 白은 素也니 尙質素면 則不失其本眞이라 所謂尙質素者는 非无飾也요 不使華沒實耳라

上九는 꾸밈의 지극함이다. 꾸밈이 지극하면 화려함과 거짓에 의해 잃을 것이니, 오직 그 꾸밈을 질박하고 희게 하면 지나쳐서 잃는 허물이 없을 것이다. '白'은 소박함이니, 질박함과 소박함을 숭상하면 그 근본과 참됨을 잃지 않으니, 이른바 '질박함과 소박함을 숭상하는 것'은 꾸밈이 없는 것이 아니라 화려함이 실질을 없애지 않게 하려는 것일 뿐이다.

【本義】賁極反本하여 復於无色하니 善補過矣라 故其象占如此하니라

꾸밈이 지극해지면 근본으로 돌아와 색이 없는 데로 돌아가니, 잘못을 잘 보완하였다. 그러므로 그 象과 占이 이와 같다.

字義 華 : 화려할 화

象曰 白賁无咎는 上得志也라

---

24 白賁 : 金相岳은 《山天易說》에서 孔子가 점친 예를 들어 白賁의 의미를 말하였다. 孔子가 점을 쳐서 賁卦를 얻었을 때 吉하지 않다고 하자, 子貢이 賁卦 또한 좋은 것인데, 어째서 吉하지 않다는 것인지 묻자, 孔子가 "흰 것은 희고 검은 것은 검은데, 꾸미니 또 어찌 좋겠는가?"라고 하였다. 이에 대해 金相岳은 "이것은 꾸밈의 색이 순수하지 못함을 말하는데, 上九에서 '희게 한다'는 것으로 꾸밈을 삼으므로 허물이 없다."고 풀었다.

〈象傳〉에 말하였다. "'꾸밈을 희게 하면 허물이 없음'은 위에서 뜻을 얻은 것이다."

【傳】 白賁无咎는 以其在上而得志也라 上九爲得志者는 在上而文柔하여 成賁之功하고 六五之君이 又受其賁라 故雖居无位之地나 而實尸賁之功하여 爲得志也니 與他卦居極者異矣라 旣在上而得志하고 處賁之極하여 將有華僞失實之咎라 故戒以質素則无咎하니 飾不可過也라

'꾸밈을 희게 하면 허물이 없음'은 위에 있으면서 뜻을 얻었기 때문이다. 上九가 뜻을 얻은 것은 위에 있으면서 柔를 꾸며 꾸밈의 功을 이루고, 六五의 임금이 또 그 꾸밈을 받아들이기 때문이다. 그러므로 지위가 없는 처지에 있지만 실로 꾸미는 功을 주관하여 뜻을 얻음이 되니, 다른 卦의 끝에 있는 것과는 다르다. 이미 위에 있으면서 뜻을 얻고 꾸밈의 극치에 있어서 화려함과 거짓으로 실질을 잃는 허물이 있을 수 있기 때문에 질박하고 소박하게 하면 허물이 없을 것이라고 경계하였으니, 꾸밈은 지나치게 해서는 안 된다.

字義 尸 : 주관할 시　素 : 소박할 소

# 23. 剝

## ䷖ 坤下艮上

下卦는 坤卦☷이고 上卦는 艮卦☶이다.

【傳】 剝은 序卦에 賁者는 飾也니 致飾然後亨則盡矣라 故受之以剝이라하니라 夫物至於文飾이면 亨之極也니 極則必反이라 故賁終則剝也라 卦五陰而一陽이요 陰始自下生하여 漸長至於盛極하여 群陰이 消剝於陽이라 故爲剝也라 以二體言之하면 山附於地하니 山高起地上이어늘 而反附著(착)於地하니 頹剝之象也라

剝卦는 〈序卦傳〉에 "賁는 꾸밈이니, 꾸밈을 이룬 뒤에 형통하면 다하기 때문에 剝卦로 받았다." 하였다. 물건이 꾸밈에 이르면 형통함이 극에 이르고, 극에 이르면 반드시 되돌아가기 때문에 꾸밈이 끝나면 깎인다. 卦가 陰이 다섯이고 陽이 하나이다. 陰이 처음 아래로부터 생겨서 점점 자라 극도로 성한 데까지 이르러 여러 陰이 양을 깎아 사라지게 하므로 剝卦가 된다. 두 卦體로 말하면 산이 땅에 붙어 있으니, 산은 땅위로 높이 솟아 있어야 하는데 도리어 땅에 붙어 있으니, 무너져 깎이는 象이다.

字義 剝 : 깎을 박 消 : 사라질 소 附 : 붙을 부 著 : 붙을 착 頹 : 무너질 퇴

剝[1]은 不利有攸往[2]하니라

---

1 剝 : 빌헬름 영문판 주역인 《The I Ching》에서는 剝卦를 "Po / Splitting Apart"라고 하였다. 박괘는 음들의 세력이 자라나 마지막 남은 양을 파괴하려고 서서히 해를 끼쳐서 결국 무너뜨리려 하고 있기 때문에 '빠개짐'이라고 정의하였다.

2 往 : 曺好益(朝鮮)은 《易象說》에서 "'往'은 陰이 가는 것을 가리킨다."고 하여 往의 주체를 陰으로 보았고, 徐有臣(朝鮮)은 《易義擬言》에서 "감이 이롭지 않은 것은 君子이다."라 하여 《程傳》에서처럼 '往'의 주체를 군자로 보았다.

剝은 갈 곳을 둠이 이롭지 않다.

【傳】剝者는 群陰長盛하여 消剝於[3]陽之時니 衆小人이 剝喪於[4]君子라 故君子不利有所往이요 唯當巽言晦迹하여 隨時消息하여 以免小人之害也라

剝卦는 여러 陰이 자라 성대해져서 陽을 깎아 사라지게 하는 때이니, 여러 小人들이 君子를 깎아서 해친다. 그러므로 군자는 가는 바를 둠이 이롭지 않으니, 오직 말을 공손히 하고 자취를 숨겨서 때에 따라 消息(進退)하여 소인의 해침을 면해야 한다.

【本義】剝은 落也라 五陰在下而方生하고 一陽在上而將盡하여 陰盛長而陽消落하니 九月之卦也라 陰盛陽衰하니 小人壯而君子病이요 又內坤而外艮이니 有順時而止之象이라 故占得之者不可有所往也라

'剝'은 떨어지는 것이다. 다섯 陰은 아래에서 한창 자라나고 한 陽은 위에서 다하려고 해서 陰은 성대해서 자라고 陽은 시들어 떨어지니, 九月의 卦이다. 陰이 성대하고 陽이 쇠락하니 小人은 건장하고 君子는 병드는 것이고, 또 內卦는 坤卦☷이고 外卦는 艮卦☶이니, 때를 따라서 그치는 象이 있다. 그러므로 점쳐서 이 卦를 얻은 자는 갈 곳을 두어서는 안 된다.

字義 喪 : 해칠 상 晦 : 숨길 회

## 彖曰 剝은 剝也니 柔變剛[5]也니

〈彖傳〉에 말하였다. "剝은 깎아냄이니 柔가 剛을 변화시킨 것이니,

【本義】以卦體로 釋卦名義라 言柔進于陽하여 變剛爲柔也라

---

3 於 :《大全》의 간주에 "어떤 판본에는 '於'자가 없다." 하였다.

4 於 :《大全》의 간주에 "어떤 판본에는 '於'자가 없다." 하였다.

5 柔變剛 : 邱富國(宋元)은 "한 번 부드러움이 굳셈을 변화시켜 姤卦䷫가 되고, 두 번 변화시켜 遯卦䷠가 되고, 세 번 변화시켜 否卦䷋가 되고, 네 번 변화시켜 觀卦䷓가 되고, 다섯 번 변화시켜 剝卦䷖가 되며, 다시 나아가면 변화를 다하여 순수한 坤卦䷁가 된다. 성인이 姤卦䷫에서 '유가 강을 만났다'고 한 것은 '姤'가 서로 만나는 것을 말하기 때문이고, 여기에서 '유가 강을 변화시킨다'고 한 것은 변하면 그 행하던 것을 모두 되돌려서 군자가 모두 소인이 되기 때문이니, 천하의 일에 차마 말하지 못할 것이 있다. 그러므로 만남은 해도 되지만 변화시킴은 하면 안 된다." 하였다.

卦體로 卦名의 뜻을 해석하였다. 柔가 陽에게 나아가 剛을 변화시켜 柔로 만든 것을 말한다.

不利有攸往은 小人이 長也일새라

'갈 곳을 둠이 이롭지 않음'은 小人이 자라나기 때문이다.

【傳】剝剝也는 謂剝落也요 柔變剛也는 柔長而剛變也라 夏至에 一陰生而漸長하니 一陰長則一陽消하여 至於[6]建戌이면 則極而成剝하니 是陰柔變剛陽也라 陰은 小人之道어늘 方長盛而剝消於陽이라 故君子不利有所往也라

'剝은 깎아냄'은 깎아 떨어트리는 것을 말하고 '柔가 剛을 변화시킴'은 柔가 자라서 剛이 변한 것이다. 夏至에 한 陰이 생겨 점점 자라니, 한 陰이 자라면 한 陽이 사라져서 戌月(9월)에 이르면 극에 이르러 剝卦가 되니, 유약한 陰이 강건한 陽을 변화시킨 것이다. 陰은 소인의 道인데, 한창 장성하여 陽을 깎아 사라지게 하기 때문에 君子가 갈 곳을 둠이 이롭지 않은 것이다.

字義 建 : 월건 건

順而止之는 觀象也니 君子尙消息盈虛 天行也라

때를 따라서 멈추는 것은 象을 보는 것이니, 君子가 사라지고 자라나며 차고 빔을 숭상하는 것이 하늘의 운행이다."

【傳】君子當剝之時하여 知不可有所往하고 順時而止는 乃能觀剝之象也라 卦有順止之象은 乃處剝之道니 君子當觀而體之라 君子尙消息盈虛天行也는 君子存心消息盈虛之理而能順之라야 乃合乎天行也라 理는 有消衰有息長하고 有盈滿有虛損하니 順之則吉하고 逆之則凶하니 君子隨時敦尙은 所以事天也라

군자가 깎이는 때를 당해서 가는 바를 두어서는 안 됨을 알고 때를 따라 멈추는 것은 剝卦의 象을 보았기 때문이다. 卦에 때를 따라서 멈추는 象이 있는 것은 바로 깎이는 때에 대처하는

---

6 於 : 《大全》의 간주에 "어떤 판본에는 '於'자가 없다." 하였다.

도리이니, 君子가 그것을 보고 체득해야 한다. "君子가 사라지고 자라나며 차고 빔을 숭상하는 것이 하늘의 운행이다."라고 한 것은 군자가 사라지고 자라나며 차고 비는 이치를 마음에 두고 따를 수 있어야 하늘의 운행에 합치된다는 것이다. 이치에는 사라져 쇠하거나 불어나 자라남도 있으며, 가득차거나 비워 덜어짐도 있으니, 이것을 따르면 吉하고 이것을 어기면 凶하다. 君子가 때에 따라 돈독히 숭상하는 것은 하늘을 섬기는 것이다.

【本義】以卦體卦德으로 釋卦辭라

卦體와 卦德으로 卦辭를 해석하였다.

字義 尙 : 숭상할 상 消 : 사라질 소 息 : 늘어날 식 盈 : 찰 영 虛 : 빌 허 事 : 섬길 사

象曰 山附於地剝이니 上이 以하여 厚下하여 安宅하나니라

〈象傳〉에 말하였다. "산이 땅에 붙어 있는 것이 剝이니, 위에서 이것을 보고서 아래를 후하게 하여 집을 편안하게 한다."

【傳】艮重於坤하니 山附於地也요 山高起於地而反附著(착)於地하니 圮剝之象也라 上은 謂人君與居人上者니 觀剝之象而厚固其下하여 以安其居也라 下者는 上之本이니 未有基本固而能剝者也라 故上[7]之剝은 必自下하나니 下剝則上危矣라 爲人上者 知理之如是면 則安養人民하여 以厚其本하니 乃所以安其居也라 書曰 民惟邦本이니 本固邦寧이라하니라

艮卦☶가 坤卦☷에 겹쳤으니 산이 땅에 붙어있는 것이고, 산은 땅에서 높이 솟아 있어야 하는데 도리어 땅에 붙어있으니 무너져 깎인 象이다. '上'은 임금이나 사람들 위에 있는 자를 말하니, 剝卦의 象을 보고 그 아래를 두텁고 견고하게 하여 그 거처를 편안히 한다. 아래는 위의 근본이니, 基本이 견고한데도 무너지는 경우는 없다. 그러므로 위가 깎이는 것은 반드시 아래에서 시작되니, 아래가 깎이면 위가 위태롭다. 사람들 위에 있는 자가 이치가 이와 같음을 안다면 백성들을 편안히 길러 그 근본을 두텁게 할 것이니, 이것이 바로 그 거처를 편하게 하는 것이다. 《書經》〈五子之歌〉에 "백성은 나라의 근본이니, 근본이 견고해야 나라가 편안하다." 하였다.

字義 邦 : 나라 방

7 上 : 《大全》의 간주에 "어떤 판본에는 '山'자로 되어 있다." 하였다.

初六은 剝牀[8]以足이니 蔑貞이라 凶하도다

【本義】蔑貞이면 凶하리라

初六은 평상의 다리를 깎음이니, 바름을 소멸하는 것이다. 흉하다.

【본의】바름을 소멸하면 흉할 것이다.

【傳】陰之剝陽이 自下而上이라 以牀爲象者는 取身之所處也니 自下而剝하여 漸至於身也라 剝牀以足은 剝牀之足也니 剝始自下라 故爲剝足이라 陰自下進하여 漸消蔑於[9]貞正하니 凶之道也라 蔑은 无也니 謂消亡於正道也[10]라 陰剝陽柔變剛은 是邪侵正小人消君子니 其凶可知라

陰이 陽을 깎는 것은 아래로부터 올라간다. '평상'을 象으로 삼은 것은 몸이 거처하는 곳을 취한 것이니, 아래로부터 깎여서 점점 몸에까지 이른다. '剝牀以足'은 평상의 다리를 깎아내는 것이니, 깎아냄은 아래로부터 시작하기 때문에 다리를 깎음이 된다. 陰이 아래로부터 나아가서 점점 바름을 소멸하니 凶한 道이다. '蔑'은 없애는 것이니, 正道를 없앰을 이른다. 陰이 陽을 깎아내고 柔가 剛을 변하게 하는 것은, 사악함이 바름을 침범하고 소인이 군자를 없애는 것이니, 그 흉함을 알 수 있다.

【本義】剝自下起하여 滅正則凶이라 故其占如此하니라 蔑은 滅也라

깎아냄이 아래로부터 일어나서 바름을 소멸하면 흉하기 때문에 그 占이 이와 같다. '蔑'은 소멸한다는 것이다.

字義 牀 : 평상 상　蔑 : 멸할 멸　滅 : 소멸할 멸

---

8 牀 : 《大全》의 소주에서 蔡淵(南宋)은 "'평상'은 사람들이 몸을 편하게 하는 것인데, 위는 차있고 아래는 비어있기 때문에 취해서 깎아냄을 상징했다." 하였다. 吳致箕(朝鮮)는 《周易經傳增解》에서 "'평상'은 사람이 편안해하는 것이므로 비유를 취하였는데, 다섯 陰이 아래에 늘어서고 한 陽이 위에서 덮으니, 평상의 상이 있고, 집의 상이 있고, 오두막의 상이 있다. 그러므로 初爻와 二爻, 四爻에서 牀을 말했고, 五爻에서 宮을 말했으며, 上爻에서 廬를 말했다." 하였다.

9 於 : 《大全》의 간주에 "어떤 판본에는 '於'자가 없다." 하였다.

10 消亡於正道也 : 《大全》의 간주에 "어떤 판본에는 '消亡正道也'로 되어 있고, 어떤 판본에는 '消亡於正也'로 되어 있다." 하였다.

象曰 剝牀以足은 以滅下也라

〈象傳〉에 말하였다. "'평상의 다리를 깎음'은 아래에서 소멸하는 것이다."

【傳】取牀足爲象者는 以陰侵沒陽於下也라 滅은 沒也니 侵滅正道하여 自下而上也라

평상의 다리를 취하여 象을 삼은 것은 陰이 아래에서 陽을 침범하여 없애기 때문이다. '滅'은 없애는 것이니, 正道를 침범하여 소멸하면서 아래에서 올라가는 것이다.

字義 侵 : 침범할 침 沒 : 없앨 몰

六二는 剝牀以辨이니 蔑貞이라 凶토다

【本義】蔑貞이면

六二는 평상의 받침나무를 깎는 것이니, 바름을 소멸하는 것이다. 흉하다.

【본의】바름을 소멸하면

【傳】辨은 分隔上下者니 牀之幹也라 陰漸進而上하여 剝至於辨이면 愈蔑於正也니 凶益甚矣라

'辨'은 위와 아래를 나누어 막아놓은 것이니, 평상의 받침나무이다. 陰이 점점 올라와 깎아냄이 평상의 받침나무에까지 이르면 더욱 바름을 소멸하니, 흉함이 더욱 심하다.

【本義】辨은 牀幹也니 進而上矣라

'辨'은 평상의 받침나무이니, 나아가 올라온 것이다.

字義 辨 : 받침나무 변 分 : 나눌 분 隔 : 막을 격 愈 : 더욱 유

象曰 剝牀以辨은 未有與[11]也일새라

---

11 未有與 : 《大全》의 소주에서 邱富國(宋元)은 "'與'는 호응함이니 음과 양이 서로 호응하면 함께 함이 있게 된다." 하였고, 柳正源(朝鮮)은 《易解參攷》에서 《程傳》에서는 "陽이 함께하는 이가 없다." 하고,

〈象傳〉에 말하였다. "'평상의 받침나무를 깎음'은 함께하는 이가 없기 때문이다."

【傳】陰之侵剝於[12]陽하여 得以益盛하여 至於剝辨者는 以陽未有應與故也라 小人侵剝君子에 若君子有與면 則可以勝小人하여 不能爲害矣어늘 唯其无與일새 所以被蔑而凶이라 當消剝之時하여 而无徒與면 豈能自存也리오 言未有與는 剝之未盛엔 有與면 猶可勝也니 示人之意深矣로다

陰이 陽을 침범하여 깎아냄이 더욱 성대해져 받침나무를 깎는 데까지 이른 것은 陽에게 호응하여 함께하는 이가 없기 때문이다. 小人이 君子를 침범하여 깎아낼 때에 만약 君子가 함께 함이 있다면 小人을 이겨낼 수 있어서 해로움이 될 수 없겠지만, 오직 함께하는 이가 없기 때문에 소멸을 당해 凶한 것이다. 사라지고 깎이는 때에 함께하는 무리가 없다면 어찌 스스로 보존할 수 있겠는가. "함께하는 이가 없기 때문이다."라고 말한 것은 깎아냄이 아직 성대하지 않을 때에는 함께하는 이가 있으면 그래도 이길 수 있기 때문이니, 사람들에게 보여주는 뜻이 깊다.

【本義】言未大盛이라

아직 크게 성대하지 않음을 말한 것이다.

六三은 剝之[13]无咎[14]니라

六三은 깎아내는 때에 허물이 없다.

【傳】衆陰剝陽之時而三獨居剛應剛하니 與上下之陰異矣라 志從於正하니 在剝之時하여 爲无咎者也라 三之爲는 可謂善矣어늘 不言吉은 何也오 曰 方群陰剝陽하고 衆小人害君

---

《本義》에서는 "陰이 함께하는 이가 없다."고 달리 말했지만 실상은 다만 한 가지 뜻이라고 하였다.

12 於 : 《大全》의 간주에 "어떤 판본에는 '剛'자로 되어 있다." 하였다.

13 剝之 : 朴齊家(朝鮮)는 《周易》에서 평상의 윗면을 깎아내어 떨어뜨리지만 사람의 살갗에는 이르지 않은 상태로 여겼다. 이미 평상의 형상이 없어졌기 때문에 단지 '剝之'라고만 하였다고 보았다.

14 剝之无咎 : 金相岳(朝鮮)은 《山天易說》에서 이 爻의 뜻은 復卦의 六四와 서로 비슷하고 夬卦의 九三과는 서로 반대되는 것으로 보았고, 剝卦의 여섯 爻 가운데 六三만 '无咎'인 것은 六三이 변한 之卦인 艮卦䷳에서 无咎인 것과 의미가 상통하는 것으로 보았다.

子하여 三雖從正이나 其勢孤弱하고 所應이 在无位之地하니 於斯時也에 難乎免矣라 安得吉也리오 其義爲无咎耳니 言其无咎는 所以勸也라

여러 陰이 陽을 깎아내는 때에 六三만 剛한 자리에 있으면서 〈上九의〉 剛과 호응하니, 위아래의 陰들과는 다르다. 뜻이 바름을 따르니 깎아내는 때에 있어서 허물이 없음이 된다. 〈어떤 이가 묻기를〉 "六三의 행위는 善하다고 할 수 있는데, 吉하다고 하지 않은 것은 무엇 때문입니까?" 하니, 대답하기를 "한창 여러 陰이 陽을 깎아내고 여러 小人이 君子를 해치고 있어서, 六三이 비록 바름을 따르더라도 그 세력이 외롭고 약하며 호응하는 것(上九)이 지위가 없는 처지에 있기 때문이니, 이런 때에는 화를 면하기도 어려운데 어떻게 吉할 수 있겠습니까. 그 뜻이 허물이 없음이 될 뿐이니, 허물이 없다고 말한 것은 장려하기 위한 것입니다." 하였다.

【本義】 衆陰方剝陽而己獨應之하여 去其黨而從正하니 无咎之道也라 占者如是則得无咎리라

여러 陰이 한창 陽을 깎아내고 있는데, 六三이 자기만 혼자 上九와 호응하여 그 무리를 버리고 바름을 따르니 허물이 없는 道이다. 점친 자가 이와 같이 하면 허물이 없을 것이다.

字義 孤 : 외로울 고　弱 : 약할 약　勸 : 장려할 권

象曰 剝之无咎는 失上下也일새라

〈象傳〉에 말하였다. "'깎아내도 허물이 없음'은 위아래를 잃었기 때문이다."

【傳】 三居剝而无咎者는 其所處與上下諸陰不同하니 是與其同類相失이니 於處剝之道에 爲无咎라 如東漢之呂强[15]이 是也라

六三이 깎아내는 때에 있어도 허물이 없는 것은 거처한 곳이 위아래의 여러 陰과 같지 않기 때문이니, 이것은 같은 무리와 서로 잃는 것이니, 깎아냄을 대처하는 道에 있어서는 허물이 없는 것이 된다. 東漢의 呂强의 경우가 여기에 해당한다.

---

15 呂强 : 환관으로 靈帝 때 侯에 봉해졌으나 굳이 사양하고, 황건적이 일어나자 임금 측근의 탐관오리를 제거하고 禁錮에 처한 黨人들을 사면할 것을 청하였다. 뒤에 동료 환관들의 모함을 받아 잡혀오자 자살하였다.

【本義】上下는 謂四陰이라

上下는 네 陰을 말한다.

六四는 剝牀以膚니 凶하니라

六四는 평상을 깎아 살갗에까지 이르니 凶하다.

【傳】始剝於牀足하여 漸至於膚하니 膚는 身之外也라 將滅其身矣니 其凶可知라 陰長已盛하고 陽剝已甚하여 貞道已消라 故更不言蔑貞하고 直言凶也하니라

평상의 다리에서 깎아내기 시작하여 점점 살갗에까지 이르니, '살갗'은 몸의 바깥부분이다. 앞으로 몸을 멸하게 될 것이니 그 凶함을 알 만하다. 陰의 자라남이 이미 성대하고 陽의 깎임이 이미 심하여 바른 道가 이미 사라졌다. 그러므로 다시 '蔑貞'이라 말하지 않고, 바로 '凶하다'고 말하였다.

【本義】陰禍切身이라 故不復言蔑貞而直言凶也라

陰의 재앙이 몸에 절실하기 때문에 다시 '蔑貞'이라고 말하지 않고, 바로 '흉하다'고 말한 것이다.

字義 膚 : 살갗 부

象曰 剝牀以膚는 切近災也라

〈象傳〉에 말하였다. "'평상을 깎아 살갗에까지 이르는 것'은 재앙에 매우 가까운 것이다."

【傳】五爲君位어늘 剝已及四하니 在人則剝其膚矣라 剝及其膚면 身垂於亡矣니 切近於災禍也라

六五는 임금의 자리인데 깎아냄이 이미 六四까지 미쳤으니, 사람에게 있어서는 살갗을 깎아내는 것이다. 깎아냄이 살갗까지 미쳤으면 몸에 망조가 드리운 것이니, 재앙에 매우 가까운 것이다.

字義 災 : 재앙 재 垂 : 드리울 수

六五는 貫魚[16]하여 以宮人寵이면 无不利리라

【本義】以宮人寵이니

六五는 물고기를 꿰듯이 하여 宮人처럼 총애받게 하면 이롭지 않음이 없을 것이다.

【본의】宮人처럼 총애받게 하니

【傳】剝及君位면 剝之極也니 其凶可知라 故更不言剝而別設義하여 以開小人遷善之門이라 五는 群陰之主也요 魚는 陰物이라 故以爲象이라 五能使群陰으로 順序를 如貫魚然하여 反獲寵愛於在上之陽을 如宮人이면 則无所不利也라 宮人은 宮中之人으로 妻妾侍使也니 以陰言하고 且取獲寵[17]愛之義라 以一陽在上하여 衆陰有順從之道라 故發此義라

깎아냄이 임금의 자리까지 미쳤으면 깎아냄이 지극한 것이니 그 흉함을 알 만하다. 그러므로 다시 깎아낸다는 말을 하지 않고 별도로 뜻을 세워서 小人이 善으로 옮겨가는 문을 열어주었다. 六五는 여러 陰의 주체이고, '魚'는 陰物이기 때문에 象으로 삼았다. 六五가 여러 陰에게 순서를 지키게 하기를 물고기를 꿰듯이 하여, 도리어 위에 있는 陽(上九)에게 총애받기를 宮人처럼 하게 한다면 이롭지 않음이 없을 것이다. '宮人'은 궁중의 사람으로 처첩과 하인이니 陰으로 말하였고, 또 총애를 얻는다는 뜻을 취하였다. 한 陽이 위에 있어 여러 陰이 순종하는 도리가 있기 때문에 이런 뜻을 드러내어 밝혔다.

【本義】魚는 陰物이요 宮人은 陰之美而受制於陽者也라 五爲衆陰之長하니 當率其類하여 受制於陽이라 故有此象하니 而占者如是면 則无不利也라

'魚'는 陰物이고, 宮人은 아름다운 陰으로 陽에게 제재를 받는 자들이다. 六五는 여러 陰의 우두머리가 되었으니, 무리를 거느려 陽에게 제재를 받아야 하기 때문에 이런 象이 있으니, 점친 자가 이처럼 하면 이롭지 않음이 없다.

字義 寵 : 총애 총 妻 : 아내 처 妾 : 첩 첩 侍 : 내시 시 使 : 하인 사

---

16 貫魚 : 石之珩(朝鮮)은 《五位龜鑑》에서 '貫魚'에 대해 여러 陰들의 차례를 말한 것으로 보아 궁중에서 六五는 王后가 되고 六四는 夫人이 되고 六三은 九賓이 되고, 六二는 世婦가 되고, 初六은 궁녀가 되는 데 황후가 이들을 모두 통솔하는 것으로 해석하였다.

17 寵 : 《大全》의 간주에 "어떤 판본에는 '親'자로 되어 있다." 하였다.

象曰 以宮人寵이면 終无尤也리라

〈象傳〉에 말하였다. "宮人처럼 총애받게 하면 끝내 허물이 없을 것이다."

【傳】群陰이 消[18]剝於[19]陽하여 以至於極하니 六五若能長率群陰하고 駢首順序하여 反獲寵愛於陽이면 則終无過尤也라 於剝之將終에 復發此義하니 聖人勸遷善之意 深切之至也라

여러 陰이 陽을 깎아 사라지게 하여 극에 이르렀으니, 六五가 여러 陰을 거느리고 머리를 나란히 하고 순서대로 하여 도리어 陽에게 총애를 받게 하면 끝내 허물이 없을 것이다. 깎아냄이 끝나려 함에 이 뜻을 다시 밝혔으니, 성인이 善으로 옮겨가는 것을 장려한 뜻이 지극히 깊고 간절하다.

字義 駢 : 나란히 할 병

上九는 碩果不食이니 君子는 得輿하고 小人은 剝廬리라

上九는 큰 열매가 먹히지 않은 것이니, 君子는 수레를 얻고 小人은 집을 허물 것이다.

【傳】諸陽이 消剝已盡하고 獨有上九一爻尙存하니 如碩大之果不見食하여 將見復生之理라 上九亦[20]變則純陰矣나 然陽无可盡之理하니 變於上則生於下하여 无間可容息也라 聖人發明此理하여 以見(현)陽與君子之道不可亡也시니라 或曰 剝盡則爲純坤하니 豈復有陽乎아 曰 以卦配月이면 則坤當十月이요 以氣消息言이면 則陽剝[21]爲坤이요 陽[22]來爲復하니 陽[23]未嘗盡也라 剝盡於上이면 則復生於下矣라 故十月을 謂之陽月이니 恐疑其无陽也라 陰亦然호되 聖人不言耳라 陰道盛極之時엔 其亂可知니 亂極則自當思治라

---

18 消 : 《大全》의 간주에 "어떤 판본에는 '消'자가 없다." 하였다.

19 於 : 《大全》의 간주에 "어떤 판본에는 '於'자가 없다." 하였다.

20 亦 : 《大全》의 간주에 "어떤 판본에는 '一'자로 되어 있고, 어떤 판본에는 '已'자로 되어 있다." 하였다.

21 剝 : 《大全》의 간주에 "어떤 판본에는 뒤에 '盡'자가 있다." 하였다.

22 陽 : 《大全》의 간주에 "어떤 판본에는 뒤에 '復'자가 있다." 하였다.

23 陽 : 《大全》의 간주에 "어떤 판본에는 앞에 '然'자가 있다." 하였다.

故衆心願載於君子하여 君子得輿也니 詩匪風下泉이 所以居變風之終也라 理旣如是하고 在卦에 亦衆陰宗陽하니 爲共載之象이라 小人剝廬는 若小人則當剝之極하여 剝其廬矣니 无所容其身也라 更不論爻之陰陽하고 但言小人處剝極則及其廬矣니 廬는 取在上之象이라 或曰 陰陽之消[24]必待盡而後復生於下어늘 此在上에 便有復生之義는 何也며 夬之上六을 何以言終有凶고 曰 上九居剝之極하여 止有一陽이나 陽无可盡之理라 故明其有復生之義하여 見(현)君子之道不可亡也요 夬者는 陽消陰이요 陰은 小人之道也라 故但言其消亡耳니 何用更言却有復生之理乎아

여러 陽이 깎여 사라짐이 이미 다하고 홀로 上九 한 爻만 남아 있으니, 큰 열매가 먹히지 않아서 다시 생겨나는 이치를 보는 것과 같다. 上九마저 변하면 순전한 陰이 되지만, 陽은 다하는 이치가 없으니, 위에서 변하면 아래에서 생겨나 쉬는 틈이 없다. 聖人이 이러한 이치를 드러내 밝혀서 陽과 君子의 道는 없을 수 없음을 드러내었다.

어떤 이가 묻기를 "깎아냄이 다하면 순전한 坤卦䷁인데 어째서 다시 陽이 있다는 것입니까?" 하니, 대답하기를 "卦를 달에 배치하면 坤卦는 10月에 해당하고, 기운의 消息으로 말하면 陽이 깎여서 坤卦䷁가 되고 陽이 와서 復卦䷗가 되니, 陽은 다한 적이 없습니다. 깎아냄이 위에서 다하면 아래에서 다시 생기기 때문에 10월을 陽月이라고 하니, 陽이 없을 거라고 의심할까봐 그런 것입니다. 陰도 그렇지만 聖人이 말하지 않았을 뿐입니다." 하였다.

陰의 道가 지극히 성대할 때에는 혼란함을 알 만하니, 혼란이 극에 달하면 당연히 다스릴 것을 생각한다. 그러므로 사람들이 마음으로 君子를 추대하기를 원하여 군자가 수레를 얻는 것이니,《詩經》의〈匪風〉과〈下泉〉이〈變風〉의 끝에 있는 까닭이다. 이치가 이미 이와 같고 卦에서도 여러 陰이 陽을 높이니, 함께 추대하는 象이 된다.

'小人이 집을 허문다는 것'은 만약 小人이라면 깎아냄이 극에 이르렀을 때에 그 집을 허물 것이니, 그 몸을 용납할 곳이 없는 것이다. 다시 爻의 陰陽을 논하지 않고, 단지 小人은 깎아냄이 극에 달했을 때에 처하면 깎아냄이 그 집에까지 미친다고 말한 것이니, '집'은 위에 있는 象을 취한 것이다.

어떤 이가 묻기를 "陰陽이 사라짐은 반드시〈위에서〉다하기를 기다린 뒤에야 다시 아래에서 생겨나는데, 上九에 다시 생겨나는 뜻이 있는 것은 무엇 때문이며, 夬卦䷪의 上六에서는 어째서 '마침내 흉하다.'고 하였습니까?" 하니, 대답하기를 "上九는 剝卦의 끝에 있어 한 陽이 있을 뿐이지만 陽은 다하는 이치가 없기 때문에 다시 생긴다는 뜻이 있음을 밝혀서 君子의

---

24 消 :《大全》의 간주에 "어떤 판본에는 '交'자로 되어 있다." 하였다.

道가 없을 수 없음을 드러낸 것이고, 夬卦☱☰는 陽이 陰을 사라지게 하는 것이고, 陰은 小人의 道이기 때문에 다만 사라져 없어지는 것만 말했을 뿐이니, 어찌 다시 생겨나는 이치가 있음을 다시 말하겠습니까?" 하였다.

【本義】 一陽在上하여 剝未盡而能復生하니 君子在上이면 則爲衆陰所載요 小人居之면 則剝極於上하여 自失所覆而无復碩果得輿之象矣라 取象旣明이요 而君子小人其占不同하니 聖人之情을 益可見矣라

하나의 陽이 위에 있어서 깎임이 다하지 않고 다시 나오니, 君子가 위에 있으면 여러 陰이 추대하는 것이 되고, 小人이 있으면 깎아냄이 위에서 다하여 스스로 덮어주는 바를 잃어 다시 큰 열매와 수레를 얻는 象이 없다. 象을 취함이 이미 분명하고 君子와 小人은 그 占이 같지 않으니, 聖人의 심정을 더욱 알 수 있다.

字義 碩 : 클 석 輿 : 수레 여 廬 : 집 려 容 : 용납할 용 息 : 쉴 식 載 : 추대할 재
宗 : 높을 종 覆 : 덮을 부

象曰 君子得輿는 民所載也요 小人剝廬는 終不可用也라

〈象傳〉에 말하였다. "'군자가 수레를 얻음'은 백성들이 추대하는 것이고 '소인이 집을 허묾'은 끝내 쓸 수 없는 것이다."

【傳】 正道消剝旣極이면 則人復思治라 故陽剛君子爲民所承載也요 若小人處剝之極이면 則小人之窮耳니 終不可用也라 非謂九爲小人이요 但言剝極之時엔 小人如是也라

正道가 깎여 사라짐이 이미 지극하면 사람들은 다시 다스려짐을 생각하기 때문에 강건한 陽인 君子를 백성들이 받들어 추대하는 것이다. 만약 小人이 剝卦의 끝에 있다면, 小人의 궁색함일 뿐이니 끝내 쓸 수 없다. 上九가 小人이라는 말이 아니라, 단지 깎아냄이 극에 이를 때에는 小人이 이와 같다는 말이다.

# 24. 復

## ䷗ 震下坤上

下卦는 震卦☳이고 上卦는 坤卦☷이다.

【傳】復은 序卦에 物不可以終盡이니 剝이 窮上反下라 故受之以復이라하니라 物无剝盡之理라 故剝極則復來[1]하고 陰極則陽生하나니 陽剝極於上而復生於下는 窮上而反下也니 復所以次剝也라 爲卦 一陽이 生於五陰之下하니 陰極而陽復也라 歲十月에 陰盛旣極이라가 冬至則一陽復生於地中이라 故爲復也라 陽은 君子之道니 陽消極而復反은 君子之道消極而復長也라 故爲反善之義니라

復卦는 〈序卦傳〉에 "물건은 끝내 다할 수 없으니, 깎는 것이 위에서 다하면 아래로 돌아오기 때문에 復卦로 받았다." 하였다. 물건이 깎여서 다 없어지는 이치가 없기 때문에 깎임이 궁극에 이르면 회복되어 오고, 陰이 다하면 陽이 생긴다. 陽의 깎임이 위에서 다하여 다시 아래에서 생기는 것은 위에서 다하여 아래로 돌아오는 것이니, 復卦가 剝卦 다음에 온 까닭이다. 卦의 구성이 한 陽이 다섯 陰의 아래에서 생기니, 陰이 다하여 陽이 회복한 것이다. 10月에 陰의 성대함이 이미 지극하다가 冬至가 되면 하나의 陽이 땅 속에서 회복되어 생기기 때문에 復卦가 된다. 陽은 君子의 道이니, 陽의 사라짐이 지극했다가 다시 돌아오는 것은 君子의 道가 사라짐이 지극하다가 다시 자라나는 것이다. 그러므로 善으로 되돌아오는 뜻이 된다.

### 復[2]은 亨하니 出入[3]에 无疾[4]하여 朋來라야 无咎리라

---

1 來 : 《大全》의 간주에 "어떤 판본에는 '來'자가 없다." 하였다.

2 復 : 빌헬름 영문판 주역인 《The I Ching》에서는 復卦를 "Fu / Return (The Turning Point)"이라고 하였다. 복괘는 모두 음으로 이루어진 곤괘의 맨 아래에서 양효가 등장하는 상이므로 '돌아옴(전환점)'이라고 정의하였다.

【本義】復은 亨하니 出入에 无疾하며 朋來에 无咎니라

復은 형통하니, 나가고 들어옴에 병이 없어 벗이 와야 허물이 없을 것이다.

【본의】復은 형통하니 나가고 들어옴에 병이 없고, 벗이 옴에 허물이 없다.

【傳】復亨은 旣復則亨也라 陽氣復生於下하면 漸亨盛而生育萬物하며 君子之道旣復이면 則漸以亨通하여 澤於天下라 故復則有亨盛之理也라 出入无疾은 出入은 謂生長이니 復生於內는 入也요 長進於外는 出也니 先云出은 語順耳라 陽生은 非自外也요 來於內라 故謂之入이라 物之始生에 其氣至微라 故多屯艱하고 陽之始生에 其氣至微라 故多摧折하니 春陽之發에 爲陰寒所折하니 觀草木於朝暮則可見矣라 出入无疾은 謂微陽生長에 无害之者也니 旣无害之요 而其類漸進而來면 則將亨盛이라 故无咎也니 所謂咎는 在氣則爲差忒이요 在君子[5]則爲抑塞하여 不得盡其理라 陽之當復에 雖使有疾之나 固不能止其復也요 但爲阻礙耳며 而卦之才有无疾之義하니 乃復道之善也라 一陽이 始生에 至微하니 固未能勝群陰而發生萬物이요 必待諸陽之來然後에 能成生物之功而无差忒하니 以朋來而无咎也라 三陽子丑寅之氣 生成萬物은 衆陽之功也니 若君子之道 旣消而復에 豈能便勝於小人이리오 必待其朋類漸盛이면 則能協力以勝之也라

"復은 형통하다."는 것은 이미 회복되었으면 형통하다는 것이다. 陽氣가 아래에서 다시 나오면 점점 형통하고 성대하여 만물을 生育하며, 君子의 道가 이미 회복되었으면 점점 亨通하여 세상에 혜택을 주기 때문에 회복하면 형통하고 성대한 이치가 있다. "나가고 들어옴에 병이 없다."의 '나가고 들어옴'은 나서 자라는 것을 말하니, 다시 안에서 나오는 것은 '들어옴'이고, 성장하여 밖으로 나가는 것은 '나감'이니, 〈'들어오고 나감'이라고 해야 하는데〉 '나감'을 먼저 말한 것은 말의 순서일 뿐이다. 陽이 나오는 것은 밖이 아니라 안에서 오기 때문에 '들어옴'이라 하였다. 물건이 처음 나옴에 그 기운이 너무 미약하기 때문에 어려움이 많고, 陽이 처음 나옴

---

3 出入 : 李瀷(朝鮮)은《易經疾書》에서 下卦가 內이고 上卦는 外이고, 剝卦가 뒤집히면 復卦가 되기에 剝卦의 陽은 外에 있고 復卦의 陽은 內에 있어 外는 出이라 하였고 內는 入이라 한 것이라고 보았다.

4 无疾 : 許傳(朝鮮)은《易考》에서〈繫辭傳〉의 '出入以度'에 대해서 出은 陰이 물러나 나오는 것이고, 入은 陽이 나아가 들어오는 것인데, 나아가고 물러남을 점진적으로 하는 天道라는 의미로 여겨 復卦에서 '无疾'도 '갑작스럽고 빠름이 없음'이라고 하였다.

5 君子 :《大全》의 간주에 "어떤 판본에는 뒤에 '之道'가 있다." 하였다.

에 그 기운이 너무 미약하기 때문에 꺾임이 많다. 봄의 陽氣가 나올 때 음산하고 추운 기운에 꺾이니 아침저녁으로 草木을 보면 알 수 있다. '나가고 들어옴에 병이 없음'은 미약한 陽氣가 나와 자라는 데 해치는 것이 없다는 말이니, 이미 해치는 것이 없고 그 무리들이 점점 나와서 오면 형통하여 성대할 것이므로 '허물이 없는 것'이다. 이른바 '허물'이라는 것은 氣에서는 어그러짐이고, 君子에게는 꺾이고 막혀서 道理를 다하지 못하는 것이다. 陽이 되돌아올 때 병들게 하는 것이 있더라도 진실로 돌아오는 것을 멈추게 하지는 못하고 다만 방해가 될 뿐이며, 卦의 재질에 病이 없는 뜻이 있으니, 바로 회복하는 도리의 善한 것이다.

하나의 陽이 처음 나옴에 지극히 미약하니 진실로 여러 陰을 이겨 만물을 발생시킬 수 없고, 반드시 여러 陽이 오기를 기다린 다음에 만물을 낳는 功을 이루어 어그러짐이 없으니, 벗이 와야만 허물이 없게 된다. 子·丑·寅이라는 세 陽의 기운이 만물을 낳아 이루는 것은 여러 陽의 功이니, 君子의 도가 이미 사라졌다가 회복함에 어찌 바로 小人을 이길 수 있겠는가? 반드시 그 벗들이 점점 성대하기를 기다리면 힘을 합쳐 이길 수 있는 것이다.

字義 亨 : 형통할 형 盛 : 성대할 성 屯 : 어려울 둔 艱 : 어려울 간 摧 : 꺽을 최 折 : 꺽을 절
差 : 어긋날 차 忒 : 어긋날 특 抑 : 누를 억 塞 : 막을 색 阻 : 막을 조 礙 : 막을 애

## 反復其道하여 七日[6]에 來復하니 利有攸往이니라

### 【本義】七日來復이요

그 道를 반복하여 七日 만에 와서 회복하니 갈 곳을 둠이 이롭다.

【본의】七日 만에 와서 회복하고

【傳】謂消長之道 反復迭至니 陽之消 至七日而來復이라 姤는 陽之始消也니 七變[7]而成復이라 故云七日이니 謂七更也라 臨云 八月有凶은 謂陽長至於陰長에 歷八月也라 陽進則陰退하고 君子道長則小人道消라 故利有攸往也라

사라지고 자라는 道가 반복해서 번갈아 다가오니, 陽이 사라짐이 七日 만에 와서 회복된다

---

6 七日 : 《大全》의 소주에서 鄭剛中(南宋)은 七은 陽數이고 日도 陽物이기 때문에 陽이 자라나는 뜻으로 復卦에서 七日이라 하였고, 八은 陰數이고 月도 陰物이기 때문에 臨卦에서는 剛이 자라는 때 陰으로써 경계하려고 八月이라 하여 復卦 卦辭의 七日과 臨卦 卦辭의 八月을 대비하였다.

7 七變 : 十二辟卦의 순차로 볼 때 5월인 姤卦䷫에서 11월인 復卦䷗까지는 7번 변경함이 된다.

는 말이다. 姤卦䷫는 陽이 처음 사라지는 卦인데 일곱 번 변해 復卦가 되기 때문에 '七日'이라고 하였으니, 일곱 번 變更한다는 말이다. 臨卦䷒에서 "八月에 凶하다." 한 것은 陽의 자람으로부터 陰의 자람까지 8개월이 걸린다는 말이다. 陽이 나아가면 陰이 물러나고, 君子의 道가 자라면 小人의 道가 사라지기 때문에 갈 곳을 둠이 이롭다.

【本義】復은 陽復生於下也라 剝盡則爲純坤十月之卦而陽氣已生於下矣니 積之踰月然後에 一陽之體 始成而來復이라 故十有一月이 其卦爲復이라 以其陽旣往而復反이라 故有亨道요 又內震外坤하여 有陽動於下而以順上行之象이라 故其占이 又爲己之出入에 旣得无疾하고 朋類之來에 亦得无咎라 又自五月姤卦一陰始生으로 至此七爻而一陽來復하니 乃天運之自然이라 故其占이 又爲反復其道하여 至於七日이면 當得來復이요 又以剛德方長이라 故其占이 又爲利有攸往也라 反復其道는 往而復來, 來而復往之意라 七日者는 所占來復之期也라

復卦는 陽이 아래에서 다시 나오는 것이다. 깎임이 다하면 순전한 坤卦䷁인 10月의 卦가 되어 陽氣가 이미 아래에서 생기니, 이것이 쌓여 한 달이 지난 뒤에야 한 陽의 卦體가 비로소 이루어져 와서 회복한다. 그러므로 11月은 그 卦가 復卦䷗가 된다. 陽이 이미 갔다가 다시 돌아오기 때문에 형통하는 道가 있고, 또 內卦는 震卦☳이고 外卦는 坤卦☷이어서 陽이 아래서부터 움직여 順하게 위로 올라가는 象이 있다. 그러므로 그 占이 또 자신이 나가고 들어옴에 이미 病이 없고, 벗들이 오더라도 허물이 없게 된다. 또 5月의 姤卦䷫에서 하나의 陰이 처음 생김으로부터 여기까지 일곱 번 爻가 변하여 한 陽이 와서 회복하니, 하늘의 운행이 본래 그러한 것이다. 그러므로 그 占이 또한 道를 반복하여 七日이 되면 당연히 와서 회복하는 것이고, 또 〈一陽의〉 剛德이 막 자라기 때문에 그 占도 갈 곳을 둠이 이롭다. '道를 반복한다.'는 것은 갔다가 다시 오고 왔다가 다시 간다는 뜻이다. '七日'은 점쳐서 되돌아오는 기간이다.

彖曰 復亨은 剛反이니

〈彖傳〉에 말하였다. "'復이 형통함'은 剛이 돌아온 것이니

【本義】剛反則亨이라

剛이 돌아오면 형통하다.

## 動而以順行이라 是以出入无疾朋來无咎니라

움직여 순하게 가니, 이 때문에 '나가고 들어옴에 병이 없지만 벗이 와야 허물이 없다.'

【傳】復亨은 謂剛反而亨也라 陽剛消極而來反하니 旣來反則漸長盛而亨通矣라 動而以順行是以出入无疾朋來无咎는 以卦才로 言其所以然也라 下動而上順은 是動而以順行也라 陽剛反하여 以順動이라 是以得出入无疾하여 朋來而无咎也요 朋之來도 亦順動也라

'復이 형통함'은 剛이 돌아와서 형통하다는 말이다. 강건한 陽의 사라짐이 다하여 되돌아오는 것이니, 이미 되돌아왔다면 점점 자라고 성대해져서 亨通할 것이다. "움직여서 順하게 가니 이 때문에 나아고 들어옴에 병이 없지만 벗이 와야 허물이 없다."는 것은 卦의 재질로써 그러한 까닭을 말한 것이다. 아래에서 움직이고 위에서 順함은 "움직여 순하게 간다."는 것이다. 강건한 陽이 돌아와 순하게 움직이니, 이 때문에 '나가고 들어옴에 병이 없어 벗이 와야 허물이 없다.'는 것이니, 벗이 오는 것도 순하게 움직이는 것이다.

【本義】以卦德而言이라

卦德으로 말하였다.

## 反復其道七日來復은 天行也요

'그 道를 반복하여 七日 만에 와서 회복함'은 하늘의 운행이고

【本義】陰陽消息은 天運然也라

陰陽이 사라지고 자라는 것은 하늘의 운행이 그러한 것이다.

## 利有攸往은 剛長也일새니

'갈 곳을 둠이 이로움'은 剛이 자라기 때문이니

【本義】以卦體而言이니 旣生則漸長矣라

卦體로 말하였으니, 이미 나왔다면 점점 자란다.

### 復에 其見天地之心[8]乎인저

復에서 天地의 마음을 볼 수 있을 것이다.”

【傳】 其道反復往來하여 迭消迭息[9]이라 七日而來復者는 天地之運行如是也요 消長相因은 天之理也라 陽剛君子之道長이라 故利有攸往이라 一陽復於下는 乃天地生物之心也라 先儒皆以靜爲見天地之心이라하니 蓋不知動之端이 乃天地之心也라 非知道者면 孰能識之리오

그 道가 반복하고 往來하여 번갈아 사라지고 자란다. 七日 만에 와서 회복하는 것은 天地의 運行이 이와 같은 것이고, 사라지고 자람이 서로 말미암는 것은 하늘의 이치이다. 강건한 陽인 君子의 道가 자라기 때문에 갈 곳을 둠이 이롭다. 한 陽이 아래로 돌아옴은 바로 天地가 萬物을 낳는 마음이다. 이전의 학자들은 모두 '靜으로 天地의 마음을 본다.'고 하였으니, 대체로 動의 단서가 바로 天地의 마음임을 몰랐던 것이다. 道를 아는 자가 아니면 누가 그것을 알겠는가.

【本義】 積陰之下에 一陽復生하니 天地生物之心이 幾於滅息而至此乃復을 可見이요 在人則爲靜極而動惡極而善하여 本心幾息而復見(현)之端也라 程子論之詳矣요 而邵子之詩에 亦曰 冬至子之半이요 天心无改移라 一陽初動處요 萬物未生時라 玄酒味方淡이요 大音聲正希라 此言如不信이어든 更請問包羲라하니 至哉라 言也여 學者宜盡心焉이니라

쌓인 陰 아래에 한 陽이 다시 나오니, 천지가 만물을 낳는 마음이 거의 사라졌다가 여기에 이르러 다시 회복함을 볼 수 있고, 사람에게 있어서는 고요함이 다하면 움직이고 惡이 끝나면 善해져서, 本心이 거의 사라졌다가 회복되어 나타나는 단서이다. 程子가 논한 것이 자세하고, 邵子의 詩에서도 말하기를 "동짓날 子時 정각에 天心은 변동됨이 없구나. 한 陽이 처음 움직이는 곳이고, 萬物이 아직 생겨나지 않은 때로다. 玄酒는 맛이 바야흐로 담백하고 大音은 소리가 참으로 드물구나. 이 말을 믿지 못하겠거든 다시 伏羲氏에게 물어보라." 하였으니,

---

8 天地之心 : 金相岳(朝鮮)은 《山天易說》에서 乾卦는 上經의 처음이므로 〈彖傳〉에서 性을 말하고, 咸卦는 下經의 처음이므로 〈彖傳〉에서 情을 말하였고, 復卦는 上下의 가운데 있기 때문에 "천지의 마음을 본다"고 하여 心을 말하였으니, 이것이 마음이 性과 情을 통괄한다는 명제인 '心統性情'이라고 여겼다.

9 息 : 《大全》의 간주에 "어떤 판본에는 뒤에 '也'자가 있다." 하였다.

지극하구나! 그 말이여. 배우는 자들은 마음을 다해야 할 것이다.

字義 迭 : 번갈아 질 幾 : 거의 기 息 : 쉴 식 見 : 나타날 현 端 : 실마리 단 淡 : 담백할 담 希 : 드물 희 包 : 푸줏간 포 羲 : 복희씨 희

象曰 雷在地中이 復이니 先王이 以하여 至日에 閉關[10]하여 商旅不行하며 后不省方하니라

〈象傳〉에 말하였다. "우레가 땅속에 있음이 復이니, 先王이 이것을 본받아 동짓날에는 관문을 닫아 장사꾼과 여행자들이 다니지 못하게 하고 임금은 사방을 시찰하지 않는다."

【傳】 雷者는 陰陽相薄而成聲이나 當陽之微하여 未能發也니라 雷在地中은 陽始復之時也니 陽始生於下而甚微하여 安靜[11]而後能長이라 先王順天道하여 當至日陽之始生하면 安靜以養之라 故閉關하여 使商旅不得行하고 人君不省視四方하나니 觀復之象而順天道也라 在一人之身에도 亦然하니 當安靜以養其陽也라

우레는 陰과 陽이 서로 부딪혀서 나는 소리이지만, 陽이 미약할 때는 우레가 소리를 내지 못한다. '우레가 땅속에 있는 것은 陽이 처음 돌아오는 때이니, 陽이 아래에서 처음 나와 아주 미약해서 편안하고 고요한 뒤에야 자랄 수 있다. 先王이 天道에 순응하여 동짓날 陽이 처음 생길 때에는 안정시켜서 기른다. 그러므로 관문을 닫아걸어 장사꾼과 여행자들이 다니지 못하게 하고 임금은 사방을 시찰하지 않으니, 復卦의 象을 보고 天道에 순응하는 것이다. 사람의 몸에 있어서도 그래야 하니, 陽을 안정시켜서 길러야 한다.

【本義】 安靜以養微陽也니 月令에 是月齋戒掩身하여 以待陰陽之所定[12]이라하니라

미약한 陽을 안정시켜서 기름이니, 《禮記》 〈月令〉의 "이 달(冬至)에 재계하고 몸을 가려 陰陽

---

10 閉關 : 金奎五(朝鮮)는 《讀易記疑》에서 卦辭에서는 와서 회복하는 것을 주로 했기 때문에 出入이라 하였지만, 〈象傳〉에서는 미약한 陽을 기르는 것을 주로 했기 때문에 閉關이라 한 것이라고 復卦의 動靜에 대해 비교하였다.

11 靜 : 《大全》의 간주에 "어떤 판본에는 '順'자로 되어 있다." 하였다.

12 是月齋戒掩身 以待陰陽之所定 : 《禮記》 〈月令〉에는 "是月也……君子齋戒 處必掩身……以待陰陽之所定"으로 되어 있다.

이 정해지기를 기다린다."는 것이다.

字義 閉 : 닫을 폐 關 : 관문 관 商 : 장사 상 旅 : 나그네 려 齋 : 재계 재 戒 : 재계 계
掩 : 가릴 엄

## 初九는 不遠復[13]이라 无祇悔니 元吉하니라

初九는 멀리가지 않고 돌아온다. 후회에 이르지 않으니 크게 선하고 吉하다.

【傳】 復者는 陽反來復也니 陽은 君子之道라 故復爲反善之義라 初는 剛陽來復하여 處卦之初하니 復之最先者也요 是不遠而復也라 失而後有復이니 不失則何復之有리오 唯失之不遠而復이면 則不至於悔니 大善而吉也라 祇는 宜音柢니 抵也라 玉篇云 適也라하니 義亦同하니 无祇悔는 不至於悔也라 坎卦曰 祇旣平无咎라하니 謂至旣平也라 顏子无形顯之過일새 夫子謂其庶幾라하시니 乃无祇悔也라 過旣未形而改면 何悔之有리오 旣未能不勉而中하여 所欲不踰矩면 是有過也나 然其明而剛이라 故一有不善이면 未嘗不知요 旣知면 未嘗不遽改라 故不至於悔하니 乃不遠復也라 祇는 陸德明音支라하고 玉篇五經文字群經音辨에 並見衣部하니라

復卦는 陽이 돌아와서 회복되는 것이니, 陽은 君子의 道이기 때문에 復은 善으로 돌아오는 뜻이 된다. 初九는 강건한 陽이 돌아와 회복하여 卦의 첫 번째 자리에 있으니, 돌아오기를 가장 먼저 한 것이고, 멀리 가지 않고 돌아온 것이다. 잃어버린 뒤에 돌아옴이 있으니, 잃어버리지 않았다면 어찌 돌아옴이 있겠는가? 오직 잃어버리기를 멀리 하지 않고 돌아오면 후회하는 데까지 이르지 않으니 크게 善하고 吉하다.

'祇'는 音을 '柢'로 해야 하니, 이른다는 뜻이다. 《玉篇》에 '가는 것이다'라고 하였으니, 뜻이 또한 같다. '无祇悔'는 후회에 이르지 않는다는 것이다. 坎卦䷜ 九五에서 "이미 평평함에 이르렀다면 허물이 없다." 하였으니 이미 평평함에 이르렀음을 말한다. 顏子는 겉으로 드러나는 허물이 없어서 孔子가 "〈道에〉 거의 가깝다." 하였으니, 바로 후회하는 데에 이르지 않는 것이다. 허물이 드러나기 전에 벌써 고치면 무슨 후회가 있겠는가? 이미 '힘쓰지 않고도 道에 맞아서

---

13 不遠復 : 沈大允(朝鮮)은 《周易象義占法》에서 復卦의 爻位에서 剛位에 있으면 스스로 돌아오는 자이고 柔位에 있으면 남을 따라 돌아오는 자로 보았다. 또 初九에 대해서는 아직 허물이 드러나지 않은 초기에 스스로 회복하기 때문에 힘쓰지 않아도 알맞아 태어나면서 아는 자질로 여겼다.

하고자 하는 것이 법도를 넘지 않게 할 수 없다면, 이는 허물이 있는 것이다. 그러나 밝고 강건하기 때문에 한 가지라도 善하지 못한 것이 있으면 알아차리지 못한 적이 없고, 이미 알아차렸으면 바로 고치지 않은 적이 없기 때문에 후회하는 데에 이르지 않으니, 바로 멀리 가지 않고 돌아오는 것이다. '祗'에 대해 陸德明은 音이 '支'라 하였고, 《玉篇》·《五經文字》·《群經音辨》에는 모두 衣部에 나온다.

【本義】 一陽復生於下하니 復之主也라 祗는 抵也라 又居事初하여 失之未遠에 能復於善하여 不抵於悔하니 大善而吉之道也라 故其象占如此하니라

한 陽이 아래에서 다시 나왔으니, 復卦의 주체이다. '祗'는 이른다는 뜻이다. 또 일의 처음에 있어서 잃기를 멀리하지 않았을 때에 善으로 돌아와 후회하는 데까지 이르지 않으니, 아주 善하고 吉한 道이다. 그러므로 그 象과 占이 이와 같다.

字義 祗 : 이를 지　踰 : 넘을 유　矩 : 법도 구　遽 : 급할 거

象曰 不遠之復은 以[14]修身也라

〈象傳〉에 말하였다. "'멀리 가지 않고 돌아옴'은 자신을 닦기 때문이다."

【傳】 不遠而復者는 君子所以修其身之道也라 學問[15]之道는 无他也라 唯其知不善이면 則速改以從善而已니라

멀리가지 않고 돌아옴은 君子가 자신을 닦는 道이다. 學問하는 道는 다른 법이 없다. 오직 善하지 않은 것을 알면 빨리 고쳐서 善을 따르는 것일 뿐이다.

六二는 休復이니 吉하니라

六二는 아름다운 돌아옴이니, 吉하다.

---

14 以 : 金相岳(朝鮮)은 《山天易說》에서 初爻·二爻·四爻·五爻에서 모두 '以'자로 말한 것은, 〈大象傳〉의 '그것을 본받는다.'고 할 때의 '以'의 뜻이라고 보았다.

15 問 : 《大全》의 간주에 "어떤 판본에는 '問'자가 없다." 하였다.

【傳】二雖陰爻나 處中正而切比於初하여 志從於陽하니 能下仁也요 復之休美者也라 復者는 復於禮也니 復禮則爲仁이라 初陽復은 復於仁也어늘 二比而下之라 所以美而吉也라

六二가 陰爻이지만 中正한 자리에 있고, 初九와 아주 가까워 뜻이 陽을 따르니, 어진 자에게 낮출 수 있고 돌아옴이 아름다운 자이다. '돌아옴'은 禮로 돌아옴이니, 禮로 돌아오면 仁이 된다. 初九의 陽이 돌아옴은 仁으로 돌아온 것인데, 六二가 가까이 해서 자기를 낮추기 때문에 아름답고 길한 것이다.

【本義】柔順中正하고 近於初九而能下之하여 復之休美니 吉之道也라

柔順하고 中正하며 初九를 가까이하고 자기를 낮출 수 있어 돌아옴이 아름다우니, 吉한 道이다.

象曰 休復之吉은 以下仁[16]也라

〈象傳〉에 말하였다. "'아름다운 돌아옴의 길함'은 어진 자에게 낮추었기 때문이다."

【傳】爲復之休美而吉者는 以其能下仁也니 仁者는 天下之公이요 善之本也라 初復於仁이어늘 二能親而下之라 是以吉也라

돌아옴이 아름다워 吉한 것은 어진 자에게 낮추었기 때문이다. '仁'은 천하의 공평함이고 善의 근본이다. 初九가 仁으로 돌아왔는데 六二가 가까이하며 자신을 낮추니, 이 때문에 吉하다.

六三은 頻復이니 厲하나 无咎리라

六三은 자주 돌아옴이니, 위태롭지만 허물은 없을 것이다.

---

16 仁 : 李瀷(朝鮮)은 《易經疾書》에서 '仁'은 천지가 만물을 낳는 마음으로 復卦에서 初九에 해당되며, 또 '仁'은 과일의 씨앗으로 과일이 이미 이루어지면 그 씨앗 안에는 이미 다시 생겨나는 이치가 있는 것과 같다고 보았다. 剝卦의 上九에 큰 과일이라는 '碩果'의 象이 있고, 復卦의 初爻에 만물을 낳는 씨앗에 해당하는 仁이 있는 것으로 보면 生生의 의미가 더욱 잘 드러난다고 보았다.

【傳】三以陰躁로 處動之極하니 復之頻數(삭)而不能固者也라 復貴安固하니 頻復頻失은 不安於復也라 復善而屢失은 危之道也니 聖人開遷善之道하여 與其復而危其屢失이라 故云厲无咎라하니 不可以頻失而戒其復也라 頻失則爲危어니와 屢復이 何咎리오 過在失而不在復也니라

六三은 陰의 조급함으로 움직임(☳)의 끝에 있으니 돌아오기를 자주하지만 견고하게 지키지는 못하는 자이다. 돌아옴은 편안하고 견고함을 귀하게 여기니, 자주 돌아왔다가 자주 잃는 것은 돌아옴에 편안하지 않은 것이다. 善으로 돌아왔다가 자주 잃는 것은 위태로운 道이니, 聖人이 善으로 옮겨가는 길을 열어놓아 돌아오는 것을 허락하였으나 자주 잃는 것을 위태롭게 여겼다. 그러므로 "위태롭지만 허물은 없다."고 하였으니, 자주 잃는다고 해서 돌아옴을 경계할 수는 없는 것이다. 자주 잃는 것은 위태롭지만, 자주 돌아오는 것이 무슨 허물이 되겠는가? 허물은 잃는 데에 있지 돌아오는 데에 있지 않다.

【本義】以陰居陽하여 不中不正하고 又處動極하여 復而不固하니 屢失屢復之象이라 屢失故危요 復則无咎라 故其占又如此하니라

陰으로서 陽의 자리에 있어 中正하지 못하고, 또 움직임의 끝에 있어서 돌아오지만 견고하지 못하니, 자주 잃고 자주 돌아오는 象이다. 자주 잃기 때문에 위태롭지만, 돌아오면 허물이 없기 때문에 그 占이 또 이와 같다.

字義 頻 : 자주 빈　數 : 자주 삭　屢 : 자주 루

## 象曰 頻復之厲는 義[17]无咎也니라

〈象傳〉에 말하였다. "'자주 돌아옴이 위태로움'은 의리에는 허물이 없다."

【傳】頻復頻失이 雖爲危厲나 然復善之義는 則无咎也라

자주 돌아오고 자주 잃는 것이 비록 위태롭지만, 善으로 돌아온다는 의리에는 허물이 없다.

---

17 義 : 《大全》의 소주에서 楊萬里(南宋)는, 자주 돌아옴이 위태로운 것이 아니라, 자주 잘못함이 위태로운 것인데, 여기서는 돌아옴의 의미이기 때문에 허물이 없다고 보았다.

## 六四는 中行[18]하되 獨復이로다

六四는 가운데를 지나가지만 혼자서 돌아온다.

【傳】 此爻之義를 最宜詳玩이라 四行群陰之中而獨能復하여 自處於正하고 下應於陽剛하니 其志可謂善矣라 不言吉凶者는 蓋四以柔로 居群陰之間하고 初方甚微하여 不足以相援하니 无可濟之理라 故聖人이 但稱其能獨復이요 而不欲言其獨從道而必凶也라 曰 然則不言无咎는 何也오 曰 以陰居陰하여 柔弱之甚하니 雖有從陽之志나 終不克濟하니 非无咎也일새니라

이 爻의 의미를 가장 자세히 살펴봐야 한다. 六四가 여러 陰들의 가운데를 지나가지만 홀로 돌아와서 스스로 바른 자리에 머물고 아래로 강건한 陽(初九)과 호응하니, 그 뜻이 善하다고 할 수 있다. 吉凶을 말하지 않은 것은 六四가 유약함으로 여러 陰들 사이에 있고, 初九가 매우 미약하여 서로 구원하기에 부족하니, 구제할 수 있는 이치가 없기 때문이다. 그러므로 聖人이 단지 홀로 돌아올 수 있다고만 칭찬하고, 홀로 道를 따르지만 반드시 흉하다는 것은 말하고자 하지 않았다.

〈어떤 이가〉 묻기를 "그렇다면 허물이 없다고 말하지 않은 것은 무엇 때문입니까?" 하니, 대답하기를 "陰으로서 陰의 자리에 있어 柔弱함이 심하니, 비록 陽을 따르려는 뜻은 있지만 끝내 이룰 수 없으니, 허물이 없는 것이 아니기 때문입니다." 하였다.

【本義】 四處群陰之中而獨與初應하니 爲與衆俱行而獨能從善之象이라 當此之時하여 陽氣甚微하여 未足以有爲라 故不言吉이라 然理所當然이니 吉凶은 非所論也라 董子曰 仁人者는 正其義하고 不謀其利하며 明其道하고 不計其功[19]이라하니 於剝之六三及此爻에 見之라

六四가 여러 陰들 가운데에 있으면서 혼자 初九와 호응하니, 무리와 함께 가지만 혼자 善을

18 中行 : 《大全》의 소주에서 胡炳文(元)은, 泰卦䷊의 二爻와 夬卦䷪의 五爻에서 '中行(가운데를 지나감)'이라고 한 것은 二爻와 五爻가 上卦와 下卦의 가운데이기 때문이고, 益卦䷩의 三爻와 四爻에서 '中行'이라고 한 것은 三爻와 四爻가 한 괘의 가운데이기 때문이며, 復卦䷗의 四爻에서 '中行'이라고 한 것은 六四가 다섯 陰의 가운데이기 때문이니, 이것이 바로 때에 따라 '中(가운데)'을 취하는 도리라고 하였다.

19 仁人者……不計其功 : 이 내용은 《漢書》 〈董仲舒傳〉에 보인다.

따를 수 있는 象이 된다. 이러한 때에 陽氣가 아주 미약하여 아직은 일을 할 수 없기 때문에 吉함을 말하지 않았다. 그러나 이치에 당연한 것이니, 吉凶은 논할 바가 아니다. 董子(董仲舒)가 "어진 사람은 의리를 바르게 하고 이익을 도모하지 않으며, 道를 밝히고 功을 따지지 않는다." 하였으니, 剝卦䷖의 六三爻와 이 爻에서 그것을 알 수 있다.

字義 援 : 구원할 원

## 象曰 中行獨復은 以從道[20]也라

〈象傳〉에 말하였다. "'가운데를 지나가지만 혼자서 돌아옴'은 道를 따르기 때문이다."

【傳】稱其獨復者는 以其從陽剛君子之善道也라

혼자서 돌아온다고 칭찬한 것은 六四가 강건한 陽인 君子의 善한 道를 따르기 때문이다.

## 六五는 敦復이니 无悔하니라

六五는 돌아옴을 돈독히 함이니 후회가 없다.

【傳】六五以中順之德으로 處君位하여 能敦篤於復善者也라 故无悔라 雖本善이나 戒亦在其中矣라 陽復方微之時에 以柔居尊하고 下復无助하여 未能致亨吉也니 能无悔而已라

六五는 中順한 德으로 임금의 자리에 있어 善으로 돌아오기를 돈독하게 할 수 있는 자이기 때문에 후회가 없다. 본래 善하지만 경계가 또한 그 안에 있다. 陽의 돌아옴이 미약할 때에 유약한 陰이 높은 자리에 있고, 아래에 다시 도와주는 이가 없어 형통하고 吉함을 이룰 수 없으니, 후회만 없을 수 있을 뿐이다.

【本義】以中順居尊而當復之時하여 敦復之象이니 无悔之道也라

---

20 道 : 《大全》의 소주에서 胡炳文(元)은 《中庸》의 "자신을 道로 닦고, 道를 仁으로 닦는다."는 구절을 初九의 '修身'과 연관시켜서 六二에서 '仁'이라고 한 것과 六四에서 '道'라고 한 것은 初九만이 그것에 해당된다고 보았다.

中順함으로 높은 자리에 있으면서 돌아오는 때를 맞아 돌아옴을 돈독하게 하는 象이니, 후회가 없는 道이다.

象曰 敦復无悔는 中以自考[21]也라

〈象傳〉에 말하였다. "'돌아옴을 돈독히 하여 후회가 없음'은 中道로 스스로 이루는 것이다."

【傳】以中道自成也라 五以陰居尊하여 處中而體順하니 能敦篤其志하여 以中道自成이면 則可以无悔也라 自成은 謂成其中順之德이라

中道로써 스스로 이루는 것이다. 六五는 陰으로서 높은 자리에 있어 가운데 자리에 있고 卦體가 유순하니, 그 뜻을 돈독히 하여 中道로 스스로 이루면 후회가 없을 수 있다. '스스로 이룸'은 中順한 德을 이루는 것을 말한다.

【本義】考는 成也라

'考'는 이룸이다.

字義 考 : 이룰 고

上六은 迷[22]復[23]이라 凶하니 有災眚하여 用行師면 終有大敗하고 以其國이면 君이

---

21 考 : 朴齊家(朝鮮) 《周易》에서 《程傳》과 《本義》에서 '考'를 이룬다는 '成'의 의미로 본 것에 대해 의견을 달리하면서 '考'는 고찰한다는 뜻으로 보아야 한다고 주장하였다. 敦復의 돈독함이 이미 이루어진 것이 아니라, 돈독하게 할 수 있는지의 여부에 대해 고찰해보아 돌아옴에 돈독히 하면 후회가 없을 것이지만 만약 돌아옴에 돈독히 하지 못하면 후회가 있다는 뜻이다.

22 迷 : 金相岳(朝鮮)은 《山天易說》에서 '혼미함'은 坤卦의 상으로 보았다. 坤卦에서 "먼저 하면 혼미하고 나중에 하면 얻는다." 한 것은 陽을 따르는 도리를 말한 것인데 復卦의 上六은 끝에 있고 初九의 陽과 호응하지 못해 혼미하여 돌아오지 못하므로 凶하다.

23 迷復 : 《春秋左氏傳》 襄公 28년조에 공자 大叔이 공자 展에게 초나라 군주에 대해 평가한 내용이 있다. 楚子는 자기가 원하는 것처럼 鄭나라의 朝見을 받는 것을 되찾고자 하였지만 德을 닦지 않았고 道를 잃음이 이미 멀어 돌아갈 곳이 없으니 凶하고, 十年이 되기 전에는 제후의 패권을 다툴 수 없다고 하였다.

凶하여 至于十年히 不克征하리라

【本義】終有大敗하여 以其國君凶하여

上六은 돌아옴에 혼미하여 凶하니, 재앙이 있어서 군사를 동원하는 데에 쓰면 마침내 크게 패할 것이고, 나라를 다스리면 임금이 흉하여 십년까지 가지 못할 것이다.

【본의】마침내 크게 패하여 그 임금까지 흉하여

【傳】以陰柔居復之終하니 終迷不復者也라 迷而不復이면 其凶可知라 有災眚은 災는 天災니 自外來요 眚은 己過니 由自作이라 旣迷不復善하니 在己則動皆過失이요 災禍亦自外而至니 蓋所招也라 迷道不復이면 无施而可니 用以行師則終有大敗요 以之爲國則君之凶也라 十年者는 數之終이니 至於十年不克征은 謂終不能行이라 旣迷於道하니 何時而可行也리오

유약한 陰으로서 復卦의 끝에 있으니, 끝내 혼미하여 돌아오지 못하는 것이다. 혼미하여 돌아오지 못하니, 그 凶함을 알 만하다. "災眚이 있다."에서 '災'는 天災로 밖에서 오는 것이고, '眚'은 자신의 허물로 스스로 만든 것이다. 이미 혼미하여 善으로 돌아오지 못하니, 자신에게 있어서는 움직이면 모두 過失이고, 災禍가 또한 밖에서 오니 대개 스스로 불러들인 것이다. 道에 혼미하여 돌아오지 못하면 시행해서 할 수 있는 것이 없으니, 이것으로 군대를 동원하면 마침내 크게 패하고, 이것으로 나라를 다스리면 임금이 凶하다. '十年'은 數의 끝이니, 십년까지 가지 못하는 것은 끝내 행할 수 없음을 말한다. 이미 道에 혼미하니, 어느 때에 행할 수 있겠는가?

【本義】以陰柔居復終하여 終迷不復之象이니 凶之道也라 故其占如此하니라 以는 猶及也라

유약한 陰으로서 復卦의 끝에 있어서 끝내 혼미하여 돌아오지 못하는 象이니, 흉한 道이다. 그러므로 그 占이 이와 같다. '以其國君凶'의 '以'는 '及'과 같다.

字義 迷 : 혼미할 미 災 : 재앙 재 眚 : 재앙 생 征 : 갈 정

象曰 迷復之凶은 反君道[24]也일새라

〈象傳〉에 말하였다. "'돌아옴에 혼미하여 흉함'은 임금의 道와 반대되기 때문이다."

【傳】復則合道어늘 旣迷於復이면 與道相反也니 其凶可知라 以其國君凶은 謂其反君道也라 人君이 居上而治衆에 當從天下之善이어늘 乃迷於復하니 反君之道也라 非止人君이요 凡人迷於復者는 皆反道而凶也니라

돌아오면 道에 합하지만, 이미 돌아옴에 혼미하면 道와 상반되니, 그 흉함을 알 수 있다. "나라를 다스리면 임금이 흉하다."는 것은 임금의 道와 반대됨을 말한 것이다. 임금이 위에서 무리를 다스림에 천하의 善함을 따라야 하는데, 돌아옴에 혼미하니 임금의 道와 반대된다. 임금뿐만이 아니라, 일반사람들도 돌아옴에 혼미할 경우에는 모두 道와 반대되어 凶하다.

---

24 反君道 : 吳致箕(朝鮮)는 《周易經傳增解》에서 陽이 임금의 道가 되는데 上六은 陰으로 陰의 자리에 있으면서 陽과 호응하거나 가까이함이 없어서 임금의 道와 반대된다고 보았다.

# 周易傳義 卷第十

## 25. 无妄

### ☰☳ 震下乾上

下卦는 震卦☳이고 上卦는 乾卦☰이다.

【傳】无妄은 序卦에 復則不妄矣라 故受之以无妄이라하니라 復者는 反於道也니 既復於道면 則合[1]正理而无妄이라 故復之後에 受之以无妄也라 爲卦乾上震下하니 震은 動也니 動以天은 爲无妄이요 動以人欲則妄矣니 无妄之義大矣哉라

无妄卦는 〈序卦傳〉에 "회복하면 망령되지 않으므로 无妄卦로 받았다." 하였다. 復은 道를 회복하는 것이니, 이미 道를 회복하면 바른 이치에 합하여 망령됨이 없기 때문에 復卦의 다음에 无妄卦로 받은 것이다. 卦의 구성이 上卦는 乾卦☰이고 下卦는 震卦☳이다. 震卦는 움직임이니, 움직이기를 天道로 함은 망령됨이 없는 것이 되고, 움직이기를 人欲으로 하면 망령된 것이니, 无妄의 뜻이 크다.

无妄[2][3]은 元亨하고 利貞하니 其匪正이면 有眚하릴새 不利有攸往하니라

无妄은 크게 형통하고 바르게 함이 이로우니, 바르지 않으면 허물이 있을 것이므로

---

1 合 : 《大全》의 간주에 "어떤 판본에는 '合'자가 없다." 하였다.

2 无妄 : 빌헬름 영문판 주역인 《The I Ching》에서는 无妄卦를 "Wu Wang / Innocence (The Unexpected)" 라고 하였다. 무망괘는 상하괘가 조화를 이루어 하늘의 이치에 따라 움직이므로 순진하고 속임이 없으며 의도적인 기대나 속셈이 끼어들지 못하므로 '순진(기대하지 않은 일)'이라고 정의하였다.

3 无妄 : 无妄의 뜻에 대해 전통적으로 크게 두 가지 관점에서 풀이해왔다. 하나는 진실과 거짓이라는 '誠妄'의 妄으로 본 无妄이고 또 하나는 기원과 소망이라는 '願望'의 望으로 본 無望이다. 《大全》의 소주에서 邱富國(南宋)은 오직 망령됨〔妄〕이 없기 때문에 바램〔望〕이 없으니 서로 상통한다고 보았다. 진실하여 망령이 없는 사람이라면 无妄으로 바른 이치에 순수하여 禍와 福을 하늘에 맡기고, 구차하게 얻거나 요행히 면하려는 마음이 없어 無望이라는 것이다.

갈 곳을 둠이 이롭지 않다.

【傳】无妄者는 至誠也니 至誠者[4]는 天之道也라 天之化育萬物하여 生生不窮하여 各正其性命이 乃无妄也니 人能合无妄之道면 則所謂與天地合其德也라 无妄은 有大亨之理하니 君子行无妄之道면 則可以致大亨矣라 无妄은 天之道也니 卦는 言人由无妄之道也[5]라 利貞은 法无妄之道에 利在貞正이니 失貞正則妄也라 雖无邪心이나 苟不合正理則妄也니 乃邪心也라 故有[6]匪正則爲過眚이라 旣已无妄이면 不宜有往이니 往則妄也라

无妄은 지극히 성실함이니, 지극히 성실함은 하늘의 道이다. 하늘이 만물을 化育하여 끊임없이 낳고 낳아서 각각 性命을 바르게 하는 것이 无妄이니, 사람이 无妄의 道에 합하면 이른바 "天地와 더불어 德을 합한다."는 것이다. 无妄은 크게 亨通한 이치가 있으니, 君子가 无妄의 道를 행하면 크게 형통함을 이룰 수 있다. 无妄은 하늘의 道이니, 卦에는 사람이 无妄의 道를 따름을 말하였다. "바름이 이롭다."는 것은 无妄의 道를 본받음에 이로움이 바르게 하는 데 있으니, 바름을 잃으면 망령된 것이다. 비록 邪心이 없더라도 바른 이치에 맞지 않는다면 망령된 것이니, 바로 邪心이다. 그러므로 바르지 않으면 허물과 재앙이 된다. 이미 망령됨이 없으면 가는 곳을 두어서는 안 되니, 가면 망령된 것이다.

【本義】无妄은 實理自然之謂라 史記作无望하니 謂无所期望而有得焉者라하니 其義亦通이라 爲卦自訟而變하여 九自二來而居於初하고 又爲震主하니 動而不妄者也라 故爲无妄이요 又二體震動而乾健하며 九五剛中而應六二라 故其占이 大亨而利於正이니 若其不正이면 則有眚而不利有所往也라

无妄은 眞實한 이치가 저절로 그러함을 말한다. 《史記》〈春申君傳〉에는 '无望'으로 되어 있는데, "기대하거나 바라는 바가 없이도 얻는 것을 말한다."고 하니, 그 뜻이 또한 통한다. 卦의 구성이 訟卦䷅로부터 변하여 陽이 二爻 자리로부터 와서 初爻 자리에 거하고, 또 震卦☳의 주체가 되었으니, 움직이면서도 망령되지 않은 자이므로 无妄이 되었고, 또 두 卦體가 震卦는 움직이고 乾卦는 굳건하며, 九五가 剛中함으로 六二와 호응한다. 그러므로 그 占이 크게 형통하고 바르게 함이 이로우니, 만약 바르지 않다면 허물이 있어 가는 곳을 둠이 이롭지 않다.

---

4 者 : 《大全》의 간주에 "어떤 판본에는 '者'자가 없다." 하였다.

5 也 : 《大全》의 간주에 "어떤 판본에는 '也'자가 없다." 하였다.

6 有 : 《大全》의 간주에 "어떤 판본에는 '其'자로 되어 있다." 하였다.

字義 妄 : 망령될 망 望 : 바랄 망

彖曰 无妄은 剛이 自外來[7]而爲主於內하니

〈彖傳〉에 말하였다. "无妄은 剛이 밖에서 와서 안에서 주체가 되었으니,

【傳】謂初九也라 坤初爻變而爲震하니 剛自外而來也라 震은 以初爻爲主하니 成卦由之라 故初爲无妄之主라 動以天이 爲无妄이니 動而以天은 動爲主也라 以剛變柔하니 爲以正去妄之象이요 又剛正이 爲主於內하니 无妄之義也라 九居初 正也라

初九를 말한다. 坤卦☷의 初爻가 변하여 震卦☳가 되었으니, 剛이 밖에서 온 것이다. 震卦는 初爻를 주체로 삼으니, 卦가 初爻로 말미암아 이루어졌기 때문에 初九가 无妄卦의 주체가 된다. 天道로 움직이는 것이 无妄이니, 움직이는데 天道로 하는 것은 움직임이 주체가 되는 것이다. 剛으로 柔를 변화시켰으니, 바름으로 망령됨을 제거하는 象이 되고, 또 바른 剛이 안에서 주체가 되었으니, 망령됨이 없는 뜻이다. 陽이 初爻 자리에 있는 것이 바름이다.

動而健하고 剛中而應하여 大亨以正하니 天之命也라

움직이고 강건하며, 剛中으로 호응하여, 크게 형통하여 바르니, 하늘의 命이다.

【傳】下動而上健하니 是其動剛健也니 剛健은 无妄之體也라 剛中而應은 五以剛居中正하고 二復以中正相應하니 是順理而不妄也라 故其道大亨通而貞正하니 乃天之命也라 天命은 謂天道也니 所謂无妄也라

아래는 움직이고 위는 강건하니, 이는 그 움직임이 剛健한 것이니, 剛健함은 无妄의 本體이다. '剛中으로 호응함'은 九五가 剛으로 中正한 자리에 거처하고, 六二가 다시 中正함으로 서로 호응하는 것이니, 이는 이치를 따라서 망령되지 않은 것이다. 그러므로 그 道가 크게 형통

7 外來 : 李震相(朝鮮)은 《易學管窺》에서 '外來'에 대해 訟卦의 二爻에서 왔다고 한 《本義》의 견해와 坤卦☷의 初爻가 변하여 震卦☳가 되었다고 한 《程傳》의 견해를 비교하면서 《程傳》의 의견이 합당하다고 보았다. 二爻는 內卦에 속하기 때문에 '外來'에 부합하지 않는다는 것이다.

하며 바르니, 바로 하늘의 命이다. '天命'이란 天道를 말하니, 이른바 无妄이다.

其匪正[8]有眚不利有攸往은 无妄之往이 何之矣리오 天命不祐를 行矣哉아

'바르지 않으면 허물이 있을 것이므로 갈 곳을 둠이 이롭지 않음'은 无妄이 간들 어디로 가겠는가. 天命이 돕지 않는데 행할 수 있겠는가."

【傳】所謂无妄은 正而已니 小失於正則爲有過니 乃妄也라 所謂匪正은 蓋由有往이니 若无妄而不往이면 何由有匪正乎아 无妄者는 理之正也니 更有往이면 將何之矣리오 乃入於妄也라 往則悖於天理하여 天道所不祐니 可行乎哉아

이른바 无妄은 바름일 뿐이니, 조금이라도 바름을 잃으면 허물이 있게 되니, 바로 망령된 것이다. 이른바 '바르지 않음'은 가기 때문이니, 만약 无妄이면서 가지 않으면 무엇으로부터 바르지 않음이 있겠는가. 无妄은 이치의 바름이니, 다시 간들 장차 어디로 가겠는가? 마침내 망령된 데로 들어가고 만다. 가면 天理에 어긋나서 天道가 돕지 않을 것이니, 갈 수 있겠는가?

【本義】以卦變卦德卦體로 言卦之善이 如此라 故其占이 當獲大亨而利於正이니 乃天命之當然也라 其有不正이면 則不利有所往하니 欲何往哉아 蓋其逆天之命而天不祐之라 故不可以有行也라

卦變과 卦德과 卦體로 卦의 善함이 이와 같음을 말하였다. 그러므로 그 占이 마땅히 크게 형통함을 얻을 것이나 바르게 함이 이로우니, 바로 天命의 당연함이다. 바르지 못함이 있으면 가는 곳을 둠이 이롭지 않으니, 어디로 가고자 하는가? 天命을 거스려서 하늘이 돕지 않기 때문에 감이 있어는 안 된다.

字義 悖 : 거스를 패 祐 : 도울 우

---

8 其匪正 : 바르지 않음과 가는 것이 이롭지 않음의 관계에 대해 《程傳》에서는 바르지 않음은 가기 때문이라고 하였고 《本義》에서는 바르지 않으면 가는 것이 이롭지 않다고 하였다. 李恒老(朝鮮)는 《周易傳義同異釋義》에서 바름과 바르지 않음은 天命이 도와줌과 도와주지 않음이 되기 때문에 《程傳》의 견해는 본래의 뜻과 부합하지 않는다고 보았다.

象曰 天下雷行하여 物與无妄하니 先王이 以하여 茂對時하여 育萬物하니라

〈象傳〉에 말하였다. "하늘 아래에 우레가 행하여 물건마다 无妄을 부여하니, 先王이 이것을 본받아 때에 성대하게 합하여 만물을 기른다."

【傳】 雷行於天下하여 陰陽交和하여 相薄而成聲하니 於是에 驚蟄藏하고 振萌芽하여 發生[9]萬物하여 其所賦與 洪纖高下가 各正其性命하여 无有差妄[10]하니 物與无妄也라 先王觀天下雷行發生賦與之象하여 而以茂對天時하여 養育萬物하여 使各得其宜하니 如天與之无妄也라 茂는 盛也니 茂對之爲言은 猶盛行永言之比라 對時는 謂順合天時라 天道生萬物하여 各正其性命而不妄하니 王者體天之道하여 養育人民하여 以至昆蟲草木히 使各得其宜는 乃對時育物之道也라

우레가 하늘 아래에 행해서 陰陽이 서로 화합하여 서로 부딪쳐 소리를 이루니, 이에 칩거하고 있는 것들을 놀라게 하고, 싹을 진동시켜 만물을 발생해서, 부여하는 바가 크고 작은 것과 높고 낮은 것이 각각 性命을 바르게 하여 어그러지고 망령됨이 없으니, 물건마다 无妄을 부여한 것이다. 先王은 하늘 아래에 우레가 행하여 만물을 발생하고 性命을 부여하는 象을 보고 하늘의 때에 성대하게 합하여 만물을 양육하여 각각 마땅함을 얻게 하니, 마치 하늘이 无妄을 주는 것과 같다. '茂'는 성대함이니, '茂對'란 말은 '盛行', '永言'이란 말과 같다. '對時'는 하늘의 때에 따라 합함을 말한다. 天道가 만물을 낳아 각각 그 性命을 바르게 하고 망령되지 않으니, 왕이 하늘의 道를 체득하여 사람들을 양육하여 곤충과 초목에 이르기까지 각각 마땅함을 얻게 함은 바로 하늘의 때에 맞춰 물건을 기르는 道이다.

【本義】 天下雷行하여 震動發生하여 萬物各正其性命하니 是物物而與之以无妄也라 先王法此하여 以對時育物하여 因其所性而不爲私焉하니라

하늘 아래에 우레가 행하여 진동하고 발생해서 만물이 각각 性命을 얻으니, 이는 물건마다 无妄을 부여한 것이다. 先王이 이것을 본받아 때에 맞추어 만물을 길러서 만물의 본성을 따르고 사사롭게 하지 않는다.

字義 驚 : 놀랄 경　蟄 : 칩거할 칩　藏 : 감출 장　振 : 떨칠 진　萌 : 싹 맹　芽 : 싹 아　賦 : 줄 부

9 生 : 《大全》의 간주에 "어떤 판본에는 '育'자로 되어 있다." 하였다.

10 妄 : 《大全》의 간주에 "어떤 판본에는 '忒'자로 되어 있다." 하였다.

與 : 줄 여　洪 : 클 홍　纖 : 작을 섬　茂 : 성할 무　對 : 합할 대

## 初九는 无妄이니 往에 吉[11]하리라

初九는 무망이니, 가는 것이 길할 것이다.

【傳】 九以陽剛으로 爲主於內하니 无妄之象이요 以剛實[12]로 變柔而居內하니 中誠不妄者也라 以无妄而往이면 何所不吉이리오 卦辭에 言不利有攸往은 謂旣无妄이면 不可復有往也니 過則妄矣요 爻言往吉은 謂以无妄之道而行則吉也라

初九는 강건한 陽으로서 內卦의 주체가 되었으니 无妄의 象이고, 剛의 實함으로 柔를 변화시켜 안에 거처하니 마음이 성실하여 망령되지 않은 자이다. 无妄으로 가면 어느 곳인들 吉하지 않겠는가. 卦辭에 "갈 곳을 둠이 이롭지 않다." 한 것은 이미 망령됨이 없으면 다시 감이 있어서는 안 되니, 지나치면 망령된 것임을 말한 것이고, 爻辭에 "가는 것이 길하다."한 것은 无妄의 道로 가면 吉함을 말한 것이다.

【本義】 以剛在內하여 誠之主也니 如是而往이면 其吉可知라 故其象占如此하니라

剛으로 內卦에 있어 성실함의 주체이니, 이와 같이 하여 가면 吉함을 알 수 있다. 그러므로 그 象과 占이 이와 같다.

## 象曰 无妄之往은 得志[13]也리라

〈象傳〉에 말하였다. "无妄으로 감은 뜻을 얻을 것이다."

---

11 吉 : 吳致箕(朝鮮)는 《周易經傳增解》에서 无妄卦 여섯 爻의 吉凶에 관해 통틀어 설명해놓았다. 剛이 바름을 얻고 柔와 호응이 없는 것이 가장 좋고, 바름을 얻지는 못했지만 剛이 剛과 호응하는 것이 그 다음이고, 剛이 柔와 호응함이 있으면 비록 中正을 얻더라도 완전히 다 좋지는 않으며, 그 거처함이 바름을 얻지 못했는데 호응까지 있으면 재앙을 면하지 못한다고 하였다. 이 순위에 따르면 初九가 가장 좋고, 上九와 六三이 가장 흉하고 그 중간에 나머지 효들이 있게 된다.

12 實 : 《大全》의 간주에 "어떤 판본에는 '實'자가 없다." 하였다.

13 得志 : 朴齊家(朝鮮)는 《周易》에서 '뜻을 얻음'에 대해 기약하지 않고서 울려 막힘이 없는 우레의 상으로 보았다. 天의 无妄은 움직임에 있고 사람의 无妄은 바름을 지켜 움직이지 않음에 있다고 하여 動과 不動으로 하늘과 사람의 无妄을 구분하여 보았다. 그런 관점에서 보면 初九는 바름을 지켜 움직이지 않기 때문에 곧 天의 動이며 吉하다.

【傳】以无妄而往이면 无不得其志也라 蓋誠之於物에 无不能動하니 以之修身則身正하고 以之治事則事得其理하고 以之臨人則人感而化하여 无所往而不得其志也라

无妄으로 가면 뜻을 얻지 못함이 없다. 물건을 성실함으로 대하면 감동시키지 못함이 없으니, 이로써 몸을 닦으면 몸이 바르게 되고, 이로써 일을 다스리면 일이 이치를 얻고, 이로써 사람에게 임하면 사람이 감동하고 교화되어, 가는 곳마다 뜻을 얻지 못함이 없다.

六二는 不耕하여 穫[14]하며 不菑하여 畬니 則利有攸往하니라

【本義】不耕穫하며 不菑畬니

六二는 밭을 갈지 않고서도 수확하고, 일 년 된 밭을 만들지 않고서도 삼년 된 밭이 되니, 갈 곳을 둠이 이롭다.

【본의】밭을 갈거나 수확하지 않으며, 일 년 된 밭과 삼년 된 밭을 만들지 않으니

【傳】凡理之所然者는 非妄也요 人所欲[15]爲者 乃妄也라 故以耕穫菑畬譬之라 六二居中得正하고 又應五之中正하며 居動體而柔順하여 爲動能順乎中正이니 乃无妄者也라 故極言无妄之義라 耕은 農之始요 穫은 其成終也라 田一歲曰菑요 三歲曰畬라 不耕而穫하고 不菑而畬는 謂不首造其事하고 因其事理所當然也라 首造其事면 則是人心所作爲니 乃妄也요 因事之當然이면 則是順理應物로 非妄也니 穫與畬是也라 蓋耕則必有穫이요 菑則必有[16]畬하니 是事理之固然이요 非心意之所造作也라 如是則爲无妄이니 不妄則所往利而无害也라 或曰 聖人制作하여 以利天下者 皆造端也니 豈非妄乎아 曰 聖人隨時制作하여 合[17]乎風氣之宜요 未嘗先時而開之也라 若不待時면 則一聖人이 足以盡爲矣니 豈待累聖繼作也리오 時乃事之端이니 聖人隨時而爲也라

---

14 不耕 穫 : 不耕穫에 대해서 《本義》에서는 사사롭게 뜻을 일으켜 作爲하는 것이 아니고 때에 따르고 이치에 순응한다는 의미로 보았다. 반면 《程傳》에서는 "밭을 갈지 않고서도 수확하고 일 년 된 밭을 만들지 않고서도 삼년 된 밭이 된다." 하여 '而'자를 더해서 풀이하였다.

15 欲 : 《大全》의 간주에 "어떤 판본에는 '欲'자가 없다." 하였다.

16 有 : 《大全》의 간주에 "어떤 판본에는 '爲'자로 되어 있다." 하였다.

17 合 : 《大全》의 간주에 "어떤 판본에는 '因'자로 되어 있다." 하였다.

이치상 그러한(당연한) 것은 망령된 것이 아니고, 사람이 하고자 하는 것이 바로 망령된 것이다. 그러므로 '밭을 갈고 수확하는 것'과 '일년 된 밭과 삼년 된 밭'으로 비유하였다. 六二는 가운데 자리에 있으면서 바름을 얻었고, 또 中正한 九五와 호응하며, 움직이는 卦體(☳)에 있으면서 柔順하여, 움직이는데 中正함을 따름이 되니, 바로 망령됨이 없는 자이다. 그러므로 无妄의 뜻을 지극히 말하였다.

'밭을 가는 것'은 농사의 시작이고, '수확하는 것'은 그 마침을 이룬 것이다. 밭이 일 년 된 것을 '菑'라 하고, 밭이 삼년 된 것을 '畬'라고 한다. "밭을 갈지 않고서도 수확하고 일년 된 밭을 만들지 않고서도 삼년 된 밭이 된다."는 것은 앞장서서 일을 만들지 않고, 事理의 당연한 바를 따름을 말한다. 앞장서서 일을 만든다면 이는 人心으로 作爲한 것이므로 망령된 것이다. 일의 당연한 바를 따른다면 이는 이치와 사물에 順應하는 것이므로 망령된 것이 아니니, '수확하는 것'과 '삼년 된 밭이 되는 것'이 이것이다. 밭을 갈면 반드시 수확이 있고, 일년 된 밭을 만들면 반드시 삼년 된 밭이 있으니, 이는 일의 이치가 본래 그러한 것이고, 마음과 뜻으로 조작한 것이 아니다. 이와 같이 하면 无妄이 되니, 망령되지 않으면 가는 것이 이롭고 해로움이 없다.

어떤 이가 묻기를 "聖人이 制作하여 天下를 이롭게 하는 것은 모두 일의 단서를 만든 것이니, 어찌 망령된 것이 아니겠습니까?" 하니, 대답하기를 "聖人은 때에 따라 制作하여 풍속의 마땅함에 합하게 하였고, 일찍이 때에 앞서서 열어 놓지 않았습니다. 만약 때를 기다리지 않았다면 한 聖人이 모두 만들었을 것이니, 어찌 여러 聖人이 뒤이어 나와 제작하기를 기다렸겠습니까? 때는 바로 일의 단서이니, 聖人은 때에 따라 하는 것입니다." 하였다.

【本義】柔順中正하여 因時順理而无私意期望之心이라 故有不耕穫不菑畬之象하니 言其无所爲於前하고 无所冀於後也라 占者如是면 則利有所往矣리라

柔順하고 中正하여 때에 따르고 이치에 순응해서 사사로운 뜻으로 기대하고 바라는 마음이 없다. 그러므로 밭을 갈거나 수확하지 않으며 일년 된 밭과 삼년 된 밭을 만들지 않는 象이 있으니, 앞서서 하는 일이 없고 뒤에서 기대하는 일이 없음을 말한 것이다. 점치는 자가 이와 같이 하면 가는 것이 이롭다.

字義 耕 : 밭갈 경 穫 : 수확할 확 菑 : 일년 된 밭 치 畬 : 삼년 된 밭 여 造 : 만들 조
因 : 따를 인

## 象曰 不耕穫은 未富[18]也라

〈象傳〉에 말하였다. "'밭을 갈지 않고서도 수확함'은 부유하게 여겨서가 아니다."

【傳】未者는 非必之辭니 臨卦曰未順命이 是也라 不耕而穫하고 不菑而畬는 因其事之當然하니 旣耕則必有穫하고 旣菑則必成畬는 非必以[19]穫畬之富而爲也라 其始耕菑에 乃設心이 在於求[20]穫畬면 是는 以其富也니 心有欲而爲者는 則妄也라

'未'는 "반드시 그런 것은 아니다."라는 말이니, 臨卦에 "반드시 명령에 순종하려 해서 그런 것은 아니다." 한 것이 그것이다. 밭을 갈지 않고서도 수확하며 일년 된 밭을 만들지 않고서도 삼년 된 밭이 됨은 일의 당연함을 따른 것이고, 밭을 갈면 반드시 수확이 있고, 일 년 된 밭을 만들면 반드시 삼년 된 밭이 됨은, 반드시 수확하고 삼년 된 밭이 되는 것을 부유하게 여겨서 하는 것은 아니다. 처음 밭을 갈고 일 년 된 밭을 만들 때에 수확함과 삼년 된 밭을 구하는 데 마음을 두었다면 이는 부유해지기 위한 것이니, 마음에 욕심이 있어서 하는 것은 망령된 것이다.

【本義】富는 如非富天下[21]之富니 言非計其利而爲之也라

'부유함'은 "천하를 부유하게 여겨서가 아니다."라고 할 때의 '부유함'과 같으니, 그 이익을 계산하여 한 것이 아님을 말한다.

## 六三은 无妄之災니 或繫之牛하나 行人之得이 邑人之災로다

【本義】或繫之牛를

---

18 未富 : 《大全》의 소주에서 邱富國(南宋)은 陰이 陽을 얻는 것이 富인데 六二가 九五와 호응하지만 初九와 상비관계에 있기 때문에 아직 陽을 얻지 못하지만 결국은 陽을 얻는 의미로 풀면서 未富를 不富와 구분하였다. 未富는 마침내 부유해질 수 있는 이치가 있지만 不富는 끝내 부유하지 못한 것으로 보았다.

19 必以 : 《大全》의 간주에 "어떤 판본에는 '必以'가 없다." 하였다.

20 求 : 《大全》의 간주에 "어떤 판본에는 '求'자가 없다." 하였다.

21 非富天下 : 《孟子》〈藤文公 下〉에 "〈탕임금이〉 천하를 탐내서가 아니라 필부필부를 위하여 복수한 것이다.〔非富天下也 爲匹夫匹婦 復讐也〕라고 한 것을 가리킨다.

六三은 无妄의 재앙이니, 설혹 소를 매어놓았다 하더라도 길 가는 사람이 얻음은 읍 사람의 재앙이다.

【본의】 혹자가 매어 놓은 소를

【傳】 三以陰柔而不中正하니 是爲妄者也요 又志應於上은 欲也니 亦妄也니 在无妄之道에 爲災害也라 人之妄動은 由有欲也니 妄動而得이면 亦必有失하니 雖使得其所利라도 其動而妄이면 失已大矣어든 況復凶悔隨之乎아 知者見妄之得이면 則知其失必與稱也라 故聖人이 因六三有妄之象而發明其理하여 云无妄之災니 或繫之牛하나 行人之得이 邑人之災라하시니 言如三之爲妄은 乃无妄之災害也니 設如有得이라도 其失隨至하여 如或繫之牛라 或은 謂設或也라 或繫得牛하나 行人得之以爲有得이 邑人失牛하니 乃是災也라 借使邑人이 繫得馬則行人失馬하니 乃是災也라 言有得則有失이니 不足以爲得也라 行人, 邑人은 但言有得則有失이요 非以爲彼己也라 妄得之福은 災亦隨之요 妄得之得은 失亦稱之니 固不足以爲得也라 人能知此면 則不爲妄動矣리라

六三은 유약한 陰으로서 中正하지 못하니 이는 망령된 자이고, 또 뜻이 上九와 호응함은 욕심이니 또한 망령된 것이다. 无妄의 道에 있어서는 재앙과 해로움이 된다. 사람이 망령되이 움직이는 것은 욕심이 있기 때문이니, 망령되이 움직여서 얻으면 또한 반드시 잃게 된다. 설사 이익을 얻었더라도 그 움직임이 망령되었다면 잃음이 이미 큰데, 하물며 다시 흉함과 뉘우침이 뒤따름에 있어서이겠는가. 지혜로운 자는 망령되이 얻은 것을 보면 잃음이 반드시 거기에 따르게 됨을 안다. 그러므로 聖人이 六三에 망령됨이 있는 象을 통해 그런 이치를 밝혀서 말하기를 "无妄의 재앙이니, 설혹 소를 매어 놓았다 하더라도 길 가는 사람이 얻음은 읍 사람의 재앙이다." 하였다. 六三처럼 망령된 짓을 하는 것이 바로 无妄의 災害이니, 설사 얻음이 있더라도 잃음이 뒤따라 이르러서 혹 소를 매어 놓은 것과 같다. '或'은 '設或'을 말한다. 설혹 소를 매어 놓아 얻었다 하더라도 길 가는 사람이 얻고서 얻었다고 여기는 것은 邑 사람이 소를 잃은 것이 되니, 이것이 바로 재앙이다. 가령 읍 사람이 말을 매어 놓아 얻었다면 길 가는 사람은 말을 잃은 것이 되니, 이것이 바로 재앙이다. 이는 얻음이 있으면 잃음이 있으니, 얻은 것이 될 수 없음을 말한 것이다. '길 가는 사람'과 '읍 사람'은 다만 얻음이 있으면 잃음이 있음을 말한 것이지, 저 사람과 자기를 말한 것은 아니다. 망령되이 얻은 福에는 재앙이 또한 뒤따르고, 망령되이 얻은 얻음에는 잃음이 또한 거기에 따르니, 참으로 얻었다고 할 수 없다. 사람이 이것을 안다면 망령되이 움직이지 않을 것이다.

【本義】卦之六爻 皆无妄者也로되 六三이 處不得正이라 故遇其占者无故而有災하니 如行人牽牛以去어늘 而居者反遭詰捕之擾也라

卦의 여섯 爻가 모두 망령됨이 없는 자이나, 六三이 거처함에 바름을 얻지 못했다. 그러므로 이 占을 만난 자는 아무 까닭 없는 재앙이 있으니, 예를 들어 길 가는 사람이 소를 끌고 갔는데, 거주하는 사람이 도리어 힐문하고 체포 당하는 소요를 겪는 것과 같다.

字義 稱 : 부합할 칭 遭 : 만날 조 詰 : 힐문 힐 捕 : 체포할 포 擾 : 시끄러울 요

## 象曰 行人得牛[22] 邑人災也라

〈象傳〉에 말하였다. "'길 가는 사람이 소를 얻음'은 읍 사람의 재앙이다."

【傳】行人得牛는 乃邑人之災也라 有得則有失이니 何足以爲得乎아

길 가는 사람이 소를 얻음은 바로 邑 사람의 재앙이다. 얻음이 있으면 잃음이 있으니, 어찌 얻었다고 할 수 있겠는가.

## 九四는 可貞이니 无咎리라

九四는 貞固하게 지킬 수 있으니, 허물이 없을 것이다.

【傳】四는 剛陽而居乾體하고 復无應與하니 无妄者也라 剛而无私면 豈有妄乎아 可貞固守此하니 自无咎也라 九居陰이 得爲正[23]乎아 曰以陽居乾體하니 若復處剛則爲[24]過矣라 過則妄也나 居四는 无尙剛之志也라 可貞은 與利貞不同하니 可貞은 謂其所處可貞固守

22 行人得牛 : 李瀷(朝鮮)은 《易經疾書》에서 〈象傳〉의 "剛이 밖에서 와서 안에서 주인이 된다."는 구절과 연관시켜 主客을 말하고 있다. 이에 대해 "밖은 건괘를 가리키니, 곧 外卦이다. 진괘는 건괘의 한 획이 곤괘에서 구하여 얻은 것이니, 그 굳셈이 아직 밖으로부터 오는 데 이르지 않을 때는 곤괘일 뿐이다. 안에 있는 것이 주인이 되면 밖에 있는 것이 客이 되니, 길 가는 사람이 이것이다. 밖으로부터 와서 곤괘의 주인이 되니, 소를 얻는 것이 아니고 무엇이겠는가?" 하였다.

23 正 : 《大全》의 간주에 "어떤 판본에는 '貞'자로 되어 있다." 하였다.

24 爲 : 《大全》의 간주에 "어떤 판본에는 '爲'자가 없다." 하였다.

之요 利貞은 謂利於貞也라

九四는 강건한 陽으로 乾의 卦體에 있고 다시 호응하여 함께하는 자가 없으니, 无妄한 자이다. 강건하고 사사로움이 없으면 어찌 망령됨이 있겠는가. 이를 貞固하게 지킬 수 있으니, 스스로 허물이 없다.

〈어떤 이가 묻기를〉 "陽이 陰의 자리에 있는데, 바름이 될 수 있습니까?" 하니, 대답하기를 "陽으로서 乾의 卦體에 있으니, 만약 다시 剛한 자리에 있다면 지나침이 된다. 지나치면 망령되지만 四爻 자리에 있는 것은 剛함을 숭상하는 뜻이 없는 것이다. '可貞'은 '利貞'과 같지 않으니, '可貞'은 그 처한 바를 貞固하게 지킬 수 있음을 말하고, '利貞'은 바름이 이로움을 말한다.

【本義】陽剛乾體로 下无應與하니 可固守而无咎요 不可以有爲之占也라

강건한 陽으로 乾의 卦體에 있으며, 아래에 호응하여 함께하는 자가 없으니, 견고하게 지킬 수 있으면 허물이 없고, 함이 있어서는 안 되는 占이다.

## 象曰 可貞无咎는 固有之[25]也일새라

〈象傳〉에 말하였다. "'정고하게 지킬 수 있으니, 허물이 없음'은 견고하게 지키기 때문이다."

【傳】貞固守之則无咎也라

貞固하게 지키면 허물이 없다.

【本義】有는 猶守也라

'有'는 '守'와 같다.

## 九五는 无妄之疾[26]은 勿藥이면 有喜리라

---

25 固有之 : 李震相(朝鮮)은 《易學管窺》에서 '固有之'는 지킬 수 있는 곧음을 본래 가지고 있는 것으로 "본래 가지고 있다."는 뜻으로 보아야 한다고 보았다. 즉 固를 貞固의 固가 아닌 固有의 固로 보아야 한다는 뜻이다.

26 无妄之疾 : 金相岳(朝鮮)은 《山天易說》에서 《周易》에서 '疾'이라고 한 것은 모두 陰爻를 가리켜 말

【本義】无妄之疾이니 勿藥有喜리라

九五는 无妄의 病은 藥을 쓰지 않으면 기쁨이 있을 것이다.

【본의】无妄의 病이니, 약을 쓰지 않아도 기쁨이 있을 것이다.

【傳】九以中正當尊位하고 下復以中正順應之하여 可謂无妄之至者也니 其道无以加矣라 疾은 爲之病者也라 以九五之无妄으로 如其有疾인댄 勿以藥治則有喜也라 人之有疾이면 則以藥石攻去其邪하여 以養其正이어니와 若氣體平和하여 本无疾病而攻治之면 則反害其正矣라 故勿藥則有喜也니 有喜는 謂疾自亡也라 无妄之所謂疾者는 謂若治之而不治하고 率之而不從하고 化之而不革하여 以妄而爲无妄之疾이니 舜之有苗와 周公之管蔡와 孔子之叔孫武叔[27]이 是也라 旣已无妄而有疾之者면 則當自如라 无妄之疾은 不足患也어늘 若遂自攻治면 乃是渝其无妄而遷於妄也라 五旣處无妄之極이라 故唯戒在動하니 動則妄矣라

九五가 中正함으로 높은 자리에 해당하고, 아래에 다시 六二가 中正함으로 順應하고 있어서, 无妄이 지극한 자라고 이를 만하니, 그 道가 이보다 더할 수는 없다. '疾'은 병이 든 것이다. 九五의 无妄으로 만약 질병이 있다면 약으로 치료하지 않으면 기쁨이 있을 것이다. 사람이 질병이 있으면 약이나 침으로 邪氣를 다스려 제거해서 正氣를 길러야 하지만, 만약 기운과 몸이 화평하여 본래 질병이 없는데 약이나 침으로 다스린다면 도리어 正氣를 해치게 된다. 그러므로 약을 쓰지 않으면 기쁨이 있는 것이니, '기쁨이 있음'은 질병이 저절로 없어짐을 말한다. 无妄卦에서 말하는 '질병'은 다스려도 다스려지지 않고 이끌어도 따르지 않고 교화하여도 고쳐지지 않아서 망령되어 无妄의 질병이 된 것을 이르니, 舜 임금에게는 有苗, 周公에게는 管叔와 蔡叔, 孔子에게는 叔孫武叔이 이러한 경우이다. 이미 无妄한데 병들게 하는 자가 있으면 평소와 다름없이 해야 한다. 无妄의 병질은 근심할 것이 못되는데 만약 마침내 스스로 치료하려 하면 이는 바로 无妄을 변하여 망령으로 옮겨가는 것이다. 九五가 이미 无妄의

한 것이라고 하였다. 즉 豫卦 六五와 損卦 六四의 疾은 本爻를 가리킨 것이고, 遯卦 九三과 鼎卦 九二와 兌卦 九四의 疾은 모두 比爻인 六二나 六三을 가리킨 것으로 보았다. 无妄卦의 九五는 六二의 應爻가 无妄卦의 때에 疾에 해당한다. 이렇게 보면《周易》爻辭에서 '疾'은 本爻나 比爻나 應爻로 다르지만 모두 陰爻라는 공통점이 있다.

27 舜之有苗……孔子之叔孫武叔 : 순임금과 주공과 공자는 모두 성인이다. 성인에게도 거역하거나 훼방하는 존재가 있으니 바로 유묘와 관숙·채숙과 숙손무숙으로, 이들은 무망지질에 해당한다. 叔孫武叔은 공공연하게 '子貢이 공자보다 뛰어나다'고 하며 공자를 훼방하고 다닌 인물이다.

지극함에 거처하였기 때문에 오직 경계함이 움직임에 있으니, 움직이면 망령된 것이다.

【本義】乾剛中正으로 以居尊位而下應亦中正하니 无妄之至也라 如是而有疾이면 勿藥而自愈矣라 故其象占如此하니라

乾의 剛함과 中正함으로 높은 자리에 있고 아래의 호응도 中正하니, 无妄이 지극하다. 이와 같은데 병질이 있으면 약을 쓰지 않아도 저절로 낫는다. 그러므로 그 象과 占이 이와 같다.

字義 藥 : 약 약 石 : 돌침 석 攻 : 칠 공 去 : 제거할 거 邪 : 사기 사 渝 : 변할 투

象曰 无妄之藥은 不可試也니라

〈象傳〉에 말하였다. "无妄의 약은 시험해 볼 수 없다."

【傳】人之有妄이면 理必修改어니와 旣无妄矣어늘 復藥以治之면 是反爲妄也니 其可用乎아 故云不可試也라 試는 暫用也니 猶曰少嘗之也라

사람이 망령됨이 있으면 이치상 반드시 닦고 고쳐야 하지만, 이미 无妄한데 다시 약으로 치료하면 이는 도리어 망령된 것이 되니, 쓸 수 있겠는가. 그러므로 "시험해 볼 수 없다." 하였다. '試'는 잠시 쓰는 것이니, "조금 맛본다."는 말과 같다.

【本義】旣已无妄而復藥之면 則反爲妄而生疾矣라 試는 謂少嘗之也라

이미 无妄한데 다시 약을 쓰면 도리어 망령됨이 되어 질병이 생긴다. '試'는 조금 맛보는 것을 말한다.

字義 試 : 시험할 시 暫 : 잠시 잠 嘗 : 맛볼 상

上九는 无妄에 行이면 有眚하여 无攸利하니라

【本義】无妄에 行이니

上九는 无妄인데 가면 허물이 있어서 이로운 바가 없다.

【본의】무망인데 가니

【傳】上九居卦之終하니 无妄之極者也라 極而復行이면 過於理也니 過於理則妄也라 故上九而行이면 則有過眚而无所利矣라

上九는 卦의 끝에 있으니, 无妄이 지극한 자이다. 지극한데 다시 가면 이치에 지나치니, 이치에 지나치면 망령됨이 된다. 그러므로 上九인데 가면 허물이 있어서 이로움이 없다.

【本義】上九非有妄也요 但以其窮極而不可行耳라 故其象占如此하니라

上九가 망령된 것이 아니고, 다만 窮極에 있기 때문에 갈 수 없을 뿐이다. 그러므로 그 象과 占이 이와 같다.

象曰 无妄之行[28]은 窮之災也라

〈象傳〉에 말하였다. "'무망인데 감'은 궁극의 재앙이다."

【傳】无妄旣極而復加進이면 乃爲妄矣니 是窮極而爲災害也라

无妄이 이미 지극한데 다시 더 나아가면 바로 망령됨이 되니, 이는 窮極하여 재앙이 된다.

---

28 无妄之行 : 楊文煥(朝鮮)은 《周易》에서 无妄은 하늘로 움직이는 것으로 하늘을 어겨 움직이면 망령임을 전제로 하면서 上卦에 속한 세 爻와 下卦에 속한 세 爻로 나누어 움직임의 마땅함을 판단하였다. 이에 따르면 下卦인 震卦에 속한 初九와 六二와 六三은 움직임에서 이로움을 얻을 수 있다. 上卦인 乾卦에 속한 九四와 九五와 上九는 움직임을 경계하였으니 움직이면 하늘을 어긴다. 그래서 움직여야 하는데 움직이지 않거나, 마땅히 움직이지 않아야 하는데 움직이는 것은 모두 망령이라고 하였다.

# 26. 大畜

## ☶☰ 乾下艮上

下卦는 乾卦☰이고 上卦는 艮卦☶이다.

【傳】大畜은 序卦에 有无妄然後可畜이라 故受之以大畜이라하니라 无妄則爲有實이라 故可畜聚니 大畜所以次无妄也라 爲卦艮上乾下하여 天而在於山中하니 所畜至大之象이라 畜은 爲畜止요 又爲畜聚니 止則聚矣라 取[1]天在山中之象則爲蘊畜이요 取艮之止乾則爲畜止니 止而後有積이라 故止爲畜義니라

大畜卦는 〈序卦傳〉에 “망령됨이 없은 뒤에 쌓을 수 있기 때문에 大畜卦로 받았다.” 하였다. 망령됨이 없으면 실질이 있기 때문에 쌓아서 모을 수 있으니, 大畜卦가 无妄卦 다음에 온 까닭이다. 卦의 구성이 上卦는 艮卦☶이고 下卦는 乾卦☰이어서 하늘이 산 가운데에 있으니, 쌓은 것이 지극히 큰 象이다. ‘畜’은 ‘쌓아서 저지함’이 되기도 하고, 또 ‘쌓아서 모음’이 되기도 하니, 저지하면 모인다. 하늘이 산 가운데에 있는 象을 취하면 ‘쌓아서 모음’이 되고, 艮卦가 乾卦를 저지함을 취하면 ‘쌓아서 저지함’이 되니, 저지한 뒤에 쌓임이 있기 때문에 ‘저지함’이 ‘畜’의 뜻이 된다.

字義 畜 : 쌓을 축 聚 : 모을 취 蘊 : 쌓일 온

大畜[2]은 利貞[3]하니 不家食[4]하면 吉하니 利涉大川[5]하니라

---

1 取 : 《大全》의 간주에 “어떤 판본에는 앞에 ‘又’자가 있다.” 하였다.

2 大畜 : 빌헬름 영문판 주역인 《The I Ching》에서는 大畜卦를 “Ta Ch’u / The Taming Power of the Great”라고 하였다. 대축괘는 산을 상징하는 간괘가 하늘을 상징하는 건괘를 길들이는 상이므로 소축괘와 대비해서 ‘양의 길들이는 힘’이라고 정의하였다.

【本義】 不家食하여 吉하고

大畜은 바르게 함이 이로우니, 집에서 밥을 먹지 않으면 吉하니, 큰 내를 건넘이 이롭다.

【본의】 집에서 밥을 먹지 않아서 길하고

【傳】 莫大於天而在山中하고 艮在上而止乾於下하니 皆蘊畜至大之象也라 在人에 爲學術道德이 充積於內하니 乃所畜之大也니 凡所畜聚皆是로되 專言其大者라 人之蘊畜은 宜得正道라 故云利貞이니 若夫異端偏學은 所畜至多而不正者 固有矣라 旣道德充積於內면 宜在上位하여 以亨天祿하여 施爲於天下면 則不獨於[6]一身之吉이요 天下之吉也어니와 若窮處而自食於家면 道之否也라 故不家食則吉이라 所畜旣大면 宜施之於時하여 濟天下之艱險이니 乃大畜之用也라 故利涉大川이라 此는 只據大畜之義而言이요 彖은 更以卦之才德而言하며 諸爻則惟有止畜之義하니 蓋易은 體道隨宜하여 取明且近者라

하늘보다 더 큰 것이 없는데도 하늘이 산 가운데 있고, 艮卦가 위에 있으면서 乾卦를 아래로 저지하니, 모두 쌓아서 모음이 지극히 큰 象이다. 사람에게는 學術과 道德이 내면에 가득 쌓인 것이 되니, 이는 쌓인 바가 큰 것이다. 쌓아서 모으는 것이 모두 여기에 해당되지만, 오직 그 큰 것만을 말하였다. 사람이 쌓아서 모으는 것은 바른 道를 얻어야 하기 때문에 "바르게 함이 이롭다." 하였으니, 異端이나 편벽된 학문은 쌓은 것이 지극히 많더라도 바르지 못한 경우가 본래 있다. 이미 道德이 내면에 쌓였으면 높은 지위에서 하늘이 주는 俸祿을 누리니, 천하에 베풀면 다만 한 몸이 吉할 뿐만 아니라 천하 사람들이 吉하겠지만, 궁색하게 거처하여 스스로 집에서 밥을 먹으면 道가 막힌 것이므로 집에서 밥을 먹지 않으면 吉하다. 쌓은 바가 이미 크

---

3 利貞 : 《大全》의 소주에서 胡炳文(元)은, 大畜卦와 大壯卦는 모두 陽이 넷인 卦이기 때문에 '大'를 말했지만 '利貞'의 구체적 의미는 다르다고 보았다. 大壯卦에서는 禮를 강조한 것이고, 大畜卦에서는 要領을 강조한 것으로 보았다.

4 不家食 : 집에서 밥을 먹는 것과 집에서 밥을 먹지 않는 것에 대해 《大全》의 소주에서 郭雍(南宋)은, 옛사람이 벼슬하지 않아 봉록이 없으면 경작하여 집에서 밥을 먹었지만, 벼슬하여 봉록을 받으면 충분히 경작을 대신할 수 있어 경작하지 않았기 때문에 집에서 밥을 먹는 것이 아니라고 하였다.

5 利涉大川 : 李震相은 《易學管窺》에서 "두 陰이 가운데에 있고 陽이 그것들의 밖을 포위하니 큰 내의 象이 있다." 하였다.

6 於 : 《大全》의 간주에 "어떤 판본에는 '於'자가 없다." 하였다.

면 그 시대에 베풀어서 천하의 어려움과 험함을 구제하여야 하니, 이것이 大畜의 쓰임이다. 그러므로 큰 내를 건넘이 이롭다. 여기서는 다만 大畜의 뜻에 근거하여 말하였고, 〈彖傳〉에서는 다시 卦의 재질과 德을 가지고 말하였으며, 여러 爻에서는 오직 저지한다는 뜻만 있으니, 《周易》은 道를 본받고 마땅함을 따라서 분명하고도 가까운 것을 취하였다.

【本義】 大는 陽也니 以艮畜乾은 又畜之大者也요 又以內乾剛健하고 外艮篤實輝光이라 是以能日新其德而爲畜之大也라 以卦變言하면 此卦自需而來하여 九自五而上하고 以卦體言하면 六五尊而尙之하고 以卦德言하면 又能止健이니 皆非大正이면 不能이라 故其占이 爲利貞而不家食吉也라 又六五下應於乾하여 爲應乎天이라 故其占이 又爲利涉大川也라 不家食은 謂食祿於朝하고 不食於家也라

'大'는 陽이니, 艮卦로 乾卦를 저지함은 또 저지함이 크고, 또 內卦의 乾은 剛健하고 外卦의 艮은 독실하고 빛난다. 이 때문에 날로 德을 새롭게 하여 쌓음이 크다. 卦變으로 말하면 이 卦는 需卦䷄로부터 와서 九五가 五爻 자리에서 맨 위로 올라갔고, 卦體로 말하면 六五가 尊位에서 上九를 높여주며, 卦德으로 말하면 또 剛健함을 저지할 수 있으니, 모두 크게 바름이 아니면 할 수가 없다. 그러므로 그 占이 바름이 이롭고 집에서 밥을 먹지 않아서 吉하다. 또 六五가 아래로 乾卦에 호응하여 하늘과 호응하기 때문에 그 占이 또한 큰 내를 건넘이 이롭다. '不家食'은 조정에서 봉록을 먹고 집에서 밥을 먹지 않음을 말한다.

字義 充 : 가득할 충 積 : 쌓을 적 祿 : 봉록 록 據 : 근거할 거

彖曰 大畜은 剛健하고 篤實하고 輝光하여 日新其德이니

〈彖傳〉에 말하였다. "大畜은 剛健하고 篤實하고 빛나서 날로 德을 새롭게 하니

【傳】 以卦之才德而言也라 乾體剛健하고 艮體篤實하니 人之才剛健篤實이면 則所畜能大하여 充實而有輝光하니 畜之不已면 則其德日新也라

卦의 재질과 德으로 말하였다. 乾의 卦體는 剛健하고 艮의 卦體는 篤實하니, 사람의 재질이 剛健하고 篤實하면 쌓음이 커질 수 있어서 충실하고 빛남이 있으니, 쌓기를 그치지 않으면 德이 날로 새로워진다.

【本義】以卦德으로 釋卦名義라

卦德으로 卦名의 뜻을 해석하였다.

字義 篤 : 견실할 독 輝 : 빛날 휘

## 剛上而尙賢하고 能止健[7]이 大正也라

剛이 위에 있어 賢人을 높이고 剛健함을 저지할 수 있음이 크게 바른 것이다.

【傳】剛上은 陽居上也라 陽剛이 居尊位之上하니 爲尙賢之義요 止居健上하니 爲能止健之義라 止乎健者는 非大正則安能이리오 以剛陽在上與尊尙賢德과 能止至健은 皆大正之道也라

'剛上'은 陽이 上爻에 거처한 것이다. 강건한 陽이 尊位(五爻)의 위에 있으니 賢人을 높이는 뜻이 되고, 저지함이 剛健함의 위에 있으니 剛健함을 저지할 수 있는 뜻이 된다. 剛健함을 저지함은 크게 바른 것이 아니면 어찌 할 수 있겠는가. 강건한 陽으로 위(上爻)에 있는 것과 현명한 德이 있는 자를 높이는 것과 지극히 剛健함을 저지하는 것은 모두 크게 바른 道이다.

【本義】以卦變卦體로 釋卦辭라

卦變과 卦體로 卦辭를 해석하였다.

## 不家食吉은 養賢也요

'집에서 밥을 먹지 않으면 길함'은 賢人을 기르는 것이고

【本義】亦取尙賢之象이라

또한 賢人을 높이는 象을 취하였다.

---

7 能止健 : 金相岳은 《山天易說》에서 "艮卦와 乾卦를 四象數의 動靜원리로 해석하였는데, 老陽의 九는 乾卦로 動하며 少陽의 七은 艮卦로 靜하니, 艮卦의 靜으로 乾卦의 動을 제어할 수 있다." 하였다.

利涉大川은 應乎天也라

'큰 내를 건넘이 이로움'은 하늘에 호응하는 것이다."

【傳】大畜之人은 所宜施其所畜하여 以濟天下라 故不食於家則吉이니 謂居天位享天祿也라 國家養賢하면 賢者得行其道也라 利涉大川은 謂大有蘊畜之人은 宜濟天下之艱險也라 彖은 更發明卦才하여 云所以能涉大川者는 以應乎天也라 六五는 君也니 下應乾之中爻는 乃大畜之君이 應乾而行也라 所行이 能應乎天이면 无艱險之不可濟어든 況其他乎아

크게 쌓은 사람은 마땅히 그 쌓은 바를 베풀어서 천하를 구제해야 하기 때문에 집에서 밥을 먹지 않으면 吉하니, 하늘의 자리에 있으면서 하늘의 복록을 누림을 말한다. 國家에서 賢人을 기르면 현명한 사람이 道를 행하게 된다. "큰 내를 건넘이 이롭다."는 크게 쌓은 것이 있는 사람은 천하의 어려움과 험함을 구제하여야 함을 말한다. 〈彖傳〉에서는 다시 卦의 재질을 밝혀서 大川을 건널 수 있는 까닭은 하늘에 호응하기 때문이라고 하였다. 六五는 임금이니, 아래로 乾卦의 가운데 爻(九二)에 호응함은 바로 크게 쌓은 임금이 乾卦에 호응하여 행하는 것이다. 행하는 바가 하늘에 호응하면 구제하지 못할 어려움과 험함이 없는데, 하물며 다른 것이겠는가.

【本義】亦以卦體而言이라

또한 卦體로 말하였다.

字義 艱 : 어려울 간　險 : 험할 험

象曰 天在山中[8]이 大畜이니 君子以하여 多識前言往行하여 以畜其德하나니라

---

8 天在山中 : 李瀷(朝鮮)은 《易經疾書》에서 실제 하늘이 산 가운데에 있는 것이 '天在山中'이 아니라 氣를 가리켜 말한 것으로 보았다. 봄에서 여름으로 가는 절기에는 天氣가 下降하여 산 가운데에 쌓이고, 가을에서 겨울로 가는 절기에는 天氣가 올라가니, 大畜卦는 하늘의 기가 하강하므로 산 가운데에 天氣가 쌓이는 때라는 것이다. 그리고 "〈雜卦傳〉에서는 '大畜은 時'라고 하였으니 사철이 모두 그러한 것은 아니나 하늘이 山 가운데 있을 때가 있다는 것이다. 가을에서 겨울로 가는 절기에 하늘의 기가 올라간다면, 봄에서 여름으로 가는 사이에는 하늘의 기가 하강하므로 그 내려옴에는 때가 있어 항상 그런 것은 아님을 알 수 있으니 이로써 증명할 수 있다." 하였다.

〈象傳〉에 말하였다. "하늘이 산 가운데에 있는 것이 大畜이니, 君子가 이것을 본받아 이전의 말과 지나간 행동을 많이 알아 德을 쌓는다."

【傳】天爲至大而在山之中은 所畜至大之象이니 君子觀象하여 以大其蘊畜이라 人之蘊畜이 由學而大는 在多聞前古聖賢之言與行하니 考跡以觀其用하고 察言以求其心하여 識而得之하여 以畜成其德이 乃大畜之義也라

하늘이 지극히 큰 것인데 산 가운데에 있는 것은 쌓은 것이 지극히 큰 象이니, 君子가 이 象을 보고서 쌓기를 크게 한다. 사람이 쌓는 것이 학문으로 말미암아 커짐은 옛 성현의 말씀과 행실을 많이 듣는 데에 있으니, 행적을 상고하여 쓰임을 관찰하며 말을 살펴 그 마음을 찾아서, 알고 체득하여 德을 쌓아 이루는 것이니, 이것이 바로 大畜의 뜻이다.

【本義】天在山中은 不必實有是事요 但以其象言之耳라

하늘이 산 가운데 있다는 것은 반드시 실제로 이러한 일이 있다는 것이 아니고, 다만 그 象을 가지고 말했을 뿐이다.

字義 跡 : 행적 적 識 : 알 식

## 初九는 有厲리니 利已니라

初九는 위태로움이 있을 것이니, 그만두는 것이 이롭다.

【傳】大畜은 艮止畜乾也라 故乾三爻는 皆取被止[9]爲義요 艮三爻는 皆取止之爲義라 初以陽剛으로 又健體而居下하니 必上進者也로되 六四在上하여 畜止於己하니 安能敵在上得位之勢리오 若犯之而進則有危厲라 故利在已而不進也라 在他卦則四與初爲正應하여 相援者也로되 在大畜則相應이 乃爲相止畜이라 上與三은 皆陽則爲合志니 蓋陽은 皆上進之物이라 故有同志之象이요 而无相止之義라

大畜은 艮卦가 乾卦를 멈추게 한다. 그러므로 乾卦의 세 爻는 모두 저지당함을 뜻으로 삼았고, 艮卦의 세 爻는 모두 저지함을 뜻으로 삼았다. 初九는 강건한 陽이고 또 乾의 卦體이면서

9 被止 : 《大全》의 간주에 "어떤 판본에는 '止之'로 되어 있다." 하였다.

맨 아래에 있으니, 반드시 위로 나아가려는 자이다. 그러나 六四가 위에 있으면서 자기를 저지하니, 〈初九가〉 어찌 위에서 지위를 얻은 자(六四)의 세력을 대적할 수 있겠는가. 만약 세력을 범하면서 나아가면 위태로움이 있을 것이기 때문에 이로움이 그만두고 나아가지 않음에 있다. 다른 卦에서는 四爻와 初爻가 正應이 되어 서로 도와주는 것이지만, 大畜卦에서는 서로 호응함이 바로 서로 저지함이 된다. 上九와 九三은 모두 陽이라서 뜻을 합침이 되니, 陽은 모두 위로 나아가는 물건이기 때문에 뜻을 같이하는 象이 있고 서로 저지하는 뜻은 없다.

【本義】乾之三陽이 爲艮所止라 故內外之卦 各取其義라 初九爲六四所止라 故其占이 往則有危而利於止也라

乾卦의 세 陽이 艮卦에게 저지당하므로 內卦와 外卦가 각각 그 뜻을 취하였다. 初九는 六四에게 저지당하므로 그 占이 가면 위태로움이 있어 그만두는 것이 이롭다.

字義 被 : 당할 피 敵 : 대적할 적 援 : 도울 원 蓋 : 대개 개

## 象曰 有厲利已는 不犯災也라

〈象傳〉에 말하였다. "'위태로움이 있을 것이니, 그만두는 것이 이로움'은 재앙을 범하지 않는 것이다."

【傳】有危則宜已니 不可犯災危而行也라 不度(탁)其勢而進이면 有災必矣라

위태로움이 있으면 그만두어야 하니, 재앙과 위태로움을 범하면서 가면 안 된다. 그 형세를 헤아리지 않고 나아가면 반드시 재앙이 있다.

字義 度 : 헤아릴 탁

## 九二는 輿說(탈)輹[10]이로다

10 輿說(탈)輹 : 《大全》의 소주에서 蘭廷瑞는 이 爻를 小畜卦 九三의 '輿說輹'과 비교하였다. 小畜卦는 六四가 小畜의 주인으로 가까운 九三을 저지하니 陰이 陽을 저지하며 正應도 아니기 때문에 九三이 저지를 받아들이지 않아 夫妻反目의 象이 있는 반면, 大畜卦는 艮卦가 三陽을 저지하는데 九二가 下卦의 中을 얻어 正應인 六五의 저지를 받아들여 멈추기 때문에 다르다고 하였다.

九二는 수레의 伏兔[11]가 빠졌다.

【傳】二爲六五所畜止하여 勢不可進也라 五據在上之勢하니 豈可犯也리오 二雖剛健之體나 然其處得中道라 故進止无失하여 雖志於進이나 度(탁)其勢之不可하고 則止而不行을 如車輿脫去輪[12]輹이니 謂不行也라

九二는 六五에게 저지당하니 형세가 위로 나아갈 수 없다. 六五가 위에 있는 세력을 점거하고 있으니, 어찌 범할 수 있겠는가. 九二가 비록 剛健한 卦體이지만 거처함이 中道를 얻었기 때문에 나아가고 멈춤에 잘못이 없어서 비록 나아감에 뜻을 두나 형세가 不可함을 헤아리고 멈춰서 가지 않기를 마치 수레의 伏兔가 빠진 것과 같이 하니, 가지 않음을 말한다.

【本義】九二亦爲六五所畜이로되 以其處中이라 故能自止而不進하여 有此象也라

九二 또한 六五에게 저지당하지만 가운데 자리에 있기 때문에 스스로 그만두고 나아가지 않을 수 있어 이러한 象이 있는 것이다.

字義 說 : 빠질 탈　輹 : 복토 복

象曰 輿說(탈)輹은 中이라 无尤也라

〈象傳〉에 말하였다. "'수레의 伏兔가 빠짐'은 중도를 얻어서 허물이 없는 것이다."

【傳】輿說輹而不行者는 蓋其處得中道하여 動不失宜라 故无過尤也라 善莫善於剛中하니 柔中者는 不至於過柔耳요 剛中은 中而才也라 初九는 處不得中이라 故戒以有危宜已요 二는 得中하여 進止自无過差라 故但言輿說輹하니 謂其能不行也니 不行則无尤矣라 初與二는 乾體剛健而不足以進하고 四與五는 陰柔而能止하니 時之盛衰와 勢之强弱을 學易者所宜深識也니라

수레의 바퀴통이 빠져서 가지 않는 것은 거처함이 中道를 얻어서 움직임에 마땅함을 잃지

11 伏兔 : 수레 굴대의 좌우 끝에서 車箱과 굴대를 연결하는, 쪼그려 앉은 토끼 모양으로 생긴 물건을 가리킨다.

12 輪 : 《大全》의 간주에 "어떤 판본에는 앞에 '其'자가 있다." 하였다.

않기 때문에 허물이 없는 것이다. 좋음은 剛이 中을 얻은 것보다 더한 것이 없으니, 柔가 中을 얻은 것은 지나치게 유약함에 이르지 않을 뿐이고, 剛이 中을 얻은 것은 中道를 얻고 재질이 좋은 것이다. 初九는 거처함이 中을 얻지 못했기 때문에 "위태로움이 있으니, 그쳐야 한다."고 경계하였고, 九二는 中을 얻어서 나아가고 멈춤에 스스로 잘못이 없기 때문에 다만 "수레의 伏兎가 빠졌다."고 하였으니, 가지 않을 수 있음을 말한 것이니, 가지 않으면 허물이 없다. 初九와 九二는 乾의 卦體에 있어서 剛健하지만 나아가기엔 부족하고, 六四와 六五는 유약한 陰이지만 저지할 수 있으니, 때의 盛衰와 형세의 强弱을 易을 배우는 자는 깊이 알아야 한다.

字義 盛 : 성할 성 衰 : 쇠할 쇠 强 : 강할 강 弱 : 약할 약

## 九三은 良馬逐이니 利艱貞하니 日閑輿衛[13]면 利有攸往하리라

九三은 좋은 말이 달려가니, 어렵게 여기고 바르게 함이 이로우니, 날마다 수레 타기와 護衛를 익히면, 갈 곳을 둠이 이로울 것이다.

【傳】 三은 剛健之極이요 而上九之陽도 亦上進之物이며 又處畜之極而思變也니 與三乃不相畜하고 而志同相應以進者也라 三以剛健之才로 而在上者與合志而進에 其進이 如良馬之馳逐이니 言其速也라 雖其進之勢[14]速이나 不可恃其才之健과 與上之應而忘備與愼也라 故宜艱難其事而由貞正之道라 輿者는 用行之物이요 衛者는 所以自防이니 當自[15]日常閑習其車輿與其防衛면 則利有攸往矣라 三乾體而居正하니 能貞者也로되 當有銳進이라 故戒以知難與不失其貞[16]也라 志旣銳於進이면 雖剛明이라도 有時而失하니 不得不誡也라

九三은 剛健함이 지극하고, 上九의 陽도 위로 나아가는 물건이며, 또 大畜卦의 끝에 있어서 변할 것을 생각하니, 九三과 서로 저지하지 않고 뜻이 같아 서로 호응하여 나아가는 자이다.

---

13 衛 : 《大全》의 소주에서 項安世(南宋)는, '衛'는 옛 책에서 모두 '무력으로 호위한다'는 뜻이다. 《周禮》〈考工記〉에 근거하면 주나라 사람은 수레에 戈, 人, 殳, 戟, 矛, 軫라는 여섯 등급을 두었는데, 모두 '衛'의 명칭이라고 하였다.

14 勢 : 《大全》의 간주에 "어떤 판본에는 '志'자로 되어 있다." 하였다.

15 自 : 《大全》의 간주에 "어떤 판본에는 '自'자가 없다." 하였다.

16 貞 : 《大全》의 간주에 "어떤 판본에는 '正'자로 되어 있다." 하였다.

九三이 剛健한 재질로 위에 있는 자와 뜻을 합하여 나아감에 그 나아감이 좋은 말이 달려감과 같으니, 그 빠름을 말한 것이다. 비록 나아가는 형세가 빠르지만 그 재질의 강건함과 윗사람의 호응을 믿고서 방비와 삼감을 잊어서는 안 된다. 그러므로 그 일을 어렵게 여기고 바른 道를 따라야 한다.

'수레'는 길을 갈 때에 쓰는 물건이고, '衛'는 스스로 防衛하는 것이니, 스스로 날마다 수레 타는 것과 防衛하는 것을 익히면 갈 곳을 둠이 이롭다. 九三은 乾의 卦體이면서 바른 자리에 있으니, 바르게 할 수 있는 자이지만 나아감에 빨리하고자 함이 있기 때문에 어렵게 여길 줄을 아는 것과 바른 道를 잃지 말라는 것으로 경계하였다. 뜻이 이미 나아감에 빨리하고자 하면 비록 剛하고 밝더라도 때로 실수할 수가 있으니, 경계하지 않을 수 없다.

【本義】三以陽居健極하고 上以陽居畜極하니 極而通之時也요 又皆陽爻라 故不相畜而俱進하여 有良馬逐之象焉이라 然過剛銳進이라 故其占이 必戒以艱貞閑習이라야 乃利於有往也라 曰은 當爲日月之日이라

九三은 陽으로서 剛健함의 끝에 있고, 上九는 陽으로서 大畜卦의 끝에 있으니, 極에 이르러 통하게 되는 때이다. 또 모두 陽爻이기 때문에 서로 저지하지 않고 함께 나아가니, 좋은 말이 달려가는 象이 있다. 그러나 지나치게 剛하고 나아감에 빨리하려고 하기 때문에 占이 반드시 어렵게 여기고 바르게 하며 수레 타는 것과 호위함을 익혀야만 가는 것이 이롭다고 경계하였다. '曰'자는 마땅히 '日月'의 '日'자가 되어야 한다.

字義 逐 : 달릴 축 衛 : 호위할 위 馳 : 달릴 치 速 : 빠를 속 閑 : 익힐 한 銳 : 빠를 예
誡 : 경계할 계

## 象曰 利有攸往은 上이 合志也일새라

〈象傳〉에 말하였다. "'가는 것이 이로움'은 위가 뜻을 합하기 때문이다."

【傳】所以利有攸往者는 以與在上者合志也일새라 上九는 陽性上進하고 且畜已極이라 故不下畜三而與合[17]志上進也라

---

17 合 : 《大全》의 간주에 "어떤 판본에는 앞에 '三'자가 있다." 하였다.

갈 곳을 둠이 이로운 것은 위에 있는 자와 뜻이 합하기 때문이다. 上九는 陽의 성질이라서 위로 나아가고, 또 저지함이 이미 極하기 때문에 아래로 九三을 저지하지 않고 뜻을 합하여 위로 나아간다.

## 六四는 童牛之牿[18]이니 元吉하니라

六四는 어린 소에 가로 나무를 더함이니, 크게 善하고 吉하다.

【傳】以位而言이면 則四下應於初하니 畜初者也요 初居最下하니 陽之微者라 微而畜之면 則易制 猶童牛而加牿이니 大善而吉也라 概論畜道하면 則四艮體로 居上位而得正하니 是는 以正德으로 居大臣之位하여 當畜之任者也라 大臣之任은 上畜止人君之邪心하고 下畜止天下之惡人[19]이니 人之惡은 止於初則易어니와 旣盛而後禁則扞格而難勝이라 故上之惡旣甚이면 則雖聖人救之라도 不能免違拂이요 下之惡旣甚이면 則雖聖人治之라도 不能免刑戮이라 莫若止之於初니 如童牛而加牿則元吉也라 牛之性은 觝觸以角이라 故牿以制之니 若童犢始角而加之以牿하여 使觝觸之性不發이면 則易而无傷이라 以況六四能畜止上下之惡於未發之前하니 則大善之吉也라

자리로 말하면 六四의 자리는 아래로 初九의 자리와 호응하니 〈六四는〉 初九를 저지하는 자이고, 初九는 가장 아래에 있으니 陽 가운데 미약한 자이다. 미약할 때에 저지하면 제지하기 쉬운 것이 어린 소에 가로 나무를 더한 것과 같으니, 크게 善하고 吉하다. 저지하는 道를 대체적으로 논하면 六四는 艮의 卦體로 높은 지위에 있으면서 바름을 얻었으니, 이는 바른 德으로 大臣의 자리에 있어서 저지하는 임무를 맡은 자이다. 大臣의 임무는 위로는 임금의 잘못된 마음을 저지하고 아래로는 천하의 악한 사람을 저지하는 것이니, 사람의 惡은 초기에 저지하면 쉽지만, 이미 성한 뒤에 금지하면 거슬리고 막혀서 이기기 어렵다. 그러므로 윗사람의 惡이 이미 심하면 비록 聖人이 바로잡더라도 어김을 면하지 못하고, 아랫사람의 惡이 이미 심하면

---

18 牿 : 李瀷은 《易經疾書》에서 大畜卦에 짐승을 기르는 象이 있다고 보아 陽이 陽의 자리에 있는 九三은 말이 되고, 陰이 陰의 자리에 있는 六四는 소가 되며, 陰이 陽의 자리에 있는 九二는 돼지가 되는 象으로 보았다. 그리고 六四의 牿에 대해 '뿔에 가로댄 나무'로 보지 않고 다리에 채우는 '桎梏'의 '梏'으로 보았다.

19 人 : 《大全》의 간주에 "어떤 판본에는 '人'자가 없다." 하였다.

비록 聖人이 다스리더라도 형벌을 면하지 못한다. 초기에 저지하는 것만 못하니, 어린 소에 가로 나무를 더함과 같이 하면 크게 善하고 吉하다. 소의 성질은 뿔로 받기 때문에 가로 나무를 더하여 제지하니, 어린 송아지가 처음 뿔이 났을 때에 가로 나무를 더하여 뿔로 받는 성질이 나오지 않게 하듯이 하면 제지하기가 쉬워 상함이 없을 것이다. 이로써 六四가 上下의 惡이 발생하기 전에 저지함을 비유하였으니, 크게 善하고 吉하다.

【本義】 童者는 未角之稱이요 牿은 施橫木於牛角하여 以防其觸이니 詩所謂楅衡[20]者也라 止之於未角之時하여 爲力則易하니 大善之吉也라 故其象占如此하니라 學記曰 禁於未發之謂豫라하니 正此意也라

'童'은 뿔이 아직 나지 않은 것을 말하고, '牿'은 소의 뿔에 가로 나무를 더해 뿔로 들이받음을 막는 것이니, 《詩經》에서 말한 '楅衡'이란 것이다. 아직 뿔이 나지 않았을 때에 저지하여 힘쓰기가 쉬우니, 크게 善하고 吉하다. 그러므로 그 象과 占이 이와 같다. 《禮記》 〈學記〉에 "〈惡이〉 발생하지 않았을 때에 금하는 것을 '豫'라고 한다." 하였으니, 바로 이러한 뜻이다.

字義 牿 : 가로댄 나무 곡　微 : 미약할 미　扞 : 저항할 한　格 : 막을 격　勝 : 이길 승
違 : 어길 위　拂 : 어길 불　戮 : 죽일 륙　觝 : 부딪힐 저　觸 : 받을 촉　犢 : 송아지 독
況 : 비유할 황　施 : 베풀 시　橫 : 가로 횡　楅 : 뿔막이 복　衡 : 뿔막이 형

## 象曰 六四元吉은 有喜也라

〈象傳〉에 말하였다. "'六四의 크게 善하고 吉함'은 기쁨이 있다."

【傳】 天下之惡이 已盛而止之면 則上勞於禁制而下傷於刑誅라 故畜止於微小之前이면 則大善而吉하여 不勞而无傷이라 故可喜也라 四之畜初是也니 上畜亦然하니라

천하의 惡이 이미 성한 뒤에 저지하면 윗사람은 금지하여 제재하기에 수고롭고 아랫사람은 형벌과 죽임을 당해 상한다. 그러므로 작게 드러나기 전에 저지하면 크게 善하고 吉해서, 수고롭지 않고 상함도 없게 되므로 기쁘다. 六四가 初九를 저지함이 이러한 경우이니, 위로 저지함도 그렇다.

---

20 楅衡 : 《詩經》 〈閟宮〉에 "가을에 嘗제사를 올려야 하므로 여름에 소뿔에 가로 나무를 대니〔秋而載嘗 夏而楅衡〕"라고 보인다.

## 六五는 豶豕之牙[21]니 吉하니라

六五는 돼지를 거세하여 이빨을 쓰지 못하게 하니, 길하다.

【傳】六五居君位하여 止畜天下之邪惡하니 夫以億兆之衆으로 發其邪欲之心에 人君欲力以制之면 雖密法嚴刑이라도 不能勝也라 夫物有總攝하고 事有機會하니 聖人이 操得其要면 則視[22]億兆之心을 猶一心하여 道之斯行하고 止之則戢이라 故不勞而治하나니 其用이 若豶豕之牙也라 豕는 剛躁之物而牙爲猛利하니 若强制其牙면 則用力勞而不能止其躁猛하여 雖縶之維之라도 不能使之變也어니와 若豶去其勢면 則牙雖存而剛躁自止하니 其用如此라 所以吉也라 君子發豶豕之義하여 知天下之惡을 不可以力制也하니 則察其機持其要하여 塞絶其本原이라 故不假刑法嚴峻而惡自止也라 且如止盜라도 民有欲心하여 見利則動하나니 苟不知教而迫於飢寒이면 雖刑殺日施라도 其能勝億兆利欲之心乎아 聖人則知所以止之之道하여 不尙威刑而修政教하여 使之有農[23]桑之業하고 知廉恥之道하니 雖賞之라도 不竊矣라 故止惡之道는 在知其本, 得其要而已라 不嚴刑於彼而修政於此는 是猶患牙之利호되 不制其牙而豶其勢也라

六五가 임금의 자리에 있으면서 천하 사람들의 邪惡함을 저지하니, 수많은 사람들이 잘못된 욕심을 드러낼 때 임금이 힘으로 제지하고자 하면 비록 法을 치밀하게 하고 형벌을 엄격하게 하더라도 감당할 수가 없다. 물건에는 핵심적으로 잡는 데가 있고 일에는 알맞은 시기가 있으니, 聖人이 要領을 잡으면 수많은 사람들의 마음을 보기를 한 마음처럼 보아서, 인도하면 실행하고 저지하면 그만둔다. 그러므로 수고롭지 않고도 다스려지니, 그 쓰임이 돼지를 거세하여 이빨을 쓰지 못하게 하는 것과 같다. 돼지는 剛하고 조급한 동물이며 이빨은 사납고 날카로우니, 만약 그 이빨을 억지로 제지하면 힘은 수고롭게 들면서도 그 조급하고 사나움을 제지하지 못하여 비록 얽어매더라도 변하게 할 수 없지만, 만약 거세하면 이빨은 비록 남아있어도 강함과 조급함이 저절로 그치니, 그 쓰임이 이와 같기 때문에 吉하다. 君子가 돼지를 거세하는 뜻을 드러내어 천하의 惡을 힘으로 억제할 수 없으니, 기회를 살피고 요령을 잡아서 근본

---

21 豶豕之牙 : 來知德(明代)은 《周易集註》에서 '豶'을 거세가 아닌 달린다는 의미로 보았고, '牙'도 齒牙의 '牙'가 아닌 '말뚝에 돼지를 매는 것'으로 보았다.

22 視 : 《大全》의 간주에 "어떤 판본에는 '視'자가 없다." 하였다.

23 農 : 《大全》의 간주에 "어떤 판본에는 '耕'자로 되어 있다." 하였다.

과 근원을 막고 끊어야 함을 알았다. 그러므로 형법의 준엄함을 빌리지 않고도 惡이 저절로 저지되는 것이다. 가령 도둑질을 그치게 하더라도, 백성들은 욕심이 있어서 이익을 보면 움직이니, 만약 가르침을 알지 못하고 굶주림과 추위에 몰리면, 비록 형벌과 죽임을 날마다 시행하더라도 수많은 사람의 이욕을 탐하는 마음을 이길 수 있겠는가. 聖人은 이것을 저지하는 방도를 알아 위엄과 형벌을 숭상하지 않고, 정치와 교육을 닦아서 농사짓고 누에치는 생업이 있게 하고 염치의 도리를 알게 하니, 상을 주더라도 도둑질하지 않는다. 그러므로 惡을 저지하는 道는 근본을 알고 요점을 얻는데 있을 뿐이다. 저들에게 형벌을 엄하게 하지 않고서도 여기에서 政事가 닦여지는 것은 멧돼지 이빨의 예리함을 걱정하되 그 이빨을 제지하지 않고 거세하는 것과 같다.

【本義】 陽已進而止之하니 不若初之易矣나 然以柔居中而當尊位라 是以得其機會而可制라 故其象如此하니 占雖吉而不言元也라

陽(九二)이 이미 나아가는데 〈六五가〉 그것을 저지하니, 初九처럼 쉽지 않다. 그러나 〈六五가〉 柔로서 가운데 자리에 있고 높은 자리를 담당하였기 때문에 기회를 얻어 제지할 수 있다. 그러므로 그 象이 이와 같으니, 占이 비록 吉하나 '크고 善함'은 말하지 않았다.

字義 豶 : 불깐 돼지 분　豕 : 돼지 시　牙 : 어금니 아　億 : 억 억　兆 : 조 조　總 : 합할 총
攝 : 다스릴 섭　機 : 기틀 기　會 : 모을 회　操 : 잡을 조　要 : 요령 요　躁 : 조급할 조
猛 : 사나울 맹　利 : 날카로울 리　縶 : 맬 집　維 : 맬 유　嚴 : 엄할 엄　峻 : 엄할 준
迫 : 몰릴 박　飢 : 굶주릴 기　寒 : 추위 한　桑 : 뽕나무 상　廉 : 청렴할 렴(염)
恥 : 부끄러울 치　賞 : 상 줄 상　竊 : 훔칠 절

## 象曰 六五之吉은 有慶也라

〈象傳〉에 말하였다. "六五의 吉함은 경사가 있는 것이다."

【傳】 在上者 不知止惡之方하여 嚴刑以敵民欲이면 則其傷甚而无功이나 若知其本하여 制之有道면 則不勞无傷而俗革이니 天下之福慶也라

위에 있는 사람이 惡을 저지하는 방법을 알지 못해서 형벌을 준엄하게 하여 백성의 욕심을 대적한다면 그 상함이 심하고 功이 없으나 만약 그 근본을 알아 제지함에 방도가 있게 하면 수고롭지 않고 상함이 없으면서 풍속이 개혁될 것이니, 천하의 복과 경사이다.

上九는 何[24]天之衢니 亨하니라

【本義】何天之衢오

上九는 하늘의 거리이니, 형통하다.

【본의】어찌 그리 하늘의 거리와 같은가?

【傳】予聞之胡先生하니 曰 天之衢亨에 誤加何字라하니라 事極則反이 理之常也라 故畜極而亨이라 小畜은 畜之小라 故極而成이요 大畜은 畜之大라 故極而散이라 極旣當變이요 又陽性上行이라 故遂散也라 天衢는 天路也니 謂虛空之中이니 雲氣飛鳥往來라 故謂之天衢라 天衢之亨은 謂其亨通曠闊하여 无有蔽阻也라 在畜道則變矣니 變而亨이요 非畜道之亨也라

내가 胡先生(胡瑗)에게 들으니, "'天之衢亨'에 '何'자가 잘못 더해졌다." 하였다. 일이 궁극에 이르면 되돌아가는 것은 이치의 떳떳함이다. 그러므로 저지함이 극에 이르면 형통하다. 小畜卦는 저지함이 작기 때문에 극에 이르면 이루어지고, 大畜卦는 저지함이 크기 때문에 극에 이르면 흩어진다. 궁극에 이르면 변해야 하고, 또 陽의 성질은 위로 가기 때문에 마침내 흩어진다. '天衢'는 하늘의 길로, 허공의 가운데를 말하니, 구름과 나는 새가 왕래하기 때문에 '하늘의 거리'라고 말하였다. 하늘의 거리가 형통함은 형통함이 광활하여 가려짐과 막힘이 없는 것을 말한다. 저지하는 道에 있어서는 변한 것이니, 〈궁극에 이르러서〉 변하여 형통한 것이고, 저지하는 道가 형통하다는 것은 아니다.

【本義】何天之衢는 言何其通達之甚也라 畜極而通하여 豁達无礙라 故其象占如此하니라

"어찌 그리 하늘의 거리와 같은가?"는 어쩌면 그리도 통달함이 심하냐는 말이다. 저지함이 지극하여 통해서 활달하여 막힘이 없기 때문에 그 象과 占이 이와 같다.

字義 衢 : 거리 구　遂 : 마침내 수　曠 : 넓을 광　闊 : 넓을 활　豁 : 넓을 활　達 : 통할 달
礙 : 막을 애

24 何 : 李瀷(朝鮮)은 《易經疾書》에서 "'何'는 '向'의 오기이니 하늘을 향한 거리는 큰 길이 하늘을 향하여 장애가 되지 않음을 말한다." 하였다. 그 근거로 〈象傳〉에서 말한 '道大行'을 들고 있다. '天'은 大에 속하고 '衢'는 道에 속하니, '何'는 向함에 속해야 정합성이 있다고 본 것이다.

象曰 何天之衢오 道大行也라

【本義】何天之衢는

〈象傳〉에 말하였다. "어찌하여 하늘의 거리라고 일렀는가? 도로가 크게 통행되기 때문이다."

【본의】'어찌하여 하늘의 거리라 일렀는가?'는

【傳】何以謂之天衢오 以其无止礙하여 道路大通行也일새라 以天衢非常語라 故象特設問曰 何謂天之衢오 以道路大通行이라하니 取空豁之狀也라 以象有何字라 故爻下에 亦誤加之하니라

어찌하여 하늘의 거리라고 말하였는가? 저지함과 막힘이 없어서 도로가 크게 통행되기 때문이다. 하늘의 거리는 항상 쓰는 말이 아니기 때문에 爻의 〈象傳〉에 특별히 가정하여 묻기를 "어찌하여 하늘의 거리라 일렀는가? 도로가 크게 통행되기 때문이다."라고 하였으니, 텅 빈 모습을 취한 것이다. 爻의 〈象傳〉에 '何'자가 있기 때문에 爻辭 아래에서도 잘못 '何'자를 더하였다.

# 27. 頤

## ☶ 震下艮上

下卦는 震卦☳이고 上卦는 艮卦☶이다.

【傳】頤는 序卦에 物畜然後可養이라 故受之以頤라하니라 夫物旣畜聚면 則必有以養之요 无養則不能存息이니 頤所以次大畜也라 卦上艮下震으로 上下二陽爻가 中含四陰하고 上止而下動하며 外實而中虛하니 人頤頷之象也라 頤는 養也니 人口는 所以飮食하여 養人之身이라 故名爲頤라 聖人設卦하여 推養之義 大至於天地養育萬物하고 聖人養賢以及萬民하며 與人之養生養形 養德養人이 皆頤養之道也라 動息節宣은 以養生也요 飮食衣服은 以養形也요 威儀行義는 以養德也요 推己及物은 以養人也라

頤卦는 〈序卦傳〉에 "물건이 쌓인 뒤에 기를 수 있으므로 頤卦로 받았다." 하였다. 물건이 이미 쌓여서 모이면 반드시 길러주어야 하고, 길러주지 않으면 생존하고 번식할 수 없으니, 頤卦가 大畜卦 다음에 온 까닭이다. 卦가 上卦는 艮卦☶이고 下卦는 震卦☳이어서 위아래의 두 陽爻가 가운데에 네 陰을 포함하고 있고, 위는 멈추고 아래는 움직이며, 밖은 차있고 안은 비었으니, 사람의 턱의 象이다. '頤'는 기르는 것이니, 사람의 입은 마시고 먹어서 사람의 몸을 기르는 것이기 때문에 卦名을 '頤'라고 하였다. 聖人이 卦를 설비해서 기르는 뜻을 미루어 넓힘이 크게는 天地가 만물을 養育하고 聖人이 賢人을 길러 萬民에 미침과 사람이 생명을 기르고 형체를 기르며, 德을 기르고 사람을 길러주는 데에까지 이르니, 모두 기르는 道이다. 움직이고 쉬는 것을 절제하거나 펴는 것은 생명을 기르는 것이고, 음식과 의복은 형체를 기르는 것이고, 威儀와 行義는 德을 기르는 것이고, 자기를 미루어 남에게 미치는 것은 사람을 기르는 것이다.

字義 頤 : 턱 이 存 : 생존할 존 息 : 번식할 식 動 : 움직일 동 息 : 쉴 식 節 : 절제할 절 宣 : 펼 선

## 頤[1][2]는 貞하면 吉하니 觀頤[3]하며 自求口實이니라

頤는 바르게 하면 吉하니, 기르는 것과 스스로 口實을 구하는 것을 살펴보아야 한다.

【傳】 頤之道以正則吉也라 人之養身養德養人養於人을 皆以正道則吉也요 天地造化가 養育萬物하여 各得其宜者亦正而已矣라 觀頤自求口實은 觀人之所頤와 與其自求口實之道면 則善惡吉凶을 可見矣라

頤의 道는 바르게 하면 吉하다. 사람이 몸을 기르고 德을 기르며, 남을 기르고 남에게 길러지는 것을 모두 바른 道로 하면 吉하고, 天地의 造化가 만물을 養育해서 각각 마땅함을 얻게 하는 것 또한 바름일 뿐이다. "기르는 것과 스스로 口實을 구하는 것을 살펴보아야 한다."는 것은 사람이 기르는 바와 스스로 口實을 찾는 바의 道를 보면 善惡과 吉凶을 볼 수 있다는 것이다.

【本義】 頤는 口旁也니 口食物以自養이라 故爲養義라 爲卦上下二陽이 內含四陰하여 外實內虛하고 上止下動하니 爲頤之象, 養之義也라 貞吉者는 占者得正則吉이라 觀頤는 謂觀其所養之道요 自求口實은 謂觀其所以養身之術이니 皆得正則吉也라

頤는 입가이니, 입은 음식물을 먹어서 스스로 기르기 때문에 기르는 뜻이 된다. 卦의 구성이 위와 아래의 두 陽이 안에 네 陰을 포함하여 밖은 차있고 안은 비었으며, 위는 멈추고 아래는 움직이니, 턱의 象과 기르는 뜻이 된다. "바르게 하면 길하다."는 것은 占치는 자가 바름을 얻으면 吉하다는 것이다. '觀頤'는 기르는 바의 도리를 보는 것이고, '自求口實'은 자신을 기르는 바의 방법을 보는 것이니, 모두 바름을 얻으면 吉하다.

字義 旁 : 곁 방

---

1 頤 : 빌헬름 영문판 주역인 《The I Ching》에서는 頤卦를 "I / The Corners of the Mouth (Providing Nourishment)"라고 하였다. 이괘는 입을 벌리고 있는 상이다. 사람은 입은 통해 음식물을 먹기 때문에 자기와 남의 양육과 정신적이고 육체적인 양육을 의미하므로 '입가(양육)'라고 정의하였다.

2 頤 : 李炳憲(朝鮮)은 《易經今文考通論》에서 鄭玄의 설에 근거해 頤는 입에서 아래 위 잇몸의 이름이라고 하였다.

3 觀頤 : 李恒老(朝鮮)는 《周易傳義同異釋義》에서 頤卦의 卦辭에 대한 《程傳》과 《本義》의 풀이를 비교하였다. 卦辭인 '觀頤'와 '自求口實'에 대해 《程傳》에서는 각각 養人과 養身으로 양분하여 보았고, 《本義》에서는 道와 飮食이라는 養德과 養身으로 양분하여 보았는데, 〈大象傳〉에 비추어볼 때 《本義》가 낫다고 여겼다.

彖曰 頤貞吉은 養正則吉也니 觀頤는 觀其所養也요 自求口實은 觀其自養[4]也라

〈彖傳〉에 말하였다. "'頤貞吉'은 기름이 바르면 吉하다는 것이니, '觀頤'는 기르는 바를 보는 것이고, '自求口實'은 스스로 기름을 보는 것이다.

【傳】貞吉은 所養者正則吉也라 所養은 謂所養之人과 與養之之道요 自求口實은 謂其自求養身之道니 皆以正則吉也라

'貞吉'은 기르는 바가 바르면 吉하다는 것이다. '所養'은 기르는 바의 사람과 기르는 방도를 말하고, '自求口實'은 스스로 몸을 기르는 방도를 구하는 것을 말하니, 모두 바르게 하면 吉하다.

【本義】釋卦辭라

卦辭를 해석하였다.

天地養萬物하며 聖人이 養賢하여 以及萬民하나니 頤之時大矣哉라

天地가 萬物을 기르며 聖人이 賢人을 길러 萬民에게 미치게 하니, 頤의 때가 크도다!"

【傳】聖人이 極言頤之道而贊其大라 天地之道則養育萬物이요 養育萬物之道는 正而已矣라 聖人則養賢才하여 與之共天位하고 使之食天祿하여 俾施澤於天下하니 養賢以及萬民也니 養賢은 所以養萬民也라 夫天地之中品物之衆이 非養則不生이니 聖人裁成天地之道하고 輔相天地之宜하여 以養天下하여 至於鳥獸草木히 皆有養之之政하여 其道配天地라 故夫子推頤之道하사 贊天地與聖人之功曰 頤之時大矣哉라하시니라 或云義或云用或止云時는 以其大者也니 萬物之生與養이 時爲大라 故云時라

聖人이 頤의 道를 지극히 말하고 그 큼을 찬미하였다. 天地의 道는 萬物을 양육하고, 萬物을 양육하는 道는 바름일 뿐이다. 聖人은 현명하고 재주 있는 이를 길러 그와 더불어 하늘의 자리를 함께하고, 그로 하여금 하늘의 봉록을 먹게 하여 천하에 은택을 베풀게 하니, 이는 賢人을

4 觀其所養·觀其自養 : 許傳(朝鮮)은 《易考》에서 觀其所養은 頤卦의 기르는 象을 본다는 뜻이고, 觀其自養은 그렇게 함으로써 스스로 기르는 道를 본다는 뜻이라고 하였다.

길러 萬民에게 미치게 하는 것이니, 賢人을 기르는 것은 萬民을 기르는 방법이다. 天地의 가운데에 온갖 萬物의 무리가 길러줌이 아니면 살지 못하니, 聖人이 天地의 道를 마름질하여 이루고 天地의 마땅함을 도와 天下를 길러서, 새와 짐승이나 풀과 나무에 이르기까지 모두 기르는 政事가 있어 그 道가 天地에 배합한다. 그러므로 孔子가 기르는 道를 미루어 天地와 聖人의 功을 찬미하여 "頤의 때가 크도다!" 하였다. 혹은 '義'라 말하고, 혹은 '用'이라 말하고, 혹은 다만 '時'라고만 말한 것은 그 큰 것을 가지고 말한 것이니, 만물을 낳고 기르는 것은 때가 크기 때문에 '時'라고 말하였다.

【本義】極言養道而贊之라

기르는 道를 지극히 말하고 찬미하였다.

字義 共 : 함께할 공 俾 : 하여금 비 澤 : 은택 택 裁 : 마름질할 재 輔 : 도울 보 相 : 도울 상

象曰 山下有雷 頤니 君子以하여 愼言語하며 節飮食[5]하나니라

〈象傳〉에 말하였다. "산 아래에 우레가 있음이 頤이니, 君子가 이것을 본받아 言語를 삼가고 飮食을 절제한다."

【傳】以二體言之하면 山下有雷하니 雷震於山下에 山之生物이 皆動其根荄하고 發其萌芽하여 爲養之象이요 以上下之義言之하면 艮止而震動하니 上止下動은 頤頷之象[6]이요 以卦形言之하면 上下二陽이 中含[7]四陰하여 外實中虛는 頤口之象이니 口는 所以養身也라 故君子觀其象하여 以養其身하여 愼言語以養其德하고 節飮食以養其體라 不唯就口取養[8]義라 事之至近而所係至大者 莫過於言語飮食也라 在身爲言語요 於天下則凡命令政教出於身者皆是니 愼之則必當而无失이며 在身爲飮食이요 於天下則凡貨資財用

---

5 愼言語 節飮食 : 金相岳(朝鮮)은 《山天易說》에서 《尙書》의 "나는 후세에 나를 두고서 口實로 삼을까 두렵다."라는 것과 《春秋左氏傳》에 "신하와 임금이 어찌 입에 넣을 음식물을 위해서이겠는가, 사직을 지키기 위해서이다."라는 것에 근거해 〈大象傳〉의 言語와 飮食은 곧 〈彖傳〉에서 말한 口實임을 밝혀놓았다.

6 象 : 《大全》의 간주에 "어떤 판본에는 뒤에 '也'자가 있다." 하였다.

7 含 : 《大全》의 간주에 "어떤 판본에는 '含'자가 없다." 하였다.

8 養 : 《大全》의 간주에 "어떤 판본에는 '養'자가 없다." 하였다.

養於人者皆是니 節之則適宜而无傷이라 推養之道하면 養[9]德養天下에 莫不然也라

두 卦體로 말하면 산 아래에 우레가 있으니, 우레가 산 아래에서 震動함에 산에서 자라는 식물이 모두 뿌리가 움이 트고 싹이 돋아나와 기르는 象이 되고, 上卦와 下卦의 뜻으로 말하면 艮卦는 멈추고 震卦는 움직이니, 위는 멈추고 아래는 움직이는 것은 턱의 象이고, 卦의 형체로 말하면 위와 아래의 두 陽이 가운데 네 陰을 포함하고 있어서 밖은 차있고 안은 비어있는 것은 입의 象이니, 입은 몸을 기르는 것이다. 그러므로 君子가 이 象을 보고서 몸을 길러서, 言語를 삼가 德을 기르고 飮食을 절제하여 육체를 기른다. 다만 입에 나아가 길러주는 뜻을 취하였을 뿐만 아니라, 일 중에 지극히 가깝고 관련이 지극히 큰 것은 言語와 飮食보다 더한 것이 없다. 몸에서는 言語가 되고, 천하에서는 모든 命令과 政敎로 몸에서 나오는 것이 모두 해당되니, 삼가면 반드시 마땅하여 실수가 없을 것이며, 몸에서는 飮食이 되고 천하에서는 모든 재화와 재물로 사람을 길러주는 것이 모두 해당되니, 절제하면 적당하여 상함이 없다. 기르는 道를 미루어 넓히면 德을 기르고 천하를 기름에 그렇지 않음이 없다.

【本義】二者는 養德養身之切務라

〈언어를 삼가고 음식을 절제하는〉 두 가지는 德을 기르고 몸을 기름에 간절한 일이다.

字義 根 : 뿌리 근 荄 : 풀뿌리 해 萌 : 싹 맹 芽 : 싹 아 頷 : 턱 함

初九는 舍爾靈龜[10]하고 觀我하여 朶頤니 凶하니라

初九는 너의 신령스러운 거북을 놓아두고 나를 보고서 입을 벌리니, 凶하다.

【傳】蒙之初六은 蒙者也니 爻乃主發蒙而言하고 頤之初九도 亦假外而言하니라 爾는 謂初也라 舍爾之靈龜하고 乃觀我而朶頤는 我는 對爾而設이라 初之所以朶頤者는 四也라 然非四謂之也요 假設之辭爾라 九는 陽體剛明하여 其才智足以養正者也라 龜能咽息不食하니 靈龜는 喩其明智而可以不求養於外也라 才雖如是나 然以陽居動體而在頤之

9 養 : 《大全》의 간주에 "어떤 판본에는 앞에 '則'자가 있다." 하였다.

10 靈龜 : 《大全》의 소주에서 徐幾(南宋)는 頤卦䷚의 두 몸체를 합하여 보면 離卦☲의 몸체 가운데가 비어 있는 것과 비슷하고 離卦가 거북이 되는데, 비어 있기 때문에 신령하여 신령스러운 거북이라고 하였다.

時하니 求頤는 人所欲也라 上應於四하여 不能自守하고 志在上行하니 說(열)所欲而朶頤者也라 心旣動이면 則其自失必矣니 迷欲而失己하고 以陽而從陰이면 則何所不至리오 是以凶也라 朶頤는 爲朶動其頤頷이니 人見食而欲之면 則動頤垂涎이라 故以爲象하니라

蒙卦의 初六은 몽매한 자이니, 爻辭에서는 몽매함을 啓發해주는 자를 위주로 말하였고, 頤卦의 初九 또한 밖에 있는 자를 가설하여 말하였다. '爾'는 初爻를 말한다. "너의 신령스러운 거북을 놓아두고 나를 보고서 턱을 늘어뜨린다(입을 벌린다)."는 말에서 '我'는 '爾'에 상대하여 가설한 것이다. 初九가 입을 벌리는 까닭은 六四 때문이다. 그러나 六四가 그렇게 말한 것이 아니고, 가설한 말일 뿐이다. 初九는 陽의 卦體로 剛하고 밝아서 재주와 지혜가 바름을 기를 수 있는 자이다. 거북은 숨만 쉬고 먹지 않을 수 있으니, '靈龜'는 밝고 지혜로워 밖에서 길러주기를 구하지 않아도 됨을 비유한 것이다. 재주가 비록 이와 같으나 陽으로서 움직이는 卦體에 있고 기르는 때에 있으니, 기름을 구하는 것은 사람이 바라는 바이다. 〈初九가〉 위로 六四와 호응하여 스스로 지키지 못하고 뜻이 위로 가는데 있으니, 하고자 하는 바를 좋아하여 입을 벌리고 있다. 마음이 이미 움직이면 틀림없이 스스로 잃을 것이니, 욕심에 어두워 자기를 잃고 陽으로서 陰을 따른다면 무슨 짓인들 하지 못하겠는가. 이 때문에 凶하다. '朶頤'는 입을 벌리고 움직이는 것이니, 사람이 음식을 보고 먹고 싶어 하면 턱이 벌어지고 침을 흘리므로 象으로 삼았다.

【本義】 靈龜는 不食之物이라 朶는 垂也니 朶頤는 欲食之貌라 初九陽剛在下하여 足以不食이어늘 乃上應六四之陰而動於欲하니 凶之道也라 故其象占如此하니라

신령스런 거북은 먹지 않고 사는 동물이다. '朶'는 늘어뜨림이니, '朶頤'는 먹고 싶어 하는 모양이다. 初九는 강건한 陽으로 아래에 있어서 먹지 않아도 살 수 있는데, 위로 六四의 陰과 호응하여 욕심에 동요되니, 凶한 道이다. 그러므로 그 象과 占이 이와 같다.

字義 朶 : 늘어질 타　假 : 가설할 가　爾 : 너 이　靈 : 신령 령　龜 : 거북 귀　咽 : 목구멍 인
息 : 숨쉴 식　喩 : 비유 유　垂 : 드리울 수　涎 : 침 연

象曰 觀我朶頤하니 亦不足貴也로다

〈象傳〉에 말하였다. "'나를 보고서 턱을 늘어뜨림(입을 벌림)'은 또한 貴하게 여기기에 부족하다."

【傳】 九는 動體니 朶頤는 謂其說陰而志動이라 旣爲欲所動이면 則雖有剛健明智之才라도

終必自失이라 故其才亦不足貴也라 人之貴乎剛者는 爲其能立而不屈於欲也요 貴乎明者는 爲其能照而不失於正也어늘 旣惑所欲而失其正이면 何剛明之有리오 爲可賤也라

初九는 움직이는 卦體이니, '턱을 늘어뜨림(입을 벌림)'은 陰을 좋아하여 뜻이 움직임을 말한다. 〈뜻이〉 이미 욕심에 움직였다면 비록 剛健하고 밝고 지혜로운 재질이 있더라도 끝내 반드시 스스로 잃을 것이기 때문에 그 재질이 또한 貴하게 여길 만하지 못하다. 사람이 剛함을 貴하게 여기는 까닭은 자립하여 욕심에 굽히지 않을 수 있기 때문이고, 밝음을 귀하게 여기는 까닭은 비추어 바름을 잃지 않을 수 있기 때문인데, 이미 욕심에 미혹되어 바름을 잃었다면 剛하고 밝음이 어디에 있겠는가? 천하게 여길 만하다.

六二는 顚頤라 拂經[11]이니 于丘에 頤하여 征하면 凶하리라

【本義】顚頤면 拂經이요 于丘頤면 征하여 凶하리라

六二는 거꾸로 길러주기를 구하므로 바른 도리에 위배되니, 언덕에서 길러주기를 구하여 가면 凶할 것이다.

【본의】 거꾸로 길러주기를 구하면 바른 도리에 위배되고, 언덕에서 길러주기를 구하면 가서 凶할 것이다.

【傳】女不能自處하여 必從男하고 陰不能獨立하여 必從陽이라 二陰柔로 不能自養하여 待養於人者也라 天子養天下하고 諸侯養一國하며 臣食君上之祿하고 民賴司牧之養은 皆以上養下니 理之正也라 二旣不能自養하니 必求養於剛陽이로되 若反下求於初則爲顚倒라 故云顚頤니 顚則拂違經常하여 不可行也라 若求養於丘면 則往必有凶하니 丘는 在外而高之物이니 謂上九也라 卦止二陽하니 旣不可顚頤于初요 若求頤于上九하여 往則有凶이라 在頤之時하여 相應則相養者也어늘 上非其應而往求養이면 非道妄動이라 是

11 顚頤 拂經 : 吳致箕(朝鮮)는《周易經傳增解》에서 顚頤와 拂經을 應과 比의 관계로 풀었다. '顚頤'란 아래를 따라서 길러주기를 구하는 것으로 六二의 경우 比의 관계인 初九에게 길러주기를 구하는 것이고, 六四의 경우 比의 관계인 上九에게 길러주기를 구하는 것으로 보았다. '拂經'은 陰이 陽에게 호응하는 떳떳한 도리를 위배하는 것으로, 六二는 初九인 陽과 應이 아닌 比의 관계에 있으며, 六五도 上九인 陽과 應이 아닌 比의 관계가 있기 때문에 모두 '拂經'이다.

以凶也라 顚頤則拂經하여 不獲其養爾요 妄求於上하여 往則得凶也라 今有人이 才不足以自養하여 見在上者勢力足以養人하고 非其族類어늘 妄往求之하면 取辱得凶이 必矣라 六二中正하니 在他卦엔 多吉而凶은 何也오 曰時然也라 陰柔로 旣不足以自養하고 初上二爻 皆非其與라 故往求則悖理而得凶也라

여자는 스스로 생활하지 못하여 반드시 남자를 따르고, 陰은 독립하지 못하여 반드시 陽을 따른다. 六二는 유약한 陰으로서 스스로 기르지 못하여 남에게 길러주기를 기다리는 자이다. 天子가 천하를 기르고 諸侯가 한 나라를 기르며, 臣下가 임금의 봉록을 먹고 百姓이 지방관의 기름에 의지하는 것은 모두 위로서 아래를 길러주는 것이니 바른 도리이다. 六二는 스스로 기르지 못하니, 반드시 剛한 陽에게 길러지기를 구해야 할 것이지만, 만약 도리어 아래로 初九에게 구하면 거꾸로 길러주기를 구하는 것이기 때문에 '顚頤'라 말하였으니, 거꾸로 길러주기를 구하면 바르고 항상된 도리에 어긋나 행할 수가 없다. 만약 언덕(上九)에게 길러주기를 구한다면 감에 반드시 凶함이 있을 것이다. '언덕'은 밖에 있는 높은 물건이므로 上九를 말한다. 卦는 다만 두 陽爻뿐이니 이미 初九에게 거꾸로 길러주기를 바라서는 안 되고, 만약 上九에게 길러주기를 구하여 가면 凶함이 있을 것이다. 頤卦의 때에는 서로 호응하면 서로 길러주는 자이지만, 上九는 六二의 응이 아닌데 가서 길러주기를 구한다면 道理가 아닌데 함부로 움직이는 것이므로 凶하다. 거꾸로 길러주기를 구하면 바른 도리에 위배되어 기름을 얻지 못하고, 함부로 위에 있는 上九에게 구하여 가면 凶함을 얻는다. 지금 어떤 사람이 재질이 스스로 기를 수 없어, 위에 있는 자의 勢力이 남을 길러줄 수 있음을 보고는 同族이나 同類가 아닌데도 함부로 가서 구한다면 틀림없이 辱을 당하고 凶함을 얻을 것이다.

〈어떤 이가 묻기를〉 "六二는 中正하니, 다른 卦에서는 吉함이 많은데 여기서는 凶함은 어째서입니까?" 하였다. 대답하기를 "때가 그러하기 때문입니다. 유약한 陰으로서 이미 스스로 기르지 못하고, 初九와 上九의 두 爻가 다 함께하는 자가 아니기 때문에 가서 구하면 도리를 어겨 凶함을 얻는 것입니다." 하였다.

【本義】 求養於初면 則顚倒而違於常理요 求養於上이면 則往而得凶이라 丘는 土之高者니 上之象也라

初九에게 길러주기를 구하면 거꾸로 되어 정상적인 이치에 위배되고, 上九에게 길러주기를 구하면 가서 凶함을 얻는다. '언덕'은 흙이 높은 것이니, 上九의 象이다.

字義 顚 : 거꾸로 될 전　拂 : 어길 불　經 : 도리 경　司 : 벼슬 사　牧 : 벼슬 목　族 : 겨레 족
類 : 동류 류　辱 : 욕될 욕

象曰 六二征凶은 行이 失類[12]也라

〈象傳〉에 말하였다. "'六二가 가면 흉함'은 同類를 잃었기 때문이다."

【傳】征而從上則凶者는 非其類故也라 往求而失其類면 得凶宜矣라 行은 往也라

가서 上九를 따르면 凶한 것은 同類가 아니기 때문이다. 가서 구하되 同類를 잃는다면 凶함을 얻는 것이 당연하다. '行'은 가는 것이다.

【本義】初上이 皆非其類也라

初九와 上九가 모두 同類가 아니다.

六三은 拂頤貞[13]이라 凶하여 十年勿用이라 无攸利하니라

【本義】拂頤면 貞이라도 凶하여

六三은 기름의 바른 道에 위배되기 때문에 凶하여 十年이 되어도 쓰지 못하니, 이로운 바가 없다.

【본의】기름에 위배되면 바르더라도 흉하여

【傳】頤之道는 唯正則吉이라 三以陰柔之質而處[14]不中正하고 又在動之極하니 是柔邪不正而動者也라 其養如此면 拂違於頤之正道라 是以凶也라 得頤之正이면 則所養皆吉하여 求養養人則合於義하고 自養則成其德이어늘 三乃拂違正道라 故戒以十年勿用이라 十은 數之終이니 謂終不可用이니 无所往而利也라

---

12 類 : 《本義》에서는 初九와 上九가 모두 同類가 아니라고 하였지만, 徐有臣(朝鮮)은 《易義擬言》에서 類는 比의 관계에 있거나 호응하는 대상이라고 하였는데 이에 의하면 類는 初九와 六五이다.

13 拂頤貞 : 《大全》의 소주에서 陳友文(南宋)은 六三은 호응하는 上九에게서 길러지기를 구하고, 六四는 호응하는 初九에게서 길러지기를 구함은 똑같지만, 吉凶이 다른 것은 바르고 바르지 못한 구분이라고 하였다. 六四와 初九는 둘 다 바르지만 六三과 上九는 둘 다 바르지 못하기 때문에 '拂頤貞'이라는 것이다.

14 處 : 《大全》의 간주에 "어떤 판본에는 뒤에 '又'자가 있다." 하였다.

기르는 道는 오직 바르게 하면 吉하다. 六三은 유약한 陰의 재질로서 거처함이 中正하지 못하고 또 움직이는 괘체의 끝에 있으니, 이는 유순하고 간사하여 바르지 못하면서 움직이는 자이다. 그 기름이 이와 같으면 기름의 바른 道에 어긋나기 때문에 凶하다. 기름의 바른 道를 얻으면 기르는 바가 모두 吉하여, 남에게 길러주기를 구하거나 남을 길러주면 義에 합하고, 스스로 기르면 그 德을 이룰 수 있는데, 六三은 바른 道에 어긋나기 때문에 十年이 되어도 쓰지 못한다고 경계하였다. '十'은 數의 마침이니, 끝내 쓸 수 없어서 가는 곳마다 이로움이 없다는 말이다.

【本義】陰柔不中正하여 以處動極하니 拂於頤矣라 旣拂於頤면 雖正이나 亦凶이라 故其象占如此하니라

유약한 陰으로 中正하지 못하면서 움직임의 끝에 있으니, 기름에 위배된다. 이미 기름에 위배되면 비록 바르더라도 또한 凶하다. 그러므로 그 象과 占이 이와 같다.

象曰 十年勿用은 道大悖也라

〈象傳〉에 말하였다. "'十年이 되어도 쓰지 못함'은 道가 크게 어그러졌기 때문이다."

【傳】所以戒終不可用은 以其所由之道 大悖義理也일새라

끝내 쓸 수 없다고 경계한 까닭은 行하는 바의 道가 義理에 크게 어그러졌기 때문이다.

字義 悖 : 어그러질 패

六四는 顚頤나 吉하니 虎視眈眈[15]하며 其欲逐逐하면 无咎리라

六四는 거꾸로 길러주기를 구하나 吉하니, 노려보기를 호랑이처럼 하며 하고자함을 좇고 좇으면 허물이 없을 것이다.

---

15 眈眈 : 李震相(朝鮮)은 《易學管窺》에서 '眈'은 '耽'자가 되어야 한다고 하였다. 耽耽은 호랑이가 먹이를 구할 때 시선을 반드시 아래로 전일하게 하여 마치 구함이 없는 것 같은 모습이며, 호랑이는 艮卦에서 取象한 것이라고 하였다.

【傳】四在人上[16]하니 大臣之位이나 六以陰居之하니 陰柔不足以自養이온 況養天下乎아 初九以剛陽居下하니 在下之賢也요 與四爲應하고 四又柔順而正하니 是能順於初하여 賴初之養也라 以上養下則爲順이어늘 今反求下之養하니 顚倒也라 故曰顚頤라 然已不勝其任에 求在下之賢而順從之하여 以濟其事면 則天下得其養하고 而已无曠敗之咎라 故爲吉也라 夫居上位者 必有[17]才德威望하여 爲下民所尊畏면 則事行而衆心服從이어니와 若或下易其上이면 則政出而人違하고 刑施而怨起하여 輕於陵犯하니 亂之由也라 六四雖能順從剛陽하여 不廢厥職이나 然質本陰柔하여 賴人以濟하니 人之所輕이라 故必養其威嚴하여 耽耽然如虎視면 則能重其體貌하여 下不敢易라 又從於人者는 必有常이니 若間或无繼면 則其政敗矣라 其欲은 謂所須用者니 必逐逐相繼而不乏이면 則其事可濟요 若取於人而无繼면 則困窮矣라 旣有威嚴하고 又所施不窮이라 故能无咎也라 二顚頤則拂經이어늘 四則吉은 何也오 曰 二는 在上而反求養於下하니 下非其應類라 故爲拂經이요 四則居上位하여 以貴下賤하여 使在[18]下之賢으로 由己以行其道하여 上下之志가 相應而施[19]於民하니 何吉如之리오 自三以下는 養口體者也요 四以上은 養德義者也니 以君而資養於臣하고 以上位而賴養於下는 皆養德也라

六四는 사람의 위에 있으니 大臣의 자리이지만, 六이 陰으로서 여기에 있으니 유약한 陰으로는 자기도 기르지 못하는데 하물며 세상 사람들을 기르겠는가. 初九는 剛한 陽으로 아래에 있으니 아래에 있는 賢人이고, 六四와 호응이 되고 六四가 또 유순하고 바르니, 이는 初九에게 순종하여 初九의 길러줌에 의지하는 것이다. 위에서 아래를 길러줌이 順한 것인데 지금 반대로 아랫사람에게 길러주기를 구하니, 거꾸로 된 것이므로 '顚頤'라고 하였다. 그러나 자기가 임무를 감당하지 못해서 아래에 있는 賢人을 구하여 순종해서 그 일을 이룬다면 세상 사람들은 현인의 길러줌을 얻고, 자기는 임무를 방치하고 실패하는 허물이 없으므로 吉하게 된다.

윗자리에 거처한 사람이 반드시 재주와 德과 위엄과 명망이 있어서 아래 백성들에게 존경과 두려움을 받는다면, 일이 행해져서 사람들이 마음으로 복종할 것이지만, 만약 혹 아랫사람이 윗사람을 대수롭지 않게 여기면 政事가 나옴에 백성들이 어기고, 刑罰이 베풀어짐에 원망이 일어나서 능멸하고 범함을 가볍게 여길 것이니, 어지러움이 일어나는 연유이다. 六四가 비록

16 四在人上 : 三爻와 四爻는 사람의 자리인데, 四爻가 위에 있기 때문에 이렇게 말하였다.

17 有 : 《大全》의 간주에 "어떤 판본에는 '其'자로 되어 있다." 하였다.

18 在 : 《大全》의 간주에 "어떤 판본에는 '在'자가 없다." 하였다.

19 施 : 《大全》의 간주에 "어떤 판본에는 앞에 '澤'자가 있다." 하였다.

剛한 陽에게 順從하여 그 직책을 방치하지 않았으나, 재질이 본래 유약한 陰이어서 남에게 의지하여 이루니, 사람들이 가볍게 여긴다. 그러므로 반드시 威嚴을 길러서 노려보기를 호랑이처럼 한다면, 그 체통을 중시하여 아랫사람들이 감히 가볍게 대하지 못할 것이다. 또 남을 따르는 자는 반드시 항상성이 있어야 하니, 만약 틈이 생겨 혹 계속하지 못하면 政事가 실패할 것이다. '其欲'은 반드시 쓰는 것이니, 반드시 좇고 좇아 서로 계속되고 모자람이 없으면 그 일이 이루어질 것이고, 만약 남에게 취하되 계속되지 못하면 困窮해질 것이다. 이미 위엄이 있고 또 베푸는 바가 곤궁하지 않으므로 허물이 없을 수 있다.

〈어떤 이가 묻기를〉 "六二는 거꾸로 길러주기를 구하면 바른 道에 위배되는데, 四爻가 吉함은 어째서입니까?" 하였다. 대답하기를 "六二가 위에 있으면서 도리어 아래의 初九에게 길러주기를 구하니, 아래(初九)가 六二의 응하는 同類가 아니기 때문에 바른 道에 위배되고, 六四는 윗자리에 있으면서 貴한 신분으로 천한 자에게 낮추어 아래에 있는 賢人이 자기로 말미암아 그 道를 행하게 해서 위와 아래의 뜻이 서로 호응하여 백성에게 베풀어지니, 어떤 吉함이 이만하겠습니까?" 하였다. 六三 이하는 입과 몸을 기르는 자이며, 六四 이상은 德과 義를 기르는 자이다. 임금으로서 신하에게 의지하여 기르고, 윗자리에 있으면서 아랫사람에게 의지하여 기름은 모두 德을 기르는 것이다.

【本義】 柔居上而得正하고 所應又正而賴其養하여 以施於下라 故雖顚而吉이라 虎視眈眈은 下而專也요 其欲逐逐은 求而繼也니 又能如是則无咎矣라

陰이 위에 있어서 바름을 얻었고 호응하는 자가 또 바르고 그 기름에 의지하여 아래에 베풀기 때문에 비록 거꾸로이나 吉하다. '虎視眈眈'은 내려다봄에 전일한 것이고, '其欲逐逐'은 구하기를 계속함이니, 또 이와 같이 하면 허물이 없을 것이다.

字義 眈 : 노려볼 탐　逐 : 좇을 축　曠 : 비울 광　敗 : 패할 패　陵 : 능멸할 릉　犯 : 범할 범
繼 : 계속할 계　須 : 반드시 수　用 : 쓸 용　乏 : 모자랄 핍　下 : 아래 하, 내려다볼 하

## 象曰 顚頤之吉은 上施光也일새니라

〈象傳〉에 말하였다. "'거꾸로 길러주기를 구하나 길함'은 위에서 베푸는 것이 빛나기 때문이다."

【傳】 顚倒求養而所以吉者는 蓋得剛陽之應하여 以濟其事하고 致己居上之德施하여 光

明被于天下하니 吉孰大焉이리오

거꾸로 길러주기를 구하나 吉한 까닭은, 剛한 陽의 호응을 얻어서 그 일을 이루고 윗자리에 있는 자기의 德을 베풀어 光明이 천하에 비추기 때문이니, 吉함이 어느 것이 이보다 크겠는가.

字義 被 : 미칠 피

六五는 拂經이나 居貞하면 吉하려니와 不可涉大川이니라

六五는 바른 도리에 위배되나 바름에 거처하면 吉하지만, 大川을 건너서는 안 된다.

【傳】六五는 頤之時에 居君位하니 養天下者也라 然其陰柔之質로 才不足以養天下하고 上有剛陽之賢이라 故順從之하여 賴其養己以濟天下라 君者는 養人者也어늘 反賴人之養하니 是違拂於經常이라 旣以己之不足而順從於賢師傅하니 上은 師傅之位也니 必居守貞固하여 篤於委信이면 則能輔翼其身하여 澤及天下라 故吉也라 陰柔之質로 无貞剛之性이라 故戒以能居貞則吉이요 以陰柔之才로 雖倚賴剛賢하여 能持循於平時나 不可處艱難變故之際라 故云不可涉大川也라 以成王之才로 不至甚柔弱也로되 當管蔡之亂하여 幾不保於周公이온 況其下者乎아 故書曰 王亦未敢誚公이라하니 賴二公[20]하여 得終信이라 故艱險[21]之際는 非剛明之主면 不可恃也로되 不得已而濟艱險者則有矣라 發此義者는 所以深戒於爲君也요 於上九則據爲臣致身盡忠之道言이라 故不同也라

六五는 頤卦의 때에 임금의 자리에 있으니, 세상 사람들을 기르는 자이다. 그러나 유약한 陰의 재질로, 재주가 세상 사람들을 기를 수 없고, 위에 剛한 陽의 賢人이 있으므로 순종하여 그에게 의지해서 자기몸을 길러 천하 사람들을 구제한다. 임금은 사람을 길러주는 자인데 도리어 남의 길러줌에 의지하니, 이는 떳떳한 도리에 어긋나는 것이다. 이미 자기가 부족하여 현명한 師傅에게 순종하니, 上爻는 師傅의 자리이니, 반드시 거처함에 貞固함을 지켜서 돈독히 믿고 맡기면 자기 몸을 도와 세상에 은택이 미치므로 吉하다. 유약한 陰의 재질로 바르고 剛한 성질이 없기 때문에 바름에 거처하면 吉하다고 경계하였고, 유약한 陰의 재질로 비록 剛한 賢人에게 의지하여 평상시에는 따를 수 있지만, 어렵고 변고가 있을 때에는 대처할 수

20 二公 : 太公과 召公을 말한다.

21 險 : 《大全》의 간주에 "어떤 판본에는 '難'자로 되어 있다." 하였다.

없기 때문에 大川을 건너서는 안 된다고 말하였다.

成王의 재질은 심히 柔弱함에 이르지 않았으나, 管叔과 蔡叔의 亂을 당하여 거의 周公을 보존하지 못할 뻔 했는데, 하물며 그보다 못한 자에 있어서이겠는가. 그러므로《書經》〈金縢〉에서 "成王도 감히 周公을 꾸짖지 못했다." 하였으니, 두 公을 의지하여 마침내 믿음을 얻은 것이다. 그러므로 어렵고 험한 즈음에는 剛하고 현명한 임금이 아니면 믿을 수 없지만, 〈유약한 군주가〉 부득이하여 어렵고 험함을 구제한 경우도 있다. 이러한 뜻을 말한 것은 임금이 된 자를 깊이 경계하기 위한 것이고, 上九에 있어서는 신하가 되어 몸을 바쳐 충성을 다하는 道를 근거하여 말했으므로 같지 않다.

【本義】六五陰柔不正하며 居尊位而不能養人하고 反賴上九之養이라 故其象占如此하니라

六五는 유약한 陰으로 바르지 않으며, 높은 자리에 있으면서 사람을 길러주지 못하고 도리어 上九의 기름에 의지하기 때문에 그 象과 占이 이와 같다.

字義 師 : 스승 사　傅 : 스승 부　輔 : 도울 보　翼 : 도울 익　持 : 유지할 지　循 : 따를 순
艱 : 어려울 간　難 : 어려울 난　際 : 때 제　管 : 관 관　蔡 : 성씨 채　誚 : 꾸짖을 초

## 象曰 居貞之吉은 順以從上[22]也일새라

〈象傳〉에 말하였다. "'바름에 거처하면 길함'은 순하게 위를 따르기 때문이다."

【傳】居貞之吉者는 謂能堅固順從於上九之賢하여 以養天下也라

'바름에 거처하면 길한 것'은 堅固하게 上九의 현명한 사람에게 순종하여 세상 사람들을 기를 수 있다는 말이다.

## 上九는 由頤니 厲하면 吉[23]하니 利涉大川하니라

---

22 順以從上 : 李顯益(朝鮮)은《周易說》에서《本義》에서 말한 "사람을 길러주지 못한다."란 것은 다만 스스로 다른 사람을 길러주지 못한다는 의미라고 한정하였다. 上九의 길러줌에 의지하여 다른 사람을 기르기 때문이다.

23 吉 :《大全》의 소주에서 李舜臣(南宋)은, 頤卦의 六爻에서 上卦에 속한 三爻는 모두 吉하고, 下卦에 속한 三爻는 모두 凶하다고 한 것에 대해 下卦는 震卦이므로 함부로 움직이는데서 쉽게 잘못되

上九는 자기로 말미암아 길러지니 위태롭게 여기면 길하니, 큰 내를 건넘이 이롭다.

【傳】上九以剛陽之德으로 居師傅之任하고 六五之君이 柔順而從於己하여 賴己之養하니 是當天下之任이니 天下由之以養也라 以人臣而當是任이면 必常懷危厲則吉也니 如伊尹周公이 何嘗不憂勤兢畏리오 故得終吉이라 夫以君之才不足하여 以倚賴於己하여 身當天下[24]大任인댄 宜竭其才力하여 濟天下之艱危하고 成天下之治安이라 故曰利涉大川이라 得君如此之專하고 受任如此之重이어늘 苟不濟天下艱危면 何足稱委遇而謂之賢乎아 當盡誠竭力而不顧慮나 然惕厲則不可忘也라

上九는 剛한 陽의 德으로 師傅의 임무를 담당하고 있고, 六五의 임금이 柔順하여 자기를 따라 자기가 길러주는 것에 의지하니, 이는 천하의 임무를 담당한 것이니, 세상이 자기로 말미암아 길러지는 것이다. 신하로서 이러한 임무를 맡았으면 반드시 늘 위태로운 마음을 품으면 吉하다. 伊尹이나 周公 같은 사람이 어찌 일찍이 근심하고 근면하며 조심하고 두려워하지 않았겠는가. 그러므로 마침내 吉함을 얻은 것이다. 임금의 재질이 부족하기 때문에 자기에게 의지하여 자신이 천하의 큰 임무를 감당하였다면 마땅히 재주와 능력을 다해서 천하의 어려움과 위태로움을 救濟하고 천하의 治安을 이루어야 한다. 그러므로 "큰 내를 건넘이 이롭다." 하였다. 임금의 신임을 얻은 것이 이와 같이 전일하고 임무를 맡은 것이 이와 같이 무거운데, 만일 세상 사람들의 어려움과 위태로움을 구제하지 못한다면, 어찌 맡기고 예우함에 걸맞아서 賢人이라고 말하겠는가? 마땅히 정성을 다하고 힘을 다해야 하고 앞일을 헤아려 염려하지 말아야 할 것이지만, 두려워하고 위태롭게 여기는 것을 잊어서는 안 된다.

【本義】六五賴上九之養하여 以養人하니 是物由上九以養也라 位高任重이라 故厲而吉이요 陽剛在上이라 故利涉川이라

六五는 上九의 길러줌에 의지하여 사람을 기르니, 이는 人物들이 上九로 말미암아 길러지는 것이다. 지위가 높고 임무가 무겁기 때문에 위태롭게 여기면 吉하고, 강건한 陽이 위에 있기 때문에 내를 건너는 것이 이롭다.

字義 憂 : 근심 우　勤 : 근면할 근　兢 : 조심할 긍　畏 : 두려울 외　竭 : 다할 갈　稱 : 걸맞을 칭
委 : 맡길 위　遇 : 예우 우　顧 : 돌아볼 고　慮 : 염려할 려　惕 : 두려울 척

---

고, 上卦는 그침을 상징하는 艮卦이므로 마땅히 그칠 데에서 그칠 줄 알기 때문이라고 하였다.

**24** 下 : 《大全》의 간주에 "어떤 판본에는 뒤에 '之'자가 있다." 하였다.

象曰 由頤厲吉은 大有慶也라

〈象傳〉에 말하였다. "'자기로 말미암아 길러지므로 위태롭게 여기면 길함'은 크게 경사가 있는 것이다."

【傳】若上九之當大任如是하고 能兢畏如是하여 天下被其德澤이면 是大有福慶也라

만약 上九가 큰 임무를 담당하기를 이와 같이 하고 조심하고 두려워하기를 이와 같이 하여 세상 사람들이 덕택을 입는다면 이는 크게 福과 慶事가 있는 것이다.

# 周易傳義 卷第十一

## 28. 大過

### ䷛ 巽下兌上

下卦는 巽卦☴이고 上卦는 兌卦☱이다.

【傳】 大過는 序卦曰 頤者는 養也니 不養則不可動이라 故受之以大過라하니라 凡物養而後能成하고 成則能動하며 動則有過하니 大過所以次頤也라 爲卦上兌下巽하니 澤在木上하여 滅木也라 澤者는 潤養於木이어늘 乃至滅沒於木하니 爲大過之義라 大過者는 陽過也라 故爲大者過와 過之大와 與大事過也니 聖賢道德功業이 大過於人과 凡事之大過於常者 皆是也라 夫聖人은 盡人道하여 非過於理也로대 其制事에 以天下之正理로 矯失之用에 小過於中者則有之하니 如行過乎恭喪過乎哀用過乎儉이 是也라 蓋矯之小過而後能及於中이니 乃求中之用也라 所謂大過者는 常事之大者耳니 非有過於理也라 唯其大라 故不常見이니 以其比常所見者大라 故謂之大過라 如堯舜之禪讓과 湯武之放伐은 皆由道[1]也니 道는 无不中无不常이로되 以世人所不常[2]見이라 故謂之大過於常也라

大過卦는 〈序卦傳〉에 "頤는 기름이니, 기르지 않으면 움직일 수 없기 때문에 大過卦로 받았다." 하였다. 대체로 만물은 길러진 뒤에 이루어질 수 있고 이루어지면 움직일 수 있으며 움직이면 지나치게 되니, 大過卦가 頤卦 다음에 온 까닭이다. 卦의 구성이 上卦는 兌卦☱이고 下卦는 巽卦☴이니, 못이 나무 위에 있어서 나무를 침몰시켜 없애는 것이다. 못은 나무를 윤택하게 길러주는 것인데 마침내 나무를 침몰시켜 없애는 데에 이르렀으니, 이것이 大過의 뜻이다. 大過란 陽이 지나친 것이다. 그러므로 '큰 것이 지나침'과 '지나침이 큼'과 '큰일의 지나침'이 되니, 성현의 道德과 功業이 보통사람보다 크게 지나친 것과 보통일보다 크게 지나친 일들이 다 大過이다.

---

1 道 : 《大全》의 간주에 "어떤 판본에는 앞에 '此'자가 있다." 하였다.

2 常 : 《大全》의 간주에 "어떤 판본에는 '嘗'자로 되어 있다." 하였다.

聖人은 人道를 다하여 이치에 지나치지 않지만, 일을 처리함에 세상의 바른 이치로써 잘못을 바로잡는 작용이 中보다 조금 지나친 경우는 있으니, '행함에 공손을 지나치게 함'과 '初喪에 슬픔을 지나치게 함'과 '씀에 검소함을 지나치게 함'과 같은 것이 이것이다. 바로잡기를 조금 지나치게 한 뒤에야 中에 미칠 수 있으니, 이것이 바로 中을 구하는 작용이다. 이른바 '大過'라는 것은 보통의 일 가운데에서 큰 것일 뿐이지, 이치에 지나침이 있는 것이 아니다. 다만 크기 때문에 항상 볼 수는 없으니, 항상 보는 바에 비하여 크기 때문에 '大過'라고 이른 것이다. 堯임금과 舜임금이 禪讓한 것과 湯王과 武王이 放伐한 것 같은 것은 모두 道로 말미암은 것이니, 道는 中이 아님이 없고 恒常됨 아님이 없으나, 세상 사람들이 항상 볼 수는 없기 때문에 보통보다 크게 지나치다고 이르는 것이다.

字義 矯 : 바로잡을 교 禪 : 선양할 선 讓 : 선양할 양 放 : 내쫓을 방 伐 : 칠 벌

## 大過[3]는 棟이 橈[4]니 利有攸往하여 亨하니라

大過는 들보가 휘어짐이니, 갈 곳을 둠이 이로워 형통하다.

【傳】小過는 陰過於上下하고 大過는 陽過於中하니 陽過於中而上下弱矣라 故爲棟橈之象이라 棟은 取其勝重이니 四陽이 聚於中하니 可謂重矣요 九三九四皆取棟象하니 謂任重也라 橈는 取其本末弱이니 中强而本末弱이라 是以橈也[5]라 陰弱而陽强하고 君子盛而小人衰라 故利有攸往而亨也라 棟을 今人謂之檁[6]이라

---

3 大過 : 빌헬름 영문판 주역인 《The I Ching》에서는 大過卦를 "Ta Kuo / Preponderance of the Great"라고 하였다. 대과괘는 양효 넷이 안에 있고 음효 둘이 바깥에 있어 가운데는 너무 두껍고 무거운데 바깥은 너무 약하다. 이렇게 지속하기 어려운 상황으로 상태를 바꾸어야 하는 것은 결국 음양의 균형이 맞지 않아 그런 것이므로 '양의 우세함'이라고 정의하였다.

4 棟橈 : 《大全》의 소주에서 李舜臣(南宋)은 大過卦를 大壯卦와 비교하여 들보가 휘어지는 象에 대해 설명하였다. 大過卦는 四陽이 横으로 가운데 있어 들보의 象인데 上下의 두 陰이 힘이 약해 위에 붙어있거나 아래에 기댈 수 없어 휘어진다. 반면 大壯卦䷡는 四陽이 전부 아래에 있어 튼튼하게 받쳐주니 〈繫辭傳〉에서 "들보를 올리고 처마를 내린다."고 하였다.

5 橈……是以橈也 : 《大全》의 간주에 "어떤 판본에는 '橈 取其中强而本末弱 本末弱 是以橈也'로 되어 있다." 하였다.

6 檁 : 柳正源(朝鮮)은 《易解參攷》에서 《海篇心鏡》의 자해를 인용해 檁은 音이 '름'이며 뜻은 '지붕 위에 가로로 댄 나무'라고 하였다.

小過卦䷽는 陰이 위와 아래에서 지나치고, 大過卦䷛는 陽이 가운데서 지나치니, 陽이 가운데에서 지나쳐 위와 아래가 弱하기 때문에 들보가 휘어지는 象이 된다. '들보'는 무거운 것을 감당함을 취한 것이니, 네 陽이 가운데에 모였으니 무겁다고 이를 만하고, 九三과 九四가 모두 들보의 象을 취하였으니 짐이 무거움을 말한다. '휘어짐'은 밑과 끝이 약함을 취한 것이니, 가운데는 强한데 밑과 끝이 弱하기 때문에 휘어진다. 陰은 약하고 陽은 강하며, 君子는 盛하고 小人은 衰하기 때문에 갈 곳을 둠이 이로워 형통한 것이다. '棟'을 지금 사람들은 '檁(들보도리)'이라고 한다.

【本義】 大는 陽也니 四陽이 居中過盛이라 故爲大過요 上下二陰이 不勝其重이라 故有棟橈之象이라 又以四陽雖過而二五得中하고 內巽外說하여 有可行之道라 故利有所往而得亨也라

'大'는 陽이니, 네 陽이 가운데 있어서 지나치게 盛하므로 大過卦가 되었고, 위와 아래의 두 陰이 무거움을 감당하지 못하므로 들보가 휘어지는 象이 있다. 또 네 陽이 비록 지나치나 九二와 九五가 가운데 자리를 얻었고, 안은 공손하고 밖은 기뻐하여 행할 수 있는 道가 있기 때문에 가는 바를 둠이 이롭고 형통함을 얻는다.

字義 棟 : 들보 동　橈 : 휘어질 뇨(요)　勝 : 견딜 승　重 : 무게 중　任 : 맡길 임

## 彖曰 大過는 大者過也요

〈彖傳〉에 말하였다. "大過는 큰 것이 지나침이고

【傳】 大者過는 謂陽過也니 在事에 爲事之大者過와 與其過之大라

'큰 것이 지나침'은 陽이 지나침을 말하니, 일에 있어서는 '일의 큼이 지나침'과 '지나침이 큼'이 된다.

【本義】 以卦體로 釋卦名義라

卦體로 卦名의 뜻을 해석하였다.

## 棟橈[7]는 本末[8]이 弱也라

'들보가 휘어짐'은 밑과 끝이 약한 것이다.

【傳】謂上下二陰衰弱이라 陽盛則陰衰라 故爲大者過라 在小過則曰小者過라하니 陰過也라

위와 아래의 두 陰이 衰弱함을 말한다. 陽이 盛하면 陰이 衰하므로 '큰 것이 지나침'이 된 것이다. 小過卦䷽에서는 "작은 것이 지나치다."고 하였으니, 陰이 지나친 것이다.

【本義】復以卦體로 釋卦辭라 本은 謂初요 末은 謂上이요 弱은 謂陰柔라

다시 卦體로 卦辭를 해석하였다. '本'은 初六을 이르고, '末'은 上六을 이르며, '弱'은 유약한 陰을 이른다.

## 剛過而中하고 巽而說(열)行이라 利有攸往하여 乃亨하니

剛이 지나치나 가운데 있고, 공손하면서 기쁨으로 행하기 때문에 갈 곳을 둠이 이로워 형통하니

【傳】言卦才之善也라 剛雖過而二五皆得中하니 是處不失[9]中道也라 下巽上兌이니 是는 以巽順和說之道而行也니 在大過之時하여 以中道巽說而行이라 故利有攸往하니 乃所以能亨也라

卦의 재질이 善함을 말하였다. 剛이 비록 지나치나 九二와 九五가 모두 가운데 자리를 얻었

---

7 棟橈 : 朴文鎬(朝鮮)는 《經說·周易》에서 '棟'은 '지붕 위에 있는 가로댄 나무'인 들보가 아니라 '들보 위의 동자기둥'으로 보았다. 陽이 乘하고, 承한 陰인 初爻와 上爻가 모두 약하기 때문에 휘어지는 象이 있다는 것이다.

8 本末 : 李瀷(朝鮮)은 《易經疾書》에서 '本末'의 本은 밑이고, 末은 끝인데 들보가 휘어짐은 중요한 점이 끝이 아니라 밑에 있다고 하였다. 집에 있는 들보에서, 들보를 받치는 기둥은 아래에 있고 서까래는 위에 있으니, 들보에서 위가 약한 것은 그래도 괜찮지만 아래가 약하다면 반드시 무너진다는 것이다. 그래서 九四는 上卦에 있어 휘어지지 않고, 九三은 下卦에 있어 휘어져 凶하다고 보았다.

9 不失 : 《大全》의 간주에 "어떤 판본에는 '得'자로 되어 있다." 하였다.

으니, 이는 거처함이 中道를 잃지 않은 것이다. 下卦는 巽卦☴이고 上卦는 兌卦☱이니, 이는 巽順과 和說의 道로써 행하는 것이다. 大過의 때에 있어서 中道로써 巽順하고 和說하면서 行하기 때문에 갈 곳을 둠이 이로우니, 바로 이렇기 때문에 형통할 수 있는 것이다.

【本義】 又以卦體卦德으로 釋卦辭라

또 卦體와 卦德으로 卦辭를 해석하였다.

## 大過之時 大矣哉라

大過의 때가 크다."

【傳】 大過之時에 其事甚大라 故贊之曰 大矣哉라하니 如立非常之大事와 興不世之大功과 成絶俗之大德이 皆大過之事也라

大過의 때에 그 일이 매우 크기 때문에 '大矣哉'라고 찬미하였으니, 보통이 아닌 큰일을 세우고, 세상에 드문 큰 功을 일으키고, 세상에 없는 큰 德을 이루는 것이 모두 大過의 일이다.

【本義】 大過之時엔 非有大過人之材면 不能濟也라 故歎其大라

大過의 때에는 보통사람보다 크게 뛰어난 재목이 아니면 세상을 구제할 수 없기 때문에 큼을 감탄한 것이다.

字義 絶 : 뛰어날 절

## 象曰 澤滅木이 大過니 君子以하여 獨立不懼하며 遯世无悶[10]하나니라

〈象傳〉에 말하였다. "못이 나무를 침몰시켜 없애는 것이 大過이니, 君子가 이것을 본받아 홀로 서서 두려워하지 않으며, 세상을 피하여 은둔하여도 근심함이 없다."

---

10 獨立不懼 遯世无悶 : 《大全》의 소주에서 邱富國(南宋)은, 홀로 서서 두려워하지 않음은 巽卦☴인 나무의 象이고, 세상을 피하여 은둔해도 근심함이 없음은 兌卦(☱)인 기쁨의 象으로 보았다. 그리고 이와 관련해 보통사람보다 지나친 인물로 각각 周公과 顔回를 들었다.

【傳】澤은 潤養於木者也어늘 乃至滅沒於木則過甚矣라 故爲大過라 君子觀大過之象하여 以立其大過人之行하나니 君子所以大過人者는 以其能獨立不懼하고 遯世无悶也라 天下非之而不顧는 獨立不懼也요 擧世不見知而不悔는 遯世无悶也라 如此然後能自守니 所以爲大過人[11]也라

못은 나무를 윤택하게 길러주는 것인데, 마침내 나무를 침몰시켜 없애는 데 이르니, 지나침이 심하기 때문에 大過卦가 된다. 君子가 大過卦의 象을 보고서 보통사람보다 크게 지나친 행실을 세우니, 君子가 보통사람보다 크게 지나친 것은 홀로 서서 두려워하지 않고 세상을 피하여 은둔하여도 근심함이 없기 때문이다. 천하가 그르다고 해도 돌아보지 않음은 '홀로 서서 두려워하지 않는 것'이고, 온 세상이 알아주지 않아도 후회하지 않음은 '세상을 피하여 은둔하여도 근심함이 없는 것'이다. 이와 같이 한 뒤에야 스스로 지킬 수 있으니, 이 때문에 보통사람보다 크게 지나친 사람이 되는 것이다.

【本義】澤滅於木은 大過之象也요 不懼无悶은 大過之行也라

못이 나무를 침몰시켜 없앰은 大過의 象이고, 두려워하지 않고 근심함이 없음은 大過의 행실이다.

字義 滅 : 멸할 멸　沒 : 빠질 몰　擧 : 온통 거

## 初六은 藉用白茅니 无咎하니라

初六은 자리를 까는데 흰 띠풀을 사용하니, 허물이 없다.

【傳】初以陰柔로 巽體而處下하니 過於畏愼者也요 以柔在下는 用茅藉物之象이니 不錯(조)諸地而藉以茅는 過於愼也니 是以无咎라 茅之爲物이 雖薄이나 而用可重者는 以用之能成敬愼之道也니 愼守斯術而行이면 豈有失乎아 大過之用也라 繫辭云 苟錯諸地라도 而可矣어늘 藉之用茅하니 何咎之有리오 愼之至也라 夫茅之爲物이 薄이나 而用은 可重也니 愼斯術也하여 以往이면 其无所失矣라하니 言敬愼之至也라 茅雖至薄之物이나 然用之可甚重이라 以之藉薦則爲重愼之道니 是用之重也라 人之過於敬愼은 爲之非難이나

---

**11** 人 : 《大全》의 간주에 "어떤 판본에는 '人'자가 없다." 하였다.

而可以保其安而无過하니 苟能愼[12]斯道하여 推而行之於事면 其无所失矣리라

初六은 유약한 陰으로 巽의 卦體이면서 아래에 있으니, 두려워하고 삼가기를 지나치게 하는 자이고, 柔로서 맨 아래에 있음은 띠풀을 사용하여 물건에 까는 象이니, 땅에 놓지 않고 띠풀을 까는 것은 삼가기를 지나치게 하는 것이다. 이 때문에 허물이 없다. '띠풀'이라는 물건이 하찮은 것이지만 쓰임이 중요한 것은 이것을 사용하여 공경하고 삼가는 道를 이룰 수 있기 때문이다. 이 방법을 삼가 지켜서 行한다면 어찌 잘못이 있겠는가. 大過의 쓰임이다. 〈繫辭傳〉에서 "땅에 놓더라도 괜찮은데 자리를 까는데 띠풀을 사용하니 무슨 허물이 있겠는가. 삼감이 지극하다. 띠풀은 하찮은 물건이나 쓰임은 중요하니, 이 방법을 삼가서 가면 잘못되는 바가 없을 것이다." 하였으니, 공경과 삼감이 지극함을 말한 것이다. 띠풀이 지극히 하찮은 물건이나 쓰임은 매우 중요하여, 이것을 제사 지내는데 깔면 신중히 하는 道가 되니, 이것이 쓰임의 중요함이다. 사람이 공경하고 삼감을 지나치게 함은 하기 어려운 것이 아닌데 편안함을 보존하여 허물이 없을 수 있으니, 이 방법을 삼가서 미루어 넓혀 일에 행하면 잘못되는 바가 없을 것이다.

【本義】當大過之時하여 以陰柔居巽下하니 過於畏愼而无咎者也라 故其象占如此라 白茅는 物之潔者라

大過의 때를 당하여 유약한 陰으로서 巽卦☴의 맨 아래에 있으니, 두려워하고 삼가기를 지나치게 하여 허물이 없는 자이다. 그러므로 象과 占이 이와 같다. 흰 띠풀은 물건 중에 깨끗한 것이다.

字義 藉 : 자리깔 자　茅 : 띠풀 모　錯 : 놓을 조　薄 : 얇을 박　薦 : 제사올릴 천

象曰 藉用白茅는 柔在下也라

〈象傳〉에 말하였다. "'자리를 까는데 흰 띠풀을 사용함'은 柔가 아래에 있기 때문이다."

【傳】以陰柔處卑下之道는 唯當過於敬愼而已라 以柔在下 爲以茅藉物之象이니 敬愼

12 愼 : 《大全》의 간주에 "어떤 판본에는 뒤에 '思'자가 있다." 하였다.

之道也라

유약한 陰으로서 낮은 자리에 거처하는 道는 오직 공경하고 삼감을 지나치게 해야 할 뿐이다. 柔로서 아래에 있는 것이 띠풀을 물건에 까는 象이 되니, 공경하고 삼가는 道이다.

## 九二는 枯楊[13]이 生稊하며 老夫得其女妻니 无不利하니라

九二는 마른 버드나무에 뿌리가 생기며 늙은 남자가 젊은 아내를 얻으니, 이롭지 않음이 없다.

【傳】陽之大過에 比陰則合이라 故二與五皆有生象이라 九二當大過之初하여 得中而居柔하고 與初密比而相與하며 初旣切比於二하고 二復无應於上하니 其相與可知라 是剛過之人而能以中自處하고 用柔相濟者也라 過剛則不能有所爲니 九三是也요 得中用柔則能成大過之功이니 九二是也라 楊者는 陽氣易感之物로 陽過則枯矣나 楊枯槁而復生稊면 陽過而未至於極也라 九二陽過而與初는 老夫得女妻之象이니 老夫而得女妻면 則能成生育之功이라 二得中居柔而與初라 故能復生稊而无過極之失하여 无所不利也라 在大過에 陽爻居陰則善하니 二與四是也로되 二不言吉하고 方言无所不利는 未遽至吉也라 稊는 根也니 劉琨勸進表[14]에 生繁華於枯荑(제)라하니 謂枯根也라 鄭玄易에 亦作荑字하니 與稊同이라

陽이 크게 지나칠 때에 陰을 가까이하면 合하기 때문에 九二와 九五에 모두 낳는 象이 있다. 九二는 大過의 처음을 당하여 가운데 자리를 얻었고 부드러운 자리에 있으며, 初六과 매우 가까워 서로 함께하며, 初六은 이미 九二와 아주 가깝고 九二가 다시 위에 호응함이 없으니, 九二와 初六이 서로 함께함을 알 수 있다. 이는 剛이 지나친 사람이 中道로써 自處하고 柔를

13 枯楊 : 《大全》의 소주에서 胡炳文(元)은, 巽卦☴는 나무이고 兌卦☱는 못인데, 못 가까이 있는 나무인 버드나무로 象을 취했다고 보았다. 구체적으로 풀어보면 '마른 버드나무'는 세월이 오래 지나간 象이고, '뿌리'는 初爻가 아래에 있는 象이며, '늙은 남자'는 九의 象이고, '젊은 아내'는 初爻인 陰爻가 아래에 있는 象이다.

14 劉琨勸進表 : 劉琨은 晉나라 愍帝 때에 司空이었으나 五胡의 난에 민제가 오랑캐에게 시해당하자 江東에 있던 司馬懿에게 〈勸進表〉를 올려 帝位에 오를 것을 권하였다. 그 후 사마위가 강동에서 즉위하니 이가 곧 東晉의 元帝이다.

써서 서로 구제하는 것이다. 지나치게 剛하면 일을 할 수가 없으니 九三이 이렇고, 中을 얻고 柔를 쓰면 大過의 功을 이룰 수 있으니 九二가 이렇다. '버드나무'는 陽氣를 쉽게 느끼는 식물로 陽이 지나치면 마르지만, 버드나무가 말랐다가 다시 뿌리가 생겼다면 陽이 지나치나 극단에는 이르지 않은 것이다. 九二가 陽이 지나치나 初六과 함께함은 늙은 남자가 젊은 아내를 얻는 象이니, 늙은 남자가 젊은 아내를 얻으면 낳고 기르는 功을 이룰 수 있다. 九二는 中을 얻고 부드러운 자리에 있어 初六과 함께하기 때문에 다시 뿌리가 나고 극도로 지나친 잘못이 없어 이롭지 않음이 없다. 大過에 있어서는 陽爻가 陰의 자리에 있으면 좋으니 九二와 九四가 이러한데, 九二에서 吉함을 말하지 않고, 바야흐로 "이롭지 않음이 없다."고 말한 것은 갑자기 吉함에 이를 수 없기 때문이다. '稊'는 뿌리이니, 劉琨의 〈勸進表〉에 "화려한 꽃이 枯荑에서 난다." 하였으니, '枯荑'는 마른 뿌리를 말한 것이다. 鄭玄의 《周易》에도 '荑'자로 되어 있으니, '稊'와 같다.

【本義】 陽過之始而比初陰이라 故其象占如此라 稊는 根也니 榮於下者也라 榮於下則生於上矣라 夫雖老而得女妻면 猶能成生育之功也라

陽이 지나친 시초이고 初六의 음과 가까이 있기 때문에 그 象과 占이 이와 같다. '稊'는 나무의 뿌리이니, 아래에서 싹이 나는 것이다. 아래에서 싹이 나면 위에서 꽃이 피니, 비록 남자가 늙었으나 젊은 아내를 얻으면 여전히 낳고 기르는 功을 이룰 수 있다.

字義 枯 : 마를 고　楊 : 버드나무 양　稊 : 뿌리 제　槁 : 마를 고　琨 : 옥돌 곤　荑 : 싹 제
榮 : 피어날 영

## 象曰 老夫女妻는 過以相與也라

〈象傳〉에 말하였다. "'늙은 남자'와 '젊은 아내'는 지나치게 서로 함께하는 것이다."

【傳】 老夫之說少女와 少女之順老夫는 其相與過於常分이니 謂九二初六陰陽相與之和 過於常也라

늙은 남자가 젊은 여자를 좋아함과 젊은 여자가 늙은 남자에게 순종함은 서로 함께함이 보통의 분수보다 지나친 것이니, 九二와 初六은 陰陽이 서로 함께하는 조화가 보통보다 지나침을 말한 것이다.

九三은 棟이 橈[15]니 凶하니라

九三은 들보가 휘어지니 凶하다.

【傳】夫居大過之時하여 興大過之功하고 立大過之事는 非剛柔得中하여 取於人以自輔면 則不能也라 旣過於剛强이면 則不能與人同이니 常常之功도 尙不能獨立이온 況大過之事乎아 以聖人之才로도 雖小事나 必取於人이어늘 當天下之大任則可知矣라 九三은 以大過之陽으로 復以剛自居而不得中하니 剛過之甚者也라 以過甚之剛으로 動則違於中和而拂於衆心하니 安能當大過之任乎아 故不勝其任이 如棟之橈하여 傾敗其室이니 是以凶也라 取棟爲象者는 以其无輔而不能勝重任也일새라 或曰 三은 巽體而應於上하니 豈无用柔之象乎아 曰 言易者는 貴乎識勢之重輕時之變易이라 三居過而用剛하고 巽旣終而且變하니 豈復有用柔之義리오 應者는 謂志相從也어늘 三方過剛하니 上能繫其志乎아

大過의 때에 거처해서 크게 뛰어난 功을 일으키고 크게 뛰어난 일을 세우는 것은 剛柔가 中道를 얻어 다른 사람에게서 취하여 자신을 돕게 하지 않으면 할 수 없다. 이미 剛의 강함이 지나치다면 남과 더불어 함께할 수 없으니, 보통의 功도 오히려 홀로 세울 수 없는데 하물며 크게 지나친 일에 있어서이겠는가! 聖人의 재질로도 비록 작은 일이라도 반드시 남에게서 취하는데 세상의 큰 임무를 담당하였다면 〈임무를 감당할 수 없음을〉 알 만하다. 九三은 大過의 陽으로 다시 剛한 자리에 스스로 거처하여 中을 얻지 못하였으니, 剛이 지나침이 심한 자이다. 지나치게 심한 剛으로 움직이면 中和를 어겨 사람들의 마음을 거스르니, 어찌 大過의 임무를 감당할 수 있겠는가. 그러므로 그 임무를 감당할 수 없음이 마치 들보가 휘어져서 집을 무너뜨리는 것과 같으니, 이 때문에 凶한 것이다. 들보를 취하여 象을 삼은 것은 도와주는 사람이 없어서 무거운 임무를 감당할 수 없기 때문이다.

어떤 이가 묻기를 "九三은 巽의 卦體로 上六과 호응하니, 어찌 柔를 쓰는 象이 없겠습니까?" 하니, 대답하기를 "易을 말하는 자는 형세의 輕重과 때의 變易을 아는 것을 귀하게 여깁니다. 九三은 지나친 자리에 있으면서 剛을 쓰고, 巽卦☴가 이미 끝나 장차 변하게 되었으니, 어찌

15 棟橈 : 《大全》의 소주에서 李過(南宋)는, 九三과 九四는 각각 下卦의 몸체와 上卦의 몸체라는 관점에서 구분해보아야 한다고 주장하였다. 그렇게 보면 下卦☴는 위가 채워져 있고 아래가 약한데 九四가 下卦의 위에 있어서 들보가 휘어지는 象이다. 上卦☱는 위가 약하고 아래가 채워져 있는데 九三이 上卦의 아래에 있어서 들보가 높이 솟은 象이다.

다시 柔를 쓰는 뜻이 있겠습니까? 應이란 뜻이 서로 따름을 이르는데 九三이 지금 지나치게 剛하니, 上六이 그의 뜻을 잡아 맬 수 있겠습니까?" 하였다.

【本義】三四二爻 居卦之中하니 棟之象也라 九三은 以剛居剛하여 不勝其重이라 故象橈而占凶이라

九三과 九四의 두 爻가 卦의 가운데 자리에 있으니, 들보의 象이다. 九三은 剛으로 剛한 자리에 있어서 그 무거움을 감당하지 못하기 때문에 象은 휘어짐이고 占은 凶하다.

字義 傾 : 기울 경 敗 : 무너질 패

## 象曰 棟橈之凶은 不可以有輔也일새라

〈象傳〉에 말하였다. "'들보가 휘어지는 凶함'은 돕는 이가 있을 수 없기 때문이다."

【傳】剛强之過면 則不能取於人하고 人亦不能[16]親輔之하니 如棟橈折하여 不可支輔也라 棟은 當室之中하여 不可加助하니 是不可以有輔也라

剛의 강함이 지나치면 남에게서 취하지 못하고 남들도 가까이하여 도울 수가 없으니, 마치 들보가 휘어지고 꺾여서 지탱하고 돕지 못하는 것과 같다. '들보'는 집의 한가운데에 있어서 도움을 더할 수 없으니, 이것이 돕는 이가 있을 수 없다는 것이다.

字義 支 : 지탱할 지

## 九四는 棟隆[17]이니 吉하거니와 有它면 吝하리라

九四는 들보가 높이 솟음이니 吉하지만, 다른 마음을 두면 부끄러울 것이다.

---

16 能 : 《大全》의 간주에 "어떤 판본에는 '肯'자로 되어 있다." 하였다.

17 棟隆 : 康儼(朝鮮)은 《周易》에서 '들보'는 위가 강하고 아래가 약하면 부러지고, 아래가 강하고 위가 약하면 솟기 때문에, 上下의 强弱으로 九三과 九四의 象을 비교하였다. 가운데 있는 네 陽爻로 보면 九三은 위에서 九五와 九四의 두 陽이 누르고 있고 아래에서 九二의 한 陽이 떠받치고 있어서 上强下弱으로 휘어지는 象이 있는데, 그에 비해 九四는 위에서 九五의 한 陽이 누르고 있고 아래에서 九四와 九三의 두 陽이 떠받치고 있어 下强上弱으로 솟은 象이 있다고 하였다.

【傳】四居近君之位하니 當大過之任者也요 居柔하니 爲能用柔相濟라 旣不過剛이면 則能勝其任하여 如棟之隆起니 是以吉也라 隆起는 取[18]不下橈之義라 大過之時엔 非陽剛이면 不能濟요 以剛處柔는 爲得宜矣어니와 若又與初六之陰相應則過也라 旣剛柔得宜어늘 而志復應陰이면 是有它也니 有它則有累於剛하여 雖未至於大害나 亦可吝也라 蓋大過之時엔 動則過也라 有它는 謂更有它志요 吝은 爲不足之義니 謂可少也라 或曰 二는 比初則无不利어늘 四若應初則爲吝은 何也오 曰 二得中而比於初는 爲以柔相濟之義나 四與初爲正應은 志相繫者也라 九旣居四하여 剛柔得宜矣어늘 復牽繫於陰하여 以害其剛이면 則可吝也라

九四는 임금과 가까운 자리에 있으니 大過의 임무를 담당한 자이고, 부드러운 자리에 있으니 柔를 써서 서로 구제함이 된다. 이미 지나치게 剛하지 않으면 그 임무를 감당할 수 있어서 마치 들보가 높이 솟은 것과 같으니 이 때문에 吉하다. 높이 솟아올랐다는 것은 아래로 휘어지지 않는 뜻을 취한 것이다. 大過의 때에는 강건한 陽이 아니면 구제할 수 없고, 剛으로서 부드러운 자리에 있음은 마땅함을 얻은 것이지만, 만약 또 初六의 陰과 서로 호응한다면 지나친 것이다. 이미 剛柔가 마땅함을 얻었는데, 다시 陰과 호응할 뜻이 있다면 이는 다른 마음이 있는 것이니, 다른 마음이 있으면 剛한 것에 누가 되어, 비록 크게 해로움에 이르지는 않더라도 부끄러워할 만하다. 大過의 때에는 움직이면 지나침이 된다. '有它'는 다시 다른 뜻이 있음을 말하고, '吝'은 부족하다는 뜻이니 하찮게 여길 만함을 말한다.

어떤 이가 묻기를 "九二가 初六과 가까이 있으면 이롭지 않음이 없는데, 九四가 初六과 호응하면 부족함이 되는 것은 어째서입니까?" 하니, 대답하기를 "九二가 中을 얻었으면서 初六과 가까이 있는 것은 柔로 서로 구제하는 뜻이 되지만, 九四가 初六과 正應이 됨은 뜻이 서로 매이는 것입니다. 九(陽)가 四爻 자리에 있어서 이미 剛柔가 마땅함을 얻었는데도, 다시 陰에 끌리고 매여서 剛함을 해친다면 부족하다고 할 수 있다는 것입니다." 하였다.

【本義】以陽居陰하여 過而不過라 故其象隆而占吉이라 然下應初六하여 以柔濟之면 則過於柔矣라 故又戒以有它則吝也라

陽으로서 陰의 자리에 있어 지나치지만 지나치지 않기 때문에 그 象이 들보가 높이 솟음이 되고 占이 吉하다. 그러나 아래로 初六과 호응하여 柔로 구제한다면 柔가 지나치므로 또

---

18 取 : 《大全》의 간주에 "어떤 판본에는 앞에 '兼'자가 있다." 하였다.

"다른 마음을 두면 부끄러울 만하다."고 경계한 것이다.

字義 隆 : 높을 륭 它 : 다를 타 少 : 부족하다고 여길 소 牽 : 끌 견 繫 : 맬 계

象曰 棟隆之吉은 不橈乎下[19]也일새라

〈象傳〉에 말하였다. "'들보가 높이 솟음이 길함'은 아래로 휘어지지 않기 때문이다."

【傳】 棟隆起則吉은 不橈曲以就下也니 謂不下繫於初也라

들보가 높이 솟으면 吉한 것은 휘고 굽어 아래로 나아가지 않기 때문이니, 아래로 初六에 매이지 않음을 이른다.

九五는 枯楊[20]이 生華[21]하며 老婦得其士夫니 无咎나 无譽리라

九五는 마른 버드나무에 꽃이 피며 늙은 부인이 젊은 남자를 얻는 것이니, 허물이 없으나 명예도 없을 것이다.

【傳】 九五當大過之時하여 本以中正居尊位나 然下无應助하니 固不能成大過之功이요 而上比過極之陰하니 其所相濟者 如枯楊之生華라 枯楊이 下生根稊면 則能復生하니 如大過之陽이 興成事功也어니와 上生華秀면 雖有所發이나 无益於枯也라 上六은 過極之陰이니 老婦也라 五雖非少나 比老婦則爲壯矣[22]니 於五无所賴也라 故反稱婦得이라

19 下 : 《大全》의 소주에서 馮椅(南宋)는, 〈象傳〉에서는 '가로'로써 象을 취하였기 때문에 '밑'과 '끝'을 말하고 위와 아래를 말하지 않았으며, 爻辭에서는 '세움'으로써 象을 취하였기 때문에 위와 아래를 말하고 '밑'과 '끝'을 말하지 않았다고 하여 本末과 上下로 구분하였다.

20 枯楊 : 李顯益(朝鮮)은 《周易說》에서 馮椅(南宋)가 '마른 버드나무'를 上六으로 여기고 '꽃'을 九五로 여긴 것은 옳지 않다고 비판하면서 자신의 견해를 밝혔다. '늙은 부인이 젊은 남자를 얻음'에, '늙은 부인'은 上六이고 '젊은 남자'는 九五이지만, 만약 '마른 버드나무에 꽃이 피는' 경우라면 '마른 버드나무'는 九五이고 '꽃'은 上六으로 보아야 한다는 것이다.

21 華 : 吳致箕(朝鮮)는 《周易經傳增解》에서 '稊'는 나무의 뿌리에서 생기기 때문에 下卦의 몸체에서 말하였고, '華'는 나무의 가지에서 피기 때문에 上卦의 몸체에서 말하였다고 하였는데, 이렇게 보면 大過卦에서 上六이 '華'의 象에 해당하고 初六이 '稊'의 象에 해당한다.

22 壯矣 : 《大全》의 간주에 "어떤 판본에는 '壯夫'라고 되어 있고, 어떤 판본에는 '士夫'라고 되어 있

過極之陰이 得陽之相濟는 不爲无益也어니와 以士夫而得老婦는 雖无罪咎나 殊非美也라 故云无咎无譽라하고 象復言其可醜也하니라

九五가 大過의 때를 당하여 본래 中正함으로 존귀한 자리에 있으나 아래에 호응하여 도와주는 자가 없으니 진실로 大過의 功을 이룰 수 없고, 위로 지나침이 극에 달한 陰을 가까이하였으니, 서로 구제하는 바가 마치 마른 버드나무에 꽃이 핀 것과 같다. 마른 버드나무가 아래로 뿌리가 나면 다시 살 수 있으니, 마치 大過의 陽이 일과 功을 일으켜 이루는 것과 같지만, 위에 꽃이 피면 비록 피어나는 것이 있더라도 말라죽는 데에는 유익할 것이 없다. 上六은 지나치게 극에 달한 陰이니 늙은 부인이다. 九五가 비록 젊지는 않지만 늙은 부인에 비하면 壯年이 되니, 九五의 입장에서는 의지할 것이 없기 때문에 도리어 "부인이 얻었다."고 칭한 것이다. 지나침이 극에 달한 陰이 陽을 얻어 서로 구제해 줌은 유익함이 없지는 않으나, 젊은 남자로서 늙은 부인을 얻음은 비록 허물될 것은 없더라도 달리 아름다운 일이 아니다. 그러므로 "허물이 없고 명예도 없다." 하였고, 爻의 〈象傳〉에서 다시 "추하게 여길 만하다."고 말한 것이다.

【本義】九五는 陽過之極이어늘 又比過極之陰이라 故其象占이 皆與二反이라

九五는 陽의 지나침이 극에 달했는데 또 지나침이 극에 달한 陰을 가까이하였기 때문에 그 象과 占이 모두 九二와 반대이다.

字義 壯 : 젊을 장 殊 : 다를 수

## 象曰 枯楊生華 何可久也며 老婦士夫 亦可醜也로다

〈象傳〉에 말하였다. "'마른 버드나무에 꽃이 피니' 어찌 오래갈 수 있겠으며, '늙은 부인'과 '젊은 남자'의 만남은 또한 추하도다!"

【傳】枯楊이 不生根而生華면 旋復枯矣리니 安能久乎며 老婦而得士夫면 豈能成生育之功이리오 亦爲可醜也라

마른 버드나무가 뿌리는 나지 않고 꽃만 핀다면 곧바로 다시 마를 것이니 어찌 오래가겠으

---

다." 하였다.

며, 늙은 부인으로서 젊은 남자를 얻었다면 어떻게 生育의 功을 이루겠는가. 이 또한 추함이 되는 것이다.

字義 醜 : 추할 추　旋 : 갑자기 선

上六은 過涉滅頂이라 凶하니 无咎[23]하니라

【本義】過涉滅頂이니 凶하나 无咎니라

上六은 지나치게 건너서 이마까지 빠져 凶하니, 탓할 데가 없다.

【본의】지나치게 건너 이마까지 빠지니, 凶하나 허물은 없다.

【傳】上六以陰柔로 處過極하니 是小人過常之極者也라 小人之所謂大過는 非能爲大過人之事也요 直過常越理하여 不恤危亡하고 履險蹈禍而已니 如過涉於水하여 至滅沒其頂이니 其凶可知라 小人이 狂躁以自禍는 蓋其宜也니 復將何尤리오 故曰无咎라하니 言自爲之하여 无所怨咎也라 因澤之象而取涉義하니라

上六은 유약한 陰으로서 지나침이 극에 달한 자리에 있으니, 이는 小人으로서 常道를 지나침이 극에 달한 것이다. 小人에게 있어서 이른바 '大過'라는 것은 보통사람보다 크게 지나친 일을 할 수 있는 것이 아니고, 다만 常道를 지나치고 이치를 넘어 위태로움과 망함을 근심하지 않고 험난함을 겪고 禍亂에 빠질 뿐이다. 마치 지나치게 물을 건너서 그 이마까지 빠지는 것과 같으니, 凶함을 알 수 있다. 小人이 狂亂과 躁急함으로 스스로 화를 부름은 당연하니, 다시 장차 무엇을 탓하겠는가. 그러므로 "탓할 데가 없다."고 하였으니, 스스로 한 것이어서 원망하고 탓할 데가 없는 것이다. 못의 象에 근거해서 건너는 뜻을 취하였다.

【本義】處過極之地하여 才弱不足以濟나 然於義爲无咎矣니 蓋殺身成仁之事라 故其象占如此하니라

23 无咎 : 李恒老(朝鮮)는 《周易傳義同異釋義》에서 소인이 자초한 화란이기 때문에 '탓할 데가 없다'고 한 《程傳》의 견해와 殺身成仁의 일로 의리상 '허물이 없다'고 본 《本義》의 견해 가운데 《本義》의 견해가 가깝다고 보았다. 이렇게 보면 〈象傳〉에서 말한 '不可咎'는 "이런 행위를 탓할 수가 없다."는 뜻이다.

지나침이 극에 달한 자리에 있어 재질이 弱해서 건널 수 없으나, 의리에는 허물이 없음이 되니, 자신을 희생하여 仁을 이루는 일이다. 그러므로 그 象과 占이 이와 같다.

字義 頂 : 이마 정　恤 : 근심 휼　危 : 위태로울 위　亡 : 망할 망　履 : 밟을 리　蹈 : 뛰어들 도　禍 : 재앙 화

象曰 過涉之凶은 不可咎也니라

〈象傳〉에 말하였다. "'지나치게 건넘이 흉함'은 탓할 데가 없는 것이다."

【傳】過涉至溺은 乃自爲之라 不可以有咎也니 言无所怨咎라

지나치게 건너서 빠짐에 이름은 곧 자기가 한 일이어서 탓할 데가 없으니, 원망하고 탓할 데가 없음을 말한 것이다.

# 29. 坎

## ䷜ 坎下坎上

下卦는 坎卦☵이고 上卦는 坎卦☵이다.

【傳】習坎은 序卦에 物不可以終過라 故受之以坎하니 坎者는 陷也라하니라 理无過而不已하고 過極則必陷이니 坎所以次大過也라 習은 謂重習이니 他卦雖重이나 不加其名이어늘 獨坎加習者는 見(현)其重險으로 險中復有險하니 其義大也라 卦는 中一陽上下二陰으로 陽實陰虛하니 上下无據하여 一陽이 陷於二陰之中이라 故爲坎陷之義라 陽居陰中則爲陷이요 陰居陽中則爲麗(리)라 凡陽이 在上者는 止之象이요 在中은 陷之象이요 在下는 動之象이며 陰이 在上은 說(열)之象이요 在中은 麗之象이요 在下는 巽之象이니 陷則爲險이라 習은 重也니 如學習溫習은 皆重複之義也라 坎은 陷[1]也니 卦之所言은 處險難之道라 坎은 水也니 一始於中하여 有生之最先者也라 故爲水니 陷은 水之體也라

習坎卦는 〈序卦傳〉에 "물건은 끝내 지나칠 수 없기 때문에 坎卦로 받았으니, '坎'은 빠짐이다." 하였다. 이치상 지나치고서 그치지 않을 수 없고, 지나침이 극에 달하면 반드시 빠지니, 坎卦가 大過卦 다음에 온 까닭이다. '習'은 거듭함을 말하니, 다른 卦에서는 거듭했더라도 그 이름에 덧붙이지 않았는데 유독 坎卦에서만 '習'자를 더한 것은 '거듭 험함'으로 險한 가운데에 다시 險함이 있음을 나타낸 것이니, 그 의미가 크다. 卦는 가운데에 한 陽이 있고 위아래에 두 陰이 있다. 陽은 차있고 陰은 비어있으니, 위와 아래에 의지할 곳이 없어서 한 陽이 두 陰의 가운데에 빠져 있기 때문에 빠진다(坎陷)는 뜻이 된다. 陽이 陰 가운데에 있으면 '빠짐'이 되고, 陰이 陽 가운데에 있으면 '걸림'이 된다. 陽이 위에 있는 것은 멈추는 象이고, 가운데에 있는 것은 빠지는 象이며, 아래에 있는 것은 움직이는 象이다. 陰이 위에 있는 것은 기뻐하는 象이고, 가운데에 있는 것은 걸려 있는 象이며, 아래에 있는 것은 공손한 象이니, 빠지면 險함이 된다.

---

1 陷 : 《大全》의 간주에 "어떤 판본에는 '險'자로 되어 있다." 하였다.

'習'은 거듭함이니, 예컨대 '學習'과 '溫習'은 모두 거듭한다는 뜻이다. '坎'은 빠짐이니, 卦에서 말한 것은 險難함에 대처하는 道이다. '坎'은 물이니, 하나의 陽이 가운데에서 시작하여 나온 것 중에 가장 먼저이므로 물이 되었으니 '陷'은 물의 몸체이다.

字義 習 : 거듭할 습 坎 : 구덩이 감 陷 : 빠질 함 重 : 거듭 중 據 : 의지할 거 麗 : 걸릴 리 溫 : 익힐 온 複 : 중복할 복

## 習[2]坎[3]은 有孚[4]하여 維心亨이니 行하면 有尙이리라

習坎은 믿음이 있어서 오직 마음 때문에 형통하니, 가면 嘉尙함이 있을 것이다.

【傳】陽實이 在中하니 爲中有孚信이라 維心亨은 維其心誠一이라 故能亨通이라 至誠은 可以通金石蹈水火하니 何險難之不可亨也리오 行有尙은 謂以誠一而行이면 則能出險하여 有可嘉尙이니 謂有功也요 不行則常在險中矣리라

實한 陽이 가운데에 있으니, 가운데에 믿음이 있는 것이다. '오직 마음 때문에 형통함'은 마음이 정성스럽고 한결같기 때문에 형통할 수 있는 것이다. 지극한 정성은 쇠와 돌을 관통하고 물과 불도 밟을 수 있으니, 무슨 험난함인들 형통하지 못하겠는가? '가면 가상함이 있음'은 정성과 한결같음으로 간다면 험함을 벗어나 嘉尙할 만함이 있음을 이르니 功이 있음을 말한 것이고, 가지 않는다면 항상 險한 가운데에 있을 것이다.

【本義】習은 重習也요 坎은 險陷也니 其象爲水요 陽陷陰中하니 外虛而中實也라 此卦

---

2 習 : 《大全》의 소주에서 項安世(南宋)는 64괘 가운데 동일한 八卦가 중첩된 괘 중에 坎卦가 맨 앞에 있기 때문에 '習'이란 글자를 더해 뒤에 오는 卦들의 선례가 된다고 하였다. 離震艮兌巽坎은 모두 '거듭됨'으로 뜻을 지니고 있음을 표현했고, 乾坤만 거듭된 의미의 글자를 더하지 않은 것은 六爻가 모두 동일한 爻로 이루어져 있기 때문이라고 보았다.

3 習坎 : 빌헬름 영문판 주역인 《The I Ching》에서는 坎卦를 "K'an / The Abysmal (Water)"이라고 하였다. 감괘는 팔괘의 감괘가 중첩된 괘로 감괘는 계곡을 흐르는 물을 상징한다. 사람에 있어서 감괘는 마음이 육체에 갇혀있는 상이다. 괘상이 중첩되어 있어 물이 연달아 흐르듯 어려움이 반복되는 상이므로 '험난함(물)'이라고 정의하였다.

4 孚 : 孚는 中孚卦에서 信의 뜻으로 풀고 있듯이 '믿음'의 뜻이 기본이고, 성실이란 의미도 겸한 것으로 보아야 한다. 金箕澧(朝鮮)는 《易要選義綱目》에서 이에 관해 가운데가 차있는 것이 믿음의 바탕이 된다고 하여 믿음의 뜻으로 풀었다.

上下皆坎이니 是爲重險이라 中實은 爲有孚心亨之象이니 以是而行이면 必有功矣라 故其占如此하니라

'習'은 거듭함이고, '坎'은 험하고 빠짐이니, 그 象은 물이고, 陽이 陰 가운데에 빠져서 밖은 비고 가운데는 차있다. 이 卦는 上卦와 下卦가 다 坎卦☵이니, 이것이 거듭된 險함이다. 가운데가 차있음은 믿음이 있어 오직 마음 때문에 형통한 象이니, 이로써 가면 반드시 功이 있을 것이므로 그 占이 이와 같다.

字義 維 : 오직 유 蹈 : 밟을 도 嘉 : 아름다울 가 尙 : 숭상할 상

彖曰 習坎은 重險也니

〈彖傳〉에 말하였다. "習坎은 거듭 험함이니

【本義】釋卦名義라

卦名의 뜻을 해석하였다.

水流而不盈[5]하며 行險而不失其信이니

물이 흘러가서 가득차지 않으며 險함을 行하나 그 믿음을 잃지 않으니,

【傳】習坎者는 謂重險也니 上下皆坎으로 兩險相重也라 初六云坎窞이라하니 是는 坎中之坎이니 重險也라 水流而不盈은 陽動於險中而未出於險이요 乃水性之流行而未盈於坎이니 旣盈則出乎坎矣라 行險而不失其信은 陽剛中實로 居險之中하니 行險而不失其信者也라 坎中實과 水就下는 皆爲信義니 有孚也라

'習坎'은 거듭된 險함을 이르니, 위아래가 모두 坎卦☵이어서 두 險함이 서로 거듭된 것이다. 初六에서는 '坎窞'이라 말하였으니, 이는 구덩이 속의 구덩이이므로 거듭 험한 것이다.

---

5 水流而不盈 : 沈大允(朝鮮)은 《周易象義占法》에서 물이 흘러가서 가득차지 않으면 다른 곳으로 옮겨가지 않는 것이 마치 사람이 험한 가운데서도 마음속에 지키는 것을 변하지 않는 것과 같다고 보았다. 즉 물처럼 신의를 잃지 않는다는 뜻이다.

'물이 흘러가서 가득차지 않음'은 陽이 險한 가운데에서 움직이나 아직 險함에서 벗어나지 못한 것이고, 이는 물의 성질이 흘러가나 아직 구덩이를 가득 채우지 못한 것이니, 이미 가득 찼다면 구덩이에서 나올 것이다. '험함을 행하나 그 믿음을 잃지 않음'은 강건한 陽으로 가운데가 차있는 것이 險한 가운데에 있으니, 險함을 행하나 믿음을 잃지 않는 자이다. 坎卦가 가운데가 차있는 것과 물이 아래로 내려감은 모두 信義가 되니, 믿음이 있는 것이다.

【本義】以卦象으로 釋有孚之義하니 言內實而行有常也라

卦象으로 '有孚'의 뜻을 해석하였으니, 안이 信實하고 행동에 떳떳함이 있음을 말하였다.

字義 盈 : 찰 영 窞 : 구덩이 담

維心亨은 乃以剛中也요

【本義】乃以剛中也요

'오직 마음 때문에 형통함'은 剛中하기 때문이고,

【본의】剛이 가운데 있기 때문이요,

【傳】維其心可以亨通者는 乃以其剛中也일새라 中實은 爲有孚之象이니 至誠之道 何所不通[6]이리오 以剛中之道而行이면 則可以濟險難而亨通也라

오직 그 마음이 亨通할 수 있는 것은 剛中하기 때문이다. 가운데가 차있는 것은 믿음이 있는 象이 되니, 지극히 정성된 道가 어느 곳인들 통하지 못하겠는가. 剛中의 道로써 행하면 험난함을 구제하여 형통할 수 있을 것이다.

字義 濟 : 구제할 제

行有尙은 往有功也라

'가면 嘉尙함이 있음'은 가면 功이 있는 것이다.

---

6 通 : 《大全》의 간주에 "어떤 판본에는 '亨'자로 되어 있다." 하였다.

【傳】以其剛中之才而往이면 則有功이라 故可嘉尙이니 若止而不行이면 則常在險中矣리라 坎은 以能行爲功이라

剛中의 재질로 가면 功이 있기 때문에 嘉尙할 만한 것이니, 만약 멈추고 가지 않는다면 항상 험한 가운데에 있을 것이다. 坎卦는 갈 수 있음을 功으로 삼는다.

【本義】以剛在中은 心亨之象이니 如是而往이면 必有功也라

剛으로서 가운데 있음은 마음 때문에 형통한 象이니, 이와 같이 하여 가면 반드시 功이 있을 것이다.

天險은 不可升也요 地險은 山川丘陵也니 王公이 設險하여 以守其國하나니 險之時用이 大矣哉라

하늘의 험함은 오를 수 없고 땅의 험함은 山川과 丘陵이니, 王公이 험함을 설치하여 나라를 지키니, 험함의 때와 쓰임이 크다!"

【傳】高不可升者는 天之險也요 山川丘陵은 地之險也라 王公君人者 觀坎之象하여 知險之不可陵也라 故設爲城郭溝池之險하여 以守其國하고 保其民人하니 是有用險之時에 其用甚大라 故贊其大矣哉라 山河城池는 設險之大端也요 若夫尊卑之辨과 貴賤之分으로 明等威異物采하여 凡所以杜絶陵僭限隔上下者는 皆體險之用也라

높아서 올라갈 수 없는 것은 하늘의 험함이고, 山川과 丘陵은 땅의 험함이다. 王公과 임금이 된 자가 坎卦의 象을 보고서 險한 것을 능멸할 수 없음을 알았다. 그러므로 城郭과 해자의 險한 것을 설치하여 나라를 지키고 백성을 보호하니, 이는 험함을 쓸 때에 그 쓰임이 매우 큼이 있는 것이다. 그러므로 '크다!'라고 찬미하였다. 山河와 城池는 험함을 설치하는 큰 단서이고, 尊卑의 분별과 貴賤의 구분으로 等級과 威儀를 밝히고 물품의 색채를 달리해서, 陵蔑하고 僭稱함을 막고 위와 아래의 한계를 구분하여 막음은 모두 險함의 쓰임을 체득한 것이다.

【本義】極言之而贊其大也라

지극히 말하여 그 큼을 찬미하였다.

字義 陵 : 언덕 릉 城 : 성 성 郭 : 성 곽 溝 : 도랑 구 池 : 연못 지 等 : 차등 등

威 : 위엄 위 異 : 다를 이 采 : 채색 채 杜 : 막을 두 絶 : 끊을 절 陵 : 능멸할 릉
僭 : 참람할 참 隔 : 막을 격

象曰 水洊至[7]習坎이니 君子以하여 常德行하며 習教事하나니라

〈象傳〉에 말하였다. "물이 거듭 이르는 것이 習坎이니, 君子가 이것을 본받아 德行을 항상성 있게 하며 가르치는 일을 익힌다."

【傳】 坎爲水요 水流仍洊而至니 兩坎相習은 水流仍洊之象也라 水自涓滴으로 至於尋丈하고 至於江海하여 洊習而不驟[8]者也라 其因勢就下 信而有常이라 故君子觀坎水之象하여 取其有常이면 則常久其德行하나니 人之德行은 不常則僞也라 故當如水之有常이라 取其洊習相受면 則以習熟其教令之事하나니 夫發政行教는 必使民熟於聞聽然後能從이라 故三令五申之하나니 若驟告未喻어늘 遽責其從이면 雖嚴刑以驅之[9]라도 不能也라 故當如水之洊習이라

坎卦☵는 물이 되고, 물은 흘러서 거듭 이르니, 두 坎卦가 서로 거듭함은 물이 흘러 거듭되는 象이다. 물은 한 방울로부터 한 길에 이르고 강과 바다에 이르러서, 거듭하고 거듭하여 갑작스럽게 하지 않는다. 그 형세를 따라 아래로 내려감이 미덥고 항상성이 있기 때문에 君子가 坎卦인 물의 象을 보고서 항상성이 있음을 취하면 그 德行을 항상성 있게 하고 오래할 것이니, 사람의 德行은 항상성 있게 하지 않으면 거짓이다. 그러므로 마땅히 물처럼 항상성이 있어야 한다. 물이 거듭거듭 서로 받음을 취하면 教化하고 命令하는 일을 익혀서 익숙하게 하니, 政事를 發하고 가르침을 行함은 반드시 백성으로 하여금 듣기를 익숙히 한 뒤에야 따르게 할 수 있는 것이다. 그러므로 세 번 命令하고 다섯 번 거듭하는 것이니, 만약 갑자기 말하여 깨닫지 못했는데, 대번에 따르기를 요구한다면 비록 형벌을 엄히 시행하여 몰아가도 해 내지 못할

---

7 水洊至 : 《大全》의 소주에서 潘夢旂는, 六子卦의 重卦에서는 〈大象傳〉에서 모두 重複된 의미를 표현했음을 말했다. 즉 坎卦에서는 "물이 거듭 이르렀다." 하였고, 離卦에서는 "밝음이 두 번 일어났다." 하였으며, 震卦에서는 "우레가 거듭하다." 하였고, 艮卦에서는 "산이 거듭하다." 하였으며, 巽卦에서는 "따르는 바람"이라고 하였고, 兌卦에서는 "붙어있는 못"이라고 하였으니 모두 중복의 의미를 취한 것이다. 乾坤은 순수한 몸체이기 때문에 다만 乾卦는 "하늘의 운행"이라고 하고, 坤卦는 "땅의 형세"라고 하였다.

8 驟 : 《大全》의 간주에 "어떤 판본에는 '讓'자로 되어 있다." 하였다.

9 之 : 《大全》의 간주에 "어떤 판본에는 '之'자가 없다." 하였다.

것이다. 그러므로 물처럼 거듭해야 하는 것이다.

【本義】治己治人을 皆必重習然後에 熟而安之라

자신을 다스리고 남을 다스림을 모두 반드시 거듭한 뒤에야 익숙하여 편안한 것이다.

字義 洊 : 거듭할 천 仍 : 잇달을 잉 涓 : 흐를 연 滴 : 물방울 적 尋 : 여덟자 심 丈 : 열자 장
驟 : 갑작스러울 취

## 初六은 習坎에 入于坎窞[10]이니 凶하니라

初六은 習坎에 구덩이 속의 구덩이에 들어감이니, 凶하다.

【傳】初以陰柔[11]로 居坎險之下하여 柔弱无援而處不得當하니 非能出乎險也요 唯益陷於深險耳라 窞은 坎中之陷處니 已在習坎中이어늘 更入坎窞이면 其凶可知라

初六이 유약한 陰으로서 險한 坎卦의 맨 아래에 있어서 柔弱하고 應援이 없으며 거처함에 마땅한 자리를 얻지 못하였으니, 험함에서 나올 수 있는 것이 아니고 오직 한층 더 험한 데로 더욱 빠져 들어갈 뿐이다. '窞'은 구덩이 가운데 깊이 들어간 곳이니, 이미 거듭된 구덩이의 속에 있는데, 다시 구덩이 속의 구덩이로 들어갔다면 그 凶함을 알 만하다.

【本義】以陰柔로 居重險之下하여 其陷益深이라 故其象占如此하니라

유약한 陰으로서 거듭 險함의 맨 아래에 있어서 그 빠짐이 더욱 깊기 때문에 象과 占이 이와 같다.

## 象曰 習坎入坎은 失道라 凶也라

〈象傳〉에 말하였다. "'習坎에 구덩이로 들어감'은 道를 잃은 것이니 흉하다."

---

10 窞 : 吳致箕(朝鮮)는 《周易經傳增解》에서 窞은 구덩이 속의 旁穴로 不正한 陰에서 象을 취한 것이라고 하였다. 穴은 푹 파인 곳이니 坎窞은 '구덩이 속의 구덩이'라고 할 수 있다.

11 柔 : 《大全》의 간주에 "어떤 판본에는 '柔'자가 없다." 하였다.

【傳】由習坎而更入坎窞은 失道也라 是以凶이니 能出於險이라야 乃不失道也라

習坎으로 말미암아 다시 깊은 구덩이 속의 구덩이로 들어감은 道를 잃은 것이다. 이 때문에 凶하니, 험함에서 벗어날 수 있어야 道를 잃지 않을 것이다.

## 九二는 坎에 有險하나 求를 小得하리라

九二는 坎에 험함이 있으나, 구하는 것을 조금 얻을 것이다.

【傳】二當坎險之時하여 陷上下二陰之中하니 乃至險之地니 是有險也라 然其剛中之才로 雖未能出乎險中이나 亦可小自濟하여 不至如初益陷入于深險하니 是所求小得也라 君子處險難而能自保者는 剛中而已니 剛則才足自衛요 中則動不失宜라

九二는 坎卦의 험한 때를 당하여 위아래의 두 陰 가운데에 빠졌으니, 지극히 험한 자리이다. 이것이 '험함이 있음'이다. 그러나 剛中의 재질로 험한 가운데에서 나올 수는 없으나 조금이나마 스스로 구제할 수가 있어서 初六처럼 더욱 깊은 험함으로 빠져들어 가지는 않는다. 이것이 '구하는 바를 조금 얻는 것'이다. 君子가 험난함에 처하여 스스로 보존할 수 있는 것은 강건하고 중도에 맞게 하는 것일 뿐이니, 剛健하면 재질이 스스로 지킬 수 있고, 中道를 얻으면 움직임에 마땅함을 잃지 않는다.

【本義】處重險之中하여 未能自出이라 故爲有險之象이라 然剛而得中이라 故其占이 可以求小得也라

거듭 험한 가운데에 처하여 스스로 나올 수 없기 때문에 험함이 있는 象이 된다. 그러나 剛健하면서 中道를 얻었기 때문에 그 占이 구하는 것을 조금 얻을 수 있는 것이다.

字義 衛 : 지킬 위

## 象曰 求小得은 未出中[12]也일새라

---

12 中 : 《程傳》에서는 '中'을 '坎中'의 中으로 보아 험한 구덩이에서 벗어나지 못함의 뜻으로 보았다. 이에 대해 金奎五(朝鮮)는 《讀易記疑》에서 '剛中(굳세고 알맞음)'의 中으로 볼 것을 제안하였다. 이

〈象傳〉에 말하였다. "'구하는 것을 조금 얻음'은 험한 가운데에서 벗어나지 못했기 때문이다."

【傳】 方爲二陰所陷하여 在險之地로되 以剛中之才로 不至陷於深險하니 是所求小得이나 然未能出坎中之險也라

한창 두 陰에 빠져서 험한 자리에 있으나 剛中의 재질 때문에 한층 더 험함에 빠지는 데는 이르지 않았으니, 이것이 구하는 바를 조금 얻은 것이다. 그러나 구덩이 속의 험함에서 벗어나지는 못하였다.

六三은 來之[13]에 坎坎하며 險에 且枕[14]하여 入于坎窞이니 勿用이니라

【本義】 來之坎坎하여 險且枕하여

六三은 오고 감에 험하고 험하며, 험함에 또 의지하여 구덩이 속의 구덩이로 들어가니, 쓰지 말아야 한다.

【본의】 오고 감이 험하고 험하여, 험하고 또 험함을 베고 있어

【傳】 六三은 在坎陷[15]之時하여 以陰柔而居不中正하니 其處不善하여 進退與居 皆不可者也라 來下則入于險之中하고 之上則重險也니 退來與進之皆險이라 故云來之坎坎이라하니 旣進退皆險而居亦險이라 枕은 謂支倚니 居險而支倚以處는 不安之甚也라 所處如此하니 唯益入於深險耳라 故云入于坎窞이요 如三所處之道[16]는 不可用也라 故

---

렇게 보면 九二 〈象傳〉의 풀이는 "구하는 것을 조금 얻을 수 있는 것은 中에서 벗어나지 않았기 때문이다."가 될 것이다.

13 之 : 朴齊家(朝鮮)는 《周易》에서 여기의 '之'는 《程傳》이나 《本義》에서 말한 것처럼 '위로 간다'는 뜻의 '之上'이나 '간다'는 뜻의 '之'가 아니라고 하였다. 그의 견해에 따르면 여기에서 '之'는 어조사로 보아야 하니, 물이 거듭 이르는 때를 형용하여 그치지 않는 뜻을 강조한 것이라고 하였다.

14 枕 : 柳正源(朝鮮)은 《易解參攷》에서 '枕'에 대해 많은 학자들이 모두 편안하지 못한 뜻으로 보았지만 '枕'은 베개로 머리가 의지하여 베는 기물이기 때문에 의지한다는 뜻으로 보아야 함을 역설하였다. 下卦가 험함이 되는데 三爻가 이미 그 험함을 의지하였고, 六四가 험함이 되는데 三爻가 또 그것을 의지하였으니, 枕은 六三이 험한 가운데서 의지한다는 뜻이라는 것이다.

15 陷 : 《大全》의 간주에 "어떤 판본에는 '險'자로 되어 있다." 하였다.

16 之道 : 《大全》의 간주에 "어떤 판본에는 '之道'가 없다." 하였다.

戒勿用하니라

六三은 坎卦의 빠지는 때에 있어 유약한 陰으로서 中正하지 못한 자리에 있으니, 거처함이 善하지 못하여 進退와 거처가 모두 옳지 못한 자이다. 아래로 오면 험한 가운데로 들어가고, 위로 가면 거듭 험하니, 물러나옴과 나아감이 모두 험하다. 그러므로 "오고 감에 험하고 험하다." 하였으니, 이미 進退가 모두 험하고 거처함도 험한 것이다. '枕'은 의지함을 말하니, 험함에 있으면서 의지하여 거처함은 불안함이 심한 것이다. 거처한 바가 이와 같으니, 오직 한층 더 험함으로 더욱 빠져 들어갈 뿐이다. 그러므로 "구덩이 속의 구덩이로 들어간다." 하였고, 六三이 거처한 바와 같은 道는 쓸 수 없기 때문에 "쓰지 말라."고 경계한 것이다.

【本義】 以陰柔不中正而履重險之間하여 來往皆險이라 前險而後枕하여 其陷益深하니 不可用也라 故其象占如此하니라 枕은 倚著(착)未安之意라

六三은 유약한 陰으로서 中正하지 못하면서 거듭 험한 것의 사이를 밟고 있어 오고 감이 모두 험하다. 앞도 험하고 뒤도 험함을 베고 있어 그 빠짐이 더욱 깊으니 써서는 안 된다. 그러므로 象과 占이 이와 같다. '枕'은 의지하여 붙음이 편안하지 못하다는 뜻이다.

字義 之 : 갈 지

## 象曰 來之坎坎은 終无功[17]也리라

〈象傳〉에 말하였다. "'오고 감에 험하고 험함'은 끝내 功이 없을 것이다."

【傳】 進退皆險하고 處又不安하니 若用此道면 當益入于險이니 終豈能有功乎아 以陰柔로 處不中正하니 雖平易之地라도 尙致悔咎어든 況處險乎아 險者는 人之所欲出也로되 必得其道라야 乃能去之니 求去而失其道면 益困窮耳라 故聖人이 戒如三所處는 不可用也라

나아가고 물러남이 모두 험하고 거처함이 또 불안하니, 만약 이러한 道를 쓴다면 더욱 험한 데로 들어갈 것이니, 끝내 어찌 功이 있을 수 있겠는가. 유약한 陰으로서 中正하지 못한 데에 거처하였으니, 비록 평이한 곳이라도 오히려 뉘우침과 허물을 초래할 것인데 하물며 험한 데

---

17 功 : 金相岳(朝鮮)의 《山天易說》에 의하면 功은 결국 위험을 벗어나는 功을 말한다.

에 있어서이겠는가. 험함은 사람들이 벗어나고자 하는 바이지만 반드시 알맞은 道를 얻어야 벗어날 수 있으니, 벗어나기를 구하면서 道를 잃으면 더욱 곤궁할 뿐이다. 그러므로 聖人이 六三이 처한 바와 같은 것은 쓸 수 없다고 경계한 것이다.

六四는 樽酒와 簋貳를 用缶하고 納約自牖[18]면 終无咎하리라

【本義】樽酒簋요 貳用缶하고 納約自牖니

六四는 동이의 술과 궤 두 개를 질그릇으로 사용하고, 맺음을 들이되 通明한 곳으로부터 하면 마침내 허물이 없을 것이다.

【본의】동이의 술과 궤이며, 더하되 질그릇을 사용하고, 맺음을 들이되 들창으로부터 함이니

【傳】六四陰柔而下无助하니 非能濟天下之險者로되 以其在高位라 故言爲臣處險之道하니라 大臣이 當險難之時하여 唯至誠見信於君이면 其交固而不可間이요 又能開明君心이면 則可保无咎矣[19]라 夫欲上之篤信인댄 唯當盡其質實而已니 多儀而尙飾은 莫如燕享之禮라 故以燕享喩之하니 言當不尙浮飾이요 唯以質實이라 所用一樽之酒와 二簋之食에 復以瓦缶爲器면 質之至也라 其質實如此요 又須納約自牖니 納約은 謂進結於君之道요 牖는 開[20]通之義라 室之暗也라 故設牖하니 所以通明이라 自牖는 言自通明之處니 以況君心所明處라 詩云 天之牖民이 如壎如篪라한대 毛公訓牖爲道[21]하니 亦開通之謂[22]라 人臣以忠信善道로 結於君心인댄 必自其所明處라야 乃能入也라 人心이 有所蔽하고 有所通하니 所蔽者는 暗處也요 所通者는 明處也니 當就其明處而告之하여 求信則易

18 牖 : 《程傳》에 따르면 들창인 '牖'는 밝음이 통하는 '通明'의 의미이지만 李瀷(朝鮮)은 《易經疾書》에서 《論語》에도 "남쪽 창문을 통하여 손을 잡았다."라고 한 것이 있으니, 들창은 빛을 통할 뿐 아니라 물건을 들고 내는 쓰임도 있음을 알 수 있다고 하였다. 이렇게 보면 고대의 예법에 儉約한 물건인 경우 그 물건을 들이되 들창으로부터 한다는 의미라는 것이다.

19 矣 : 《大全》의 간주에 "어떤 판본에는 '也'자로 되어 있다." 하였다.

20 開 : 《大全》의 간주에 "어떤 판본에는 앞에 '有'자가 있다." 하였다.

21 毛公訓牖爲道 : 《毛詩》의 풀이를 말한다.

22 謂 : 《大全》의 간주에 "어떤 판본에는 '義'자로 되어 있다." 하였다.

也라 故云納約自牖니 能如是면 則雖艱險之時라도 終得无咎也라 且如君心이 蔽於荒樂은 唯其蔽也故爾니 雖力詆其荒樂之非라도 如其不省에 何오 必於所不蔽之事에 推而及之면 則能悟其心矣니 自古로 能諫其君者 未有不因其所明者也라 故訐直强勁者는 率多取忤하고 而溫厚明辯者는 其說多行이라 且如漢祖愛戚姬하여 將易太子하니 是其所蔽也라 群臣爭之者衆矣니 嫡庶之義와 長幼[23]之序를 非不明也로되 如其蔽而不察에 何오 四老[24]者는 高祖素知其賢而重之하니 此其不蔽之明心也라 故因其所明而及其事엔 則悟之如反手라 且四老人之力이 孰與張良群公卿及天下之士며 其言之切이 孰與周昌叔孫通이리오 然而不從彼而從此者는 由攻其蔽與就其明之異耳라 又如趙王太后愛其少子長安君[25]하여 不肯使質於齊하니 此其蔽於私愛也라 大臣諫之雖强이나 旣曰蔽矣니 其能聽乎아 愛其子而欲使之長久富貴者는 其心之所明也라 故左師觸龍이 因其明[26]而導之以長久之計라 故其聽也如響이니 非惟告於君者如此요 爲教者亦然이라 夫教는 必就人之所長이니 所長者는 心之所明也라 從其心之所明而入然後에 推及其餘니 孟子所謂成德達才[27]是也라

六四는 유약한 陰으로 아래에 돕는 이가 없으니, 천하의 험함을 구제할 수 있는 자가 아니지만 높은 자리에 있기 때문에 신하가 되어 험함에 대처하는 도리를 말하였다. 大臣이 험난한 때를 당하여 지극한 정성으로 임금에게 신임을 받으면 교분이 견고하여 이간질할 수 없고, 또 임금의 마음을 열어 밝게 하면 '허물이 없음'을 보전할 수 있다. 윗사람의 돈독한 신임을 바란다면 오직 질박함과 성실함을 다할 뿐이니, 儀式이 많고 꾸밈을 숭상함은 燕饗의 禮보다

---

23 長幼 : 《大全》의 간주에 "어떤 판본에는 '少長'으로 되어 있다." 하였다.

24 四老 : 중국 秦나라 말기에 난리를 피해 高山에 살던 네 명의 노인으로, 東園公·夏黃公·甪里先生·綺里季를 가리킨다. 이들은 모두 눈썹과 수염이 희게 세었으므로 四皓라 일컬었다.

25 趙王太后愛其少子長安君 : 戰國 시대 秦나라가 趙나라를 공격하자 당시 국정을 담당한 조 태후가 齊나라에 구원병을 요구하니, 제나라에서 長安君을 볼모로 보낼 것을 제안하였다. 처음에는 조 태후가 완강히 반대하였으나, 左師 觸讋이 '나라를 위해 공을 세우게 하는 것이 자식을 위한 큰 계책'이라고 설득하자 장안군을 볼모로 보냈다.(《戰國策》〈趙策〉卷4)

26 明 : 《大全》의 간주에 "어떤 판본에는 앞에 '所'자가 있다." 하였다.

27 孟子所謂成德達才 : 《孟子》〈盡心 上〉에 "군자가 가르치는 방법이 다섯 가지이다. 단비가 초목을 변화시키는 것과 같음이 있고, 덕을 이루게 하는 것이 있고, 재질을 통달하게 하는 것이 있고, 물음에 답하는 것이 있고, 사숙을 통해 자신을 다스리게 하는 것이 있으니 이 다섯 가지는 군자가 가르치는 방법이다.〔君子之所以教者五 有如時雨化之者 有成德者 有達財者 有答問者 有私淑艾者 此五者 君子之所以教也〕"라고 보인다.

더한 것이 없기 때문에 燕饗으로 비유하였으니, 화려한 꾸밈을 숭상하지 말고 오직 질박함과 성실함으로 해야 함을 말한 것이다.

한 동이의 술과 두 궤의 음식을 사용하되 다시 질그릇을 그릇으로 삼았다면 질박함이 지극한 것이다. 그 질박함과 성실함이 이와 같고, 또 모름지기 通明한 곳으로부터 맺음을 들여야 하니, '納約'은 임금에게 나아가 맺는 道를 말하고, '牖'는 開通의 뜻이다. 방이 어둡기 때문에 창문을 설치하니, 밝음이 통하게 하기 위함이다. '自牖'는 通明한 곳으로부터 함을 말한 것이니, 임금의 마음이 밝게 아는 곳을 비유한 것이다. 《詩經》〈大雅 板〉에 "하늘이 백성을 인도함이 壎을 불면 篪로 화답하는 것과 같다." 하였는데, 毛萇은 '牖'를 '인도함'으로 풀이하였으니, 이 또한 開通을 말한다. 신하가 忠信과 善道로 임금의 마음과 맺으려면 반드시 임금의 마음이 밝게 아는 곳으로부터 해야 들어갈 수 있다. 사람의 마음에는 가려진 것이 있고 통하는 것이 있다. 가려진 것은 어두운 곳이고, 통하는 것은 밝은 곳이니, 마땅히 밝은 곳에 나아가 아뢰어서 신임을 구한다면 쉽다. 그러므로 "맺음을 들이되 通明한 곳으로부터 한다." 한 것이니, 이와 같이 할 수 있다면 비록 어렵고 험한 때라도 마침내 허물이 없을 수 있다. 또 예컨대 임금의 마음이 안일한 즐거움에 빠지는 데 가려진 것은 오직 마음이 가려졌기 때문이니, 비록 안일한 즐거움에 빠짐이 나쁜 것임을 힘써 비판하더라도 임금이 살피지 않는다면 어찌겠는가? 반드시 임금의 마음이 가려지지 않은 일을 미루어 언급한다면 그 마음을 깨우칠 수 있을 것이다.

예로부터 임금에게 諫言하는 자 가운데 임금의 마음이 밝게 아는 곳으로 말미암지 않은 이가 없었다. 그러므로 곧바로 지적하여 강경하게 하는 자는 대부분 거절을 당하고, 온후하며 밝게 변론하는 자는 그 말이 대부분 실행되었다. 예컨대 漢나라 高祖가 戚姬를 사랑하여 장차 太子를 바꾸려 하였으니 이는 사랑에 가려진 것이다. 여러 신하 중에 諫爭한 자가 많았으니, 嫡庶의 의리와 長幼의 차례를 밝히지 않은 것이 아니었으나, 임금이 사랑에 가려져서 살펴보지 못함에 어찌겠는가. 네 노인(商山四皓)은 高祖가 평소에 그들의 어짊을 알고 소중히 여겼으니, 이는 가려지지 않은 밝은 마음이다. 그러므로 밝게 아는 곳을 통해 그 일을 언급하자 깨우침이 손을 뒤집는 것처럼 쉬웠다. 또 네 노인의 힘이 어찌 高祖가 張良 등의 여러 公卿과 천하의 선비만 하겠으며, 말의 간절함이 어찌 周昌과 叔孫通만 하였겠는가? 그런데도 高祖가 張良 등을 따르지 않고 네 노인을 따른 것은 가려진 것을 공격함과 밝게 아는 곳에 나아감의 차이 때문이다. 또 趙王의 太后가 작은 아들인 長安君을 사랑하여 齊나라에 인질로 보내려고 하지 않았으니, 이는 사사로운 사랑에 가려진 것이다. 大臣들이 간하기를 강력히 하였으나, 이미 마음이 사랑에 가려졌으니 들을 수 있겠는가? 아들을 사랑하여 장구히 富貴하게 하고자 하는 것은 그 마음이 밝게 아는 곳이다. 그러므로 左師인 觸讋이 태후의 마음이 밝게 아는 곳을 통해서 장구한 계책으로 인도하였기 때문에 그 말을 듣는 것이 메아리와 같았으니, 임금에게 아뢰는 것만 이런 것이 아니라, 사람을 가르치는 것 또한 그러하다. 가르침은 반드시 그 사람이 잘하는 것에 나아가야 하니, 잘하는 것은 마음이 밝게 아는 곳이다. 그 마음이 밝게 아는 곳을 따라 들어간 뒤에야 미루어 그 나머지까지 미칠 수 있으니, 《孟子》에 이른바 “德을 이루게 하고 재주를 통달하게 한다.”는 것이 이것이다.

【本義】 鼂氏云 先儒讀樽酒簋爲一句하고 貳用缶爲一句라하니 今從之라 貳는 益之也니 周禮大祭에 三貳[28]이라하고 弟子職에 左執虛豆하고 右執挾匕하여 周旋而貳 是也라 九五는 尊位에 六四近之하니 在險之時에 剛柔相際라 故有但用薄禮하고 益以誠心進結自牖之象이라 牖는 非所由之正이요 而室之所以受明也니 始雖艱阻나 終得无咎라 故其占如此하니라

鼂氏가 말하기를 “선배학자들은 ‘樽酒簋’를 한 句로 읽고 ‘貳用缶’를 한 句로 읽었다” 하였으니, 지금 그 말을 따른다. ‘貳’는 더함이다. 《周禮》 〈天官 酒正〉에 “큰 제사에는 세 번 더한다.” 하고, 《管子》 〈弟子職〉에 “왼손으로는 빈 그릇을 잡고 오른손으로는 숟가락을 잡아 돌아가면서 더한다.” 한 것이 이것이다. 九五의 존귀한 자리에 六四가 가까이하니, 험한 때에 있어서 剛柔가 서로 교제하는 것이다. 그러므로 다만 박한 禮를 쓰고, 더욱 정성스런 마음으로 나아가 맺기를 牖로부터 하는 象이 있는 것이다. ‘牖’는 나다니는 정문이 아니고, 방에서 빛을 받아들이는 곳이니, 처음은 비록 어렵고 막히나 마침내 허물이 없음을 얻는다. 그러므로 그 占이 이와 같다.

字義 樽 : 동이 준　簋 : 대그릇 궤　缶 : 질그릇 부　納 : 들일 납　約 : 맺을 약　牖 : 들창 유
壎 : 질나발 훈　篪 : 피리 지　荒 : 빠질 황　詆 : 꾸짖을 저　訐 : 들추어낼 알　勁 : 굳셀 경
忤 : 거스를 오　戚 : 친척 척　姬 : 첩 희　肯 : 수긍할 긍　質 : 인질 질　挾 : 낄 협
匕 : 숟가락 비

象曰 樽酒簋貳는 剛柔際也일새라

【本義】 樽酒簋(貳)는

28 周禮大祭 三貳 : 《周禮》 〈天官 酒正〉에 “큰 제사에는 세 번 더하고, 중간 제사에는 두 번 더하고, 작은 제사에는 한 번 더하여 모두 酌數가 있다.〔大祭三貳 中祭再貳 小祭壹貳 皆有酌數〕”라고 보인다.

〈象傳〉에 말하였다. "'동이의 술과 궤 두 개'는 剛柔가 교제하기 때문이다."
【본의】 동이의 술과 궤는

【傳】 象에 只擧首句하니 如此比多矣라 樽酒簋貳는 質實之至니 剛柔相際接之道能如此면 則可終保无咎라 君臣之交 能固而常者는 在誠實而已라 剛柔는 指四與五니 謂君臣之交際也라

〈象傳〉에 첫 句만을 들었으니, 이와 같은 사례가 비교적 많다. '동이의 술과 궤 두 개'는 질박함과 성실함이 지극하니, 剛柔가 서로 교제하는 道가 이와 같을 수 있다면 끝내 허물이 없음을 보존할 수 있다. 임금과 신하의 사귐이 견고하고 항상할 수 있는 것은 성실함에 달려 있을 뿐이다. 剛柔는 六四와 九五를 가리키니, 임금과 신하의 교제를 이른다.

【本義】 鼂氏曰 陸氏釋文本에 无貳字하니 今從之라

鼂氏가 말하기를 "陸德明의 《經典釋文》에 貳자 없다." 하였으니, 지금 이를 따른다.

九五는 坎不盈이니 祗既平하면 无咎리라

【本義】 坎不盈이나 祗既平이니

九五는 구덩이가 차지 못하였으니, 이미 평평함에 이르면 허물이 없을 것이다.
【본의】 구덩이가 차지 못하였으나, 장차 평평함에 이를 것이니

【傳】 九五在坎之中하니 是不盈也나 盈則平而出矣리라 祗는 宜音柢니 抵也라 復卦云 无祗悔[29]라하니라 必抵於已平則无咎어니와 既曰不盈이면 則是未平而[30]尙在險中이니 未得无咎也라 以九五剛中之才로 居尊位하니 宜可以濟於險이나 然下无助也라 二陷於險中하여 未能出하고 餘皆陰柔하여 无[31]濟險之才하니 人君雖才나 安能獨濟天下之險이리오

29 復卦云 无祗悔 : 復卦 初九爻辭에 "멀리가지 않고 돌아오므로 후회에 이름이 없으니 크게 선하고 길하다.〔不遠復 无祗悔 元吉〕"라고 보인다.

30 而 : 《大全》의 간주에 "어떤 판본에는 '而'자가 없다." 하였다.

31 无 : 《大全》의 간주에 "어떤 판본에는 '非'자로 되어 있다." 하였다.

居君位而不能致天下出於險이면 則爲有咎니 必祗旣平이라야 乃得无咎라

九五는 坎卦의 가운데에 있으니 가득 차지 못한 것이나, 가득 차면 평평하여 구덩이에서 나올 것이다. '祗'는 마땅히 音이 '柢'이어야 하니, 이른다는 뜻이다. 復卦 初九에 "뉘우침에 이르지 않는다." 하였다. 반드시 이미 평평함에 이르면 허물이 없을 수 있지만, 이미 가득 차지 않았다고 말했으니, 이는 평평하지 못하여 아직도 험한 가운데에 있는 것이므로 허물이 없을 수 없다. 九五는 剛中한 재질로 존귀한 자리에 있으니 마땅히 험함을 구제할 수 있을 것이나 아래에 돕는 이가 없다. 九二는 험한 가운데에 빠져 벗어나지 못하였고, 나머지는 모두 유약한 陰으로 험함을 구제할 재주가 없으니, 임금이 비록 재주가 있으나 어찌 혼자서 천하의 험함을 구제할 수 있겠는가? 임금의 자리에 있으면서 세상 사람들을 험함에서 벗어나게 할 수 없다면 허물이 있음이 되니, 반드시 이미 평평함에 이르러서야 허물이 없음을 얻게 될 것이다.

【本義】九五雖在坎中이나 然以陽剛中正으로 居尊位而時亦將出矣라 故其象占如此하니라

九五가 비록 坎卦의 가운데에 있으나 강건한 陽이 中正함으로 존귀한 자리에 있으며, 때가 또한 장차 나오게 되었으므로 象과 占이 이와 같다.

字義 祗 : 이를 지

象曰 坎不盈은 中이 未大[32]也라

〈象傳〉에 말하였다. "'구덩이가 차지 못하였음'은 中이 아직 크지 못해서이다."

【傳】九五는 剛中之才而得尊位하니 當濟天下之險難이나 而坎尙不盈하여 乃未能平乎險難이니 是其剛中之道 未光大也라 險難之時에 非君臣協力이면 其能濟乎아 五之道未大는 以无臣也라 人君之道는 不能濟天下之險難이면 則爲未大니 不稱其位也라

32 中未大 : 朴文鎬(朝鮮)는 《經說·周易經典釋文》에서 '中未大'에 대한 《程傳》과 《本義》의 풀이 중 어느 것을 취해야 좋을지 묻고 있다. 《程傳》에서는 "그 중도가 아직 크지 못하다" 하였고, 《本義》에서는 "중도를 얻었으나 크지 않다." 하였다. 朱子의 풀이에 따르면 '平'이 곧 '中'이고 이것이 '不盈'으로 이어지며, '不盈'은 다시 '未大'로 이어지니 《程傳》과는 전혀 다른 관점이다.

九五는 剛中한 재질로 존귀한 자리를 얻었으니 마땅히 세상의 험난함을 구제하여야 하나, 구덩이가 아직 차지 않아서 바로 험난함을 평평하게 하지 못하니, 이는 剛中의 道가 아직 光大하지 못해서이다. 험난한 때에 임금과 신하가 협력하지 않으면 세상의 험난함을 구제할 수 있겠는가? 九五의 道가 크지 못함은 신하가 없기 때문이다. 임금의 道는 세상의 험난함을 구제하지 못하면 크지 못함이 되니, 그 지위에 걸맞지 않은 것이다

【本義】有中德而未大라

中德이 있으나 크지 않다.

上六은 係用徽纆[33]하여 寘于叢棘[34]하여 三歲라도 不得이니 凶하니라

上六은 붙잡아 매는데 동아줄을 사용하여 가시나무 숲속에 가둬두어 3년이 되어도 면하지 못하니, 凶하다.

【傳】上六이 以陰柔而居險之極하니 其陷之深者也라 以其陷之深으로 取牢獄爲喩하니 如係縛之以徽纆하여 囚寘於叢棘之中이라 陰柔而陷之深하여 其不能出矣라 故云 至于三歲之久라도 不得免也라하니 其凶可知라

上六은 유약한 陰으로서 험함의 극단에 있어서 빠짐이 깊은 자이다. 빠짐이 깊기 때문에 감옥을 취해 비유하였으니, 마치 동아줄로 붙잡아 매서 가시나무 덤불에 가둬둔 것과 같다. 유약한 陰으로 빠짐이 깊어서 나올 수 없기 때문에 "3년이 되어도 면하지 못한다." 하였으니, 凶함을 알 수 있다.

【本義】以陰柔로 居險極이라 故其象占如此하니라

유약한 陰으로서 험함의 극단에 처하였기 때문에 그 象과 占이 이와 같은 것이다.

字義 係 : 맬 계　徽 : 동아줄 휘　纆 : 동아줄 묵　寘 : 둘 치　叢 : 떨기 총　棘 : 가시나무 극
牢 : 감옥 뢰　獄 : 감옥 옥　喩 : 비유할 유　縛 : 얽을 박

33 徽纆 : 金長生(朝鮮)은 《周易》에서 徽는 세 번 꼰 끈이고, 纆은 두 가닥 끈이라고 하였다.

34 寘于叢棘 : 金相岳(朝鮮)은 《山天易說》에서 叢棘은 곧 棘寺로 형벌을 집행하는 관아라고 하였다.

象曰 上六失道는 凶三歲也리라

〈象傳〉에 말하였다. "上六이 道를 잃음은 흉함이 3년에 이를 것이다."

【傳】 以陰柔而自處極險之地하니 是其失道也라 故其凶이 至于三歲也니 三歲之久而不得免焉은 終凶之辭也라 言久에 有曰十有曰三하니 隨其事也라 陷于獄하여 至于三歲는 久之極也라 他卦에 以年數言者도 亦各以其事也니 如三歲不興, 十年乃字 是也라

유약한 陰으로서 스스로 지극히 험한 자리에 있으니, 이것이 道를 잃은 것이다. 그러므로 그 凶함이 3년에 이르니, 무려 三年이나 되도록 면하지 못하는 것은 끝내 凶하다는 말이다. 오램을 말할 때에 '十'이라 한 것이 있고 '三'이라 한 것이 있으니, 그 일을 따라 말한 것이다. 감옥에 들어가서 3년이 됨은 극도로 오래되었다는 말이다. 다른 卦에서 年數로 말한 것도 각각 그 일을 따라 말한 것이니, 예를 들면 同人卦 九三爻辭의 "三年이 되어도 일어나지 못함이다."와 屯卦 六二爻辭의 "十年이 되어서야 시집간다."가 이런 경우이다.

# 30. 離

## ䷝ 離下離上

下卦는 離卦☲이고 上卦는 離卦☲이다.

【傳】 離는 序卦에 坎者는 陷也니 陷必有所麗라 故受之以離하니 離者는 麗也라하니라 陷於險難之中이면 則必有所附麗(리)는 理自然也니 離所以次坎也라 離는 麗(리)也요 明也니 取其陰麗於上下之陽이면 則爲附麗之義요 取其中虛면 則爲明義라 離爲火하니 火體虛하여 麗於物而明者也요 又爲日하니 亦以虛明之象이라

離卦는 〈序卦傳〉에 "坎은 빠짐이니, 빠지면 반드시 붙는 바가 있다. 그러므로 離卦로 받았으니, 離는 붙음이다." 하였다. 험난함 속에 빠지면 반드시 붙는 바가 있음은 이치가 본래 그러한 것이니, 離卦가 坎卦 다음에 온 까닭이다. 離는 '붙음'이며 '밝음'이니, 陰이 위와 아래의 陽에 붙은 것을 취하면 붙음의 뜻이 되고, 가운데가 비어 있음을 취하면 밝음의 뜻이 된다. 離는 '불'이 되니, 불의 몸체는 비어 있어 물건에 붙고 밝은 것이고, 또 해가 되니 역시 비어 있고 밝은 象이기 때문이다.

字義 附 : 붙을 부　麗 : 붙을 리

離[1]는 利貞하니 亨하니 畜(휵)牝牛[2]하면 吉하리라

---

1 離 : 빌헬름 영문판 주역인 《The I Ching》에서는 離卦를 "Li / The Clinging, Fire"라고 하였다. 이 괘는 불인데 불은 일정한 형상이 없기 때문에 어딘가에 붙어서 타오르기에 '붙음'이나 '불'이라고 정의하였다.

2 牝牛 : 〈說卦傳〉에서 坤卦를 '소'가 된다고 하였는데 '암소'인 이유에 대해 吳致箕(朝鮮)는 《周易經傳增解》에서 소의 順함은 坤卦에 속하는데, 암소는 더욱 柔順하기 때문에 柔가 坤卦의 中을 얻은 離卦로 취상했다고 보았다.

離는 바르게 함이 이로우니 형통하니, 암소를 기르듯이 하면 길할 것이다.

【傳】離는 麗(리)也라 萬物이 莫不皆有所麗하니 有形則有麗矣라 在人則爲[3]所親附之人과 所由之道와 所主之事니 皆其所麗也라 人之所麗는 利於貞正하니 得其正則可以亨通이라 故曰 離利貞亨이라 畜牝牛吉은 牛之性順이요 而又牝焉은 順之至也라 旣附麗於正이면 必能順於正道를 如牝牛則吉也라 畜牝牛는 謂養其順德[4]이니 人之順德은 由養以成하나니 旣麗於正이면 當養習以成其順德也라

離는 붙음이다. 만물은 모두 붙는 바가 있지 않음이 없으니, 형체가 있으면 붙음이 있다. 사람에게 있어서는 가까이 따르는 사람과 말미암은 道와 주장하는 일이 되니, 모두 붙는 것이다. 사람의 따름(붙음)은 바르게 함이 이로우니, 바름을 얻으면 亨通할 수 있기 때문에 "離는 바르게 함이 이로우니, 형통하다." 하였다. '암소를 기르듯이 하면 吉함'은 소의 성질이 순하고 게다가 암소이니 순함이 지극한 것이다. 이미 바른 데에 붙었으면 반드시 바른 道에 순종하기를 암소와 같이 하면 吉할 것이다. '암소를 기르듯이 함'은 順한 德을 기르는 것을 말하니, 사람의 순한 德은 기름으로 말미암아 이루어진다. 이미 바른 데에 붙었다면 마땅히 기르고 익혀서 順한 德을 이루어야 한다.

【本義】離는 麗也라 陰麗於陽하여 其象爲火하니 體陰而用陽也라 物之所麗는 貴乎得正이요 牝牛는 柔順之物也라 故占者能正則亨이요 而畜牝牛則吉也라

離는 붙음이다. 陰이 陽에 붙어 있어 그 象이 불이 되니, 본체는 陰이고 작용은 陽이다. 물건이 붙는 것은 바름을 얻는 것을 귀하게 여기고, '암소'는 柔順한 동물이다. 그러므로 占치는 자가 바르게 할 수 있으면 형통하고, 암소를 기르듯이 하면 吉하다.

字義 牝 : 암컷 빈 養 : 기를 양 習 : 익힐 습

彖曰 離는 麗(리)[5]也니 日月이 麗乎天하며 百穀草木이 麗乎土하니

---

3 爲 : 《大全》의 간주에 "어떤 판본에는 '爲'자가 없다." 하였다.

4 德 : 《大全》의 간주에 "어떤 판본에는 '德'자가 없다." 하였다.

5 麗(리) : 離卦는 불인데 "불은 일정한 형체가 없어 물건에 붙어서 형체가 있게 된다."는 《大全》 소주의 楊時(北宋)의 언급에 대해 齊夢龍(元)은 사람의 경우 水를 얻어 精으로 삼고 火을 얻어 神으

〈彖傳〉에 말하였다. "離는 붙음이니, 해와 달이 하늘에 붙어 있고, 百穀과 草木이 땅에 붙어 있으니,

【傳】離麗也는 謂附麗也라 如日月則麗於天하고 百穀草木則麗於土하여 萬物이 莫不各有所麗하니 天地之中에 无无麗之物이라 在人에 當審其所麗니 麗得其正則能亨也라

"離는 붙음이다."는 붙어있음을 말한다. 예컨대 해와 달은 하늘에 붙어 있고, 百穀과 草木은 땅에 붙어 있어서, 萬物이 각기 붙어있지 않은 것이 없으니, 하늘과 땅 가운데 붙어 있지 않은 물건이 없다. 사람에게 있어서는 마땅히 붙어있는 바를 살펴야 하니, 붙음이 바름을 얻으면 형통할 수 있다.

字義 穀 : 곡식 곡

重明으로 以麗乎正하여 乃化成天下하나니라

거듭 밝음으로 바름에 붙어서 天下를 敎化하여 이룬다.

【傳】以卦才言也라 上下皆離는 重明也요 五二皆處中正은 麗乎正也라 君臣上下皆有明德而處中正하니 可以化天下하여 成文明之俗也라

卦의 재질로 말하였다. 上卦와 下卦가 모두 離卦☲인 것은 밝음을 거듭한 것이고, 六五와 六二가 모두 中正한 자리에 거처함은 바른 데에 붙은 것이다. 君臣과 上下가 모두 밝은 德이 있고 中正한 자리에 거처하니, 세상을 敎化하여 文明한 풍속을 이룰 수 있다.

【本義】釋卦名義라

卦名의 뜻을 해석하였다.

柔麗乎中正[6]이라 故亨하니 是以畜牝牛吉也라

---

로 삼는데, 精이 형체가 되어 神이 그 형체에 붙어있다고 하였다. 天地는 형체 중에 가장 큰 것이니, 天地에 붙어있는 日月이나 草木은 모두 神이 발현되어 보인다는 것이다.

6 中正 : 《大全》의 소주에서 胡炳文(元)은, '中正'을 기준으로 坎卦와 離卦를 비교하면서 坎卦는 九五

柔가 中正에 붙어 있으므로 형통하니, 이 때문에 암소를 기르듯 하면 吉한 것이다."

【傳】二五以柔順으로 麗於中正하니 所以能亨이라 人能養其至順하여 以麗中正則吉이라 故曰畜牝牛吉也라 或曰 二則中正矣어니와 五以陰居陽하니 得爲正乎아 曰 離主於所麗요 五는 中正之位니 六이 麗於正位가 乃爲正也라 學者知時義而不失輕重이면 則可以言易矣리라

六二와 六五는 柔順함으로 中正한 자리에 붙어 있으니 이 때문에 형통할 수 있는 것이다. 사람이 지극히 순함을 길러서 中正에 붙을 수 있으면 吉하다. 그러므로 "암소를 기르듯이 하면 吉한 것이다." 하였다. 어떤 이가 묻기를 "六二는 中正하지만, 六五는 陰으로서 陽의 자리에 있으니, '바른 자리'라고 할 수 있습니까?" 하니, 대답하기를 "離卦는 붙음을 위주로 하고, 六五의 자리는 中正하니, 六五가 바른 자리에 붙어 있음이 바로 바름이 되는 것입니다. 배우는 자가 때의 의미를 알아 輕重을 잃지 않는다면 易을 말할 수 있을 것입니다." 하였다.

【本義】以卦體로 釋卦辭라

卦體로 卦辭를 해석하였다.

象曰 明兩이 作離하니 大人이 以하여 繼明[7]하여 照于四方하나니라

【本義】明兩作이 離니

〈象傳〉에 말하였다. "밝음이 거듭한 것이 離가 되니, 大人이 이것을 본받아 밝음을 이어 四方을 비춘다."

【본의】밝음이 두 번 일어남이 離이니

【傳】若云兩明이면 則是二明이니 不見(현)繼明之義라 故云明兩이니 明而重兩은 謂相繼

가 비중이 더 큰데 반해 離卦는 二爻의 비중이 크다고 하였다. 離卦의 경우 六二의 비중이 더 크기 때문에 卦辭에서 "암소를 기르듯이 한다."고 하고, 六二의 爻辭에서도 "누런색에 붙음이니 크게 길하다."고 하였다.

7 繼明 : 金相岳(朝鮮)은 《山天易說》에서 〈象傳〉의 '重明'은 위아래로 밝은 것이고, '繼明'은 앞뒤로 밝은 것이라고 구분하였다.

也라 作離는 明兩而爲離하니 繼明之義也라 震巽之類도 亦取洊隨之義나 然離之義尤重也라 大人은 以德言則聖人이요 以位言則王者라 大人이 觀離明相繼之象하여 以世繼其明德하여 照臨于四方이라 大凡以明相繼는 皆繼明也로되 擧其大者라 故以世襲繼照로言之하니라

'兩明'이라고 하면 이는 곧 '두 개의 밝음'이니, 밝음을 잇는다는 뜻이 나타나지 않는다. 그러므로 '明兩'라 하였으니, 밝은데 두 번 거듭함은 서로 이어짐을 말한다. '作離'는 밝음이 두 번 거듭되어 離卦☲가 되었으니, 밝음을 잇는다는 뜻이다. 震卦☳와 巽卦☴의 부류에도 거듭하고 잇따른다는 뜻을 취했지만, 離卦의 뜻이 더욱 중하다. 大人은 德으로 말하면 '聖人'이고, 자리로 말하면 '임금'이다. 大人이 離卦의 밝음이 서로 이어지는 象을 보고서 明德을 대대로 이어서 四方을 비춘다. 대체로 밝음으로 서로 이어지는 것은 모두 밝음을 잇는 것이지만, 그중 큰 것을 들었기 때문에 대를 이어 계속 비추는 것으로 말하였다.

【本義】作은 起也라

'作'은 일어남이다.

字義 繼 : 이을 계 擧 : 들 거 襲 : 이을 습

## 初九는 履[8]錯然하니 敬之면 无咎리라

初九는 발자국이 뒤섞였으니, 공경하면 허물이 없을 것이다.

【傳】陽固好動이며 又居下而離體니 陽居下則欲進하고 離性炎上하니 志在上麗하여 幾於躁動하여 其履錯然이니 謂交錯也라 雖未進而跡已動矣니 動則[9]失居下之分而有咎也라 然其剛明之才로 若知其義而敬愼之면 則不至於咎矣리라 初는 在下하여 无位者也니 明其身之進退 乃所麗之道也라 其志旣動이어늘 不能敬愼則妄動이니 是不明所麗니 乃有咎也라

8 履 : 李瀷(朝鮮)은 《易經疾書》에서 '履'를 '다닐 때 필요한 것'이라 하여 '신발'의 뜻으로 보았다. 이렇게 보면 신발이 뒤섞였으니 한 사람이 아니라 함께 나아가는 象이다. 조급하게 움직이려는 성질로 함께 나아가면 다툴 수 있으므로 서로 공경하면서 양보해야 한다고 하였다.

9 則 : 《大全》의 소주에서 "어떤 판본에는 '則'자가 없다." 하였다.

陽은 본디 움직이기를 좋아하고 게다가 맨 아래에 있으면서 離의 卦體이니, 陽이 맨 아래에 있으면 나아가고자 하고 離卦의 성질은 위로 타오르니, 뜻이 위로 붙음에 있어서 거의 조급히 움직여 그 발자국이 뒤섞이니, 엇갈려 뒤섞였다는 말이다. 비록 나아가지 않았으나 자취가 이미 움직였으니, 움직이면 아래에 있어야 하는 분수를 잃어 허물이 있다. 그러나 剛하고 밝은 재질로, 만약 그 의리를 알아 공경하고 삼간다면 허물에 이르지 않을 것이다. 初九는 맨 아래에 있어 지위가 없는 자이니, 자신의 進退를 분명하게 하는 것이 바로 붙는 도리이다. 뜻이 이미 움직였는데 공경하고 삼가지 않는다면 함부로 움직이는 것이니, 이는 붙는 것을 분명하게 하지 못해 곧 허물이 있는 것이다.

【本義】 以剛居下而處明體하여 志欲上進이라 故有履錯然之象이니 敬之則无咎矣리라 戒占者宜如是也라

剛으로서 맨 아래에 있고 밝은 卦體☲에 있어 뜻이 위로 나아가고자 하기 때문에 발자국이 뒤섞이는 象이 있으니, 공경하면 허물이 없을 것이다. 占치는 자에게 이와 같이 해야 한다고 경계한 것이다.

字義 履 : 밟을 리　錯 : 섞일 착　跡 : 자취 적

## 象曰 履錯之敬은 以辟(피)咎也라

〈象傳〉에 말하였다. "'발자국이 뒤섞였는데 공경함'은 허물을 피하려는 것이다."

【傳】 履錯然하여 欲動而知敬愼不敢進은 所以求辟(피)免過咎也라 居明而剛이라 故知而能辟하니 不剛明則妄動矣리라

발자국이 뒤섞여 움직이고자 하나 공경하고 삼갈 줄을 알아 감히 나아가지 않음은 허물을 피하여 면하기를 구하는 것이다. 밝은 데에 있고 剛하기 때문에 알아서 피할 수 있으니, 剛하고 밝지 않으면 함부로 움직일 것이다.

字義 辟 : 피할 피

## 六二는 黃離니 元吉하니라

【本義】元吉이리라

六二는 누런색에 붙음이니, 크게 善하고 吉하다.

【본의】 크게 吉할 것이다.

【傳】二居中得正하니 麗於中正也라 黃은 中之色이요 文之美也니 文明中正은 美之盛也라 故云黃離라 以文明中正之德으로 上同於文明中順之君하니 其明如是하고 所麗如是면 大善之吉也라

六二는 가운데 자리에 있고 바름을 얻었으니, 中正한 데 붙어 있는 것이다. '黃'은 중앙의 色이고 문채가 아름다운 것이니, 文明하고 中正함은 아름다움이 성대한 것이다. 그러므로 "누런색에 붙었다." 하였다. 文明하고 中正한 德으로써 위로 文明하고 中順한 임금과 함께하니, 그 밝음이 이와 같고 붙은 바가 이와 같다면 크게 善하고 吉함이다.

【本義】黃은 中色이니 柔麗乎中而得其正이라 故其象占如此하니라

黃은 중앙의 色이니, 柔가 가운데 자리에 붙어 있고 바름을 얻었기 때문에 그 象과 占이 이와 같다.

象曰 黃離元吉은 得中道[10]也라

〈象傳〉에 말하였다. "'누런색에 붙음이니 크게 善하고 吉함'은 中道를 얻었기 때문이다."

【傳】所以元吉者는 以其得中道也니 不云正者는 離以中爲重일새라 所以成文明은 由中也니 正은 在其中矣라

크게 善하고 吉한 까닭은 中道를 얻었기 때문이니, '正'을 말하지 않은 것은 離卦는 中을 중시하기 때문이다. 文明을 이룬 까닭은 中으로 말미암기 때문이니, 正은 그 가운데에 있다.

---

10 中道 : 坎離는 日月에 해당하는데, 日月이 다니는 길을 '黃道'와 '赤道'라 한다. 金相岳(朝鮮)은 《山天易說》에서 그 道를 얻고 잃음에 대해 黃道와 赤道를 가지고 말하였다. 그런 관점에서 풀어보면 離卦의 二爻는 中에 있기 때문에 그 '中道을 얻었다.'라 한 것이고, 坎卦의 初爻와 上爻는 모두 中을 얻지 못했기 때문에 '도를 잃었다.'라고 한 것이 된다.

## 九三은 日昃[11]之離니 不鼓缶而歌면 則大耋[12]之嗟라 凶하리라

九三은 해가 기울어 걸려 있으니, 질장구를 두드리며 노래하지 않으면 기울어 사라짐을 한탄하는 것이므로 凶할 것이다.

【傳】八純卦[13] 皆有二體之義하니 乾은 內外皆健이요 坤은 上下皆順이요 震은 威震相繼요 巽은 上下順隨요 坎은 重險相習이요 離는 二明繼照요 艮은 內外皆止요 兌는 彼己相說이로되 而離之義 在人事最大라 九三은 居下體之終하니 是前明將盡後明當繼之時니 人之始終이요 時之革易也라 故爲日昃之離니 日下昃之明也니 昃則將沒矣라 以理言之하면 盛必有衰하고 始必有終이 常道也니 達者는 順理爲樂이라 缶는 常用之器也니 鼓缶而歌는 樂其常也라 不能如是면 則以大耋爲嗟憂하니 乃爲凶也라 大耋은 傾沒也라 人之終盡에 達者는 則知其常理하여 樂天而已하여 遇常皆樂하니 如鼓缶而歌라 不達者는 則恐怛하여 有將盡之悲하니 乃大耋之嗟로 爲其凶也라 此는 處死生之道也라 耋은 與昳同이라

八純卦에는 모두 두 卦體의 뜻이 있다. 乾卦䷀는 안팎이 모두 굳셈이고, 坤卦䷁는 위아래가 모두 順함이며, 震卦䷲는 위엄과 진동이 서로 이어짐이고, 巽卦䷸는 위아래가 順히 따름이며, 坎卦䷜는 중첩된 험함이 서로 거듭함이고, 離卦䷝는 두 밝음이 이어서 비춤이며, 艮卦䷳는 안팎이 모두 멈춤이고, 兌卦䷹는 상대와 자기가 서로 기뻐하는 것이나, 離卦의 뜻이 사람의 일에서 가장 크다.

九三은 下體의 맨 끝에 있다. 이는 앞의 밝음이 다하려 하고 뒤의 밝음이 이어져야 할 때이니, 사람의 시작과 끝이고 바뀌어 달라지는 때이다. 그러므로 '해가 기울어 걸려 있음'이 된다. 해가 아래로 기울 때의 밝음이니, 해가 기울면 장차 사라질 것이다. 이치로 말하면, 번성하면 반드시 쇠함이 있고, 시작하면 반드시 마침이 있는 것이 떳떳한 도리이니, 통달한 자는 이치에

---

**11** 日昃 : 李瀷(朝鮮)은 《易經疾書》에서 離卦가 해를 상징하기 때문에 離卦의 여섯 爻를 해가 하늘을 운행하는 때로 보았다. 內卦의 경우 三爻가 해가 기우는 '日昃'이 되니, 二爻는 正午인 '日中'에 해당하고, 初爻는 해가 뜨는 '日出'에 해당한다. 外卦의 경우 四爻는 해가 들어가는 '日入'에 해당하고, 五爻는 밤중인 '夜中'에 해당하고, 上爻는 곧 아침이 되려는 '將朝'의 때에 해당한다. 크게 구분하면 離卦의 下體는 낮에 속하고 上體는 밤에 속한다.

**12** 大耋 : 《大全》의 소주에서 朱震(南宋)은 90세를 '耋'이라 하는데 九三이 밝음이 다할 때라서 '大耋'이 된다. 離卦의 三爻는 乾坤의 策數로 96책이 되기 때문에 '耋'이라 하였으니 '大耋'은 '大老'라는 말과 같다.

**13** 八純卦 : 64괘 가운데 동일한 8괘끼리 이루어진 여덟 괘로 건䷀, 곤䷁, 감䷜, 리䷝, 진䷲, 간䷳, 손䷸, 태䷹를 가리킨다.

순응하여 즐거워한다.

'질장구'는 평상시에 쓰는 그릇이니, '질장구를 두드리며 노래함'은 그 떳떳함을 즐거워하는 것이다. 이와 같이 할 수 없다면 '大耋'을 한탄하고 근심하는 것이니, 마침내 凶함이 된다. '大耋'은 기울어 사라지는 것이다. 사람이 삶을 마칠 적에 통달한 자는 떳떳한 이치를 알아 天命을 즐거워할 뿐이니, 만남에 항상 모두 즐거워서 마치 질장구를 두드리며 노래하는 것과 같다. 통달하지 못한 자는 두려워하고 슬퍼하여 장차 삶이 다하는 것에 대해 슬퍼하니, 이것이 바로 '기울어져 사라짐을 한탄하는 것'으로 凶함이 된다. 이는 '삶과 죽음'에 대처하는 道이다. '耋'은 '해가 기욺[昳]'과 같은 뜻이다.

【本義】 重離之間으로 前明將盡이라 故有日昃之象이라 不安常以自樂이면 則不能自處而凶矣니 戒占者宜如是也라

거듭된 離卦☲의 사이로 앞의 밝음이 다하려 하기 때문에 해가 기우는 象이 있다. 떳떳함을 편안히 여겨 스스로 즐거워하지 못한다면 스스로 처신하지 못하여 凶할 것이니, 占치는 자에게 당연히 이와 같아야 한다고 경계한 것이다.

字義 昃 : 기울 측 鼓 : 두드릴 고 缶 : 질장구 부 耋 : 구십세 노인 질 嗟 : 한탄 차 革 : 고칠 혁
易 : 바꿀 역 憂 : 근심 우 傾 : 기울 경 沒 : 사라질 몰 怛 : 슬플 달

## 象曰 日昃之離 何可久也리오

〈象傳〉에 말하였다. "해가 기울어 걸려 있는 것이 어찌 오래갈 수 있겠는가?"

【傳】 日旣傾昃하니 明能久乎아 明者는 知其然也라 故求人以繼其事하고 退處以休其身하여 安常處順하니 何足以爲凶也리오

해가 이미 기울었으니, 밝음이 오래갈 수 있겠는가? 현명한 자는 그러한 것을 알기 때문에 인재를 구하여 자기 일을 계속하게 하고, 물러나 집에 있으면서 자기 몸을 쉬게 해서 떳떳함을 편안히 여기고 순리대로 처신하니, 어찌 凶함이 될 수 있겠는가?

## 九四는 突如其來如[14]라 焚如니 死如며 棄如니라

14 突如其來如 : 李震相(朝鮮)은 《易學管窺》에서 "돌연히 온다."는 것에 대해 三爻는 어제의 해가 저

【本義】突如其來如니 焚如며

九四는 돌연히 오기 때문에 기염이 불타오르는 듯하니 죽고 버려진다.

【본의】돌연히 오니, 불타며

【傳】九四는 離下體而升上體하니 繼明之初라 故言繼承之義라 在上而近君하니 繼承之地也로대 以陽居離體而處四하여 剛躁而不中正하고 且重剛이니 以不正而剛盛之勢로 突如而來는 非善繼者也라 夫善繼者는 必有巽讓之誠과 順承之道니 若舜啓[15]然이어늘 今四突如其來하니 失善繼之道也라 又承六五陰柔之君하여 其剛盛陵爍之勢가 氣焰如焚然이라 故云焚如라 四之所行이 不善如此하니 必被禍害라 故曰死如라 失繼紹之義承上之道는 皆逆德也니 衆所棄絶이라 故云棄如라 至於死棄는 禍之極矣라 故不假言凶也라

九四는 下體를 떠나 上體로 올라왔으니, 밝음을 잇는 초기이기 때문에 이어 받는 의리를 말하였다. 위에 있으면서 임금과 가까우니, 이어 받는 자리이지만 陽으로서 離의 卦體에 있고 四爻의 자리에 거처하여, 剛하고 조급하며 中正하지 못하고 또 剛이 중첩되었으니, 바르지 못하면서 매우 剛盛한 기세로 돌연히 오는 것은 잘 잇는 자가 아니다. 잘 잇는 자는 반드시 공손하고 겸양하는 정성과 순히 받드는 道가 있어야 하니, 舜임금과 啓처럼 해야 하는데, 지금 九四가 돌연히 오니, 잘 잇는 도리를 잃었고, 또 六五의 유약한 陰의 임금을 받들어 剛盛하여 능멸하는 기세가 氣焰이 타오르는 듯하기 때문에 '불타오른다.'고 하였다. 九四가 행하는 것이 이처럼 善하지 못하니, 반드시 재앙과 해를 입을 것이므로 '죽는다.'고 하였다. 이어 받는 의리와 윗사람을 받드는 道를 잃은 것은 모두 德을 거스르는 것이니, 무리들이 버리고 절교하는 바이므로 '버려진다.'고 하였다. 죽고 버려지는 것은 재앙이 극도에 달한 것이기 때문에 凶함을 말할 필요도 없다.

【本義】後明將繼之時而九四以剛迫之라 故其象如此하니라

---

무는 것이고, 四爻는 오늘의 해가 밝아오기 시작하는 것으로 보았다. 또 "불가마에서 저절로 불기운이 나오는 것을 '突'이라 하니, 下卦의 불이 돌연히 나와서 위로 부딪히는 것이다."라는 馮椅(南宋)의 의견을 인용해 갑작스럽게 불이 붙는 상으로도 보았다. 그렇게 붙어서 물건을 태울 수 있지만 오래지 않아 스스로 소멸하고, 소멸하면 재처럼 버려지는 일련의 과정이 바로 '焚如'이고 '死如'이며 '棄如'이다.

15 啓 : 夏나라 禹王의 아들이다. 우왕이 죽고 계가 즉위하였는데, 有扈氏가 복종하지 않자, 계가 〈甘誓〉를 지어 경계하고, 유호씨를 甘에서 크게 무찔렀다. 이 내용은《書經》의 〈甘誓〉에 있다.

뒤의 밝음이 이으려는 때인데 九四가 剛함으로 핍박하기 때문에 그 象이 이와 같은 것이다.

字義 突 : 갑자기 돌 焚 : 불타오를 분 爍 : 빛날 삭 焰 : 불꽃 염 紹 : 이을 소 棄 : 버릴 기

象曰 突如其來如는 无所容也니라

〈象傳〉에 말하였다. "'돌연히 옴'은 용납할 곳이 없는 것이다."

【傳】上陵其君하여 不順所承하니 人惡衆棄하여 天下所不容也라

위로 임금을 능멸하여 이어 받는 것을 순히 하지 않으니, 사람들이 미워하고 무리들이 버려서 천하가 용납하지 않는다.

【本義】无所容은 言焚死棄也라

'용납할 곳이 없다는 것'은 불타며 죽고 버려짐을 말한다.

六五는 出涕沱若하며 戚嗟若이니 吉하리라

【本義】戚嗟若이면

六五는 눈물을 줄줄 흘리며 슬피 탄식하니, 吉할 것이다.
【본의】슬피 탄식하면

【傳】六五居尊位而守中하고 有文明之德하니 可謂善矣라 然以柔居上하고 在下无助하며 獨附麗於剛强之間하니 危懼之勢也라 唯其明也라 故能畏懼之深하여 至於出涕하고 憂慮之深하여 至於戚嗟하니 所以能保其吉也라 出涕戚嗟는 極言其憂懼之深耳니 時當然也라 居尊位而文明하고 知憂畏如此라 故得吉이라 若自恃其文明之德與所麗中正하고 泰然不懼[16]면 則安能保其吉也리오

六五는 높은 자리에 있고 中道를 지키며 文明한 德이 있으니, 善하다고 이를 만하다. 그러나

---

16 懼 : 《大全》의 간주에 "어떤 판본에는 '慮'자로 되어 있다." 하였다.

柔로서 윗자리에 있고 아래에 돕는 자가 없으며, 홀로 强한 剛들 사이에 붙어 있으니, 위태롭고 두려운 형세이다. 오직 밝기 때문에 깊이 두려워하여 눈물을 흘림에 이르고, 깊이 우려하여 슬피 탄식함에 이르렀으니, 이 때문에 그 吉함을 보존할 수 있다. 눈물을 흘리고 슬피 탄식함은 깊이 근심하고 두려워함을 지극히 말한 것일 뿐이니, 때가 마땅히 그래야 하기 때문이다. 높은 자리에 있으면서 文明하고, 이와 같이 근심하고 두려워할 줄 알기 때문에 吉함을 얻는 것이다. 만약 스스로 文明한 德과 中正에 붙어있는 것을 믿고서 태연히 두려워하지 않는다면, 어떻게 그 吉함을 보존할 수 있겠는가?

【本義】以陰居尊하고 柔麗乎中이나 然不得其正하고 而迫於上下之陽이라 故憂懼如此然後得吉이니 戒占者宜如是也라

陰으로서 높은 자리에 있고, 柔가 가운데 자리에 붙어 있지만 바름을 얻지 못했고, 위와 아래의 陽에게 핍박당한다. 그러므로 근심하고 두려워하기를 이와 같이 한 뒤에야 吉할 수 있으니, 占치는 자에게 마땅히 이와 같아야 한다고 경계한 것이다.

字義 涕 : 눈물 체 沱 : 눈물 흐르는 모양 타 戚 : 슬플 척 嗟 : 한탄 차 恃 : 믿을 시

## 象曰 六五之吉은 離王公[17]也일새라

〈象傳〉에 말하였다. "'六五의 吉함'은 王公에게 붙어 있기 때문이다."

【傳】六五之吉者는 所麗得王公之正位也일새라 據在上之勢而明察事理하여 畏懼憂虞以持之하니 所以能吉也라 不然이면 豈能安乎아

六五가 吉한 것은 붙어 있는 곳이 王公의 바른 자리를 얻었기 때문이다. 위에 있는 형세를 점거하되 事理를 밝게 살펴서 두려워하고 근심하여 유지하니, 이 때문에 吉할 수 있는 것이다.

---

17 離王公 : 李瀷(朝鮮)은《易經疾書》에서 '離王公'의 離를 '붙는다'가 아닌 '떠난다'는 뜻으로 보았다. 王公이 떠난다는 뜻으로 해야 上九의 "왕이 출정한다."의 王이 그 거처를 떠나 나아가 승복하지 않는 자를 정벌하는 것이 된다는 것이다. 즉 六五의 王이 떠나가 출정하기 때문에 上九에 王이 출정하는 象이 있다는 것이다. 또 시기로 보면 四爻는 해가 지는 때이고, 五爻는 밤중인 때로 임금의 자리를 맡았더라도 사악한 자가 날뛰어서 제대로 일을 도모할 수 없어 눈물을 흘리는 것으로도 부족하여 슬피 한탄함에 이르니, 여기에 吉함으로 돌이키는 도리가 있다고 보았다. 왕실로 보면 쇠퇴해졌다가 恢復하는 때에 해당한다.

그렇지 않으면 어찌 편안하겠는가.

字義 離 : 붙을 리

上九는 王用出征이면 有嘉니

上九는 王이 出征하면 아름다움이 있을 것이니,

【傳】 九以陽居上하여 在離之終하니 剛明之極者也라 明則能照하고 剛則能斷이니 能照면 足以察邪惡이요 能斷이면 足以行威刑이라 故王者宜用如是剛明하여 以辨天下之邪惡而行其征伐이면 則有嘉美之功也라 征伐은 用刑之大者라

上九가 陽으로서 맨 위에 있어 離卦의 끝에 있으니, 剛하고 밝음이 지극한 자이다. 밝으면 비출 수 있고 剛하면 결단할 수 있으니, 비출 수 있으면 사악함을 충분히 살필 수 있고, 결단할 수 있으면 위엄과 형벌을 충분히 행할 수 있다. 그러므로 王이 마땅히 이와 같은 剛함과 밝음을 써서 세상의 邪惡함을 분별하여 征伐을 행한다면 아름다운 功이 있을 것이다. 征伐은 형벌을 씀이 큰 것이다.

折首[18]하고 獲匪其醜면 无咎리라

【本義】 王用出征하여 有嘉折首[19]요 獲匪其醜[20]니

魁首만 베고, 잡은 것이 일반 무리가 아니면 허물이 없을 것이다.

---

18 出征……折首 : 《程傳》에서는 "정벌을 행하면 아름다운 공이 있다."고 하여 '有嘉'를 '出征'에 붙였지만, 《本義》에서는 "'魁首만 벰을 가상히 여긴다'가 한 구절이다."라고 하여 '有嘉'를 '折首'에 붙였다. 이에 대해 李恒老(朝鮮)는 《周易傳義同異釋義》에서 '嘉'를 '賞'의 뜻으로 보면 《本義》의 뜻이 더 잘 통한다고 보았다.

19 有嘉折首 : 《本義》에서는 '有嘉'를 '折首'와 한 句로 보았다.

20 獲匪其醜 : 이에 대한 여러 학자들의 해석은 다양하다. '잡은 것이 그 무리가 아니다.'란 말의 풀이를 대부분 《程傳》·《本義》와 같이 '괴수를 따르던 일반 무리들은 잡지 않는다.'는 의미로 본다. 그러나 유정원이 인용한 왕필의 해석과 같이 '출정한 왕의 무리가 아닌 자들을 제거한다.'는 의미로 보기도 하고, '괴수를 따르는 무리들을 다 잡되 죽이지는 않는다.'는 뜻으로 풀이하기도 한다.

【본의】王이 출정하여 魁首만 벰을 가상히 여기고, 잡은 것이 일반 무리가 아니니

【傳】夫明極則无微不照요 斷極則无所寬宥니 不約之以中이면 則傷於嚴察矣라 去天下之惡에 若盡究其漸染詿誤면 則何可勝誅리오 所傷殘이 亦甚矣라 故但當折取其魁首요 所執獲者 非其醜類면 則无殘暴之咎也라 書曰 殲厥渠魁하고 脅從罔治라하니라

밝음이 지극하면 작은 것도 비추지 않음이 없고, 결단함이 지극하면 너그럽게 용서하는 바가 없으니, 中道로 제약하지 않으면 너무 엄하게 살핌에 해를 입게 된다. 세상의 惡을 제거할 때에 만약 물들어서 잘못된 것까지 다 다스리려고 한다면 어떻게 다 벨 수 있겠는가? 상하고 해침이 너무 심할 것이다. 그러므로 그 魁首만을 죽여 없애버리고, 사로잡은 자들이 일반 무리가 아니라면, 잔인하고 포악한 허물이 없을 것이다. 《書經》 〈胤征〉에 "큰 괴수를 섬멸하고, 위협에 따른 자들은 처단하지 말라." 하였다.

【本義】剛明及遠하고 威震而刑不濫하니 无咎之道也라 故其象占如此하니라

剛하고 밝음이 먼 곳에까지 미치고, 위엄이 진동하지만 형벌을 남용하지 않으니, 허물이 없는 道이다. 그러므로 그 象과 占이 이와 같다.

字義 首 : 수괴 수　醜 : 무리 추　約 : 제약할 약　傷 : 상할 상　嚴 : 심할 엄　漸 : 점차 점
染 : 물들 염　詿 : 그르칠 괘　誤 : 잘못 오　殘 : 해칠 잔　殲 : 섬멸할 섬　渠 : 클 거
魁 : 괴수 괴　脅 : 위협 협　罔 : 말 망　濫 : 남용할 람

## 象曰 王用出征은 以正邦也라

〈象傳〉에 말하였다. "'왕이 출정함'은 나라를 바로잡는 것이다."

【傳】王者用此上九之德하여 明照而剛斷하여 以察除天下之惡은 所以正治其邦國이니 剛明은 居上之道也라

王이 上九의 德을 써서 밝게 비추고 剛하게 결단하여 세상의 惡을 살펴 제거함은 나라를 바로잡아 다스리는 것이니, 剛하고 밝음은 윗자리에 거처하는 道이다.

|책임번역|

**崔英辰**

忠南 大田 出生
成均館大學校 卒業
成均館大學校 大學院 東洋哲學科 卒業(哲學博士)
公州師範大 漢文教育科, 全北大 哲學科 助教授 歷任
成均館大 韓國哲學科 教授, 儒學大學院長, 儒教文化研究所長 歷任
韓國周易學會, 韓國東洋哲學會, 韓國思想史學會, 韓國朱子學會, 韓國東西哲學會 會長 歷任
成均館大 韓國哲學科 名譽教授(現)
주자학상 受賞

論文　〈易學思想의 哲學的 探究 : 《周易》의 陰陽對待的 構造와 中正思想을 中心으로〉
　　　〈朱子 人心道心의 概念과 分岐에 관한 分析的 探求〉 등 多數
著書　《유교사상의 본질과 현재성》
　　　《조선조 유학사상사의 양상》
　　　《퇴계 이황》
　　　《한국성리학의 발전과 심학적 · 실학적 변용》
　　　《韓國儒學思想研究》(中文)
共譯　《한국주역대전》
　　　《한국유학 3대논쟁》

|공동번역|

**金炳愛**

京畿 驪州 出生
弘益大學校 師範大學 國語教育科 卒業
高麗大學校 大學院 古典飜譯協同科程(文學博士)
民族文化推進會 國譯研修院 常任研究員
傳統文化研究會 校務委員 및 講師
서울市立大, 檀國大, 弘益大, 韓國古典飜譯院 講師 歷任
成均館大學校 儒教文化研究所 首席研究員 歷任
韓國傳統文化大學校 哲學研究所 專任研究員(現)
교육부장관상 受賞
국사편찬위원회장상 受賞(現)

論文　〈蘇軾散文의 文藝美 研究〉
　　　〈《律呂新書》의 번역 · 교감 · 주석 고찰〉
　　　〈折中義例에 보이는 신후담 역학요소의 개념 분석과 성호문인의 周易折中 논변〉
　　　〈화서 이항로의 斥邪衛正思想에 대한 이론적 근거와 실천〉
　　　〈河濱 愼後聃《周易象辭新編》譯註〉
譯書　《마음 속의 대나무 - 蘇軾散文評說》
共譯　《한국주역대전》
　　　《承政院日記》
　　　《銀臺條例》 등 多數

## 崔廷準

忠南 大田 出生
成均館大學校 卒業
成均館大學校 大學院 東洋哲學科 卒業(哲學博士)
成均館大學校 儒教文化研究所 首席研究員, 京畿洪易學會 會長 歷任
東方文化大學院大學校 未來豫測學科 教授(現)
여헌학술상 受賞

論文 〈旅軒 張顯光 易學思想의 哲學的 探究〉
〈李炳憲의 卦變說과 策數論 분석〉
〈실용과 과학에 기초한 星湖 李瀷의 縫針六合理論〉
〈태극기에 관한 역학적 검토〉
〈程傳의 '八則陽生'에 관한 한국역학자들의 견해〉 등 多數
著書 《여헌 장현광의 사상과 한국역학》
《주역개설》
《고사성어 인문학》
譯書 《경씨역전》
共譯 《한국주역대전》

|현　토|

## 吳圭根

江原 平昌 大化 出生
南山 鄭鑽 先生, 祖父 鳳西 先生, 家親 研青 先生에게 受學
民族文化推進會 國譯研修院 卒業
民族文化推進會 國譯研修院 講師 歷任
傳統文化研究會 古典研修院 講師 歷任
傳統文化研究會 理事(現)

譯書 朝鮮王朝實錄《宣祖實錄》,《光海君日記》,《中宗實錄》
《白湖全書》,《順庵集》,《承政院日記》(高宗祖) 등 多數 國譯
《韓國文集叢刊》 標點, 校勘

오서오경독본
懸吐完譯 周易傳義 亨

2021년 3월 01일 초판 인쇄
2021년 3월 15일 초판 발행

책임번역 최영진
공동번역 김병애 최정준

현　　토 오규근
윤문교정 박승주

출　　판 강운숙 백준철
관　　리 이화춘
보　　급 서원영

발 행 인 박홍식
발 행 처 (사)전통문화연구회
서울시 종로구 삼일대로 428 낙원빌딩 411호
전화 : (02)762-8401　전송 : (02)747-0083
홈페이지 : juntong.or.kr
등　　록 1989. 7. 3. 제1-936호

인 쇄 처 한국법령정보주식회사(02-462-3860)
총　　판 한국출판협동조합(070-7119-1750)

I S B N 979-11-5794-362-3 (04140)
979-11-5794-202-2 (세트)

정　　가 30,000원